会计专业岗位实操系列规划教材

Financial Accounting

财务会计

熊玉红 蒋丽鸿 主 编
肖瑞娟 汤晓燕 副主编

东北财经大学出版社
Dongbei University of Finance & Economics Press
大连

图书在版编目（CIP）数据

财务会计 / 熊玉红，蒋丽鸿主编. —大连：东北财经大学出版社，2018.3
（会计专业岗位实操系列规划教材）
ISBN 978-7-5654-3002-2

Ⅰ. 财… Ⅱ. ①熊… ②蒋… Ⅲ. 财务会计-高等学校-教材 Ⅳ. F234.4

中国版本图书馆CIP数据核字（2017）第299436号

东北财经大学出版社出版
（大连市黑石礁尖山街217号 邮政编码 116025）
网 址：http://www.dufep.cn
读者信箱：dufep@dufe.edu.cn
大连住友彩色印刷有限公司印刷 东北财经大学出版社发行
幅面尺寸：185mm×260mm 字数：433千字 印张：18 插页：1
2018年3月第1版 2018年3月第1次印刷
责任编辑：包利华 刘晓彤 责任校对：贺 贝
封面设计：冀贵收 版式设计：钟福建
定价：36.00元

教学支持 售后服务 联系电话：（0411）84710309

如有印装质量问题，请联系营销部：（0411）84710711

前　言

为了适应当前对技能型、应用型财务会计与管理人员的大量需求，强化学生综合业务素质和实际操作能力的培养，我们编写了本教材及与之配套的《财务会计实训》教材。

自2016年5月1日起，在全国范围内全面推开“营改增”试点，建筑业、房地产业、金融业、现代服务业等营业税纳税人全部纳入增值税试点范围，由营业税改征增值税，相关财经法规和会计计量发生重大变化。基于此，我们以最新颁布的财经法规为依据，以企业主要生产经营环节为主线，按项目导向、任务驱动、理实一体设计体例来安排教学内容，弥补了传统会计教材把一个完整经济业务按会计要素进行人为分割的缺陷。本教材注重基础，强化执行能力和应用能力，设计了大量的最新最常用原始凭证和最新案例，使教材内容丰富，充分调动学生的学习主动性，提高教学效果。

本教材重点突出以下特点：

①编写理念创新。按照“项目导向、任务驱动”的编写理念，依据企业资金流转与实务工作流程特点，将业务流与资金流相融合，将理论实务化，将抽象具体化。

②体例科学合理。以会计职业能力为目标，在教材中穿插项目常用原始凭证，以便与案例业务相配合，在主要案例中穿插资金运动流程图，化繁为简，易学易懂。

③内容全面新颖。以最新财税法规为依据，直接将企业的日常业务核算方法与最新财税规章相融合，简便易学。

④业财融合。本教材的一些典型性案例或业务引用了中南财经政法大学“施会计”团队的“资金运动分析图”，将业务分析与资金运动进行了一定程度的融合。

本教材由重庆工程职业技术学院熊玉红、蒋丽鸿、肖瑞娟、汤晓燕编写。其中，熊玉红、蒋丽鸿担任主编，肖瑞娟、汤晓燕担任副主编。其具体编写分工如下：熊玉红编写项目一、项目二、项目三；蒋丽鸿编写项目四、项目五、项目六；肖瑞娟编写项目七、项目八；汤晓燕负责审定。

由于作者水平有限和时间仓促，书中难免存在疏漏乃至错误之处，敬请读者不吝批评指正，以使教材日臻完善。

编　者

2018年3月

目　录

项目一

资金筹集业务核算

知识目标

1. 理解资金筹集的渠道。
2. 掌握短期借款借入、持有与偿还的核算。
3. 掌握长期借款借入、持有与偿还的核算。
4. 理解一般公司债券的发行、利息摊销与偿还的核算。
5. 了解可转换公司债券的发行、利息摊销与偿还的核算。
6. 掌握接受投资以及资本金增减变化的核算。

能力目标

1. 基本会办理借款、发行股票筹资业务的会计核算岗位各项工作。
2. 能根据不同的业务资料，结合财经法规和企业要求，正确计算借款利息、债券发行价及利息摊销。
3. 能正确对取得借款、借款期内计提利息、归还借款进行账务处理。
4. 能正确对实收资本（股本）的取得及其增减变动进行账务处理。

本项目业务常用原始凭证（见凭证1-1至凭证1-6）

凭证1-1　中国工商银行放款利息通知单（代传票）

2017年6月1日

户名	重庆渝中摩托制造有限公司		账户	60643128							
利息计算时间	2017年	5月1日起	计息基数：500 000元	月利率：8‰							
		6月1日止									
利息金额	人民币（大写）：肆仟元整			十	万	千	百	十	元	角	分
					¥	4	0	0	0	0	0
上列利息已由你公司存款户扣除				科目：							
				转账：2017年6月1日							
				复核：　记账：　制单：							

中国工商银行股份有限公司
重庆渝中支行
业务专用章

凭证 1-2

中国工商银行特种转账传票

2017年6月1日

收款人	全　称	工行渝中支行	付款人	全　称	重庆渝中摩托制造有限公司
	账　号	60010021		账　号	60643128
	开户银行	工行渝中支行		开户银行	工行渝中支行大黄分理处

金　额	人民币（大写）：伍拾万元整	千	百	十	万	千	百	十	元	角	分
			¥	5	0	0	0	0	0	0	0

原始凭证金额		赔偿金		借方科目：
原始凭证名称		号　码		贷方科目：
转账原因	归还短期借款	银行盖章		会计：　复核：　记账：　制票：

中国工商银行股份有限公司 重庆渝中支行 业务专用章

凭证 1-3

中国工商银行借款凭证（收账通知）

2017年6月1日　　贷字769号

借款单位全称	巴渝机械制造有限公司	借款户账号	00902490089486	存款户账号	63642578

申请借款金额人民币（大写）	壹佰万元整	亿	千	百	十	万	千	百	十	元	角	分
			¥	1	0	0	0	0	0	0	0	0

贷款种类	短期贷款	年利率：8‰	约定还款期：2018年3月1日

上列借款已核准发放，并转入你单位存款账户

中国工商银行股份有限公司 重庆渝中支行 业务专用章

此致

（银行盖章）

备注：

本金到期后一次归还；利息按季支付

此联由借款单位结算户开户行退回借款单位

凭证 1-4

短期借款利息计算表

2017年6月30日　　金额单位：元

借款本金	月利率	应付利息金额
合　计		

主管：　　会计：　　审核：　　制单：朱家林

凭证 1-5

中国工商银行借款凭证（收账通知）

2017年6月30日　　贷字859号

借款单位全称	重庆渝中摩托制造有限公司	借款户账号	00902490089486	存款户账号	60643128
申请借款金额	人民币（大写）：壹仟万元整			亿千百十万千百十元角分	¥ 1 0 0 0 0 0 0 0 0 0
贷款种类	长期贷款	年利率：10%		约定还款期：2021年6月30日	
上列借款已核准发放，并转入你单位存款账户 此致 （银行盖章）			备注： 本金到期后一次归还；利息按年支付		

此联由借款单位结算户开户行退回借款单位

凭证 1-6

投资协议书

经双方协商，重庆飞亚科技有限公司以银行存款200 000元和一项喷漆专利技术向重庆渝中摩托制造有限公司投资。喷漆专利技术估计有效期限为8年，双方确认公允价值为500 000元。

经双方协商，重庆飞亚科技有限公司将按400 000元的资本额享有表决权。

投资单位：重庆飞亚科技有限公司（章）　　接受投资单位：重庆渝中摩托制造有限公司（章）

2017年6月30日　　2017年6月30日

资金是企业生产经营必需的经济资源，任何企业都需要通过一定渠道、采取适当方式来筹措生产经营所必需的资金。

筹集资金可以满足企业创建和发展对资金的需要，也是日常经营活动顺利进行的重要保证，还可以有效调整资金（本）结构。企业筹集资金的渠道和方式是多元的，按其期限长短可以分为短期资金和长期资金；按其权利义务可以分为股权资金（自有资金）和负债资金（借入资金）。其具体渠道方式可以是吸收货币、实物资产及无形资产投资，发行债券，向金融机构贷款等。

任务一　短期借款核算

（一）短期借款认知

企业向银行或其他金融机构等借入的期限在1年以下（含1年）的各种借款，其目的是为了满足正常生产经营的需要和偿还某些债务。目前我国企业短期借款主要有流动资金借款、临时借款、结算借款、票据贴现等。无论借入款项的目的如何，企业均需要向债权人按期偿还借款的本金及利息。

（二）短期借款核算

在会计核算上，企业要及时如实反映短期借款的借入、利息的发生和本金及利息的偿还情况。企业应通过“短期借款”科目，核算短期借款的取得及偿还情况。该科目贷方登记取得借款的本金数额，借方登记偿还借款的本金数额，余额在贷方，表示尚未偿还的短期借款。该账户可按债权人户名和借款种类，设置明细账进行核算。

短期借款的资金运动如图1-1所示。

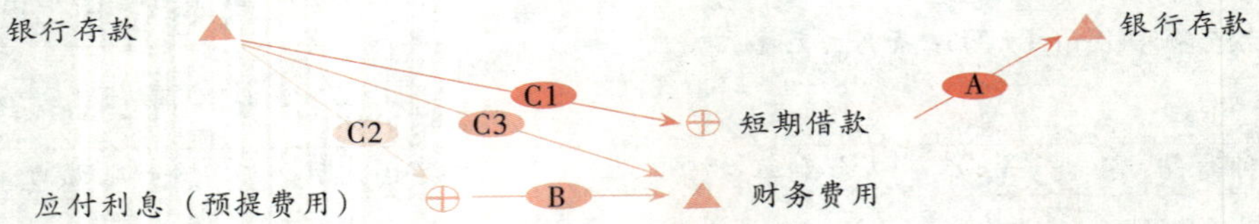

附注：A——短期借款的取得　　B——每期期末计提应付利息
C——短期借款到期还本付息　　C1——偿还本金
C2——偿还预提的前期借款利息　　C3——支付本期短期借款利息（本月利息未预提）

图1-1　短期借款资金运动[①]

1.取得短期借款的核算

企业从银行或其他金融机构取得短期借款时，借记“银行存款”科目，贷记“短期借款”科目。

【例1-1-1】A企业于2017年1月1日向中国工商银行取得短期流动资金借款30 000元，年利率5%，借款期限6个月。

1月1日借入时：

借：银行存款　　30 000
　贷：短期借款　　30 000

2.短期借款计息的核算

在实际工作中，银行一般于每季度末收取短期借款利息，为此，企业的短期借款利息一般采用月末预提的方式进行核算。短期借款利息属于筹资费用，应记入“财务费用”科目。企业应当在资产负债表日按照计算确定的短期借款利息费用，借记“财务费用”科目，贷记“应付利息”科目；实际支付利息时，根据已预提的利息，借记“应付利息”科目，根据应计利息，借记“财务费用”科目，根据应付利息总额，贷记“银行存款”科目。

【例1-1-2】承【例1-1-1】，根据与银行签署的借款协议，借款本金到期后一次归还，利息分月预提，按季支付。A企业有关利息的会计处理如下：

（1）1月月末，计提1月份应计利息时：

本月应计提的利息金额=30 000×5%÷12=125（元）

借：财务费用　　125
　贷：应付利息　　125

（2）2月月末，计提2月份利息费用的会计处理与1月份相同。

（3）3月月末，支付第一季度银行借款利息时：

借：财务费用　　125

① 本教材资金运动图相关资料来源于http：//www.shikuaiji.com。

借：应付利息　250

　贷：银行存款　375

第二季度的会计处理同上。

3.偿还短期借款的核算

企业短期借款到期偿还本金时，借记“短期借款”科目，贷记“银行存款”科目。

【例1-1-3】A企业于2017年1月1日向中国工商银行取得短期流动资金借款30 000元到期，偿还本金。

7月1日偿还银行借款本金时：

借：短期借款　30 000

　贷：银行存款　30 000

任务二　长期借款核算

（一）长期借款认知

长期借款是指企业向银行或其他金融机构借入的期限在1年以上（不含1年）的各种借款，一般用于固定资产购建、改扩建工程、大修理工程、对外投资以及为了保持长期经营能力等方面。它是企业长期负债的重要组成部分，必须加强管理与核算。

由于长期借款的使用关系到企业的生产经营规模和效益，企业除了要遵守有关的贷款规定、编制借款计划并要有不同形式的担保外，还应监督借款的使用、按期支付长期借款的利息以及按规定的期限归还借款本金等。因此，长期借款会计处理的基本要求是反映和监督企业长期借款的借入、借款利息的结算和借款本息的归还情况，促使企业遵守信贷纪律、提高信用等级，同时也要确保长期借款发挥效益。

（二）长期借款核算

企业应通过“长期借款”科目，核算长期借款的借入、归还等情况。该科目可按照贷款单位和贷款种类设置明细账，分别“本金”“利息调整”“应计利息”等进行明细核算。该科目贷方登记长期借款本息的增加额，借方登记本息的减少额，贷方余额表示企业尚未偿还的长期借款。

长期借款的资金运动如图1-2所示。

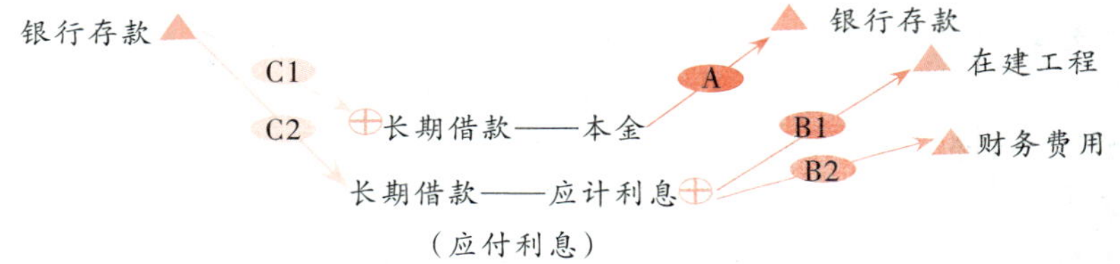

附注：A——长期借款的获得

B——利息费用的处理　B1——利息费用资本化　B2——利息费用费用化（如分期支付，则对应“应付息利”；否则就对应“长期借款——应计利息”）

C——长期借款的偿还（如利息是分期支付，则C2段运动会在每个利息支付日发生；如是一次性还本付息，则C2只在还本付息日一次性支付）

图1-2　长期借款资金运动

1.借入长期借款的核算

企业借入长期借款，应按实际收到的金额，借记“银行存款”科目，贷记“长期借款——本金”科目，如存在差额，还应借记“长期借款——利息调整”科目。

【例1-2-1】A企业于2016年11月30日从银行借入资金2 000 000元，借款期限3年，年利率8.4%（到期一次还本付息，不计复利），所借款项已存入银行。A企业用该借款于当日购买不需要安装的设备一台，价款1 620 000元，增值税275 400元，另支付运输费90 000元，增值税9 900元，保险费10 000元，增值税6 000元，设备已于当日投入使用。A企业的有关会计处理如下：

（1）取得借款时：

借：银行存款	2 000 000	
贷：长期借款——本金		2 000 000

（2）支付设备款和运输费、保险费时：

借：固定资产	1 720 000	
应交税费——应交增值税（进项税额）	291 300	
贷：银行存款		2 011 300

2.持有长期借款的核算

持有长期借款期间，会发生相应的长期借款利息费用。长期借款利息费用应当在资产负债表日按照实际利率法计算确定，实际利率与合同利率差异较小的，也可以采用合同利率计算确定利息费用。

长期借款计算确定的利息费用，应当按以下原则计入有关成本、费用：属于筹建期间的，计入管理费用；属于生产经营期间的，计入财务费用。如果长期借款用于购建固定资产的，在固定资产尚未达到预定可使用状态前，所发生的应当资本化的利息支出数，计入在建工程成本；固定资产达到预定可使用状态后发生的利息支出，以及按规定不予资本化的利息支出，计入财务费用。

知识链接

当同时满足以下3个条件时，企业为购建某项固定资产而借入的专门借款所发生的借款费用应当开始资本化：

（1）资产支出（只包括为购建固定资产而以支付现金、转移非现金资产或者承担带息债务形式发生的支出）已经发生。

（2）借款费用已经发生。

（3）为使资产达到预定可使用状态或可销售状态所必要的购建活动已经开始。其不包括仅仅持有资产，但没有发生为改变资产状态而进行建造活动的情况，如只购置了建筑用地但未发生有关房屋的建造活动的情况。

符合资本化条件的资产在购建或生产过程中发生非正常中断且中断时间连续超过3个月的，应当暂停借款费用资本化。

长期借款按合同利率计算确定的应付未付利息，由于还本付息方式不同，核算上有所区别。如果采用分期付息、一次还本方式，应付未付利息应借记“在建工程”“制造费用”“财务费用”“研发支出”等科目，贷记“应付利息”科目；到期采用到期一次还本付息方式，应付未付利息应借记“在建工程”“财务费用”“研发支出”等科目，贷记“长期借款——应计利息”科目。

【例1-2-2】承【例1-2-1】，A企业于2016年12月31日计提长期借款利息。A企业的有关会计处理如下：

计提的长期借款利息=2 000 000×8.4%÷12=14 000（元）

借：财务费用	14 000	
贷：长期借款——应计利息		14 000

若该项借款为每年付息，到期还本，则计提的利息应贷记“应付利息”科目。

2017年1月至2018年10月每月月末预提利息会计分录同上。

3.偿还长期借款的核算

企业归还长期借款的本金时，应按归还的金额，借记“长期借款——本金”科目，贷记“银行存款”科目；按归还的利息，借记“应付利息”或“长期借款——应计利息”科目，贷记“银行存款”科目。

【例1-2-3】承【例1-2-1】【例1-2-2】，2019年11月30日A企业偿还该笔银行借款本息。A企业的有关会计处理如下：

借：财务费用	14 000	
长期借款——本金	2 000 000	
——应计利息	490 000	
贷：银行存款		2 504 000

任务三　应付债券核算

应付债券是指企业为筹集（长期）资金而发行的债券。债券是企业为筹集长期使用资金而发行的一种书面凭证。企业通过发行债券取得资金是以将来履行归还购买债券者的本金和利息的义务作为保证的。企业应当设置“企业债券备查簿”，详细登记每一企业债券的票面金额、债券票面利率、还本付息期限与方式、发行总额、发行日期和编号、委托代销单位、转换股份等资料。企业债券到期清算时，应当在备查簿内逐笔注销。

企业应设置“应付债券”科目，并在该科目下设置“面值”“利息调整”“应计利息”等明细科目，核算应付债券发行、计提利息、还本付息等情况。该科目贷方登记应付债券的本金和利息，借方登记归还的债券本金和利息，期末贷方余额表示企业尚未偿还的长期债券本利和利息（即债券的摊余成本）。

公司债券的资金运动如图1-3所示。

（一）一般公司债券核算

1.公司债券发行的核算

债券发行按照债券面值与发行价格之间的关系，债券发行有面值发行、溢价发行和折价发行3种情况。

企业债券发行价格的高低一般取决于债券票面金额、债券票面利率、发行当时的市场利率以及债券期限的长短因素。假设其他条件不变，当债券利率等于实际利率时，企业债

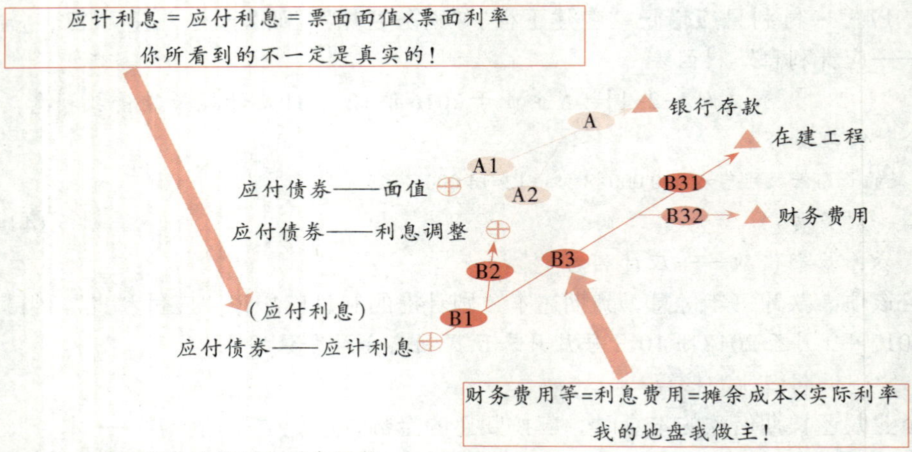

附注：B——应付利息的确认与利息调整

B1——应付利息的确认

B2——利息调整，资金流向利息调整⊕并使其容量减少，其最终目的是要使其容积为0

B3——借款费用处理

B31——借款费用资本化

B32——借款费用费用化

图1-3　公司债券资金运动

券按其面值发行，称为面值发行；当债券利率低于实际利率时，债券以低于其面值的价格发行，称为折价发行；当债券利率高于实际利率时，债券以高于其面值的价格发行，称为溢价发行。

企业发行债券，无论是面值发行，还是溢价发行或折价发行，均应按实际收到的金额，借记“银行存款”等科目，按债券面值，贷记“应付债券——面值”科目，实收款与债券面值的差额，借记或贷记“应付债券——利息调整”科目。

【例1-3-1】A企业于2016年7月1日发行3年期、到期一次还本付息、年利率8%（不计复利）、发行面值总额10 000 000元的债券。该债券按面值发行。A企业的有关会计处理如下：

借：银行存款	10 000 000	
贷：应付债券——面值		10 000 000

2.利息摊销的核算

发行长期债券的企业，应按期计提利息，并在债券存续期内采用实际利率法对利息调整进行摊销。实际利率与票面利率差异较小的，也可以采用票面利率计算确定利息费用。

不管发行价如何，作为筹资方始终都是按债券面值还本，按票面利率计付利息。所以，在溢价发行时，筹资方收到的溢价部分资金是为日后按较高票面利率多付利息而提前得到的补偿；折价发行时，筹资方少收的折价部分资金是为日后按较低票面利率少付利息而提前付出的代价。这种“补偿”或“代价”应于债券存续期内各期利息按实际利率法进行调整。

资产负债表日分期付息、到期一次还本的债券，企业应按应付债券的摊余成本和实际利率计算确定的债券利息费用，借记“在建工程”“制造费用”“财务费用”“研发支出”

等科目，按票面利率计算确定的应付未付利息，贷记“应付利息”科目，按其差额，借记或贷记“应付债券——利息调整”科目。

对于一次还本付息的债券，企业应于资产负债表日按应付债券的摊余成本和实际利率计算确定的债券利息费用，借记“在建工程”“制造费用”“财务费用”“研发支出”等科目，按票面利率计算确定的应付未付利息，贷记“应付债券——应计利息”科目，按其差额，借记或贷记“应付债券——利息调整”科目。

【例 1-3-2】承【例 1-3-1】，A企业发行债券所筹集的资金用于建造固定资产，至2016年12月31日工程尚未完工，该债券产生的实际利息费用应全部资本化，计提本年长期债券利息。A企业的有关会计处理如下：

本年长期债券利息=10 000 000×8%÷12×6=400 000（元）

借：在建工程	400 000	
贷：应付债券——应计利息		400 000

3.公司债券偿还的核算

债券到期时，企业应按期偿还债券本息。采用一次还本付息方式的，应于债券到期支付债券本息时，借记“应付债券——面值”和“应付债券——应计利息”科目，贷记“银行存款”科目；采用一次还本、分期付息方式的，在每期支付利息时，借记“应付利息”科目，贷记“银行存款”科目；债券到期偿还本金并支付最后一期利息时，借记“应付债券——面值”“在建工程”“制造费用”“财务费用”“研发支出”等科目，贷记“银行存款”科目；同时，存在利息调整余额的，借记或贷记“应付债券——利息调整”科目。

【例 1-3-3】承【例 1-3-1】【例 1-3-2】，2019年7月1日A企业偿还到期债券本金和利息。A企业的有关会计处理如下：

债券3年的应计利息=10 000 000×8%×3=2 400 000（元）

借：应付债券——面值	10 000 000	
——应计利息	2 400 000	
贷：银行存款		12 400 000

【例 1-3-4】2016年12月31日B企业经批准发行5年期一次还本、分期付息的公司债券20 000 000元，债券利息于每年12月31日支付，票面利率为6%。假定同期银行利率为5%（不考虑相关税费）。

本债券票面利率大于银行利率，应溢价发行，发行价格为：

20 000 000×（P/F，5%，5）+20 000 000×6%×（P/A，5%，5）=20 000 000×0.7835+20 000 000×6%×4.3295=20 865 400（元）

发行债券会计分录如下：

借：银行存款	20 865 400	
贷：应付债券——面值		20 000 000
——利息调整		865 400

其形成溢价865 400元，应在5年内按实际利率法摊销，调整各期利息费用。采用实际利率法和摊余成本（即“应付债券”期初账面价值）计算确定的利息费用见表1-1。

表 1-1 **利息费用计算表** 单位：元

付息日期	支付利息	当期利息费用	摊销利息费用	应付债券摊余成本
2016年12月31日				20 865 400.00
2017年12月31日	1 200 000.00	1 043 270.00	156 730.00	20 708 670.00
2018年12月31日	1 200 000.00	1 035 433.50	164 566.50	20 544 103.50
2019年12月31日	1 200 000.00	1 027 205.18	172 794.82	20 371 308.68
2020年12月31日	1 200 000.00	1 018 565.43	181 434.57	20 189 874.11
2021年12月31日	1 200 000.00	1 010 125.89	189 874.11*	20 000 000.00
合　计	6 000 000.00	5 134 600.00	865 400.00	—

其中：

支付利息=20 000 000×6%

当期利息费用=期初应付债券摊余成本×5%

摊销利息费用=支付利息-当期利息费用

*为最后一期尾数调整，溢价减累计已摊销利息费用。

根据表1-1的资料，2017年12月31日计算利息费用的会计分录如下：

借：财务费用等　　1 043 270
　　应付债券——利息调整　　156 730
　贷：应付利息　　1 200 000

2018年、2019年、2020年确认利息费用的会计处理同上。

2021年12月31日归还本金及最后一期利息时：

借：财务费用等　　1 010 125.89
　　应付债券——面值　　20 000 000.00
　　　　　　——利息调整　　189 874.11
　贷：银行存款　　21 200 000.00

折价发行债券的核算原理与溢价相同。

（二）可转换公司债券认知

可转换公司债券的全称为可转换为股票的公司债券，是指发行人依照法定程序发行，在一定期限内依照约定的条件可以转换为股票的公司债券。它赋予持有人在发债后一定时间内，可依据本身的自由意志，选择是否依约定的条件将持有的债券转换为发行公司的股票或者另外一家公司股票的权利。换言之，可转换公司债券持有人可以选择持有至债券到期，要求公司还本付息；也可以选择在约定的时间内转换成股票，享受股利分配或资本增值。

1.可转换公司债券发行认知

发行的可转换公司债券，应按实际收到的金额，借记“银行存款”等科目，按该项可转换公司债券包含的负债成分的面值，贷记“应付债券——可转换公司债券（面值）”科目，按权益成分的公允价值，贷记“其他权益工具”科目，按其差额，借记或贷记“应付债券——可转换公司债券（利息调整）”科目。

2.转换前利息摊销认知

可转换公司债券转换前的利息摊销，其会计处理与一般公司债券基本相同。分期付息、到期一次还本的可转换公司债券，其利息应通过“应付利息”科目核算；到期一次还本付息的可转换公司债券，其利息应通过“应付债券——可转换公司债券（应计利息）”科目核算。

3. 可转换公司债券转换为股份认知

可转换公司债券持有人行使转换权利，将其持有的债券转换为股票，按可转换公司债券的余额，借记“应付债券——可转换公司债券（面值或利息调整）”科目，按其权益成分的金额，借记“其他权益工具”科目，按股票面值和转换的股数计算的股票面值总额，贷记“股本”科目，按其差额，贷记“资本公积——股本溢价”科目。如用现金支付不可转换股票的部分，还应贷记“银行存款”等科目。

任务四　资本金核算

（一）资本金认知

根据《企业财务通则》的规定：“设立企业必须有法定的资本金。资本金是指企业在工商行政管理部门登记的注册资金。”资本金在不同类型企业中的表现形式有所不同。股份有限公司的资本金被称为股本，股份有限公司以外的一般企业的资本金被称为实收资本。

企业可以通过吸收现金投资、实物资产、无形资产等形式的投资或通过发行股票的方式来筹集资本金。

资本金按照投资主体可以分为国家资本金、法人资本金、个人资本金以及外商资本金。

（1）国家资本金指有权代表国家投资的政府部门或者机构以国有资产投入企业形成的资本金。

（2）法人资本金指其他法人单位以其依法可以支配的资产投入企业形成的资本金。

（3）个人资本金指社会公众以个人合法财产投入企业形成的资本金。

（4）外商资本金指外国投资者以及我国香港、澳门和台湾地区投资者向企业投资而形成的资本金。

知识链接

2013年12月28日，新修改的《中华人民共和国公司法》将注册资本的实缴登记制度转变为认缴登记制度。注册资本认缴登记制度是工商登记制度的一项改革措施。对按照法律、行政法规和国务院决定需要取得前置许可的事项，除涉及国家安全、公民生命财产安全等外，不再实行先主管部门审批、再工商登记的制度。商事主体向工商部门申请登记，取得营业执照后即可从事一般生产经营活动；对从事需要许可的生产经营活动，持营业执照和有关材料向主管部门申请许可。

注册资本实缴登记制度转变为认缴登记制度，工商部门只登记公司认缴的注册资本总额，无需登记实收资本，不再收取验资证明文件。申请企业登记不再为注册资本发愁。如参照国际惯例，企业股东承诺认缴多少就是多少，理论上一元钱也能办公司，经营者风险自担。

注册资本由实缴登记制改为认缴登记制，放宽了注册资本登记条件。其具体内容是：取消了有限责任公司最低注册资本3万元、一人有限责任公司最低注册资本10万元、股份有限公司最低注册资本500万元的限制。取消最低注册资本限制，并不是说开办公司就没有条件、不用花钱，注册资本只是设立公司需要具备的基本条件之一。从另一个角度讲，维持公司的基本运营也是需要一定资本的，完全不花钱办公司实际上是不可能的。“一元钱办公司”这种说法只是一个形象的比喻。

（二）实收资本（股本）核算

我国有关法律规定，投资者设立企业首先必须投入资本。根据《企业法人登记管理条例》规定，企业申请开业，必须具备国家规定的与其生产经营和服务规模相适应的资金。实收资本的构成比例即投资者的出资比例或股东的股份比例，是确定所有者在企业所有者权益中所占的份额和参与企业财务经营决策的基础，也是企业进行利润分配或股利分配的依据，同时还是企业清算时确定所有者对净资产的要求权的依据。

为了反映和监督投资者投入资本的增减变动情况，企业必须按照国家统一的会计制度的规定进行实收资本的核算，真实地反映所有者投入企业资本的状况，

维护所有者在企业各方面的权益，除股份有限公司以外，其他各类企业应通过“实收资本”科目核算，股份有限公司应通过“股本”科目核算。

企业收到所有者投入企业的资本后，应根据有关原始凭证（如投资清单、银行通知单等），分别不同的出资方式进行会计处理，借记“银行存款”“其他应收款”“固定资产”“无形资产”“长期股权投资”等科目，按其在注册资本或股本中所占份额，贷记“实收资本”科目，按其差额，贷记“资本公积——资本溢价或股本溢价”科目。

增加资本的资金运动如图1-4所示。

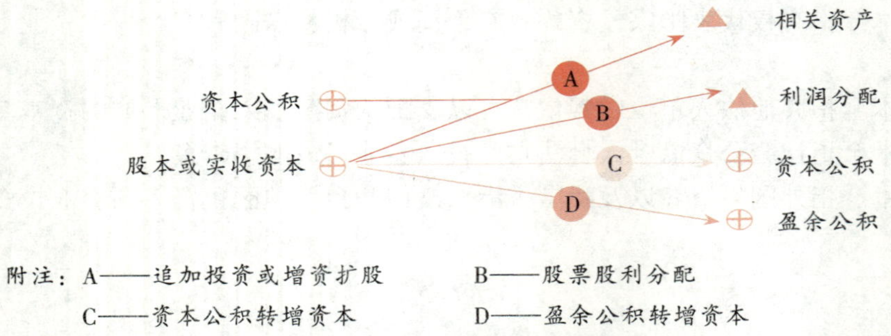

图1-4 增加资本资金运动

1.一般企业实收资本的核算

除股份有限公司以外，其他各类一般企业应通过“实收资本”科目核算。

（1）接受投资的核算。

❶接受现金资产投资。

【例1-4-1】甲、乙、丙共同投资设立A企业（有限责任公司），注册资本为1 000 000元，甲、乙、丙持股比例分别为60%、25%和15%。按照章程规定，甲、乙、丙投入资本分别为600 000元、250 000元和150 000元。A企业已如期收到各投资者一次缴足的款项。A企业的会计处理如下：

借：银行存款　　1 000 000

贷：实收资本——甲 600 000
——乙 250 000
——丙 150 000

❷接受投入固定资产。企业接受投资者作价投入的房屋、建筑物、机器设备等固定资产，应按投资合同或协议约定价值确定固定资产价值（但投资合同或协议约定价值不公允的除外）和在注册资本中应享有的份额。

【例1-4-2】B企业于设立时收到C企业作为资本投入的不需要安装的机器设备一台，合同约定该机器设备的价值为1 000 000元，增值税进项税额为170 000元（假设允许抵扣）。投入资产价值与其在实收资本中所占份额一致。合同约定的固定资产价值与公允价值相符，不考虑其他因素。B企业的会计处理如下：

借：固定资产 1 000 000
应交税费——应交增值税（进项税额） 170 000
贷：实收资本——C企业 1 170 000

❸接受投入材料物资。企业接受投资者作价投入的材料物资，应按投资合同或协议约定价值确定材料物资价值（但投资合同或协议约定价值不公允的除外）和在注册资本中应享有的份额。

【例1-4-3】B企业于设立时收到D企业作为资本投入的原材料一批，该批原材料投资合同或协议约定价值（不含可抵扣的增值税进项税额部分）为500 000元，增值税进项税额为85 000元。D企业已开具了增值税专用发票。假设投入资产价值与其在实收资本中所占份额一致，合同约定的价值与公允价值相符，该进项税额允许抵扣，不考虑其他因素。B企业的会计处理如下：

借：原材料 500 000
应交税费——应交增值税（进项税额） 85 000
贷：实收资本——D企业 585 000

❹接受投入无形资产。企业收到以无形资产方式投入的资本，应按投资合同或协议约定价值确定无形资产价值（但投资合同或协议约定价值不公允的除外）和在注册资本中应享有的份额。

【例1-4-4】B企业于设立时收到A企业作为资本投入的非专利技术一项，该非专利技术投资合同约定价值为100 000元。假设B企业接受该非专利技术投资符合国家注册资本管理的有关规定，可按合同约定作实收资本入账。假定投入资产价值与其在实收资本中所占份额一致，合同约定的价值与公允价值相符，不考虑其他因素。B企业的会计处理如下（非专利技术免税）：

借：无形资产——非专利技术 100 000
贷：实收资本——A企业 100 000

（2）实收资本增加的核算。

一般企业增加资本主要有3个途径：接受投资者追加投资、资本公积转增资本和盈余公积转增资本。需要注意的是，由于资本公积和盈余公积均属于所有者权益，用其转增资本时，如果是独资企业比较简单，直接结转即可；如果是有限责任公司应该按照原投资者各出资比例相应增加各投资者的出资额。盈余公积转增资本后，不得少于注册资本的

25%。

【例 1-4-5】承【例 1-4-1】，A 企业（有限责任公司）为扩大经营规模，经批准，A 企业注册资本扩大为 2 000 000 元，甲、乙、丙按照原出资比例分别追加投资 600 000 元、250 000 元和 150 000 元。A 企业如期收到甲、乙、丙追加的现金投资。A 企业的会计处理如下：

借：银行存款	1 000 000	
贷：实收资本——甲		600 000
——乙		250 000
——丙		150 000

【例 1-4-6】承【例 1-4-1】，因扩大经营规模需要，经批准，A 企业（有限责任公司）按原出资比例将资本公积 600 000 元转增资本。A 企业的会计处理如下：

借：资本公积	600 000	
贷：实收资本——甲		360 000
——乙		150 000
——丙		90 000

【例 1-4-7】承【例 1-4-1】，因扩大经营规模需要，经批准，A 企业（有限责任公司）按原出资比例将盈余公积 800 000 元转增资本。A 企业的会计处理如下：

借：盈余公积	800 000	
贷：实收资本——甲		480 000
——乙		200 000
——丙		120 000

（3）实收资本减少的核算。

企业通常不得任意减少实收资本，但在某些特殊情况下，按法定程序报经批准，可依法减少已登记注册的实收资本，如资本过剩、发生重大亏损等。但是，投资者依法转让其持有的投资，不影响被投资企业实收资本总额，只需在出让方与受让方之间办理转让手续。

因资本过剩而减少实收资本时，应借记“实收资本”科目，贷记“银行存款”“固定资产”“无形资产”等科目。

因发生重大亏损而用实收资本来弥补时，应借记“实收资本”科目，贷记“利润分配——未分配利润”科目。

2.股份有限公司股本的核算

股份有限公司是指企业全部注册资本由等额股份构成，并通过发行股票筹集资本，股东以其持有的股份对公司承担责任，公司以其全部资产对公司债务承担责任的企业法人。

股份有限公司的特点有：全部资本分为等额股份；通过发行股票筹集资本，股票可以交易或转让；股份有限公司财务公开，按规定向社会披露财务信息；股东以其所持有的股份对公司承担有限责任，公司以其全部资产对公司债务承担责任。

股票发行的方式有：面值发行、溢价发行和折价发行。根据《公司法》规定，股票发行可以面值发行和溢价发行，不得折价发行。

（1）发行股票的核算。

股份有限公司应设置“股本”总分类账户对投入的资本进行核算。该账户贷方登记股份有限公司发行股票的面值，借方登记按照法定程序报经批准减少注册资本而冲减的股票面值，余额在贷方，反映企业发行在外的股票的总面值。

股份有限公司发行股票时，在股票认购阶段一般不作会计处理。在收取股款时，按照实际收到的款项，借记“银行存款”科目，按照股票面值，贷记“股本”科目，超过面值部分作为股本溢价，扣除发行费、佣金等费用后，记入“资本公积”科目。

【例1-4-8】B股份有限公司经批准增发普通股1 000万股，每股面值1元，溢价发行，扣除手续费及佣金后，实际收到款项45 000 000元。B股份有限公司的会计处理如下：

借：银行存款　45 000 000
　贷：股本——普通股　10 000 000
　　资本公积——股本溢价　35 000 000

（2）股本增加的核算。

股本增加的途径一般有3个：吸收新投资、资本公积转增资本和盈余公积转增资本。其核算原理与实收资本核算原理相同。资本公积或盈余公积经批准转增资本时：

借：资本公积
　　盈余公积
　贷：股本

（3）股本减少的核算。

股份有限公司经批准依法采用收购本公司股票方式减资的，按股票面值和注销股数计算的股票面值总额冲减股本，按注销库存股的账面余额与所冲减股本的差额冲减股本溢价，股本溢价不足冲减的，再冲减盈余公积直至未分配利润。如果购回股票支付的价款低于面值总额的，所注销库存股的账面余额与所冲减股本的差额作为增加股本溢价处理。

【例1-4-9】A公司2016年12月31日的股本为20 000万股，每股面值1元，资本公积（股本溢价）3 500万元，盈余公积5 000万元，未分配利润2 000万元。经股东大会批准，A公司以现金回购本公司股票3 000万股并注销。

（1）假定A公司按每股0.9元回购股票，不考虑其他因素，A公司的会计处理如下：

回购本公司股票时：

库存股成本=30 000 000×0.9=27 000 000（元）

借：库存股　27 000 000
　贷：银行存款　27 000 000

注销本公司股票时：

借：股本　30 000 000
　贷：库存股　27 000 000
　　资本公积——股本溢价　3 000 000

（2）假定A公司按每股2元回购股票，不考虑其他因素，A公司的会计处理如下：

回购本公司股票时：

库存股成本=30 000 000×2=60 000 000（元）

借：库存股　60 000 000

贷：银行存款		60 000 000

注销本公司股票时：

借：股本	30 000 000	
资本公积——股本溢价	30 000 000	
贷：库存股		60 000 000

（3）假定A公司按每股2.5元回购股票，不考虑其他因素，A公司的会计处理如下：

回购本公司股票时：

库存股成本=30 000 000×2.5=75 000 000（元）

借：库存股	75 000 000	
贷：银行存款		75 000 000

注销本公司股票时：

借：股本	30 000 000	
资本公积——股本溢价	35 000 000	
盈余公积	10 000 000	
贷：库存股		75 000 000

（4）假定A公司按每股4元回购股票，不考虑其他因素，A公司的会计处理如下：

回购本公司股票时：

库存股成本=30 000 000×4=120 000 000（元）

借：库存股	120 000 000	
贷：银行存款		120 000 000

注销本公司股票时：

借：股本	30 000 000	
资本公积——股本溢价	35 000 000	
盈余公积	50 000 000	
利润分配——未分配利润	5 000 000	
贷：库存股		120 000 000

资金筹集业务核算练习题

一、单项选择题

1.A公司于2017年1月1日从银行借入资金1 000万元，借款期限2年，借款利率10%，分期付息、一次还本，2017年12月31日该长期借款的账面价值为（　　）万元。

A.100　　B.1 100　　C.1 000　　D.900

2.A公司于2016年7月1日面值发行3年期债券100万元，到期一次还本付息（年末计息，不计复利），票面利率、实际利率均为5%，A公司2017年确认的财务费用为（　　）万元。

A.2.500　　B.5　　C.5.125　　D.10

3.A公司于2017年7月1日面值发行3年期债券100万元，到期一次还本付息（年末计息，不计复利），票面利率、实际利率均为5%，A公司2017年12月31日确认该应付债券的账面价值为（　　）万元。

A.100　　B.105　　C.107.500　　D.107.625

4.短期借款在计提利息时，应贷记（　　）科目。

A.短期借款　　B.应付利息　　C.财务费用　　D.银行存款

5.应付债券的利息费用，不可能记入的借方账户是（　　）。

A.在建工程　B.研发支出　C.财务费用　D.销售费用

6.某公司发行股票100万股，每股面值1元，发行价格5元，向证券公司支付发行费50万元。则：

（1）该公司“股本”科目的金额为（　　）万元。

A.550　B.500　C.450　D.100

（2）该公司应贷记“资本公积——股本溢价”科目的金额为（　　）万元。

A.400　B.500　C.100　D.350

7.企业接纳新的投资者时，其实际出资额大于其在注册资本中所占份额的部分，应作为（　　）。

A.资本公积　B.实收资本　C.盈余公积　D.营业外收入

8.股份有限公司回购本公司股票时，应借记的会计科目是（　　）。

A.实收资本　B.股本　C.库存股　D.资本公积

9.盈余公积是从企业（　　）中提取的公积金。

A.利润　B.利润总额　C.税后利润　D.营业利润

10.用盈余公积转增资本时，按规定保留的余额不得少于注册资本的（　　）。

A.15%　B.20%　C.25%　D.30%

11.2016年10月1日某企业向银行借入一笔期限2个月、到期一次还本付息的生产经营周转借款40万元，年利率6%。借款利息不采用预提方式，于实际支付时一次确认。12月1日企业以银行存款偿还借款本息的会计处理，正确的是（　　）。

A.借：短期借款——商业银行　400 000
　　　应付利息——利息　4 000
　　贷：银行存款　404 000

B.借：短期借款——商业银行　400 000
　　　应付利息——利息　2 000
　　　财务费用——利息　2 000
　　贷：银行存款　404 000

C.借：短期借款——商业银行　400 000
　　　财务费用——利息　4 000
　　贷：银行存款　404 000

D.借：短期借款——商业银行　404 000
　　贷：银行存款　404 000

12.若企业取得的长期借款用于购建固定资产等是符合资本化条件的资产，在资产尚未达到预定可使用状态前，企业每期期末计提到期一次还本付息的长期借款利息时，会计处理正确的是（　　）。

A.借：财务费用
　　贷：长期借款——应计利息

B.借：财务费用
　　贷：应付利息

C.借：在建工程
　　贷：长期借款——应计利息

D.借：在建工程
　　贷：应付利息

13.下列各项中，属于“应付利息”科目核算的内容是（　　）。

A.到期一次还本付息长期借款的利息

B.分期付息到期还本付息债券的利息

C.取得分期付息到期还本的债券投资利息

D.到期一次还本付息应付债券的利息

14.某企业于2015年4月1日从银行借入期限为3年的长期借款400万元，编制2017年12月31日资产负债表时，此项借款应填入的报表项目是（　　）。

A.短期借款

B.长期借款

C.其他非流动负债

D.一年内到期的非流动负债

15.B股份有限公司回购本公司股票500万股，每股面值1元，为此支付银行存款2 000万元，资本公积——股本溢价为1 800万元，会计处理正确的是（　　）。

A.回购股票时，企业库存股的入账金额是500万元

B.注销回购的股票时，企业股本减少的金额是2 000万元

C.注销回购的股票时，“资本公积——股本溢价”科目的发生额是1 500万元

D.回购股票时，企业的所有者权益总额不变

二、多项选择题

1.“应付债券”账户贷方反映的内容有（　　）。

A.债券溢价的摊销　　B.债券折价的摊销　　C.期末计提应付债券利息　　D.归还债券的本金

2.企业发行债券，按期计提利息，借方可能涉及的会计科目有（　　）。

A.财务费用　　B.在建工程　　C.研发支出　　D.制造费用

3.企业接受投资者投资时，可能涉及的会计科目有（　　）。

A.盈余公积　　B.资本公积　　C.实收资本　　D.利润分配

4.下列属于资本公积的有（　　）。

A.投资者投入资本

B.企业实现的利润

C.投资者投入资金大于其按约定比例在注册资本享有的份额

D.直接计入所有者权益的利得

5.盈余公积可用于（　　）。

A.分配现金股利　　B.转增资本　　C.弥补亏损　　D.发放工资

6计提长期借款利息费用时，应根据受益原则记入相关成本、费用账户，同时贷记（　　）科目。

A.应付利息　　B.长期借款——应计利息

C.长期借款——本金　　D.应付账款

7.下列关于短期借款的表述，正确的有（　　）。

A.短期借款的利息如按月支付，每月金额不大可以不预提

B.企业取得短期借款所支付的利息费用，计入财务费用

C.短期借款是向银行等金融机构借入期限在1年以下（不含1年）的各种款项

D.短期借款可以按借款种类及贷款人进行明细账的设置

8.企业增加资本的途径有（　　）。

A.接受投资者追加资本　B.资本公积转增资本　　C.盈余公积转增资本　　D.将投资收益转增资本

9.股份有限公司采用收购本公司股票方式减资，在进行账务处理时，可能涉及的核算科目有（　　）。

A.股本　　B.库存股

C.资本公积——股本溢价　　D.盈余公积和利润分配——未分配利润

10.甲公司属于增值税小规模纳税人，2017年9月1日收到乙公司作为资本投入的原材料一批，该批原材料的合同约定价值为1 500万元，增值税的进项税额为255万元。假设合同约定的价值与公允价值相符，同时不考虑其他因素，甲公司的会计处理正确的有（　　）。

A.应计入原材料的金额是1 500万元　　B.应计入原材料的金额是1 755万元

C.甲公司实收资本的数额是1 500万元　　D.甲公司实收资本的数额是1 755万元

三、判断题

1.短期借款的利息预提时，应记入“短期借款”科目核算。　（　　）

2.计提长期借款的利息，应记入“应付利息”科目核算。　（　　）

3.债券的发行价格就是债券的面值。　（　　）

4.为建造固定资产发行的债券，其债券利息应全部资本化。　（　　）

5.短期借款的利息，应计入财务费用。（　　）

6.企业接受投资者以固定资产投资时，应按固定资产的账面价值确认投资额。（　　）

7.投资者投入资金大于其按约定比例在注册资本享有的份额的部分，应计入资本公积。（　　）

8.资本公积可以转增资本。（　　）

9.盈余公积来自于企业的税后利润。（　　）

10.企业可以将盈余公积全部用于转增资本。（　　）

11.企业短期借款利息都是通过预提方式进行会计核算的。（　　）

12.企业向银行借入的期限为1年的借款，属于长期借款。（　　）

13.股份有限公司发行股票发生的手续费、佣金等交易费用，应计入当期的财务费用。（　　）

14.一般情况下，债券票面利率高于市场利率时，债券会溢价发行。（　　）

15.库存股作为所有者权益的抵减项，列示在“所有者权益”项目中。（　　）

四、不定项选择题

1.A企业于2017年1月1日从银行取得100 000元借款，期限半年，年利率6%。利息分月计提，按季支付。企业于2017年7月1日偿还了全部款项。

（1）1月1日取得借款时，应作的会计处理是（　　）。

A.借：银行存款　100 000
　　财务费用　3 000
　贷：短期借款　103 000

B.借：银行存款　100 000
　　财务费用　3 000
　贷：短期借款　100 000
　　应付利息　3 000

C.借：银行存款　100 000
　贷：短期借款　100 000

D.借：短期借款　100 000
　贷：银行存款　100 000

（2）1月月末计提利息时，应作的会计处理是（　　）。

A.借：财务费用　3 000
　贷：应付利息　3 000

B.借：财务费用　500
　贷：应付利息　500

C.借：应付利息　500
　贷：财务费用　500

D.借：财务费用　500
　贷：短期借款　500

（3）4月1日支付第一季度利息时，应作的会计处理是（　　）。

A.借：财务费用　500
　　应付利息　1 000
　贷：银行存款　1 500

B.借：财务费用　1 500
　贷：银行存款　1 500

C.借：应付利息　1 500
　贷：银行存款　1 500

D.借：银行存款　1 500
　贷：应付利息　1 500

（4）7月1日归还本金和第二季度利息时，应作的会计处理是（　　）。

A.借：短期借款　100 000

借：财务费用　1 500

　贷：银行存款　101 500

B.借：短期借款　101 500

　贷：银行存款　101 500

C.借：短期借款　100 000

　　应付利息　1 500

　贷：银行存款　101 500

D.借：短期借款　100 000

　　应付利息　3 000

　贷：银行存款　103 000

2.A企业向银行借入一笔长期借款，用于建造厂房，借款采用随支随借、到期一次还本付息的方式。项目采用出包式施工，按合同规定，企业在开工时先预付工程款500 000元。完工后，企业补交工程尾款300 000元。建设期内该项借款发生利息支出80 000元，另在投产后的2年还款期内又发生利息支出140 000元。

(1) 取得借款用于预支工程款的会计处理是（　）。

A.借：银行存款　500 000

　贷：长期借款　500 000

B.借：预付账款——预付工程款　500 000

　贷：银行存款　500 000

C.借：预付账款——预付工程款 500 000

　贷：长期借款　500 000

D.借：在建工程　500 000

　贷：长期借款　500 000

(2) 建设期内发生的利息支出80 000元，应计入（　）。

A.在建工程　B.固定资产　C.财务费用　D.长期待摊费用

(3) 厂房投产后发生的利息支出140 000元，应计入（　）。

A.在建工程　B.固定资产　C.财务费用　D.长期待摊费用

3.A企业经批准从2016年1月1日起发行3年期面值为1 000元的债券10 000张，发行价格确定为面值发行，债券年利率为6%（与实际利率一致），每半年计息一次。该债券所筹资金全部用于新生产线的建设，该生产线于2017年6月底完工交付使用，债券到期后一次支付本金和利息。

(1) 发行债券时，涉及的相关账户有（　）。

A.应付债券——面值　B.应付债券——应计利息

C.应付票据　D.银行存款

(2) 2016年6月30日计息的会计处理是（　）。

A.借：财务费用　300 000

　贷：应付利息　300 000

B.借：财务费用　600 000

　贷：应付债券——应计利息　600 000

C.借：在建工程　300 000

　贷：应付利息　300 000

D.借：在建工程　300 000

　贷：应付债券——应计利息　300 000

(3) 2016年12月31日计息的会计处理是（　）。

A.借：财务费用　309 000

　贷：应付利息　309 000

B.借：财务费用　300 000

　贷：应付债券——应计利息　300 000

C.借：财务费用　309 000
　　贷：应付债券——应计利息　309 000

D.借：在建工程　300 000
　　贷：应付债券——应计利息　300 000

4.C股份有限公司2017年12月31日的股本为100 000 000股，每股面值1元，资本公积（股本溢价）30 000 000元，盈余公积40 000 000元。经股东大会批准，C公司以现金回购本公司股票20 000 000股并注销。假定C公司按每股3元回购股票，不考虑其他因素。

（1）回购时应借记“库存股”的金额为（　　）元。

A.20 000 000　B.30 000 000　C.40 000 000　D.60 000 000

（2）注销股本时的会计处理为（　　）。

A.借：股本　20 000 000
　　贷：库存股　20 000 000

B.借：股本　60 000 000
　　贷：库存股　60 000 000

C.借：股本　20 000 000
　　资本公积——股本溢价　40 000 000
　　贷：库存股　60 000 000

D.借：股本　20 000 000
　　资本公积——股本溢价　30 000 000
　　盈余公积　10 000 000
　　贷：库存股　60 000 000

项目二

对内投资业务核算

知识目标

1.理解固定资产的确认条件。

2.理解投资性房地产的确认条件。

3.理解无形资产的确认条件。

4.掌握固定资产业务的会计核算方法。

5.掌握投资性房地产的会计核算方法。

6.掌握无形资产的会计核算方法。

能力目标

1.能根据不同的业务资料，对固定资产（动产和不动产）的取得、折旧、减值以及处置进行账务处理。

2.能对投资性房地产在成本计量模式、公允价值计量模式下的取得、折旧（摊销）、减值以及处置进行账务处理。

3.能根据不同的业务资料，对无形资产的取得、摊销、减值以及处置进行账务处理。

本项目业务常用原始凭证（见凭证2-1至凭证2-9）

凭证2-1

四川省增值税专用发票

No 00921435

542862456

发票联

开票日期：2017年6月17日

购买方	名　　称：重庆渝中摩托制造有限公司 纳税人识别号：91500113562018376M 地址、电话：重庆渝中区大坪大黄路18号 023-86553089 开户行及账号：工行渝中支行大黄分理处3100027809200043128				密码区	（略）		
货物或应税劳务、服务名称	规格型号	单位	数量	单价	金额	税率	税额	
检测仪		台	1	64 500.00	64 500.00	17%	10 965.00	
合　计					￥64 500.00		￥10 965.00	
价税合计（大写）	⊗柒万伍仟肆佰陆拾伍元整				（小写）	￥75 465.00		
销售方	名　　称：成都飞达公司 纳税人识别号：91600345217635698M 地址、电话：成都市文桥路8号 028-46897423 开户行及账号：工行文桥分理处3200057863500069315				备注	成都飞达公司 91600345217635698M 发票专用章		

收款人：张夏天　　复核：罗海波　　开票人：邹晨　　销售方：（章）

第三联 发票联 购买方记账凭证

凭证 2-2

重庆市增值税专用发票

发票联

5023557468　　№ 00951362

开票日期：2017年6月18日

购买方	名　　称：重庆渝中摩托制造有限公司 纳税人识别号：91500113562018376M 地址、电话：重庆渝中区大坪大黄路18号 023-86553089 开户行及账号：工行渝中支行大黄分理处3100027809200043128				密码区	（略）		
货物或应税劳务、服务名称	规格型号	单位	数量	单价	金额	税率	税额	
运输服务					918.92	11%	101.08	
合　计					¥918.92		¥101.08	
价税合计（大写）	⊗壹仟零贰拾元整				（小写）¥1 020.00			
销售方	名　　称：重庆家家乐运输公司 纳税人识别号：91500634712354406M 地址、电话：重庆渝中区大坪大黄路26号 023-85860985 开户行及账号：工行渝中支行大黄分理处3100027809200044216				备注			

收款人：邓俊　　复核：许洋　　开票人：吴晓霞　　销售方：（章）

第三联　发票联　购买方记账凭证

凭证 2-3

重庆市增值税普通发票

发票联

5023576232　　№ 00942342

开票日期：2017年6月18日

购买方	名　　称：重庆渝中摩托制造有限公司 纳税人识别号：91500113562018376M 地址、电话：重庆渝中区大坪大黄路18号 023-86553089 开户行及账号：工行渝中支行大黄分理处3100027809200043128				密码区	（略）		
货物或应税劳务、服务名称	规格型号	单位	数量	单价	金额	税率	税额	
安装服务					2 342.34	11%	257.66	
合　计					¥2 342.34		¥257.66	
价税合计（大写）	⊗贰仟陆佰元整				（小写）¥2 600.00			
销售方	名　　称：重庆机械设计院 纳税人识别号：91500648934682202M 地址、电话：重庆沙坪坝区学府路22号 023-60236897 开户行及账号：工行沙坪坝区学府路3100036909100053689				备注			

收款人：邓琦　　复核：张梦　　开票人：吴晓　　销售方：（章）

第二联　发票联　购买方记账凭证

凭证 2-4

固定资产验收单

设备名称	检测仪		设备来源	成都飞达公司		取得原因	购买
原值			已提折旧			折旧率	
规格	Hr1型	数量	1台	生产厂家		使用部门	生产车间
使用寿命	8年		验收日期	2017年6月18日			

主管：杨小娟　　验收：王成　　采购：熊子成　　制表：王成

第二联　财务记账

凭证 2-5

固定资产报废单

2017年6月4日　　凭证编号№236

固定资产名称及编号	规格型号	单位	数量	预计使用年限	残值率	折旧方法	已使用年限	原始价值	已提折旧额	备注
8011 传送机	A08-25	台	1	10	10%	年限平均法	6年零11个月	35 000	21 787.5	生产车间使用
固定资产状况及报废原因	提前报废，转入清理									
处理意见及签章	使用部门			技术鉴定小组			主管领导			
	同意报废。李海云			同意报废。杨昆			同意报废。周正华			

（印章：重庆渝中摩托制造有限公司 91500113562018376M 财务专用章）

凭证 2-6

重庆市增值税普通发票

发票联

5023576406　　№ 008324448　　开票日期：2017年3月25日

购买方	名　　称：重庆渝中摩托制造有限公司 纳税人识别号：91500113562018376M 地 址、电 话：重庆渝中区大坪大黄路18号023-86553089 开户行及账号：工行渝中支行大黄分理处3100027809200043128			密码区	（略）		
货物或应税劳务、服务名称	规格型号	单位	数量	单价	金额	税率	税额
商务楼E栋12-408	300平方米	套	1	12 000 000.00	12 000 000.00	11%	1 320 000.00
合　计					¥12 000 000.00		¥1 320 000.00
价税合计（大写）	⊗壹仟叁佰叁拾贰万元整				（小写）		¥13 320 000.00
销售方	名　　称：重庆渝利开发集团公司 纳税人识别号：91500113860546897Q 地 址、电 话：重庆南岸区丹龙路26号023-62839461 开户行及账号：建行南岸支行丹龙分理处50001143600089615476			备注			

收款人：胡一利　　复核：李丹　　开票人：陈丽　　销售方：（章）

第二联 发票联 购买方记账凭证

（印章：重庆渝利开发集团公司 91500113860546897Q 发票专用章）

凭证 2-7

重庆渝中摩托制造有限公司

合同汇签单

2017年3月28日　　编号 HTHQ №1703036

合同名称	商务楼租赁合同		合同对方单位名称	重庆利达商贸有限公司	
合同发起部门	投资部	合同发起人	万明洋	合同发起部门主管	李阳
合同事项	将购入的商务楼出租给重庆利达商贸有限公司				
其他事项描述	商务楼购入日期：2017年3月25日；购买成本：1 260万元。采用成本模式进行后续计量				
汇签部门	部门经理	财务经理		执行总裁(总经理)	
	同意出租。李阳	同意出租。杨昆		同意出租。李志刚（印章：李志刚印）	

凭证2-8

重庆渝中摩托制造有限公司

房屋租赁合同

编号 FWHT201703008

甲方（出租方）：重庆渝中摩托制造有限公司

乙方（承租方）：重庆利达商贸有限公司

现经甲、乙双方充分协商，达成如下租赁协议，以资信守：

1.房屋坐落地点：重庆渝中区新华路121号E栋12楼408；面积：300平方米。

2.租赁期限：3年，即2017年4月1日至2020年3月31日。

3.租金及交纳时间：每月150 000元，每3个月付一次，先付后住，其中第一次付款450 000元，在2017年3月31日之前付清；第二次付款450 000元，在2017年6月30日之前付清；依次类推。

4.租房押金：600 000元，到期结算后归还。

5.违约责任：自合同签订后即产生法律效力，任何一方均不得无故终止协议。如发生违背情况，违约方应支付给守约方违约金20 000元，并按时结算房租。

6.租赁期间的其他约定事项：（略）。

7.本协议一式叁份，甲乙双方各执一份，备案一份。经甲、乙双方签字、盖章后生效。

甲方（签章）：重庆渝中摩托制造有限公司
联系地址：重庆渝中区大坪大黄路18号
联系电话：023-86553089
日期：2017年3月29日

乙方（签章）：重庆利达商贸有限公司
联系地址：重庆南岸区青龙路22号
联系电话：023-62462307
日期：2017年3月29日

凭证2-9

重庆市增值税普通发票

№ 009266321

5023575749　　发票联

开票日期：2017年3月25日

购买方	名称：重庆渝中摩托制造有限公司 纳税人识别号：91500113562018376M 地址、电话：重庆渝中区大坪大黄路18号 023-86553089 开户行及账号：工行渝中支行大黄分理处 3100027809200043128				密码区	（略）	
货物或应税劳务、服务名称	规格型号	单位	数量	单价	金额	税率	税额
商标权		项	1	200 000.00	200 000.00	6%	12 000.00
合计					¥200 000.00		¥12 000.00
价税合计（大写）	⊗贰拾壹万贰仟元整				（小写）¥212 000.00		
销售方	名称：重庆宏达轮胎制造厂 纳税人识别号：915003135460185280 地址、电话：重庆花溪区走马镇68号 023-61813654 开户行及账号：工行花溪支行 3100036909100095147				备注		

第二联　发票联　购买方记账凭证

收款人：向杰　　复核：李娟　　开票人：王治　　销售方：（章）

投资指的是特定经济主体为了在未来可预见的时期内获得收益或资金增值，在一定时期内向一定领域的标的物投放足够数额的资金或实物的货币等价物的经济行为。投资可分为实物投资、资本投资和证券投资。前者是以货币投入企业，通过生产经营活动取得一定利润，即对内投资；后者是以货币购买企业发行的股票和公司债券，间接参与企业的利润分配，即对外投资。

对内投资是指企业将筹集的资金投资于企业内部生产经营活动的行为。对内投资所形成的各项经济资源的具体表现为：流动资产、固定资产、无形资产等。本项目主要介绍将筹集资金投资于固定资产和无形资产两种表现形式以及归类为投资性房地产的核算方法。

任务一 固定资产核算

固定资产是企业的主要劳动手段，属于物质资料生产过程中用来改变或影响劳动对象的主要劳动资料。它是企业发展生产事业的物质技术基础，管好用好固定资产，促进固定资产的不断增值和提高固定资产的使用效益，是会计工作的重要任务。

（一）固定资产认知

1.固定资产的概念及特点

固定资产相关准则规定，固定资产是指同时具有以下特征的有形资产：（1）为生产商品、提供劳务、出租或经营管理需要而持有的；（2）使用寿命超过一个会计年度。从固定资产定义来看，固定资产具有以下3个特征：

第一，固定资产是为生产商品、提供劳务、出租或经营管理而持有的。即企业持有的固定资产是企业的劳动工具或手段，而不是直接用于出售的产品。其中，“出租”的固定资产，是指用以出租的机器设备类固定资产，不包括以经营租赁方式出租的建筑物。后者属于企业的投资性房地产，不属于固定资产。

第二，固定资产使用寿命超过一个会计年度。固定资产的使用寿命，是指企业使用固定资产的预计期间，或者该固定资产所能生产产品或提供劳务的数量。通常情况下，固定资产的使用寿命是使用固定资产的预计期间，如自用房屋建筑物的使用寿命或使用年限。某些机器设备或运输设备等固定资产，其使用寿命往往以该固定资产所能生产产品或提供劳务的数量来表示。例如，发电设备按其预计发电量估计使用寿命，汽车或飞机等按其行驶里程估计使用寿命。固定资产使用寿命超过一个会计年度，表明固定资产属于长期资产，随着使用和磨损，通过计提折旧方式逐渐减少账面价值。

第三，固定资产为有形资产。固定资产具有实物特征，这一特征将固定资产与无形资产区别开来。有些无形资产可能同时符合固定资产的其他特征，如无形资产为生产商品、提供劳务而持有，使用寿命超过一个会计年度，但是，由于其没有实物形态，所以不属于固定资产。

2.固定资产的确认

固定资产在同时满足以下两个条件时，才能予以确认：

（1）与该固定资产有关的经济利益很可能流入企业。资产最基本的特征是预期能给企业带来经济利益，如果某一固定资产预期不能给企业带来经济利润，就不能确认为企业的固定资产。在实务中，判断固定资产有关的经济利益是否很可能流入企业，主要依据该固定资产所有权上的风险和报酬是否转移给了企业。其中，固定资产所有权上的风险，是指由于经营情况变化造成的相关收益的变动，以及由于资产闲置、技术陈旧等原因造成的损失。固定资产所有权上的报酬，是指在固定资产使用寿命内直接使用该资产而获得的收入，以及处置该资产所实现的利得等。

通常，取得固定资产的所有权是判断固定资产所有权上的风险和报酬转移给了企业的一个重要标志。有时某项固定资产的所有权虽然不属于企业，但企业能控制该项固定资产所包含的经济利益流入企业，这可以认为该固定资产所有权上风险和报酬实质上已经转移给企业，可以作为企业的固定资产加以确认。比如，融资租入的固定资产，企业（承租人）虽然未拥有该固定资产的所有权，但企业能够控制该固定资产所包含的经济利益，该固定资产所有权上的主要风险和报酬实质上已经转移给企业，因此符合固定资产确认的第一个条件。

（2）该固定资产成本能够可靠计量。成本能够可靠计量，是资产确认的一个基本条件。如果固定资产的成本能够可靠地计量，并且满足其他确认条件，就可以加以确认；否则，企业不应加以确认。

企业在确定固定资产成本时，有时需要根据所获得的最新资料，对固定资产的成本进行合理估计。比如，企业对已达到预定可使用状态的固定资产，在尚未办理竣工决算前，需要根据工程预算、工程造价或者工程实际发生的成本等资料，按估计价值确定固定资产的成本，待办理竣工决算后，再按实际成本调整原来的暂估价值。

在实务中，对固定资产进行确认时，还需注意以下两个问题：

第一，固定资产各组成部分具有不同使用寿命或以不同方式为企业提供经济利益，适用不同折旧率或折旧方法的，应当分别将各组成部分确认为单项固定资产。

第二，与固定资产有关的后续支出，满足固定资产确认条件的，应当计入固定资产成本；不满足固定资产确认条件的，应当在发生时计入当期损益。

3.固定资产的分类

企业的固定资产种类繁多、规格不一，根据不同的管理需要和核算要求以及不同的分类标准，可以对固定资产进行不同的分类，主要有以下几种分类方法：

（1）按经济用途分类，可以分为生产经营用固定资产和非生产经营用固定资产。生产经营用固定资产是指直接服务于企业生产经营过程的各种固定资产，如生产经营用房屋建筑物、机器设备、交通运输工具等；非生产经营用固定资产是指不直接服务于生产经营过程的各种固定资产，如属于福利性的职工宿舍等使用的房屋、设备和其他固定资产等。

（2）按经济用途和使用情况等综合分类，可以把企业的固定资产分为以下7大类：

❶生产经营用固定资产。它是指直接参加企业生产经营过程或直接服务于生产经营过程的各种固定资产。例如，房屋、建筑物、机器设备、运输工具、管理用具等。

❷非营业用固定资产。它是指不直接服务于生产经营过程的各种固定资产。例如，职工宿舍、学校、幼儿园、食堂、浴室、医院、理发室、职工活动室等方面的固定资产。

❸租出固定资产。它是指出租给外单位使用的固定资产。这类固定资产，只是将其使用权暂时让渡给承租单位，所有权仍归本企业，由本企业收取租金收入，应视作营业中使用的固定资产，照提折旧。

❹不需用固定资产。它是指本企业不需用、准备处理的固定资产。

❺未使用固定资产。它是指尚未使用的新增固定资产、调入尚待安装的固定资产、进行改扩建的固定资产，以及经批准停止使用的固定资产。由于季节性生产、大修理等原因

而停止使用的固定资产，应作为使用中的固定资产处理。

❻土地。它是指过去已经估价单独入账的土地。因征用土地而支付的补偿费，应计入与土地有关的房屋、建筑物的价值内，不单独作为土地入账。企业取得的土地使用权不作为固定资产管理，应作为无形资产核算。

❼融资租入固定资产。它是指企业以融资租赁方式租入的固定资产。在租赁期内，应视同企业自有固定资产进行管理。

4.固定资产的计价

（1）固定资产计价基础。

固定资产计价基础是指以何种属性对固定资产的价值进行计量的过程。其主要采用历史成本计量属性，对盘盈固定资产采用完全重置成本价值计量属性，对具有融资性质的分期付款购买固定资产采用现值计量属性。

（2）固定资产计价。

固定资产的价值应该包括企业为购建某项固定资产并使其达到可使用状态前所发生的一切合理的、必要的支出。

购建固定资产所支付的进项税额，能够抵扣的，都应该作为“进项税额”单列。

不动产类固定资产（非福利性质的），其进项税额要分期抵扣。

用于集体福利设施的固定资产，其进项税额不能抵扣。

❶外购固定资产。按购买价款、相关税费、使固定资产达到预定可使用状态前所发生的可归属于该项资产的运输费、装卸费、安装费和专业人员服务费作为入账价值。

以一笔款项购入多项没有单独标价的固定资产，按各项资产的公允价值比例分配。

❷自建固定资产。按建造该固定资产达到预定可使用状态前所发生的必要支出作为入账价值。

❸投资者投入的固定资产。按投资合同或协议价格作为入账价值（不公允的除外）。

❹盘盈的固定资产。按同类或类似的固定资产完全重置成本入账，即市场价格减去按其新旧程度估计的价值损耗后的余额作为入账价值。

❺接受捐赠的固定资产。捐赠方提供有关单据时，发票单据上标明的金额加上受赠企业承担的相关税费作为入账价值。捐赠方未提供有关单据时，如果同类或类似固定资产存在活跃市场的，按同类或类似资产的市场价值加上受赠企业承担的相关税费作为入账价值；同类或类似固定资产不存在活跃市场的，按受赠固定资产的预计未来现金流量现值作为入账价值。

另外，固定资产的入账价值中还应当包括企业为取得固定资产而缴纳的契税、耕地占用税、车辆购置税等相关税费；购入计算机硬件所附带的、未单独计价的软件，与所购置的计算机硬件一并作为固定资产管理。

（二）取得固定资产的核算

由于全面实施“营改增”后，取得动产和不动产固定资产在核算方法上区别较大，故将其核算方法分为取得动产和不动产两大类进行讲解。

1.动产类固定资产购建的核算

（1）不需安装固定资产的核算。

根据固定资产的入账成本，借记“固定资产”科目，将已认证符合抵扣条件的增值税，记入“应交税费——应交增值税（进项税额）”科目，如当月未认证，则先记入“应交税费——待认证进项税额”，贷记“银行存款”等相关科目。“应交税费——待认证进项税额”是一个过渡性项目，用以反映会计上已确认但按照税法规定尚未认证的增值税。为简便起见，以下案例中如无特别说明均视为已认证。

【例2-1-1】2017年5月甲公司购入一台不需要安装即可投入使用的设备，取得甲公司增值税专用发票注明该设备价款50 000元，增值税8 500元，取得物流公司增值税专用发票注明运输费500元，增值税85元。上述款项均以银行存款支付。甲公司应编制会计分录如下：

借：固定资产　50 500
　　应交税费——应交增值税（进项税额）　8 585
　贷：银行存款　59 085

【例2-1-2】2017年6月甲公司购入一辆小汽车供公司某部门主管使用，取得增值税专用发票注明该小汽车价款100 000元，增值税17 000元（未认证），购置税10 000元，款项均以银行存款支付。甲公司应编制会计分录如下：

借：固定资产　110 000
　　应交税费——待认证进项税额　17 000
　贷：银行存款　127 000

（2）需要安装固定资产的核算。

购入需要安装的固定资产，应在购入固定资产取得成本的基础上加上安装调试成本等，作为购入固定资产的成本。购入需要安装的固定资产，先通过“在建工程”科目核算，待安装完毕达到预定可使用状态时，再由“在建工程”科目转入“固定资产”科目。需要安装固定资产的资金运动如图2-1所示。

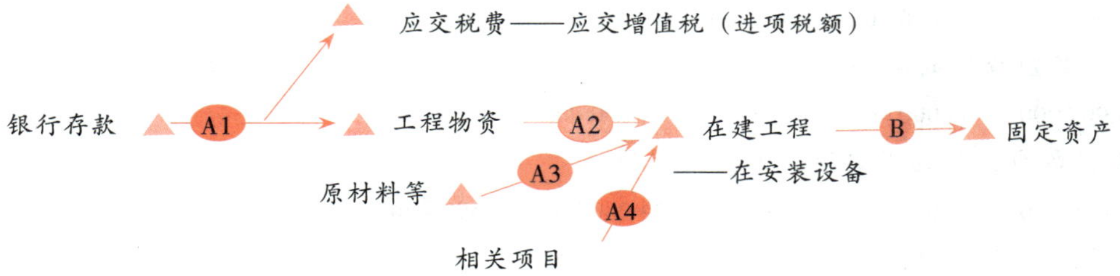

附注：A1——购买需安装的机器设备　　A2——将机器设备投入安装

A3——将从原材料仓库领用的材料投入安装（如果直接以货币资产从市场购得，应直接反映银行存款的减少）

A4——安装人工费的处理（如本企业职工，应通过“应付职工薪酬”项目）

B——设备安装完工，交付使用

讨论：关于A1与A2的关系，即要不要经过“工程物资”项目。

图2-1　需要安装固定资产资金运动

【例2-1-3】2017年1月甲公司用银行存款购入一台需要安装的设备（直接交付安装），增值税专用发票上注明的设备买价为100 000元，增值税为17 000元，支付运杂费10 000元，支付安装费4 000元（假设均以银行存款支付）。甲公司应编制会计分录如下：

(1) 购入需安装的设备时：

借：在建工程——在安装设备	110 000	
应交税费——应交增值税（进项税额）	17 000	
贷：银行存款		127 000

(2) 支付安装费时：

借：在建工程——在安装设备	4 000	
贷：银行存款		4 000

(3) 设备安装完毕，交付使用时：

借：固定资产	114 000	
贷：在建工程——在安装设备		114 000

本案例中，如果该设备先入库，过段时间再交付安装，则先通过“工程物资——专用设备”科目进行核算，待交付安装时，再记入“在建工程——在安装设备”科目。

企业基于产品价格等因素，可能以一笔款项购入多项没有单独标价的固定资产。如果这些资产均符合固定资产的定义，并满足固定资产的确认标准，则应将各项资产单独确认为固定资产，并按各项固定资产公允价值的比例对总额进行分配，分别确定各项固定资产的成本。

【例 2-1-4】2017 年 4 月甲公司向乙公司一次购进了 3 台不同型号且不同生产能力的设备 U、V、W，共支付款项 100 000 000 元，增值税 17 000 000 元，运杂费 800 000 元，全部以银行存款支付。假定 U、V、W 均满足固定资产的定义及确认条件，公允价值分别为 60 000 000 元、36 000 000 元、24 000 000 元。

应计入固定资产成本的金额包括买价和运杂费，即：

100 000 000+800 000=100 800 000（元）

U 设备应分配的固定资产价值比例为：

60 000 000÷（60 000 000 + 36 000 000 + 24 000 000）×100%=50%

V 设备应分配的固定资产价值比例为：

36 000 000÷（60 000 000 + 36 000 000 + 24 000 000）×100%=30%

W 设备应分配的固定资产价值比例为：

24 000 000÷（60 000 000 + 36 000 000 + 24 000 000）×100%=20%

U 设备的成本为：

100 800 000×50%=50 400 000（元）

V 设备的成本为：

100 800 000×30%=30 240 000（元）

W 设备的成本为：

100 800 000×20%=20 160 000（元）

甲公司应编制会计分录如下：

借：固定资产——U 设备	50 400 000	
——V 设备	30 240 000	
——W 设备	20 160 000	
应交税费——应交增值税（进项税额）	17 000 000	
贷：银行存款		117 800 000

（3）投资者投入固定资产的核算。

投资者投入的固定资产原价为投资各方确认的价值（不公允的除外），按双方约定的资本份额计入实收资本，差额计入资本公积——资本溢价。

【例2-1-5】甲公司注册资本为1 000 000元，2017年6月5日接受乙公司以一台不需要安装的设备投资。经双方协商确认，该设备价值为400 000元（不含增值税），增值税发票上注明进项税额为68 000元。乙公司投资占其注册资本的30%。假定不考虑其他相关税费。接受固定资产投资的资金运动如图2-2所示。

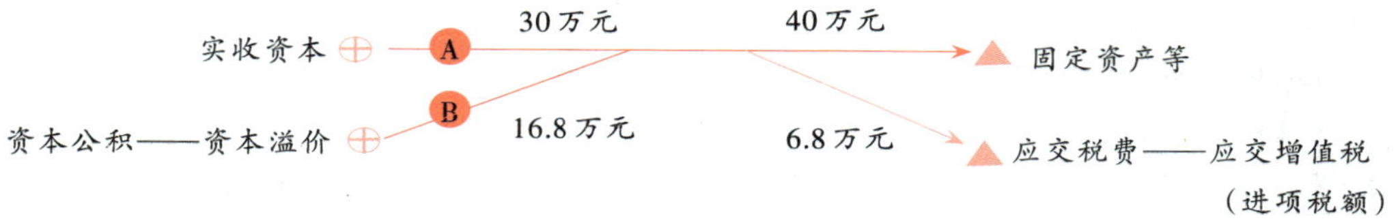

图2-2　接受固定资产投资资金运动

甲公司应编制会计分录如下：

借：固定资产	400 000	
应交税费——应交增值税（进项税额）	68 000	
贷：实收资本——乙公司		300 000
资本公积——资本溢价		168 000

（4）接受捐赠固定资产的核算。

企业接受的捐赠收入，计入营业外收入，其会计分录对应关系为：

借：固定资产等相关账户

　贷：营业外收入

（5）具有融资性质的购入固定资产的核算。

具有融资性质的付款是指超过正常信用期付款，如分期付款方式购买资产，且合同中规定的付款期限比较长，超过正常信用条件。在这种情况下，该类购货合同实质上具有融资性质，购入资产的成本不能以各期付款额之和确定，而应以各期付款额的现值之和确定。购入固定资产时，按购买价款的现值，借记“固定资产”等科目，按应支付价款总额，贷记“长期应付款”科目，按其差额，借记“未确认融资费用”科目。具有融资性质的购入固定资产的资金运动如图2-3所示。

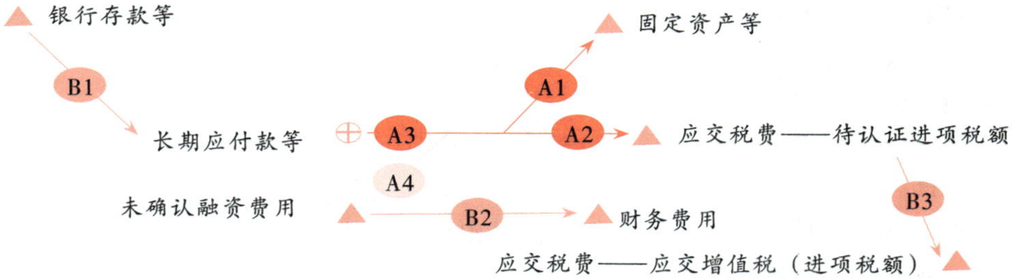

附注：A1按现值计量；A2按实际交易金额为基础计量；A3按实际应付总金额计量；A1、A2与A3的差额确认为未确认融资费用，即A4，其流量为负。

每年年末：B1每期期末支付欠款；B2同步确认各期所应承担的财务费用；B3为确认的进项税额。

图2-3　具有融资性质的购入固定资产资金运动

【例 2-1-6】2017 年 1 月 1 日甲公司与乙公司签订一项购货合同，甲公司从乙公司购入一台不需要安装的大型机器设备。合同约定，甲公司采用分期付款方式支付价款。该设备售价 1 000 000 元，首期款项 200 000 元及增值税 170 000 元于 2017 年 1 月 1 日支付，2017 年至 2021 年的 5 年期内平均支付 160 000 元，每年的付款日期为当年的 12 月 31 日。乙公司于当日开出增值税专用发票，注明增值税 170 000 元（尚未认证）。设备已交付甲公司使用，甲公司按照合同约定以银行存款如期支付款项。假定折现率为 10%。

购买价款的现值为：

200 000+160 000×（P/A，10%，5）=200 000+160 000×3.7908=806 528（元）

增值税的处理为：

根据税法规定，采取分期收款方式销售货物，纳税义务发生的时间应为按合同约定的收款日期的当天，即合同约定的收款日期（每年年末，即每年的 12 月 31 日）；金额以增值税发票上列示的金额（1 000 000 元）为基础，即增值税 170 000 元。

2017 年 1 月 1 日，按 800 000 元（160 000×5）确认“长期应付款”，同步确认“应交税费——待认证进项税额”。

2017 年 1 月 1 日甲公司应编制会计分录如下：

借：固定资产	806 528	
应交税费——待认证进项税额	170 000	
未确认融资费用	193 472	
贷：银行存款		370 000
长期应付款		800 000

未确认融资费用应在以后 5 年的信用期内按实际利率法摊销，按“确认的融资费用”栏金额计入当期财务费用。各期分摊时应编制的会计分录如下：

借：财务费用

　贷：未确认融资费用

各期支付款项时应编制的会计分录如下：

借：长期应付款

　贷：银行存款

各期抵扣进项税时应编制的会计分录如下：

借：应交税费——应交增值税（进项税额）

　贷：应交税费——待抵扣进项税额

甲公司未确认融资费用各期分摊额见表 2-1。

2. 不动产类固定资产购建的核算

企业不动产类固定资产的购建可以通过出包和自建两种方式完成。企业自行建造固定资产，应按建造该项固定资产达到预定可使用状态前所发生的必要支出，作为固定资产的成本。

表 2-1 **甲公司未确认融资费用各期分摊表** 金额单位：元

日期	分期付款	确认的融资费用	应付本金减少额	应付本金余额
①	②	③=期初⑤×10%	④=②-③	期末⑤=期初⑤-④
2017年1月1日				606 528.00*
2017年12月31日	160 000	60 652.80	99 347.20	507 180.80
2018年12月31日	160 000	50 718.08	109 281.92	397 898.88
2019年12月31日	160 000	39 789.89	120 210.11	277 688.77
2020年12月31日	160 000	27 768.88	132 231.12	145 457.64
2021年12月31日	160 000	14 542.36**	145 457.64**	0
合　计	800 000	193 472.00	606 528.00	

*606 528=806 528-200 000。

**尾数调整：145 457.64为期初应付本金余额；14 542.36=160 000-145 457.64。

自建固定资产应先通过“在建工程”科目核算，工程达到预定可使用状态时，再从“在建工程”科目转入“固定资产”科目。企业自建固定资产，主要有自营和出包两种方式，由于采用的建设方式不同，其会计处理也不同。无论采用哪种方式完成，其增值税的处理原则都必须遵循国家税务总局公告2016年第15号规定。增值税一般纳税人于2016年5月1日后通过各种形式取得并在会计制度上按固定资产核算的不动产和不动产在建工程，其进项税额应在第1年抵扣60%，第2年（当月起第13个月）抵扣40%。据此可知，当期购进时已全额抵扣进项税额的货物和服务，转用于不动产在建工程的，其已抵扣进项税额的40%部分，应于转用的当期从进项税额中扣减，计入待抵扣进项税额，并于转用当月起第13个月从销项税额中抵扣。

（1）出包工程的核算。

出包工程是指企业通过招标等方式将工程项目发包给建造承包商来组织施工建筑工程和安装工程。企业采用出包方式进行的固定资产工程，其工程的具体支出主要由建造承包商核算，企业只需要将支付给建造承包商的工程价款记入“在建工程”科目，工程达到预定可使用状态时再转入“固定资产”科目。出包工程的资金运动如图2-4所示。

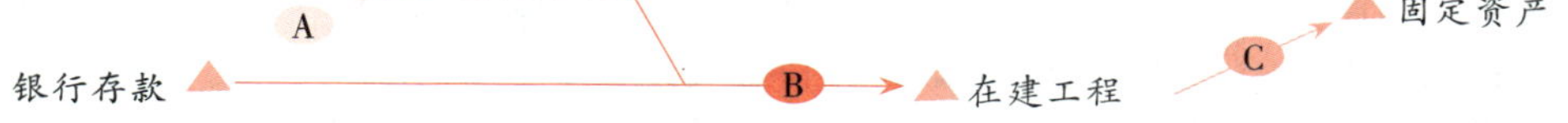

附注：A——预付工程款　　B——按工程进度结算工程款　　C——工程完工

图2-4 出包工程资金运动

【例2-1-7】甲公司为增值税一般纳税人，发生出包工程业务如下：

（1）2017年3月2日甲公司将一幢新建厂房工程出包给乙公司承建，按规定先向承包单位预付工程款400万元，以银行存款转账支付。

借：预付账款　　4 000 000

　贷：银行存款　　4 000 000

（2）2017年7月2日该工程达到预定可使用状态后，收到承包单位的有关工程结算单据，补付工程款223万元，以银行存款转账支付。其中，该单据涉及进项税额51万元，60%可立即抵扣，剩余的40%留待第13个月抵扣。

借：在建工程——建筑工程	5 720 000	
应交税费——应交增值税（进项税额）	306 000	
——待抵扣进项税额	204 000	
贷：银行存款		2 230 000
预付账款		4 000 000

（3）2017年7月3日该工程达到预定可使用状态并经验收交付使用。

借：固定资产	5 720 000	
贷：在建工程——建筑工程		5 720 000

2018年8月将待抵扣进项税额204 000元转入进项税额抵扣当期销项税额。

出包工程完整业务的资金运动如图2-5所示。

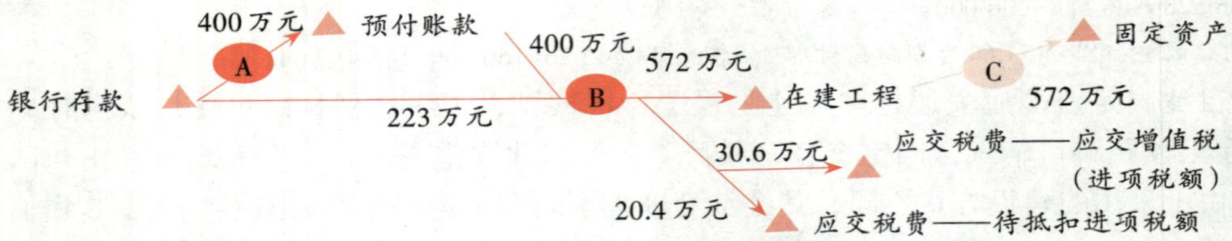

图2-5　出包工程完整业务资金运动

（2）自营工程的核算。

在自营方式下，企业自行组织工程物资采购、自行组织施工人员工程施工。自营建造的固定资产入账价值应当按照该项固定资产达到预定可使用状态前所发生的必要支出确定，如耗用的工程物资成本、人工成本、缴纳的相关税费、应予资本化的借款费用、应分摊的间接费用等。一些特殊情况的说明如下：

❶工程所耗用物资的特殊处理。非福利性工程的进项税额要分期抵扣；领用本企业完工产品的，按成本结转，按公允价值计算增值税；工程物资发生盘亏、盘盈、报废、毁损的，扣除保险公司或个人的赔款后，调整在建工程；未用完的工程物资，可转为原材料，可对外销售；进项税额可以一次性抵扣。

❷进行负荷联合试车期间。负荷联合试车，指企业的在建工程项目达到预定状态前需进行的负荷（即投入原材料）多生产程序联合试运行。发生的支出，增加在建工程——待摊支出；取得的收益，减少在建工程——待摊支出。

❸借款利息的处理。满足资本化条件的，计入在建工程；否则费用化。

❹单项或单位工程报废或毁损。单项，指某独立建设或可单独核算的项目工程。其减去残值或过失人、保险公司赔偿后的净损失，计入营业外支出；如属于管理不善造成的，应将其相应的进项税额转出。

❺已达到预计可使用状态的。先计算分配待摊支出，再转为固定资产；但尚未办理竣工结算手续的，应自达到预计可使用状态之日起，根据工程预算、造价或工程实际成本等，按估计的价值转入固定资产，并计提折旧；待办理竣工结算手续后再调整固定资产实际成本，但不调整原已计提的折旧。

自营不动产的资金运动如图2-6所示。

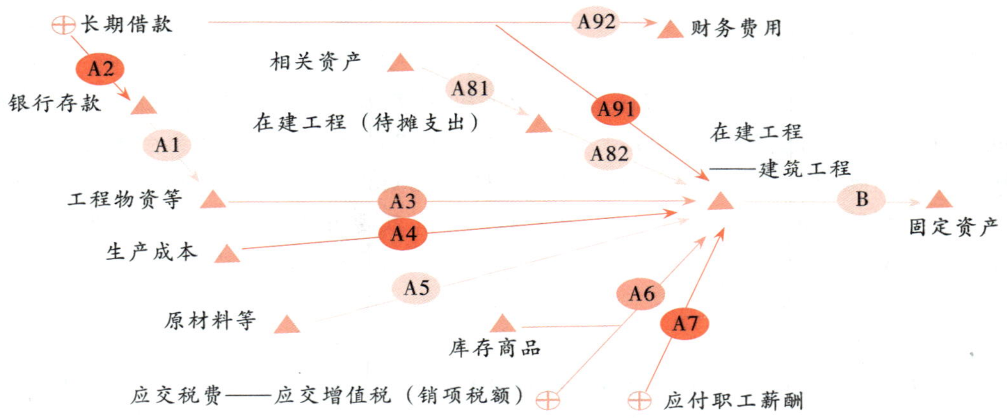

附注：A1——货币资产购买工程物资　A2——向银行借入长期借款
A3——将工程物资投入工程　A4——耗用企业辅助生产部门的水、电、劳务
A5——领用本企业的原材料投入工程　A6——领用本企业的完工产品投入工程
A7——工程施工人员的工资及福利　A8——其他相关费用的处理：A81发生，A82结转
A9——借款利息处理：A91资本化，A92费用化
B——工程完工，转入固定资产

图2-6　自营不动产资金运动

购入工程物资时：

借：工程物资

　　应交税费——应交增值税（进项税额）（增值税的60%）

　　　　　　——待抵扣进项税额（增值税的40%）

　贷：银行存款等相关账户

领用工程物资时：

借：在建工程——建筑工程

　贷：工程物资

在建工程领用本企业原材料时：

借：在建工程——建筑工程

　贷：原材料（原材料账面成本）

同时，转出该原材料已抵扣进项税额的40%。

借：应交税费——待抵扣进项税额

　贷：应交税费——应交增值税（进项税额转出）

在建工程领用本企业产品（商品）时：

借：在建工程——建筑工程

　贷：库存商品（库存商品账面成本）

　　　应交税费——应交增值税（销项税额）（按库存商品公允价值计算销项税额）

自营工程发生其他费用（如分配工程人员工资等）时：

借：在建工程——建筑工程

　贷：应付职工薪酬等

自营工程达到预定可使用状态时，按其成本：

借：固定资产

　贷：在建工程——建筑工程

【例 2-1-8】某企业为增值税一般纳税人，自建厂房一幢，购入为工程准备的各种物资600 000元，支付增值税102 000元，全部用于工程建设。领用本企业生产的水泥一批，实际成本100 000元，税务部门核定的计税价格为120 000元；领用原材料一批，实际成本30 000元；工程人员应计工资100 000元；以银行存款支付其他直接费用20 000元。该企业应编制会计分录如下：

购入工程物资时：

借：工程物资	600 000	
应交税费——应交增值税（进项税额）	61 200	
——待抵扣进项税额	40 800	
贷：银行存款		702 000

工程领用工程物资时：

借：在建工程——建筑工程	600 000	
贷：工程物资		600 000

工程领用本企业生产的水泥，应计入在建工程成本的金额为：

100 000+120 000×17%=120 400（元）

借：在建工程——建筑工程	120 400	
贷：库存商品		100 000
应交税费——应交增值税（销项税额）		20 400

工程领用原材料时：

借：在建工程——建筑工程	30 000	
贷：原材料		30 000

同时，转出其原进项税额的40%：

30 000×17%×40%=2 040（元）

借：应交税费——待抵扣进项税额	2 040	
贷：应交税费——应交增值税（进项税额转出）		2 040

分配工程人员工资时：

借：在建工程——建筑工程	100 000	
贷：应付职工薪酬		100 000

支付工程其他直接费用时：

借：在建工程——建筑工程	20 000	
贷：银行存款		20 000

工程完工转入固定资产成本=600 000+120 400+30 000+100 000+20 000=870 400（元）

借：固定资产	870 400	
贷：在建工程——建筑工程		870 400

（三）固定资产折旧的核算

固定资产在使用中会创造价值（带来经济利益），其本身的价值也会随着生产过程的开展而被慢慢消耗，这些被消耗的价值必须由其使用者来承担，进而计入相关成本费用。这一过程我们称之为固定资产价值的转移，即固定资产折旧。固定资产的折旧过程如图2-7所示。

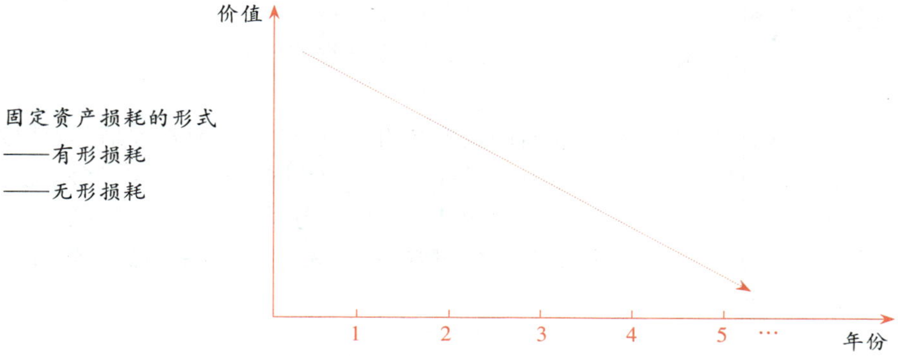

图2-7　固定资产折旧过程

1.固定资产折旧认知

（1）固定资产折旧的概念。

固定资产折旧是指固定资产在使用过程中，逐渐损耗而减少的那部分价值。固定资产损耗的这部分价值，应当在固定资产的有效使用年限内进行分摊，形成折旧费用，计入产品成本或期间费用。企业应当在固定资产的使用寿命内，按照确定的方法对应计折旧额进行系统分摊，根据固定资产的性质和使用情况，合理确定固定资产的使用寿命和预计净残值。固定资产的使用寿命、预计净残值一经确定，不得随意变更。

（2）固定资产折旧的影响因素。

固定资产的折旧额是根据固定资产的应计折旧额在有效的预计使用寿命期间按一定方法计算的金额。其中，固定资产的应计折旧额=原价-预计净残值-已计提减值准备累计金额（如有计提减值准备）。所以，固定资产折旧的影响因素主要有固定资产原价、预计净残值、预计使用寿命、折旧方法。在这四个因素中，除固定资产原价外的其他因素在经公司股东大会、董事会、经理（厂长）等类似权力机构批准确认后，不得随意变更。

（3）固定资产折旧的范围。

根据《企业会计准则第4号——固定资产》的规定，除下列情况外，企业应对所有固定资产计提折旧：

第一，已提足折旧仍继续使用的固定资产；

第二，按规定单独作价作为固定资产入账的土地。

在确定计提折旧的范围时，还应注意以下几点：

❶固定资产应当按月计提折旧，当月增加的固定资产，当月不计提折旧，从下月起计提折旧；当月减少的固定资产，当月仍计提折旧，从下月起不计提折旧。即企业应按月计提折旧，且是以期初固定资产的原值为基础来计提折旧。

❷固定资产提足折旧后，不论能否继续使用，均不再计提折旧；提前报废的固定资产，也不再补提折旧。所谓提足折旧，是指已经提足该项固定资产的应计折

旧额。

❸已达到预定可使用状态但尚未办理竣工决算的固定资产，应当按照估计价值确定其成本，并计提折旧；待办理竣工决算后，再按实际成本调整原来的暂估价值，但不需要调整原已计提的折旧额。

❹对于已计提减值准备的固定资产，应按其可收回金额和尚可使用寿命计算其折旧额。

企业至少应当于每年年度终了，对固定资产的使用寿命、预计净残值和折旧方法进行复核。使用寿命预计数与原先估计数有差异的，应当调整固定资产使用寿命。预计净残值预计数与原先估计数有差异的，应当调整预计净残值。与固定资产有关的经济利益预期实现方式有重大改变的，应当改变固定资产折旧方法。固定资产使用寿命、预计净残值和折旧方法的改变，应当作为会计估计变更。

2.固定资产折旧计算

（1）直线折旧法。

在直线折旧法下，单位时间或单位工作量其折旧额相等，在坐标图里表现为一条直线，故称为直线折旧法。

❶平均年限法。它是以固定资产预计使用年限为分摊标准，将固定资产应提折旧总额均衡地分摊到各期的一种方法。采用这种方法计提折旧，各期固定资产折旧额完全相等，其计算公式如下：

年折旧率=（1−预计净残值率）÷预计使用寿命（年）×100%

月折旧率=年折旧率÷12

月折旧额=固定资产原价×月折旧率

【例2-1-9】甲公司有一幢厂房，原价为5 000 000元，预计可使用20年，预计报废时的净残值率为2%。该厂房的折旧率和折旧额的计算如下：

年折旧率=（1−2%）÷20×100%=4.9%

月折旧率=4.9%÷12=0.41%

月折旧额=5 000 000×0.41%=20 500（元）

采用平均年限法计提折旧，简便易行，容易理解，因而是会计实务中常使用的一种方法。但这种方法会使固定资产在整个使用期间的使用成本不均衡，同时也忽视了各期的使用情况。

❷工作量法。它是以固定资产预计可完成的工作量为分摊标准，根据各期实际完成的工作量计算折旧额的一种方法。采用这种方法计提折旧，各期固定资产的折旧额随工作量的变动而成正比例变动，其计算公式如下：

单位工作量折旧额=固定资产原价×（1−预计净残值率）÷预计总工作量

某项固定资产月折旧额=该项固定资产当月工作量×单位工作量折旧额

【例2-1-10】某企业的一辆运货卡车的原价为600 000元，预计总行驶里程为500 000千米，预计报废时的净残值率为5%。该卡车本月行驶4 000千米，其月折旧额的计算如下：

单位里程折旧额=600 000×（1−5%）÷500 000=1.14（元/千米）

月折旧额=4 000×1.14=4 560（元）

采用工作量法计提折旧，简单实用，且应提的折旧额与资产的使用成正比例，使资产的使用效益与成本较为合理地配比起来。但这种方法未考虑无形损耗的因素，更何况资产在预计使用年限内究竟能完成多少工作量也是很难测定的。因此，工作量法适用于大型专业设备和运输设备。

（2）加速折旧法。

在加速折旧法下，在固定资产使用前期提取折旧额多，后期提取折旧额少，能在较短时间内收回大部分固定资产投资价值，降低其贬值风险，故称为加速折旧法。

这种做法就企业而言，实际上是延期向国家缴纳所得税；而就政府而言，实际上是给了企业若干年的免息贷款。这种加速折旧的方法虽然与当今的通过缩短折旧年限而加速固定资产成本计提的加速折旧法并不完全一致，但就其目的而言则是相同的。

❶双倍余额递减法。它是以不考虑固定资产净残值的直线折旧法折旧率的两倍作为加速折旧率，乘以每期期初固定资产折余价值求得每期折旧的一种方法（但在到期的最后两年内改用平均年限法）。其计算公式如下：

年折旧率=2÷预计使用寿命（年）×100%

月折旧率=年折旧率÷12

月折旧额=每月月初固定资产账面净值×月折旧率

【例 2-1-11】某企业一项固定资产的原价为 1 000 000元，预计使用年限为 5 年，预计净残值为 4 000 元。按双倍余额递减法计提折旧，每年的折旧额计算如下：

年折旧率=2÷5×100%=40%

第 1 年应提的折旧额=1 000 000×40%=400 000（元）

第 2 年应提的折旧额=（1 000 000-400 000）×40%=240 000（元）

第 3 年应提的折旧额=（600 000-240 000）×40%=144 000（元）

从第 4 年起改用平均年限法（直线折旧法）计提折旧。

第 4 年、第 5 年的年折旧额=［（360 000-144 000）-4 000］÷2=10 600（元）

每年各月折旧额根据年折旧额除以 12 来计算。

采用双倍余额递减法计提固定资产折旧，一般应在固定资产使用寿命到期前两年内，将固定资产账面净值扣除预计净残值后的净值平均摊销。

❷年数总和法。它是将固定资产的原值减去残值后的净额乘以一个逐年递减的分数计算每年的折旧额。这个分数的分子代表固定资产尚可使用的年数，分母代表使用年数的逐年数字总和。其计算公式如下：

年折旧率=（预计使用寿命-已使用年限）÷［预计使用寿命×（预计使用寿命+1）÷2］×100%

或者：

年折旧率=尚可使用年限÷预计使用寿命的年数总和×100%

月折旧率=年折旧率÷12

月折旧额=（固定资产原值-预计净残值）×月折旧率

【例 2-1-12】承【例 2-1-11】，假如采用年数总和法，各年折旧额计算见表 2-2。

表 2-2　　**折旧额计算表（年数总和法）**　　金额单位：元

年　份	尚可使用年限	原价－净残值	变动折旧率	年折旧额	累计折旧
1	5	996 000	5／15	332 000	332 000
2	4	996 000	4／15	265 600	597 600
3	3	996 000	3／15	199 200	796 800
4	2	996 000	2／15	132 800	929 600
5	1	996 000	1／15	66 400	996 000

3.固定资产折旧核算

固定资产应当按月计提折旧，计提的折旧应记入“累计折旧”科目，并根据用途计入相关资产的成本或者当期损益。企业自行建造固定资产过程中使用的固定资产，其计提的折旧应计入在建工程成本；基本生产车间所使用的固定资产，其计提的折旧应计入制造费用；管理部门所使用的固定资产，其计提的折旧应计入管理费用；销售部门所使用的固定资产，其计提的折旧应计入销售费用；经营租出的固定资产，其应提的折旧额应计入其他业务成本。企业计提固定资产折旧时，借记“制造费用”“销售费用”“管理费用”等科目，贷记“累计折旧”科目。固定资产折旧的资金运动如图2-8所示。

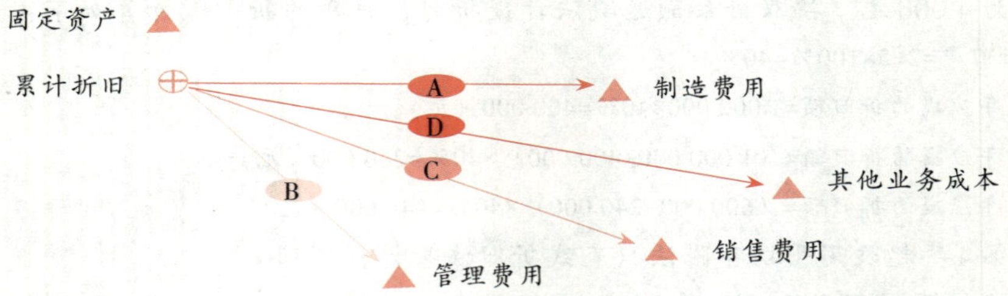

附注：借：制造费用（生产部门折旧）
　　　　　管理费用（管理部门折旧）
　　　　　其他业务成本（经营性出租资产折旧）
　　　　　销售费用
　　　贷：累计折旧

图2-8　固定资产折旧资金运动

【例 2-1-13】某企业采用平均年限法对固定资产计提折旧。2017年1月根据固定资产折旧计算表确定的各车间及厂部管理部门应分配的折旧额为：一车间1 500 000元，二车间2 400 000元，三车间3 000 000元，厂部管理部门600 000元。该企业的会计处理如下：

借：制造费用——一车间	1 500 000	
——二车间	2 400 000	
——三车间	3 000 000	
管理费用	600 000	
贷：累计折旧		7 500 000

【例2-1-14】乙公司2017年6月固定资产计提折旧情况如下：一车间厂房计提折旧3 800 000元，机器设备计提折旧4 500 000元；管理部门房屋建筑物计提折旧6 500 000元，运输工具计提折旧2 400 000元；销售部门房屋建筑物计提折旧3 200 000元，运输工具计提折旧2 630 000元。当月新购置机器设备一台，价值为5 400 000元，预计使用寿命为10年。该企业同类设备计提折旧采用平均年限法。

本例中，新购置的机器设备本月不计提折旧。本月计提的折旧费用中，车间使用的固定资产计提的折旧费用计入制造费用；管理部门使用的固定资产计提的折旧费用计入管理费用；销售部门使用的固定资产计提的折旧费用计入销售费用。乙公司的会计处理如下：

借：制造费用——一车间	8 300 000	
管理费用	8 900 000	
销售费用	5 830 000	
贷：累计折旧		23 030 000

（四）固定资产的后续支出

固定资产的后续支出是指企业为了维护或提高固定资产的使用效能，而对资产进行维护、改建、扩建或者改良所发生的开支，如对生产设备的日常维修、定期大修以及房屋进行装修等。根据《企业会计准则第4号——固定资产》的规定："与固定资产有关的后续支出，符合本准则第四条规定的确认条件的，应当计入固定资产成本；不符合本准则第四条规定的确认条件的，应当在发生时计入当期损益。"因此，固定资产的后续支出应区分费用化支出与资本化支出分别核算。

1.费用化的后续支出

费用化的后续支出是指与固定资产有关的修理费用等后续支出，且不符合固定资产确认条件。根据《企业会计准则——应用指南》的附录《会计科目和主要账务处理》的规定：企业发生的与专设销售机构相关的固定资产修理费用等后续支出，记入"销售费用"科目；企业生产车间（部门）和行政管理部门等发生的固定资产修理费用等后续支出，记入"管理费用"科目。

【例2-1-15】甲公司对生产车间的一台生产用设备进行修理维护，修理过程中发生如下支出：领用库存原材料一批，价值2 000元，为购买该原材料支付的增值税进项税额为340元；维修人员工资500元。不考虑其他因素，其会计处理如下：

借：管理费用	2 500	
贷：原材料		2 000
应付职工薪酬——工资		500

由于维修的设备属于生产用设备，因此，维修领用生产用原材料的增值税进项税额340元仍允许抵扣。

2.资本化的后续支出

资本化的后续支出主要是与固定资产的更新改造等有关，满足固定资产确认条件的，应当计入固定资产成本。

（1）更新改造。

企业固定资产发生资本化的更新改造支出时，首先应将相关固定资产的原价、已计提的累计折旧和减值准备转销，将固定资产的账面价值转入在建工程，并停止计提折旧。更新改造过程中发生的支出通过“在建工程”科目核算，待工程完工并达到预定可使用状态时，再从在建工程转为固定资产，并按重新确定的使用寿命、预计净残值和折旧方法计提折旧。固定资产更新改造的资金运动如图2-9所示。

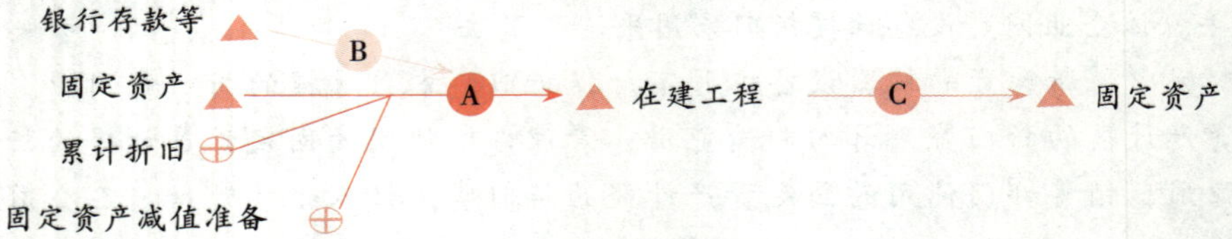

附注：A——将固定资产转为在建工程

B——追加的支出、取得的残值收入（流量为负）

C——更新改造完成，转为固定资产

图2-9　固定资产更新改造资金运动

【例2-1-16】某公司2014年12月建成了一条生产线，入账价值为500 000元，预计净残值为0，预计使用年限为5年，采用平均年限法计提折旧。2017年1月1日由于现有生产线的生产能力已难以满足公司生产发展的需要，于是公司决定对现有生产线进行改扩建，以提高其生产能力。2017年1月1日至3月31日经过3个月的改扩建，完成了对这条生产线的改扩建工程，共发生支出180 000元，全部以银行存款支付。

（1）2016年12月31日该公司有关账户的余额为：

生产线的年折旧额=500 000÷5=100 000（元）

累计折旧的账面价值=100 000×2=200 000（元）

固定资产的账面净值=500 000-200 000=300 000（元）

（2）2017年1月1日固定资产转入改扩建时：

借：在建工程	300 000	
累计折旧	200 000	
贷：固定资产		500 000

（3）2017年1月1日至3月31日发生改扩建工程支出时：

借：在建工程	180 000	
贷：银行存款		180 000

（4）2017年3月31日生产线改扩建工程达到预定可使用状态时：

固定资产的入账价值=300 000+180 000=480 000（元）

借：固定资产	480 000	
贷：在建工程		480 000

（2）经营租入固定资产改良支出。

经营租入固定资产改良支出是指以经营租赁方式租入的固定资产改良工程支出，是能增加以经营租赁方式租入的固定资产的效用或延长其使用寿命的改装、翻修、改良等支出。它不应作为当期费用处理，而应作为长期待摊费用管理，在租赁有效期内分期摊销计入制造费用或管理费用。经营租入固定资产的资金运动如图2-10所示。

图2-10　经营租入固定资产资金运动

（五）固定资产处置的核算

固定资产处置主要是指企业因出售、报废、毁损、捐赠、抵债、盘亏、无偿调出、投资转出等对固定资产进行的清理工作。这个清理过程的工作及手续相对较多，比存货销售复杂，一般需要一段时间。

1.固定资产终止确认

当固定资产满足下列条件之一时，应当终止确认：

（1）该资产处于处置状态；

（2）使用或处置该资产预期不能产生经济利益。

企业在生产经营过程中，对那些不适用或不需用的固定资产，可以出售转让；对那些由于使用而不断磨损直至报废，或由于技术进步而提前报废，或由于自然灾害等非常损失而发生毁损的固定资产应及时进行清理，按规定程序办理有关手续，结转固定资产账面价值，确认计量有关的清理收入、清理费用及残料价值等。

2.固定资产处置相关增值税处理分析

固定资产销售中增值税的处理，因动产类固定资产和不动产类固定资产而有较大区别。

（1）销售动产类固定资产。

如果销售已使用过的固定资产，以前取得时未考虑增值税进项税额的，采用简易征收方式按3%征收率减按2%征收。

$$应纳增值税税额=销售价款\div（1+3\%）\times 2\%$$

如果销售的固定资产在取得时已考虑进项税额的，直接按17%的增值税税率正常计算增值税销项税额。

（2）销售不动产类固定资产。

根据财会〔2016〕22号和财税〔2017〕58号相关规定：

❶取得时未考虑增值税进项税额的，可以选择适用简易计税方法：按3%征收率预缴后回机构所在地纳税申报。

如果销售自建的不动产，以销售取得的全部价款和价外费用为销售额；如果销售从外部取得的不动产，以销售取得的全部价款和价外费用减去该项不动产购置原价或取得不动产时的作价后的余额为销售额。

按3%的征收率计算应纳税额。

不得开具增值税专用发票。

纳税人应按照上述计税方法在不动产所在地预缴税款后，向机构所在地主管税务机关进行纳税申报。

❷取得时已考虑进项税额的，应适用一般计税方法：收入全额按11%计算销项税额，

并按2%预征率在不动产所在地预缴后回机构所在地进行纳税申报。

以取得的全部价款和价外费用为销售额计算应纳税额。

增值税税率为11%。

纳税人销售自建不动产的，应以取得的全部价款和价外费用为预征基数；销售从外部取得不动产的，应以取得的全部价款和价外费用减去该项不动产购置原价或取得不动产时的作价后的余额为预征基数。

按照2%的预征率在不动产所在地预缴税款后，向机构所在地主管税务机关进行纳税申报。

小规模纳税人按照3%的预征率在不动产所在地预缴税款后，向机构所在地主管税务机关进行纳税申报。

企业因改变经营方向或更新设备等原因，可以将不需用的固定资产出售给他人。出售固定资产为企业的非日常经营活动，其取得的净收益或发生的净损失为企业的利得而非收入，应记入“资产处置损益”账户。“资产处置损益”属于损益类账户，反映企业出售划分为持有待售的非流动资产（金融工具、长期股权投资和投资性房地产除外）或处置组时确认的处置利得或损失，以及处置未划分为持有待售的固定资产、在建工程、生产性生物资产及无形资产而产生的处置利得或损失。债务重组中因处置非流动资产产生的利得或损失和非货币性资产交换产生的利得或损失也在本账户中核算。

3.固定资产处置的核算

（1）“固定资产清理”账户。

由于固定资产的处置时间较长，而且在这个过程中会陆续发生很多业务，如未折旧完的账面价值结转、清理费用、清理收入、相关责任人的赔偿以及最终的处置净损益结转等。因此，企业需要单独设置“固定资产清理”项目来对整个处置过程进行管控，并对相关的收支进行归集。一旦处置完成，该项目的使命也就结束，其余额为0。因此，“固定资产清理”是一个暂时的、过渡性项目。

“固定资产清理”账户用来核算企业因出售、报废和毁损等原因转入清理的固定资产净值以及在清理过程中所发生的清理费用和清理收入。该账户借方登记固定资产转入清理的净值和清理过程中发生的费用以及清理完毕后净收益转入“营业外收入”账户的数额；贷方登记收回出售固定资产的价款、残料价值和变价收入以及清理完毕后净损失转入“营业外支出”账户的数额。其贷方余额表示清理后的净收益；借方余额表示清理后的净损失；清理完毕后，应将其贷方或借方余额转入“资产处置损益”账户。

“固定资产清理”账户应按被清理的固定资产设置明细账。

（2）固定资产清理步骤。

将固定资产转入清理（包括减值准备）；

发生清理费用；

清理收入及相关增值税；

保险赔偿的处理；

清理净损失或净收益转入资产处置损益。

（3）固定资产处置的资金运动如图2-11所示。

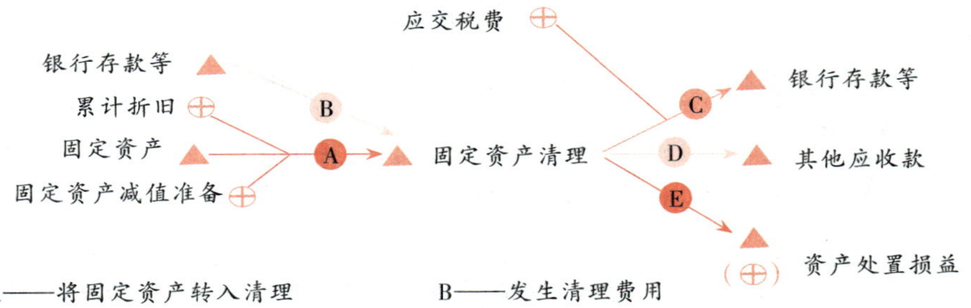

附注：A——将固定资产转入清理　　B——发生清理费用
C——发生清理收入及增值税　　D——应收的各种赔款
E——将结果转入资产处置损益

图2-11　固定资产处置资金运动

【例2-1-17】甲公司发生一项机器处置业务如下：

2017年12月3日甲公司出售一台机器，原值800 000元，已计提折旧780 000元，将其转为清理（该机器在取得时增值税计入成本）。

2017年12月8日用银行存款支付清理费用11 000元。

2017年12月10日取得出售收入30 900元（含增值税，税率3%减按2%征收）。

2017年12月13日结转固定资产清理损益。

（1）将出售固定资产转入清理：

借：固定资产清理	20 000	
累计折旧	780 000	
贷：固定资产		800 000

（2）支付清理费用：

借：固定资产清理	11 000	
贷：银行存款		11 000

（3）取得清理收入并按简易征收计税：

应纳税额=销售价款÷（1+3%）×2%= 30 900÷（1+3%）×2% =600（元）

借：银行存款	30 900	
贷：固定资产清理		30 300
应交税费——简易计税		600

（3）结转出售的净收益：

借：资产处置损益	700	
贷：固定资产清理		700

处置固定资产业务的资金运动如图2-12所示。

（六）固定资产清查

企业应定期或者至少于每年年末对固定资产进行清查盘点，以保证固定资产核算的真实性，充分挖掘企业现有固定资产的潜力。在固定资产清查过程中，如果发现盘盈、盘亏的固定资产，应填制固定资产盘盈盘亏报告表。清查固定资产的损益，应及时查明原因，并按照规定程序报批处理。

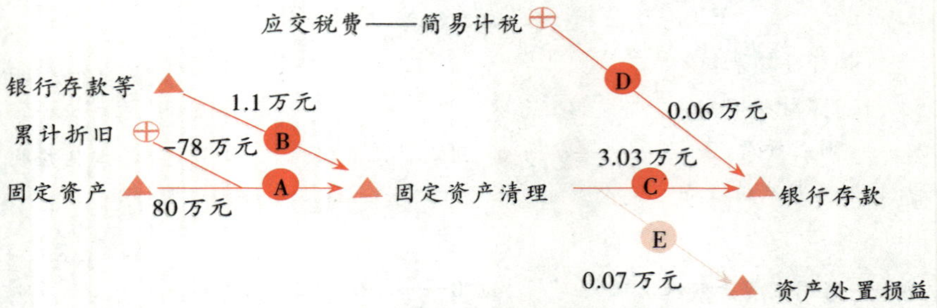

图2-12 处置固定资产业务资金运动

1.固定资产盘盈

正常情况下，固定资产盘盈是不应该发生的，如果发生固定资产盘盈，则一定说明企业在过去的某一时刻一定发生过有意或无意的“盘亏”。因此，企业应该把该盘盈作为对过去“盘亏”错误的更正处理。所以，企业在财产清查中盘盈的固定资产，作为前期差错处理。企业在财产清查中盘盈的固定资产，在按管理权限报经批准处理前，应先通过“以前年度损益调整”科目核算。盘盈的固定资产，应按重置成本确定其入账价值，借记“固定资产”科目，贷记“以前年度损益调整”科目。

“以前年度损益调整”是一个过渡性项目，专门用来对以前的账务进行调整。在调整以前年度业务时，如涉及以前年度的损益，由于这些损益类项目都已经全部结转，没有余额，所以调整这些项目时都需要通过这个账户过渡。调整完毕后，该项目的余额为0。

固定资产盘盈业务的资金运动如图2-13所示。

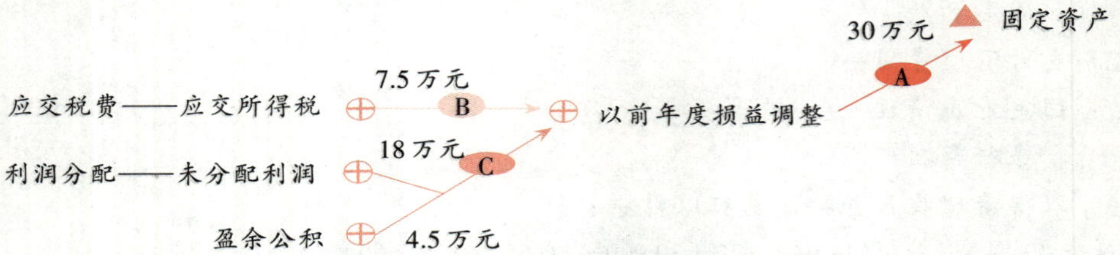

图2-13 固定资产盘盈业务资金运动

【例2-1-18】丁公司在财产清查过程中发现一台未入账的汽车，重置成本为300 000元（假定与其计税基础不存在差异）。假定丁公司适用的所得税税率为25%，按净利润的20%计提法定盈余公积，尚未进行所得税汇算清缴。丁公司的会计处理如下：

（1）盘盈时：

借：固定资产	300 000	
贷：以前年度损益调整		300 000

（2）确定应计提的所得税时：

借：以前年度损益调整	75 000	
贷：应交税费——应交所得税		75 000

（3）结转为留存收益时：

借：以前年度损益调整	225 000	
贷：盈余公积——法定盈余公积		45 000
利润分配——未分配利润		180 000

2.固定资产盘亏

企业在财产清查中盘亏的固定资产，按盘亏固定资产的账面价值，借记“待处理财产损溢”科目，按已计提的累计折旧，借记“累计折旧”科目，按已计提的减值准备，借记“固定资产减值准备”科目，按固定资产的原价，贷记“固定资产”科目。按管理权限报经批准后处理时，按可收回的保险赔偿或过失人赔偿，借记“其他应收款”科目，按应计入营业外支出的金额，借记“营业外支出——盘亏损失”科目，贷记“待处理财产损溢”科目。

【例2-1-19】乙公司进行财产清查时发现短缺一台笔记本电脑，原价为10 000元，已计提折旧7 000元。乙公司的会计处理如下：

（1）盘亏固定资产时：

借：待处理财产损溢	3 000	
累计折旧	7 000	
贷：固定资产		10 000

（2）报经批准转销时：

借：营业外支出——盘亏损失	3 000	
贷：待处理财产损溢		3 000

（七）固定资产期末减值

固定资产在资产负债表日存在可能发生减值的迹象，其可收回金额低于账面价值的，企业应当将该固定资产的账面价值减记至可收回金额，减记的金额确认为减值损失，计入当期损益，同时计提相应的资产减值准备，借记“资产减值损失——计提的固定资产减值准备”科目，贷记“固定资产减值准备”科目。固定资产减值损失一经确认，在以后会计期间不得转回。

【例2-1-20】2017年12月31日丁公司的某生产线存在可能发生减值的迹象。经计算，该机器的可收回金额合计为1 230 000元，账面价值为1 400 000元，以前年度未对该生产线计提过减值准备。

由于该生产线的可收回金额为1 230 000元，账面价值为1 400 000元，可收回金额低于账面价值，应按两者之间的差额170 000元（1 400 000−1 230 000）计提固定资产减值准备。丁公司的会计处理如下：

借：资产减值损失——计提的固定资产减值准备	170 000	
贷：固定资产减值准备		170 000

任务二　投资性房地产核算

投资性房地产因其持有目的是为了出租或待增值后出售，与参与企业正常生产经营周转的房产或地产有着很大的区别，故根据《企业会计准则》的规定，将其单独归类为“投资性房地产”在报表里进行列示。

（一）投资性房地产认知

房地产是土地和房屋及其权属的总称。在我国，土地归国家或集体所有，企业只能取得土地使用权。因此，房地产中的土地是指土地使用权。房屋是指土地上的房屋等建筑物和构筑物。

1.投资性房地产的概念

投资性房地产是指为赚取租金或资本增值，或者两者兼有而持有的房地产。投资性房地产应当能够单独计量和出售。

这种将房地产用于赚取租金或增值收益的活动，有可能是个别企业的主营业务，但对大部分企业而言，是与其主要经营活动相关的其他经营活动形成的租金收入或转让的增值收益构成企业的其他业务收入。

2.投资性房地产的范围

（1）已出租的土地使用权。

它是指企业以经营租赁方式出租的土地使用权，包括自行开发、以出让或转让方式取得的土地使用权。企业计划用于出租但尚未出租的土地使用权，不属于此类。

企业以经营租赁方式租入建筑物或土地使用权再转租给其他单位或个人的，不是企业的资产，也不能确认为企业的投资性房地产。

（2）持有并准备增值后转让的土地使用权。

它是指企业取得的、准备增值后转让的土地使用权。例如，企业厂址搬迁后管理层决定继续持有这部分土地使用权，待其增值后再转让。这个原厂的土地使用权在转让前可以选择出租，待机会合适再转让。总之，不再是企业正常使用的“无形资产”，而应当重归类为“投资性房地产”。

但是，按照国家有关规定认定的闲置土地，不属于持有并准备增值后转让的土地使用权。

（3）已出租的建筑物。

它是指企业拥有产权的、以经营租赁方式出租的建筑物，包括自建或购入的用于出租的建筑物。

企业在判断和确认已出租的建筑物是否可以确认为投资性房地产时，应注意：

❶投资性房地产是指企业拥有产权的建筑物。企业以经营租赁方式租入再转租的建筑物，不属于投资性房地产。

❷投资性房地产是企业已经与其他方签订租赁协议，约定以经营租赁方式出租的建筑物。一般应自租赁协议规定的租赁期开始日起，才能确认为投资性房地产。通常情况下，对企业持有以备经营出租的空置建筑物，如董事会或类似机构做出书面决议，明确表明将其用于经营租出且持有意图短期内不再发生变化的，即使尚未签订租赁协议，也应视为投资性房地产。

❸企业在出租建筑物的同时，还提供相关辅助服务的。如果按租赁协议向承租人提供的相关辅助服务在整个协议中不重大的，可以将该建筑物确认为投资性房地产。

投资性房地产不包括自用房地产和作为存货的房地产。自用房地产即为生产商品、提供劳务或者经营管理而持有的房地产，属于企业的固定资产。企业如果将自用房地产改变用途，用于出租，则可以重新划分为投资性房地产。作为存货的房地产，是指房地产开发企业已建设完毕持有准备出售的商品房。但是，如果房地产开发企业将建设完毕持有准备出售的商品房改变用途，用于出租，则可以重新划分为投资性房地产。

3.投资性房地产的确认条件

将某个项目确认为投资性房地产，首先应当符合投资性房地产的概念，其次要同时满足下列条件：

（1）与该投资性房地产相关的经济利益很可能流入企业；

（2）该投资性房地产的成本能够可靠地计量。

在确认投资性房地产时，确认的时间，如果用于租赁的，一般应自租赁协议规定的租赁期开始日，即土地使用权、建筑物进入出租状态，取得收取租金权利的日期，确认为投资性房地产；如果用于增值后出售的土地使用权，其作为投资性房地产的确认时间为企业将自用土地使用权停止使用，准备增值后转让的日期。

4.投资性房地产的计量模式

投资性房地产的计量模式根据具体情况，可以选择成本计量模式和公允价值计量模式两种。

企业有确凿证据表明其投资性房地产的公允价值能够持续取得的，可以对投资性房地产采用公允价值计量模式。这一确凿证据即为同时满足下列两个条件：❶投资性房地产的所在地有活跃的房地产交易市场；❷企业能够从活跃的房地产交易市场上取得同类或类似房地产市场价格及其他相关信息，从而对投资性房地产的公允价值做出合理估计。

投资性房地产所在地通常指投资性房地产所在城市。对于大中型城市，应当为投资性房地产所在的城区。

同类或类似房地产，对建筑物而言，是指所处地理位置和地理环境相同或相近的建筑物；对土地使用权而言，是指同一位置区域、所处地理环境相同或近似、可使用状况相同或相近的土地。

企业对投资性房地产的计量模式一经确定，不得随意变更。从成本模式转为公允价值模式的，应当作为会计政策变更处理，将计量模式变更时公允价值与账面价值的差额，调整期初留存收益。

已采用公允价值模式计量的投资性房地产，不得从公允价值模式转为成本模式。

（二）成本计量模式的投资性房地产核算

在成本计量模式下，投资性房地产以历史成本作为账面记录，在持有期间对其账面价值进行分摊并进行减值判断。

1.投资性房地产取得核算

投资性房地产应当按照成本进行初始计量。投资性房地产可以通过外购、自行建造、自用固定资产或无形资产转换形成。

（1）外购的投资性房地产。

对于企业外购的房地产，只有在购入房地产的同时开始对外出租（自租赁期开始日起，下同）或用于资本增值，才能称之为外购的投资性房地产。外购投资性房地产的成本，包括购买价款、相关税费和可直接归属于该资产的其他支出。若外购不动产作为投资性房地产时，其资金运动如图2-14所示。

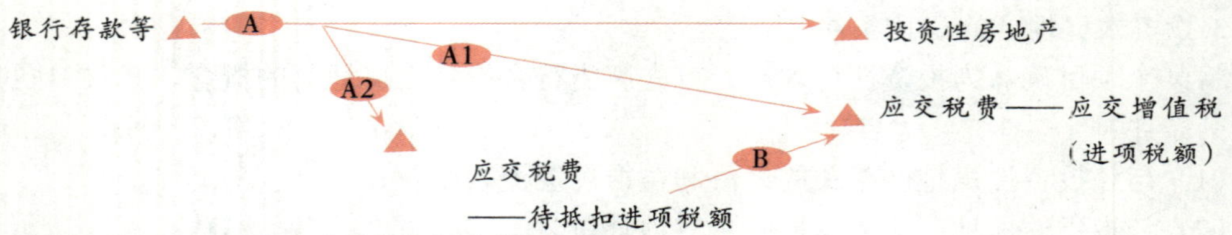

附注：A1——60%的进项税额本期直接抵扣

A2——40%的进项税额待抵扣

B——待抵扣进项税额在发生当月起的第13个月转入进项税额

图2-14　外购投资性房地产资金运动

企业购入房地产，自用一段时间之后再改为出租或用于资本增值的，应当先将外购的房地产确认为固定资产或无形资产，自租赁期开始日或用于资本增值之日开始，才能从固定资产或无形资产转换为投资性房地产。

企业购入的房地产，部分用于出租（或资本增值）、部分自用时，应当按照不同部分的公允价值占公允价值总额的比例将成本在不同自用的“固定资产”（或“无形资产”）与“投资性房地产”之间进行分配，分别单独确认。

【例2-2-1】甲公司为增值税一般纳税人，2017年3月25日用银行存款购入一层商务楼（与甲公司机构不在同一区），并当即进行招租。公司于3月28签订租赁合同，合同约定租赁日为2017年3月28日。从4月1日起，每月1日收取租金15万元（不含税）。该商务楼买价1 200万元，增值税132万元，其他相关税费60万元。采用成本模式进行后续计量。

2018年3月28日将商务楼确认为投资性房地产。根据取得的增值税专用发票发票联、其他税费票据、银行付款凭证以及作为辅助原始凭证的租赁合同复印件，编制会计分录如下：

借：投资性房地产	12 600 000	
应交税费——应交增值税（进项税额）	792 000	
——待抵扣进项税额	528 000	
贷：银行存款		13 920 000

（2）自行建造的投资性房地产。

企业自行建造（或开发，下同）的房地产，只有在自行建造或开发活动完成（即达到预定可使用状态）的同时开始对外出租或用于资本增值，才能将自行建造的房地产确认为投资性房地产。即在开始对外出租或用于资本增值前的自建房地产，只能按“固定资产”或“无形资产——土地使用权”的核算方法进行账务处理，自租赁期开始日或用于资本增值之日开始，再从固定资产或无形资产转换为投资性房地产。

自行建造投资性房地产的成本，由建造该项房地产达到预定可使用状态前发生的必要支出构成，包括土地开发费、建筑成本、安装成本、应予资本化的借款费用、支付的其他费用和分摊的间接费用等。

建造阶段的核算方法与自建不动产的核算方法一致。建造或开发活动完成（即达到预定可使用状态）的同时开始对外出租或用于资本增值时，将建造成本从“在建工程”转入“投资性房地产”。其账户对应关系为：

借：投资性房地产

　贷：在建工程

如果建造该建筑物对应的土地使用权能单独确认，也要一并将其作为投资性房地产。

（3）自用固定资产或无形资产转换为投资性房地产。

通过管理层决定，改变固定资产或无形资产的自用状态为出租时，应于租赁期开始日将企业固定资产或无形资产相关账户的账面余额转入投资性房地产对应账户，即将“累计折旧”转入“投资性房地产累计折旧”，将“累计摊销”转入“投资性房地产累计摊销”，将“固定资产减值准备”或“无形资产减值准备”转入“投资性房地产减值准备”。

【例2-2-2】经董事会决定，甲公司将三间闲置厂房（能独立计价）出租给乙公司，双方签订租赁合同。租赁期开始日为2017年8月1日，租期5年，年租金30万元，于每年年初一次性支付。该厂房账面原价80万元，已折旧20万元，未提减值准备。在租赁期开始日，甲公司的账务处理如下：

借：投资性房地产——厂房	800 000	
累计折旧	200 000	
贷：固定资产		800 000
投资性房地产累计折旧		200 000

2.投资性房地产持有期间核算

在成本计量模式下，投资性房地产在持有期间除了取得租金收入外，还需要计提折旧并于会计期末进行减值测试，按规定计提减值准备。

由于投资性房地产最主要的投资方式就是出租，作为主营业务之外的其他经营性收入，记入“其他业务收入”科目，对应提取的折旧，记入“其他业务成本”科目。建筑物计提折旧时使用“投资性房地产累计折旧”科目进行核算，土地使用权计提折旧时使用“投资性房地产累计摊销”科目进行核算。期末确定减值时，通过“投资性房地产减值准备”科目进行核算。

（1）取得租金收入。

企业根据取得的银行进账单、增值税专用发票（记账联）确认租金收入，计入其他业务收入。

【例2-2-3】接【例2-2-1】，出租的商务楼（与甲公司机构不在同一区）从4月1日起每月1日收取租金15万元（不含税）。已取得增值税专用发票并送存银行。

借：银行存款	166 500	
贷：其他业务收入		150 000
应交税费——应交增值税（销项税额）		16 500

同时，需向商务楼所在地税务机关预交2%增值税，150 000×11%×2%=330（元）。根据增值税缴款书和银行扣划单据，编制会计分录如下：

借：应交税费——预交增值税	330	
贷：银行存款		330

5月至12月的相关处理相同。

知识链接

一般纳税人出租其2016年5月1日后取得的不动产，适用一般计税方法，按照11%的征收率计算应纳税额。

一般纳税人出租其2016年4月30日前取得的不动产（含住房），可以选择适用简易计税方法，按照5%的征收率计算应纳税额。

不动产所在地与机构所在地不在同一县（市、区）的，应按照2%的预征率向不动产所在地主管国税机关预缴税款，向机构所在地主管国税机关申报纳税（小规模纳税人预征率为3%）。

（2）计提折旧。

在成本计量模式下，投资性房地产需要比照自用房地产相同的折旧管理方法计提折旧。

【例2-2-4】接【例2-2-3】，出租的商务楼预计使用期限为10年，预计净残值60万元，采用平均年限法计提折旧。每月计提折旧10万元（（1 260-60）÷120）。编制折旧计算表，据以进行折旧的账务处理。

2017年4月计提当月折旧：

借：其他业务成本	100 000	
贷：投资性房地产累计折旧		100 000

5月至12月的相关处理相同。

（3）减值测试。

在成本计量模式下，投资性房地产需要比照自用房地产相同的资产减值管理方法于资产负债表日对其进行减值测试。

投资性房地产减值损失一经确认，在以后会计期间不得转回。只有在处置投资性房地产时，“投资性房地产减值准备”才能转销。

【例2-2-5】接【例2-2-4】，出租的商务楼于2017年年末进行减值测试，该商务楼可收回金额1 060万元。

2017年年末编制企业资产减值测试表，并进行减值判断。

投资性房地产账面价值=1 260-90=1 170（万元）

投资性房地产可收回金额=1 060万元

投资性房地产减值=1 170-1 060=110（万元）

借：资产减值损失	1 100 000	
贷：投资性房地产减值准备		1 100 000

3.投资性房地产处置核算

投资性房地产处置，是指不再将房地产出租而是出售，或者收回自用，投资性房地产终止确认。若收回自用，则将投资性房地产的账面余额、累计折旧或摊销、减值准备等对应转入“固定资产”“累计折旧”“固定资产减值准备”等科目。当企业出售或转让投资性房地产时，取得的收入记入“其他业务收入”科目，其账面价值转入“其他业务成本”科目。当企业收回投资性房地产自用时，其处理方式与将自用房地产转为投资性房地产相反，相关账户对应转回。

若处置的投资性房地产为不动产，且其所在地与机构所在地不在同一县（市、区）的，应按照预征率向不动产所在地主管国税机关预缴税款。

【例2-2-6】2017年6月A公司将租赁期满的一栋写字楼（于2009年外购）出售给C公司，合同售价42 000万元，已开具增值税普通发票并收到银行的到账通知。出售时，该写字楼账面原价34 000万元，已计提折旧4 000万元。（不考虑其他相关税费）

根据相关规定，企业采用简易计税计算缴纳增值税。

应交增值税=42 000÷（1+5%）×5%=2 000（万元）

A公司编制会计分录如下（单位：万元）：

出售时：

借：银行存款　　42 000

　贷：其他业务收入　　40 000

　　应交税费——简易计税　　2 000

结转成本时：

借：其他业务成本　　30 000

　投资性房地产累计折旧　　4 000

　贷：投资性房地产　　34 000

（三）公允价值计量模式的投资性房地产核算

在公允价值计量模式下，投资性房地产在会计期末必须以公允价值反映其账面价值。

1.投资性房地产取得核算

（1）外购取得投资性房地产。

正常情况下，外购时成交价一般都是市场价，故一般理解为公允价。所以，公允价值计量模式下外购方式取得投资性房地产时，其核算方法与成本计量模式基本一致，只是明细账要增设“成本”二级明细科目。

根据取得的增值税专用发票、付款凭证以及其他原始凭证，编制会计分录如下：

借：投资性房地产——成本

　应交税费——应交增值税（进项税额）

　　　　——待抵扣进项税额

　贷：银行存款等

注意　如果出售方是简易计税方式销售的，只能开具普通发票，则购买方按支付的含税价计入投资性房地产成本。

【例2-2-7】接【例2-2-1】，假设采用公允价值计量模式，则编制会计分录如下：

借：投资性房地产——成本（商务楼）　　12 600 000

　应交税费——应交增值税（进项税额）　　792 000

　　　　——待抵扣进项税额　　528 000

　贷：银行存款　　13 920 000

（2）自建投资性房地产。

在公允价值计量模式下，将自建过程中归集的建造成本从“在建工程”转入“投资性房地产——成本”，但“投资性房地产——成本”按当前公允价值入账，其中产生的贷方差额记入“其他综合收益”科目（如果为借方差额，则记入“公允价值变动损益”科目）。

【例 2-2-8】2017 年 1 月 A 公司从其他单位购入价值 6 000 万元的土地使用权，并在这块土地上开始自行建造三栋厂房。2017 年 10 月厂房即将完工，与中川物流公司签订经营租赁合同，将其中一栋厂房租赁给该公司使用。合同约定于该厂房完工时开始起租。2017 年 11 月 1 日三栋厂房同时完工，每栋实际造价 1 000 万元（均能单独计价）。由于本地区本类厂房交易活跃，故对本厂房出租采用公允价值计量模式。当期一栋厂房公允价为 4 500 万元。

土地使用权 6 000 万元中应由出租的厂房按造价比例对应承担 2 000 万元。

根据相关原始凭证，编制投资性房地产相关会计分录如下（单位：万元）：

借：投资性房地产——成本（厂房）	4 500	
贷：在建工程		1 000
无形资产——土地使用权		2 000
其他综合收益		1 500

（3）将自用房地产转为投资性房地产。

将自用房地产转为投资性房地产的核算方法与自建投资性房地产类似，将自用的房地产账面价值转入“投资性房地产——成本”，公允价值计量的“投资性房地产——成本”与自用房地产账面价值的贷方差额，记入“其他综合收益”科目，其借方差额，记入“公允价值变动损益”科目。

【例 2-2-9】2017 年 7 月 20 日甲公司将一栋市区的办公楼（与甲公司机构所在地不在同一区）出租给恒丽集团公司，起租日为 2017 年 8 月 1 日，年租金 1 200 万元（不含税），于每月月初支付。该栋办公楼于 2010 年 1 月建成，原值 6 000 万元，已折旧 710 万元，未提减值准备。该栋办公楼市场公允价经房交所核定为 11 000 万元。在公允价值计量模式下，编制会计分录如下（单位：万元）：

借：投资性房地产——成本（办公楼）	11 000	
累计折旧	710	
贷：固定资产——办公楼		6 000
其他综合收益		5 710

2. 投资性房地产持有期间核算

（1）取得的租金收入核算。

取得的租金与成本计量模式一致，通过“其他业务收入”科目进行核算，并进行增值税处理。

【例 2-2-10】接【例 2-2-9】，甲公司于每月月初收取租金 100 万元（不含税），根据开具的增值税专用发票和收款凭据，编制会计分录如下（单位：万元）：

借：银行存款	111	
贷：其他业务收入		100
应交税费——应交增值税（销项税额）		11

同时，预交 2% 增值税。

借：应交税费——预交增值税		2

　　贷：银行存款　2

（2）会计期末公允价值调整。

采用公允价值模式计量的，不对投资性房地产计提折旧或进行摊销，应当以资产负债表日投资性房地产的公允价值为基础通过“投资性房地产——公允价值变动”调整其账面价值，公允价值与原账面价值之间的差额计入公允价值变动损益。

【例 2-2-11】接【例 2-2-9】，假设出租的市区办公楼2018年年末的市场公允价值为11 200万元，则应调增投资性房地产账面价值200万元。编制会计分录如下（单位：万元）：

借：投资性房地产——公允价值变动（办公楼）　200
　　贷：公允价值变动损益　200

3.投资性房地产处置的核算

在公允价值计量模式下，若收回房地产自用，则按当前公允价值确认转为自用资产的账面价值，该公允价值与投资性房地产相关账户原账面价值的差额记入“公允价值变动损益”科目。若企业出售该投资性房地产，则取得的收入应记入“其他业务收入”科目，根据该不动产的情况按11%税率计算销项税额（2016年5月1日后取得的不动产）或按5%的征收率进行简易征收（2016年4月30日前取得的不动产）；同时，将投资性房地产的账面价值转入其他业务成本，持有期间形成的其他综合收益、公允价值变动损益将其实际发生额反向转入其他业务成本。

【例 2-2-12】接【例 2-2-9】【例 2-2-11】，假设2020年年末甲公司将出租的办公楼出售给恒丽集团公司，售价12 000万元（不含税）。编制会计分录如下（单位：万元）：

开具发票，收到款项时：

借：银行存款　13 320
　　贷：其他业务收入　12 000
　　　　应交税费——应交增值税（销项税额）　1 320

预交2%增值税，根据缴税单及划款通知：

借：应交税费——预交增值税　240
　　贷：银行存款　240

结转投资性房地产：

借：其他业务成本　11 200
　　贷：投资性房地产——成本（办公楼）　11 000
　　　　　　——公允价值变动（办公楼）　200

同时，结转其他综合收益和公允价值变动损益（将之前的未实现收益转为已实现收益）。

借：其他综合收益　5 710
　　公允价值变动损益　200
　　贷：其他业务成本　5 910

（四）投资性房地产后续计量模式的变更

企业对投资性房地产的计量模式一经确定，不得随意变更。投资性房地产确定为成本计量模式后，随着市场条件变化，满足公允价值计量模式的条件时，可以将成本计量模式变更为公允价值计量模式。以成本模式转为公允价值模式的，应当作为会计政策变更处理，将计量模式变更时公允价值与账面价值的差额，调整期初留存收益。

确定为公允价值计量模式后，不得再变回为成本计量模式。

任务三 无形资产及其他资产核算

（一）无形资产核算

无形资产不具有实物形态，但它具有一种综合盈利能力。通过与其他资产相结合能在超过一个营业周期内为企业创造经济利益，但这种经济利益具有较大的不确定性，因此将其单独归类为无形资产，并在资产负债表里列示。

1.无形资产认知

（1）无形资产的概念。

无形资产是指企业拥有或者控制的没有实物形态的可辨认非货币性资产。资产满足下列条件之一的，符合无形资产定义中的可辨认标准：

❶能够从企业中分享或者划分出来，并能单独或者与相关合同、资产或负债一起，用于出售、转移、授予许可、租赁或者交换。

❷源自合同性权利或其他法定权利，无论这些权利是否可以从企业或其他权利和义务中转移或分离。

商誉的存在无法与企业自身分离，不具有可辨认性，不属于无形资产。

（2）无形资产的特点。

一般来说，作为企业的无形资产，通常具有如下基本特征：

❶没有实物形态。无形资产本质上是一项或多项能够给企业带来经济利益的权利，没有实物形态是无形资产区别于其他资产的一个显著性标志，但是不能以此作为判断一项资产是否为无形资产的实质性标准。

❷无形资产是一种非货币性资产。货币性资产是指企业持有的货币资金和将以固定或可确定金额收取的资产，包括现金、银行存款、应收账款和应收票据以及准备持有至到期的债券投资等。企业持有无形资产的主要目的是使用而不是出售，因此很难知道将来能够收回金额的具体数字，所以无形资产显然属于非货币性资产。

❸无形资产能够在较长时期内使企业获得经济利益。无形资产能够在多个生产经营周期内为企业服务并使企业长期受益，企业为取得无形资产发生资本性支出。

❹无形资产能够为企业带来的经济利益具有较大的不确定性。随着科学技术的飞速发展，市场的激烈竞争，一项无形资产所具有的独占性和排他性可能很快被其他更新的技术所替代。相对于企业的其他资产，无形资产能够带来的经济利益具有很大的不确定性。

（3）无形资产的内容。

现实经济生活中，企业的无形资产通常包括专利权、非专利技术、商标权、著作权、土地使用权等。

❶专利权。它是指国家专利主管机关依法授予发明创造专利申请人对其发明创造在法定期限内所享有的专有权利，包括发明专利权、实用新型专利权和外观设计专利权3种。

❷非专利技术。它也称为专有技术或技术秘诀，是指企业在生产经营过程中使用的、先进的、不公开的、不申请专利、不享受法律保护、可以带来经济利益的各种技术和经

验。非专利技术一般包括工业专有技术、商业贸易专有技术、管理专有技术等。非专利技术具有经济性、保密性、无期限性等典型特征。

❸商标权。它也称为商标专用权，是指商标注册人对其注册商标所享有的专用权利。商标是作为辨认特定商品或劳务的标志。只需经商标局核准注册，便成为在一定期限内受法律保护的商标权。作为无形资产的商标权，通常能够为企业带来大量的客户，为企业创造大量的超额利润。

❹土地使用权。它是指国家准许某企业在一定期间内对国有土地开发、利用、经营的权利。根据《土地管理法》的规定，我国实行土地公有制，土地的所有权属于国家、集体，任何单位和个人不得侵占、买卖或以其他形式非法转让。企业取得土地使用权的方式有行政划拨、外购取得、投资者投入取得等。企业可以将取得的土地使用权依法转让。

❺著作权。它又称为版权，是指政府依法赋予某项作品的发表权、署名权、修改权、保护作品完整权、使用权、获得报酬权等。在实际工作中，很少确认著作权，一般只在外购时才将付出的成本确认为无形资产。

❻特许经营权。它又称为专营权，是指企业在某一地区经营或销售某种特定商品的权利或一家企业接受另一家企业使用其商权、商号、技术秘密等权利。前者一般是由政府授权，准许企业使用或在一定地区享有经营某种业务的特权，如水、电、邮电、通信等专营权，烟草专卖权等；后者指企业间依照签订的合同，有限期或无限期地使用另一家企业的某些权利，如连锁店分店使用总店的名称等。

2.无形资产取得核算

为了核算无形资产的取得，企业应设置“无形资产”科目。“无形资产”科目核算企业持有的无形资产成本。该科目借方登记取得无形资产的成本，贷方登记处置无形资产转出的成本，期末为借方余额，反映企业无形资产的成本。本科目应按无形资产项目设置明细账，进行明细分类核算。

企业取得无形资产，应按其实际成本进行初始计量。不同方式下取得的无形资产的成本也不尽相同。企业取得无形资产的主要方式有非自行研发和自行研发两种。

（1）非自行研发无形资产的核算。

非自行研发是指外购、接受捐赠、接受投资、债务重组等从外部取得无形资产的方式。非自行研发取得无形资产的资金运动如图2-15所示。

本项目主要介绍企业通过外购取得无形资产的会计处理。外购无形资产成本包括外购价款、进口关税和其他税费以及直接归属于使该项资产达到预定用途所发生的其他支出。而企业购入属于增值税应税项目的无形资产时，应根据购入过程中发生的全部支出，借记“无形资产”账户，按当月已认证的可抵扣增值税税额，借记“应交税费——应交增值税（进项税额）”账户；若当月未认证，则借记“应交税费——待认证进项税额”账户，贷记“银行存款”账户。

【例2-3-1】甲公司与乙公司签订商标购买合同，购入一项商标权，增值税专用发票上注明价款200 000元，增值税12 000元。另支付可直接归属于该项资产的费用1 000元，款项已通过银行转账支付。甲公司的会计处理如下：

借：无形资产——专利权	201 000
应交税费——应交增值税（进项税额）	12 000

贷：银行存款　213 000

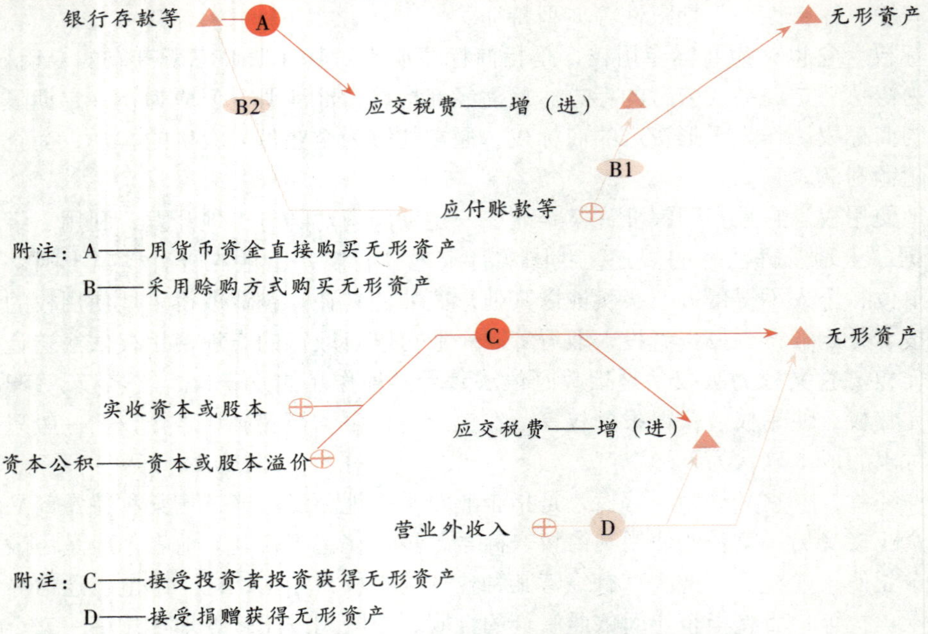

图2-15　非自行研发无形资产资金运动

（2）自行研发无形资产的核算。

企业内部研究开发无形资产的成本应区分研究阶段支出和开发阶段支出。企业内部研究开发费用处理的基本原则是：企业研究阶段的支出全部费用化，计入当期损益；开发阶段的支出，符合条件的才能资本化，不符合资本化条件的，计入当期损益。研发支出不满足资本化条件的，借记“研发支出——费用化支出”科目，满足资本化条件的，借记“研发支出——资本化支出”科目，贷记“原材料”“银行存款”“应付职工薪酬”等科目。期末应将“研发支出——费用化支出”科目的余额转入“管理费用”科目。研发项目达到预定用途形成无形资产的，应借记“无形资产”科目，贷记“研发支出——资本化支出”科目。研发支出的资金运动如图2-16所示。

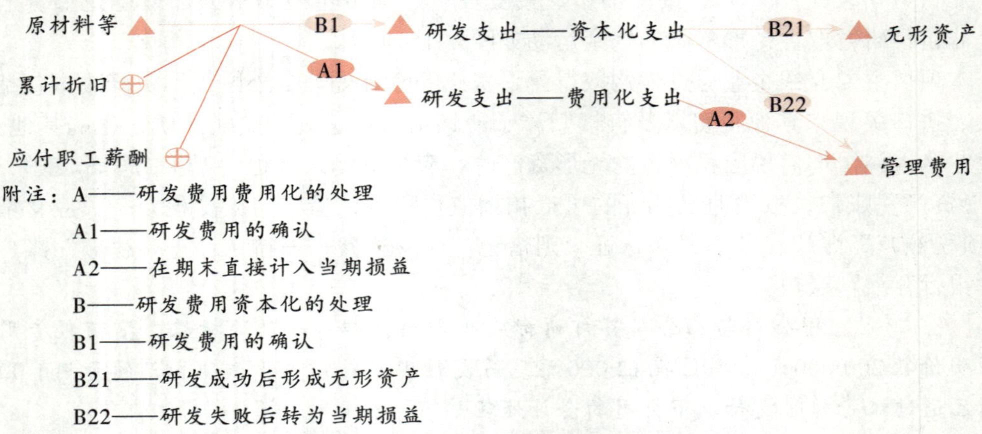

图2-16　研发支出资金运动

【例2-3-2】甲公司是一家从事高科技软件的实业公司，现公司正准备开发一种新应用程序软件。根据软件开发的基本程序可分3个阶段进行：

第1阶段，市场调研阶段。本阶段主要通过对市场调查，了解试研产品的客户需求情况，产品的市场潜力等，这一阶段发生相应费用20万元（假设该笔费用一次性以银行存款支付，下同）。

第2阶段，研究阶段。本阶段主要根据客户需求情况，结合现有的理论知识，对产品可行性进行研究，并提出具体的产品初步方案。在此，发生科研人员的工资、各种耗材费用、办公费用等120万元。

第3阶段，开发阶段。本阶段主要将第1阶段的研究成果运用于研究产品之中，使研究的产品完成并具有商品价值，能上市出售。企业发生于这一阶段的费用为500万元。

第1阶段，市场调研发生相关费用20万元。其资金运动如图2-17所示。

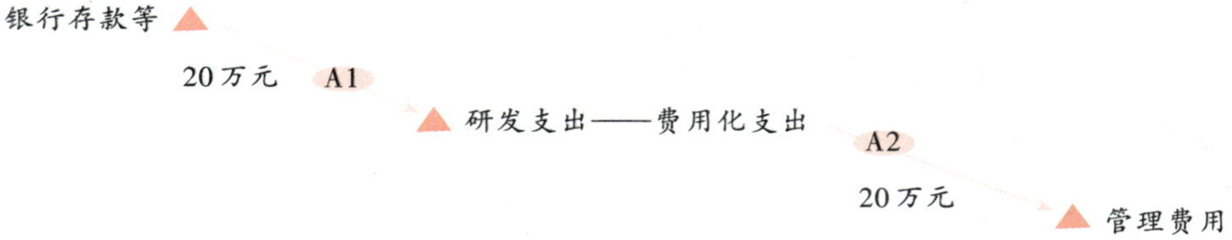

图2-17　市场调研阶段业务资金运动

借：研发支出——费用化支出　200 000
　贷：银行存款　200 000

期末结转：

借：管理费用　200 000
　贷：研发支出——费用化支出　200 000

第2阶段，研究阶段发生相关费用120万元。其资金运动如图2-18所示。

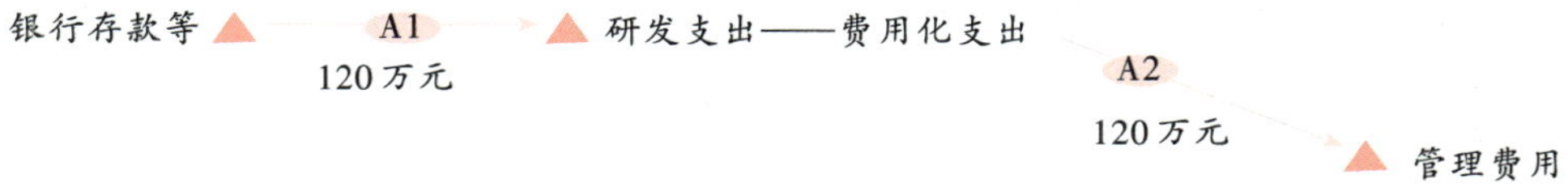

图2-18　研究阶段业务资金运动

借：研发支出——费用化支出　1 200 000
　贷：银行存款　1 200 000

期末结转：

借：管理费用　1 200 000
　贷：研发支出——费用化支出　1 200 000

第3阶段，开发阶段发生相关费用500万元。其资金运动如图2-19所示。

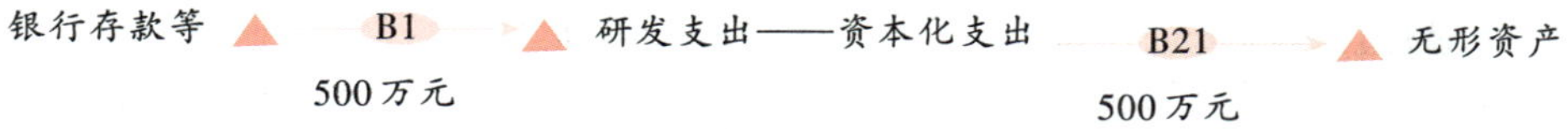

图2-19　开发阶段业务资金运动

借：研发支出——资本化支出　5 000 000
　贷：银行存款　5 000 000

项目成功：

借：无形资产　5 000 000

贷：研发支出——资本化支出	5 000 000

(3) 无形资产使用和处置的核算。

❶无形资产使用中价值的摊销。

无形资产属于企业的非流动资产，能在较长时间内给企业带来经济效益。企业应当于取得无形资产时分析判断其使用寿命，进而确定该无形资产是否需要摊销。使用寿命不确定的无形资产不应摊销，使用寿命有限的无形资产应将其成本扣除残值后在一定摊销期限内选择适合的摊销方法进行摊销。

摊销金额。无形资产摊销金额为其入账价值扣除残值后的金额，如果已提减值准备的，还应扣除已经提取的无形资产减值准备。这里的残值是指第三方承诺在无形资产使用寿命结束时购买该无形资产的金额或可以根据活跃市场（且无形资产使用寿命结束时很可能存在）得到的残值金额，否则该无形资产残值应当视为零。

摊销期限。对于使用寿命有限的无形资产，应当自可供使用（即其达到预定用途）当月起开始摊销，处置当月不再摊销。

摊销方法。企业选择的无形资产的摊销方法，应当反映与该项无形资产有关的经济利益的预期实现方式，包括直线法、生产总量法等。无法可靠确定预期经济利益实现方式的，应当采用直线法摊销。

企业应当至少于每年年度终了，对使用寿命有限的无形资产的使用寿命和未来经济利益实现方式进行复核，如果其与预期估计不同，应当改变摊销期限与摊销方法。

企业应当按月对无形资产进行摊销，通过“累计摊销”账户进行核算。无形资产的摊销额一般应当计入当期损益：企业自用的无形资产，其摊销金额计入管理费用；出租的无形资产，其摊销金额计入其他业务成本；某项无形资产包含的经济利益通过所生产的产品或其他资产实现的，其摊销金额应当计入相关资产成本。无形资产摊销的资金运动如图2-20所示。

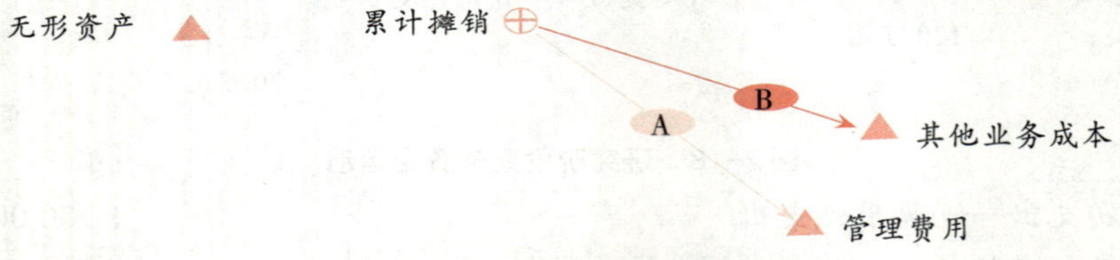

图2-20　无形资产摊销资金运动

【例2-3-3】2017年1月1日甲公司购买土地使用权用于建造厂房，取得增值税专用发票并通过认证，金额6 000万元，税额660万元，已转账支付。该土地使用权使用年限50年，无净残值，采用直线法进行摊销。甲公司的会计处理如下：

取得土地使用权时：

借：无形资产——土地使用权	60 000 000	
应交税费——应交增值税（进项税额）	6 600 000	
贷：银行存款		66 600 000

土地使用权进行摊销时：

每月摊销额=6 000÷50÷12=10（万元）

借：管理费用	100 000	
贷：累计摊销		100 000

说明：取得的土地使用权与其上建筑的厂房应按不同的标准分别进行核算和摊销。

❷无形资产期末减值的核算。

无形资产在资产负债表日存在可能发生减值的迹象时，其可收回金额低于账面价值的，企业应当将该无形资产的账面价值减记至可收回金额，减记的金额确认为减值损失，计入当期损益，同时计提相应的资产减值准备，按应减记的金额，借记“资产减值损失——计提的无形资产减值准备”科目，贷记“无形资产减值准备”科目。无形资产减值损失一经确认，在以后会计期间不得转回，直至处置该无形资产方能转销。

资产减值损失确认后，该资产应扣除该减值损失后在未来期间重新计算摊销金额进行摊销。

【例2-3-4】2017年12月31日市场上某项技术生产的产品销售势头较好，已对甲公司产品的销售产生重大不利影响。甲公司外购的类似专利技术的账面价值为800 000元，剩余摊销年限为4年，经减值测试，该专利技术的可收回金额为700 000元。

由于该专利权在资产负债表日的账面价值为800 000元，可收回金额为700 000元，可收回金额低于其账面价值，应按其差额100 000元（800 000-700 000）计提减值准备。甲公司的会计处理如下：

借：资产减值损失——计提的无形资产减值准备	100 000	
贷：无形资产减值准备		100 000

❸无形资产转让的核算。

无形资产转让有转让无形资产使用权和转让无形资产所有权两种情况。对一般企业而言，转让无形资产使用权属于非主营业务，取得的收入和发生的相关费用通过“其他业务收入”“其他业务成本”科目核算。转让无形资产所有权则属于企业的非日常经营活动，取得的收入和发生的相关费用通过“资产处置损益”科目核算。

A.转让无形资产使用权的核算。

转让无形资产使用权的资金运动如图2-21所示。

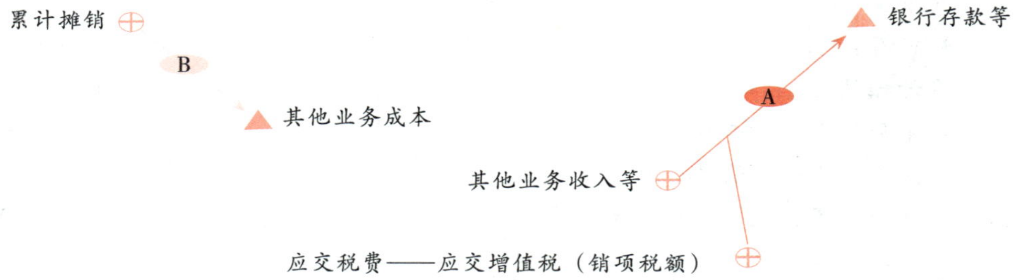

图2-21　转让无形资产使用权资金运动

【例2-3-5】2018年1月甲公司向乙公司转让某商标的使用权，一次性收取使用费63 600元（含税），不提供后续服务，款已收到，开具的增值税专用发票注明金额60 000元，增值税3 600元。甲公司根据相关原始凭证，编制会计分录如下：

借：银行存款	63 600	
贷：其他业务收入		60 000
应交税费——应交增值税（销项税额）		3 600

【例2-3-6】2018年1月1日甲公司向丙公司转让某专利权的使用权，转让期为3年，

每年年初收取转让费200 000元（免税），该专利权每月计提的摊销额为10 000元。假定不考虑其他因素和相关税费。

（1）2018年1月1日甲公司开具增值税专用发票收取转让费时，根据相关原始凭证，编制会计分录如下：

借：银行存款	200 000	
贷：其他业务收入		200 000

（2）2018年每月计提专利权的摊销额时，甲公司根据相关原始凭证，编制会计分录如下：

借：其他业务成本	10 000	
贷：累计摊销		10 000

其他各年的会计处理同上。

B.转让无形资产所有权的核算。

企业可以将不需用的无形资产出售给他人。出售无形资产为企业的非日常经营活动，其取得的净收益或发生的净损失为企业的利得而非收入，应记入“资产处置损益”科目。转让无形资产所有权的资金运动如图2-22所示。

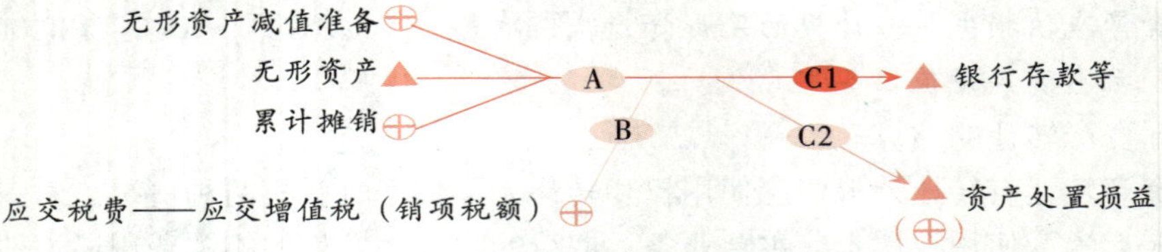

图2-22　转让无形资产所有权资金运动

【例2-3-7】2018年1月甲公司将两年前以200 000元购入的使用期为10年的商标权出售，取得出售收入257 500元，款项已收到并存入银行。按3%税率进行简易计税，累计摊销额为40 000元（假设该项专利权未计提减值准备）。甲公司根据相关原始凭证，编制会计分录如下：

借：银行存款	257 500	
累计摊销	40 000	
贷：无形资产——专利权		200 000
应交税费——简易计税		7 500
资产处置损益——出售无形资产收益		90 000

（二）其他资产核算

其他资产是指除货币资金、交易性金融资产、应收账款及预付款项、存货、长期股权投资、持有至到期投资、可供出售金融资产、固定资产、无形资产等以外的资产，主要包括长期待摊费用和其他长期资产。

1.长期待摊费用核算

长期待摊费用是指企业已经支出，但应由以后各期负担的，分摊期限在1年以上（不含1年）的各项费用，如以经营方式租入的固定资产发生的改良支出等。长期待摊费用虽然在资产负债表里列为资产项目，但它本身不能为企业带来经济利益，本质上是一种费用。只是由于其金额较大，影响时间较长，如果一次性计入当期损益，必然会带来企业损益的非正常波动。因此，根据权责发生制要求，应将其列为一项没有实体的过渡性资产，分期摊入当期损益。

【例 2-3-8】甲公司于2017年1月对其以经营租赁方式租入的办公楼进行装修，发生下列支出：领用生产用材料500 000元，该批材料的增值税为85 000元（已于当月取得认证）；辅助生产车间为该装修提供劳务支出120 000元；发生人员薪酬400 000元。2018年1月该办公楼装修完工，达到预定可使用状态，并按租赁期10年开始摊销。甲公司编制会计分录如下：

（1）2017年1月装修领用材料时：

借：长期待摊费用　500 000
　贷：原材料　500 000
借：应交税费——待抵扣进项税额　34 000
　贷：应交税费——应交增值税（进项税额转出）　34 000

转出40%的进项税额待第13个月再行抵扣。

（2）接受辅助生产车间劳务时：

借：长期待摊费用　120 000
　贷：辅助生产成本　120 000

（3）确认人员薪酬时：

借：长期待摊费用　400 000
　贷：应付职工薪酬　400 000

（4）2018年1月开始摊销时：

月摊销额=1 020 000÷10÷12=8 500（元）

借：管理费用　8 500
　贷：长期待摊费用　8 500

同时，结转待抵扣进项税额。

借：应交税费——应交增值税（进项税额）　34 000
　贷：应交税费——待抵扣进项税额　34 000

2.其他长期资产核算

其他长期资产一般包括国家批准储备的特种物资、银行冻结存款以及临时设施和涉及诉讼的财产等，正常经营的企业一般很少发生。企业可设置“其他资产”一级账户和“特种储备物资”“银行冻结存款”“临时设施”“诉讼中财产”等明细账户。在编制资产负债表时，分析其性质，分别列示“其他流动资产”和“其他长期资产”项目。

（1）特种储备物资。特种储备物资是指国有企业经国家批准储备的，具有专门用途，不参与生产经营周转的特种物资，是一种由于企业具有某种储藏条件而代国家储备的物资。一般特种储备物资不属于企业资产，企业没有所有权，但有保管的责任。

（2）银行冻结存款。银行冻结存款是指因某种原因被银行冻结不能正常支取的存款。因其被冻结，不再具有支付功能，因此将其确认为其他资产。

（3）诉讼中财产。诉讼中财产是指由于企业发生产权纠纷，进入司法程序后被法院认定为涉及诉讼、尚未判定产权归属的财产。这些财产不能为企业正常使用，因此将其确认为其他资产。

对内投资业务核算练习题

一、单项选择题

1. 某项固定资产的原值为200 000元，预计净残值为2 000元，预计使用年限为4年。在年数总和法下，第2年的折旧额为（　　）元。

A.39 600　　B.49 500　　C.50 000　　D.59 400

2. 某企业于2017年12月31日购入一台设备，入账价值90万元，预计使用5年，预计净残值6万元，按年数总和法计算折旧。该设备2018年计提的折旧额为（　　）万元。

A.16.8　　B.21.6　　C.28　　D.30

3. 某企业于2017年12月31日购入一台设备，入账价值90万元，预计使用5年，预计净残值6万元，按双倍余额递减法计提折旧。该设备2018年计提的折旧额为（　　）万元。

A.30　　B.21.6　　C.22.4　　D.36

4. 某公司有运输车一辆，采用工作量法计提折旧。该运输车原值为200 000元，预计使用10年，每年行驶里程60 000千米，净残值率为5%，当月行驶里程4 000千米。该运输车的当月折旧额为（　　）元。

A.1 266.67　　B.12 666.67　　C.1 333.33　　D.3 000

5. 企业购入三项没有单独标价的不需要安装的固定资产A、B、C，实际支付的价款总额为100万元。其中，固定资产A的公允价值为60万元，固定资产B的公允价值为40万元，固定资产C的公允价值为20万元。固定资产A的入账价值为（　　）万元。

A.60　　B.50　　C.100　　D.120

6. 下列不属于企业投资性房地产的是（　　）。

A. 房地产开发企业将作为存货的商品房以经营租赁方式出租

B. 企业开发完成后用于出租的房地产

C. 企业持有并准备增值后转让的土地使用权

D. 房地产企业拥有并自行经营的饭店

7. 企业对成本模式进行后续计量的投资性房地产计提折旧时，应该借记（　　）科目。

A. 投资收益　　B. 其他业务成本　　C. 营业外收入　　D. 管理费用

8. 2018年1月1日甲公司购入一幢建筑物用于出租，取得发票上注明价款为200万元，增值税22万元，款项以银行存款支付。购入该建筑物发生的契税为4万元，也以银行存款支付。该投资性房地产的入账价值为（　　）万元。

A.204　　B.200　　C.196　　D.226

9. 下列关于投资性房地产后续计量模式的转换，说法正确的是（　　）。

A. 成本模式转为公允价值模式的，应当作为会计估计变更

B. 已经采用成本模式计量的投资性房地产，不得从成本模式转为公允价值模式

C. 企业对投资性房地产的计量模式可以随意选择

D. 已经采用公允价值模式计量的投资性房地产，不得从公允价值模式转为成本模式

10. 企业出售、转让、报废投资性房地产时，应当将处置收入计入（　　）。

A. 公允价值变动损益　　B. 营业外收入　　C. 其他业务收入　　D. 资本公积

11. 采用成本模式计量的作为投资性房地产的建造物计提的累计折旧，应贷记的会计科目是（　　）。

A. 投资性房地产累计折旧　　B. 投资性房地产

C. 累计折旧　　D. 累计摊销

12. 下列属于投资性房地产的是（　　）。

A. 房地产开发企业销售的或为销售而正在开发的商品房和土地

B. 企业生产经营用的厂房、车间

C.企业生产经营用的办公楼

D.企业经营性出租用的办公楼

13.采用公允价值模式计量的投资性房地产，在资产负债表日其公允价值小于原账面价值的差额，通过（　　）科目核算。

A.营业外收入　B.资本公积

C.公允价值变动损益　D.其他业务收入

14.下列各项中，一般不会引起无形资产账面价值发生增减变动的是（　　）。

A.对无形资产计提减值准备　B.无形资产可收回金额大于账面价值

C.摊销无形资产　D.转让无形资产所有权

15.下列各项中，不能够确认为无形资产的是（　　）。

A.商誉　B.通过购买方式取得的土地使用权

C.通过购买方式取得的非专利技术　D.通过吸收投资方式取得的土地使用权

16.下列各项中，通过长期待摊费用核算的是（　　）。

A.融资租入固定资产发生的改良支出　B.经营租入固定资产发生的改良支出

C.生产车间发生的固定资产日常修理费用支出　D.行政管理部门发生的固定资产日常修理费用支出

二、多项选择题

1.下列各项中，属于加速折旧的方法有（　　）。

A.双倍余额递减法　B.工作量法　C.平均年限法　D.年数总和法

2.下列关于固定资产计提折旧的表述中，正确的有（　　）。

A.提前报废的固定资产，不再补提折旧

B.固定资产折旧方法的改变属于会计估计变更

C.当月减少的固定资产，当月起停止计提折旧

D.已提足折旧但仍然继续使用的固定资产不再计提折旧

3.下列各项中，影响固定资产折旧的因素有（　　）。

A.固定资产原价　B.固定资产的预计使用寿命

C.固定资产预计净残值　D.已计提的固定资产减值准备

4.下列各项固定资产，不应当计提折旧的有（　　）。

A.未使用的厂房　B.已单独计价入账的土地

C.经营租入的机器设备　D.已提足折旧仍继续使用的固定资产

5.某项设备原值为50 000元，净残值率为5%，预计可使用10年。该设备采用双倍余额递减法和年数总和法计算的第2年折旧额分别为（　　）元。（年折旧率保持百分数小数点两位）

A.8 000　B.7 695　C.1 727　D.7 771

6.下列不属于加速折旧法的有（　　）。

A.工作量法　B.平均年限法　C.双倍余额递减法　D.年数总和法

7.在采用自营方式建造房屋建筑物时，下列项目应计入固定资产取得成本的有（　　）。

A.工程项目耗用的工程物资

B.工程领用本企业商品涉及的消费税

C.生产车间为工程提供的水、电等费用

D.企业行政管理部门为组织和管理生产经营活动而发生的费用

8.下列各项支出，应计入无形资产成本的有（　　）。

A.购入专利权发生的支出　B.购入商标权发生的支出

C.取得土地使用权发生的支出　D.研发新技术在研究阶段发生的支出

9.下列可以作为企业的无形资产核算的有（　　）。

A. 专利权　　B. 专有技术　　C. 商标权　　D. 商誉

10. 下列关于投资性房地产核算的表述中，不正确的有（　　）。

A. 采用成本模式计量的投资性房地产，符合条件可转换为公允价值模式计量

B. 采用成本模式计量的投资性房地产，不需要确认减值损失

C. 采用公允价值模式计量的投资性房地产，需要确认减值损失

D. 采用公允价值模式计量的投资性房地产，满足条件后可以转换为成本模式计量

三、判断题

1. 企业生产车间的固定资产修理费用，应当计入当期损益。（　　）

2. 企业出售无形资产和出租无形资产取得的收益，均应作为其他业务收入。（　　）

3. 固定资产应当按月计提折旧，当月增加的固定资产，当月计提折旧。当月减少的固定资产，当月不提折旧。（　　）

4. 固定资产盘盈，先通过"待处理财产损溢"科目核算，批准后再转入"营业外收入"科目。（　　）

5. 按照企业会计制度的规定，已提足折旧的固定资产，不再提折旧；未提足折旧提前报废的固定资产必须补提折旧，直至提足折旧为止。（　　）

6. 企业不论在成本模式下，还是在公允价值模式下，投资性房地产取得的租金收入，均确认为其他业务收入。（　　）

7. 企业采用公允价值模式进行后续计量的，不对投资性房地产计提折旧或进行摊销，应当以资产负债表日投资性房地产的公允价值为基础调整其账面价值，公允价值与原账面价值之间的差额计入其他业务成本或其他业务收入。（　　）

8. 已采用公允价值模式计量的投资性房地产，不得从公允价值模式转为成本模式。（　　）

9. 对投资性房地产进行后续计量，同时采用成本模式和公允价值模式两种计量模式。（　　）

10. 资产负债表日，公允价值计量模式下投资性房地产的公允价值高于其账面余额的差额，借记"投资性房地产——公允价值变动"科目，贷记"公允价值变动损益"科目；公允价值低于其账面余额的差额，作相反的会计分录。（　　）

四、不定项选择题

1. 甲企业为增值税一般纳税人，适用的增值税税率为17%。2018年至2020年发生的有关固定资产的经济业务如下（价格中均不含税）：

（1）2018年6月1日自行建造一条生产线。建造过程中领用工程物资300万元，领用生产用原材料200万元，发生工人工资80万元，用银行存款支付其他相关税费40万元。以上支出全部符合资本化条件。

（2）2018年6月30日该生产线达到预定可使用状态，采用直线法计提折旧，预计使用年限为10年，预计净残值为20万元。

（3）2018年12月5日公司决定对现有生产线进行改扩建，以提高其生产能力，共发生材料支出100万元，人工支出20万元，符合固定资产确认条件。其中，被更换部件的账面价值为24万元，作为减少成本处理，更换新部件的价值为10万元。2018年12月31日该生产线达到预定可使用状态，预计仍可使用10年，净残值为12万元。

（4）2019年1月1日将该生产线对外经营出租，租期为1年，每月租金为6万元。

（5）2020年12月31日甲企业将一台设备出售，该设备已计提折旧90万元，其账面余额为380万元，取得（不含税）处置收入410万元并存入银行，支付清理费用5万元。

要求：根据上述资料，假定不考虑其他因素，编制相关会计分录并回答下列问题：

（1）根据资料（1），下列账务处理正确的是（　　）。

A. 领用工程物资，应作40%的进项税额转出　　B. 领用原材料，应作40%的进项税额转出

C.支付的相关税费，计入管理费用　　D.计入在建工程的金额合计为620万元

（2）根据资料（2），下列表述正确的是（　　）。

A.计提折旧的开始月份为6月　　B.计提折旧的开始月份为7月

C.每月计提折旧金额为5万元　　D.若至使用年限终了，总计应计提折旧为600万元

（3）根据资料（3），下列关于对生产线的更新改造，表述错误的是（　　）。

A.更新改造之前，生产线的账面价值为590万元　　B.更新改造之前，生产线的账面价值为595万元

C.更新改造之后，生产线的账面价值为696万元　　D.更新改造之后，生产线的账面价值为701万元

（4）下列关于生产线的对外出租，说法正确的是（　　）。

A.出租固定资产的收入应计入营业外收入6万元

B.出租固定资产的收入应计入其他业务收入6万元

C.出租的固定资产不必计提折旧

D.每月计入其他业务成本的金额为5.74万元（保留两位小数）

（5）根据资料（5），处置设备影响的净损益为（　　）万元。

A.115　　B.120　　C.25　　D.30

2.甲企业为增值税一般纳税人，2016年至2019年发生的与无形资产有关业务如下：

（1）2016年7月10日甲企业开始自行研发一项行政管理用非专利技术，截至2016年12月31日，用银行存款支付外单位协作费74万元，领用本单位原材料成本26万元（不考虑增值税因素），经测试，该项研发活动已完成研究阶段。

（2）2017年6月1日研发活动进入开发阶段。该阶段发生研究开发人员的薪酬支出35万元，领用材料成本85万元（不考虑增值税因素），全部符合资本化条件。2017年12月1日该项研发活动结束，最终开发形成一项非专利技术并投入使用。该非专利技术预计可使用年限为5年，预计净残值为零，采用直线法摊销。

（3）2018年1月1日甲企业将该非专利技术出租给乙企业，双方约定租赁期限为2年，每月月末以银行转账结算方式收取租金1.5万元。

（4）2019年12月31日租赁期限届满。经减值测试，该非专利技术的可收回金额为52万元。

要求：根据上述资料，不考虑其他因素，编制相关会计分录并回答下列问题：

（1）根据资料（1）和（2），甲企业自行研究开发无形资产的入账价值是（　　）万元。

A.100　　B.120　　C.146　　D.220

（2）根据资料（1）至（3），下列关于甲企业该项非专利技术摊销的会计处理，表述正确的是（　　）。

A.应当自可供使用的下月起开始摊销

B.应当自可供使用的当月起开始摊销

C.该项非专利技术出租前的摊销额应计入管理费用

D.摊销方法应当反映与该项非专利技术有关的经济利益的预期实现方式

（3）根据资料（4），甲企业非专利技术的减值金额是（　　）万元。

A.0　　B.18　　C.20　　D.35.6

（4）根据资料（1）至（4），甲企业2019年12月31日应列入资产负债表“无形资产”项目的金额是（　　）万元。

A.52　　B.70　　C.72　　D.88

3.甲股份有限公司（以下简称甲公司）为西北地区的一家上市公司，甲公司与投资性房地产有关的业务资料如下：

（1）2017年1月甲公司购入一幢建筑物用于出租，价款为800万元，增值税88万元。款项以银行存款转账支付。

（2）甲公司购入的上述用于出租的建筑物预计使用寿命为15年，预计净残值为36万元，采用平均年

限法按年计提折旧。

（3）甲公司将取得的该项建筑物自购入当月起用于对外经营租赁，甲公司对该房地产采用成本模式进行后续计量。

（4）甲公司该项房地产2017年取得租金收入90万元，增值税9.9万元，款项已存入银行。

（5）甲公司2018年年末因急需资金将该项投资性房地产全部对外出售，取得出售价款700万元，增值税77万元，存入银行。

要求：根据上述资料，编制相关会计分录并回答下列问题（计算结果保留两位小数）：

（1）甲公司2017年购入的建筑物应计入（　　）。

A.在建工程　　B.固定资产　　C.工程物资　　D.投资性房地产

（2）下列说法正确的是（　　）。

A.该建筑物在2017年应计提的累计折旧是50.93万元

B.甲公司在2017年取得的租金收入应计入其他业务收入

C.甲公司在2017年取得的租金收入应计入主营业务收入

D.在2017年计提的折旧应记入“投资性房地产累计折旧”科目的贷方

（3）下列关于出售投资性房地产的处理，说法正确的是（　　）。

A.使当期利润增加100万元　　B.使当期利润减少100万元

C.投资性房地产出售时已计提的折旧金额是97.62万元

D.投资性房地产出售时已计提的折旧金额是101.86万元

项目三

供应及付款业务核算

知识目标

1. 熟悉库存现金的相关规定。
2. 理解支付结算工具的结算程序。
3. 掌握其他货币资金的内容。
4. 掌握存货按实际成本计价的核算方法。
5. 掌握存货按计划成本计价的核算方法。

能力目标

1. 能正确管理并使用现金。
2. 能用不同的结算方式完成货款支付。
3. 能根据不同的结算方式和货款支付方式正确进行购进存货的账务处理。

本项目业务常用原始凭证（见凭证3-1至凭证3-7）

凭证3-1

重庆市增值税专用发票

发票联

5023557468　　№ 00961345　　开票日期：2017年6月1日

购买方	名　　称：重庆渝中摩托制造有限公司 纳税人识别号：91500113562018376M 地 址、电 话：重庆渝中区大坪大黄路18号023-86553089 开户行及账号：工行渝中支行大黄分理处3100027809200043128	密码区	（略）

货物或应税劳务、服务名称	规格型号	单位	数量	单价	金额	税率	税额
250发动机		台	300	1 100.00	330 000.00	17%	56 100.00
250车轮		组	600	210.00	126 000.00	17%	21 420.00
250油箱		个	300	110.00	33 000.00	17%	5 610.00
合　计					¥489 000.00		¥83 130.00
价税合计（大写）	⊗伍拾柒万贰仟壹佰叁拾元整				（小写）¥572 130.00		

销售方	名　　称：重庆机制厂 纳税人识别号：91500634712354653Q 地 址、电 话：重庆沙坪坝023-61002356 开户行及账号：建行华都分理处50001143600050286319	备注	91500634712354653Q 发票专用章

收款人：李灿　　复核：彭勇　　开票人：赵海涛　　销售方：（章）

第三联 发票联 购买方记账凭证

凭证 3-2

材料入库通知单

供货单位：重庆宜丰加工厂　　　　No.99204

125 仓库　　　　2017 年 6 月 9 日　　　　金额单位：元

材料名称	规格	单位	数量		单价	金额	运杂费	金额合计	计划成本	
			凭证	实数					单位成本	金额
125 车架		套	600	600	115	69 000.00				
125 座垫		套	600	600	38	22 800.00				
125 油箱		个	600	600	68	40 800.00				
						¥ 132 600.00				

第三联 记账

财务主管：陈大明　　供应科长：周一寒　　仓库验收：周　正　　采购员：王子东

凭证 3-3

重庆市增值税专用发票

发票联　　№ 00971342

全国统一发票监制章 国家税务总局监制

5023547643　　　　开票日期：2017年6月1日

购买方	名　　称：渝兴公司 纳税人识别号：91500984237986765Q 地 址、电 话：重庆高新区南路137号023-89276099 开户行及账号：工行高新支行3100027814600076980				密码区	（略）		
货物或应税劳务、服务名称	规格型号	单位	数量	单价	金额	税率	税额	
运输服务 物流辅助服务					3 603.60 216.98	11% 6%	396.40 13.02	
合　计					¥ 3 820.58		¥ 409.42	
价税合计（大写）	⊗肆仟贰佰叁拾元整					（小写）	¥ 4 230.00	
销售方	名　　称：重庆迅达运输公司 纳税人识别号：915001135620183 6X9 地 址、电 话：重庆渝中区大坪大黄路22号023-85860935 开户行及账号：工行渝中支行大黄分理处3100027809200056341				备注	重庆迅达运输公司 915001135620183 6X9 发票专用章		

第三联 发票联 购买方记账凭证

收款人：李杰　　复核：张林　　开票人：吴芳　　销售方：（章）

凭证 3-4

中国工商银行
转账支票存根
10203310
10613654

附加信息

出票日期 2017 年 6 月 6 日

收款人：重庆市货运公司

金　额：¥12 463.00

用　途：运输服务费

单位主管：　　会计：

付款期限自出票之日起十天

中国工商银行　转账支票

10203310
10613654

出票日期（大写）贰零壹柒年零陆月零陆日　　付款行名称：工行渝中支行大黄分理处

收款人：重庆市货运公司　　出票人账号：60643128

人民币（大写）	亿	千	百	十	万	千	百	十	元	角	分
壹万贰仟肆佰陆拾叁元整				¥	1	2	4	6	3	0	0

用途 运输服务费　　密码

上列款项请从　　行号

我账户内支付

重庆渝中摩托制造有限公司 财务专用章

楷李印泽

出票人签章　　复核　　记账

附加信息：	被背书人	被背书人
	背书人签章 年　月　日	背书人签章 年　月　日

贴粘单处

根据《中华人民共和国票据法》等法律法规的规定，签发空头支票由中国人民银行处以票面金额 5% 但不低于1 000元的罚款。

凭证 3-5

中国工商银行
转账支票存根
10203010
10613654

附加信息

出票日期 2017 年 6 月 1 日

收款人：重庆迅达运输公司
金　额：¥4 230.00
用　途：垫付运杂费

单位主管：张浩达　　会计：王洋

凭证 3-6

中国工商银行电汇凭证（回单）　　1

□普通　□加急　　委托日期 2017 年 6 月 14 日　　No.1593468

汇款人	全　称	重庆渝中摩托制造有限公司	收款人	全　称	武汉悦来公司
	账　号	60643128		账　号	54859086
	汇出地点	省　重庆　市/县		汇入地点	湖北　省　武汉　市/县
汇出行名称		工行渝中支行大黄分理处	汇入行名称		建行武汉支行解放路分理处
金额	人民币（大写）	陆拾叁万壹仟捌佰元整			¥63180000（亿千百十万千百十元角分）
上列款项已根据委托办理，如需查询，请持此回单来行面谈。			支付密码		
			附加信息及用途：		
汇出行签章			复核：		记账：

中国工商银行 渝中区支行 2017.6.14 转讫

此联是汇出行给汇款人的回单

凭证 3-7

银行承兑汇票　　3

出票日期 贰零壹柒年零陆月零玖日（大写）　　GE 10200052 D3 21175553

出票人全称	重庆宜丰加工厂	收款人	全　称	重庆渝中摩托制造有限公司
出票人账号	64357238		账　号	60643128
付款行全称	工行大黄路分理处		开户银行	工行渝中支行大黄分理处
出票金额	壹拾伍万捌仟零肆拾贰元整			¥15804200（亿千百十万千百十元角分）
汇票到期日（大写）	贰零壹柒年零玖月零玖日	付款行	行号	23
承兑协议编号			地址	工行渝中支行
			备注：	

此联出票人存查

企业进行生产经营之前，必须先具备生产开工的基本条件，如生产产品必需的原材料、设备与厂房以及必要的专利技术等。这些资产的取得过程即为供应过程，而这些资产的取得都需要予以支付对价进行结算。这一交易过程称之为供应与付款业务过程。

任务一 货币收付的方法

企业与其他单位和个人之间的货币收付的方法分为现金结算和支付结算两种。现金结算的使用范围极其有限，大部分货币收付都通过银行办理支付结算。

现金结算遵照国务院颁布的《现金管理暂行条例》和中国人民银行颁布的《现金管理实施办法》严格执行；支付结算即银行结算，遵照中国人民银行颁布的《支付结算办法》严格执行，支付结算的具体方式有支票、银行本票、银行汇票、商业汇票、信用卡、托收承付、委托收款、汇兑以及信用证等。

（一）库存现金

库存现金是指通常存放于企业财会部门、由出纳人员经管的货币。库存现金是企业流动性最强的资产，企业应当严格遵守国家有关现金管理制度，正确进行现金收支的核算，监督现金使用的合法性与合理性。

1.库存现金的使用范围

企业可以用现金支付的款项有：

（1）职工工资、津贴；

（2）个人劳务报酬；

（3）根据国家规定颁发给个人的科学技术、文化艺术、体育等各种奖金；

（4）各种劳保、福利费用以及国家规定的对个人的其他支出；

（5）向个人收购农副品和其他物资款项；

（6）出差人员必需的随身携带的差旅费；

（7）结算起点以下的零星支出。

除上述情况可以用现金支付外，其他款项的支付应通过银行转账结算。

2.库存现金的限额

库存现金限额是指为了保证企业日常零星开支的需要（不包括企业每月发放工资和不定期差旅费等大额的现金支出），允许单位留存现金的最高数量。这一限额由开户银行根据单位的实际需要核定，一般按照3～5天的日常零星开支的需要确定。边远地区、交通不便地区开户单位的库存现金限额，可按5天但不得超过15天的日常零星开支的需要确定。核定后的现金限额，开户单位必须严格遵守，超过部分应于当日终了存入银行。需要增加或减少现金限额的单位，应向开户银行提出申请，由开户银行核定。

3.库存现金收付的其他规定

（1）企业现金收入应于当日送存开户银行。当时送存有困难的，由开户银行确定送存日期。

（2）企业不得从本企业的现金收入中直接开支现金，即“坐支”。因特殊情况需坐支的，应事先报经开户行审查批准，并在核定的范围和限额内进行，同时收支的现金必须入账。

（3）企业从开户行提取现金，应如实注明用途，由本单位财会部门负责人签字盖章，经开户行审核后，予以支付。

（4）不得携带现金到外地采购。因采购地点不确定、交通不便、抢险救灾及其他特殊情况必须使用现金的单位，应向开户银行提出书面申请，经其审核后予以支付。

（5）不得用不符合制度的凭证顶替库存现金，即不得“白条抵库”。

（6）不得谎报用途套取现金。

（7）不得用银行账户代其他单位和个人存入或支取现金。

（8）不准以个人名义存储单位收入的现金，不准保留账外公款，即不得公款私存，不得设“小金库”等。

银行对违反上述规定的单位，将按照违规金额的一定比例予以处罚。

4.库存现金的内部控制制度

现金的内部控制制度应具备以下内容：

（1）会计人员与出纳人员的明确分工。企业应配备出纳人员，负责办理库存现金的收支和保管业务。会计人员与库存现金收支业务的审批人员、经办人员、现金保管人员的职责应当明确，并相互分离、相互制约，相应岗位可以定期轮岗。会计主管、出纳和记账人员三者的岗位必须分离，他们分别负责现金支付的审批、付款和记账。

（2）及时清查、核对账目。出纳人员应每日结出现金日记账的收支和结余，保证账款相符。出纳人员应定期与会计人员核对账目，以保证账账相符。

（3）实行交易分开。即将现金支出业务和现金收入业务分开处理，防止将现金收入直接用于现金支出的坐支行为。

（4）严格审核制度。企业的一切收支，都必须取得或填制合法的原始凭证来作为收付款的证明。出纳人员必须根据会计主管或相关授权人员审批后的原始凭证进行收付款。收付款业务办理完毕，还应在收付款记账凭证和原始凭证上加盖收付人印章和“收讫”或“付讫”的戳记，表示款项已收付完毕。

（二）银行存款与支付结算

银行存款是指企业存放于银行和其他金融机构的货币资金。银行存款账户分为基本存款账户、一般存款账户、临时存款账户和专用存款账户。

开立基本存款户需同时提供开户申请书、《企业法人执照》或《营业执照》正本、印鉴卡，经银行审核同意，凭开户许可证开户。基本存款户是企业办理日常结算和现金收付的账户。一个企业只能选择一家银行的一个营业机构开立一个基本存款户。

一般存款户是企业因借款或其他结算需要，在基本存款户开户行以外的银行营业机构开立的银行结算账户，可办理结算和存入现金，但不得取现。

临时存款户是企业因临时经营活动的需要并在规定期限内使用而开立的账户，可以办理转账和现金存取。

专用存款户是企业根据法律法规对其特定用途资金进行专项管理和使用而开立的账户，如基本建设存款账户、住房公积金存款账户等。

银行存款的结算与划转是通过一系列支付结算方式来完成的。具体介绍如下：

1. 支票

支票是出票人签发的，委托办理支票存款业务的银行或其他金融机构在见票时无条件支付确定金额给收款人或持票人的票据。收款单位对于收到的支票，应在支票的有效期内填制进账单连同支票送交银行，根据银行盖章退回的第一联进账单和有关原始凭证编制收款凭证，或根据银行转来的由出票人送交银行支票后，经银行审查盖章的进账单回单联和有关原始凭证编制收款凭证；付款单位根据签发的支票存根和有关原始凭证及时编制付款凭证。

支票结算程序如图3-1所示。

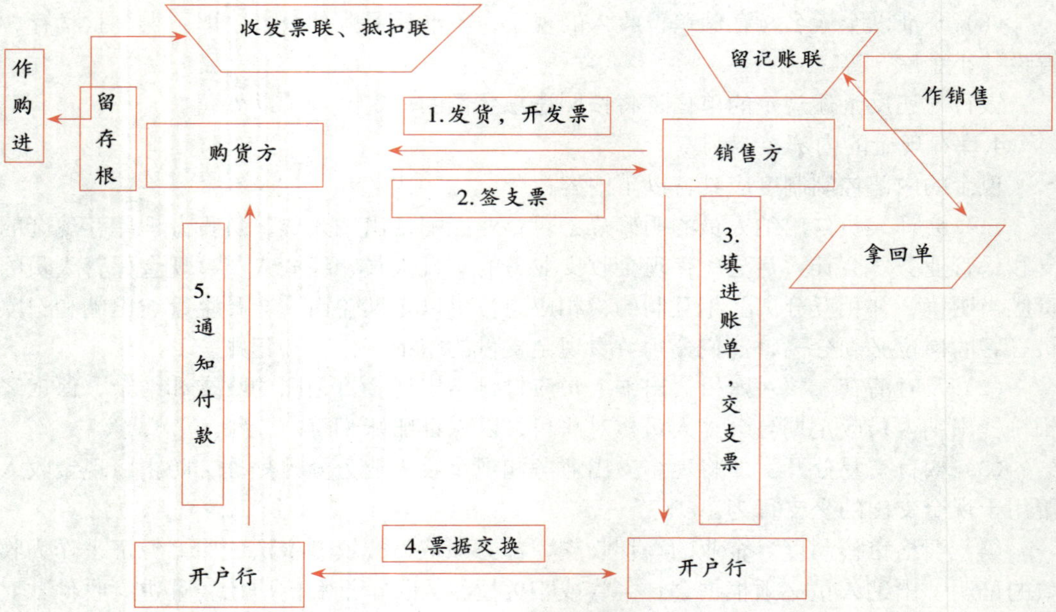

图3-1　支票结算流程图

销售方（收款方）的会计处理如下：

根据进账单回单和所开发票的记账联：

借：银行存款

　贷：主营业务收入

　　应交税费——应交增值税（销项税额）

　　……

购货方（付款方）的会计处理如下：

根据支票存根和对方开具的发票记账联：

借：原材料

　应交税费——应交增值税（进项税额）

　……

　贷：银行存款

2.银行本票

银行本票是由出票人签发，承诺自己在见票时无条件支付确定金额给收款人或持票人的票据。收款单位按规定受理银行本票后，应将本票连同进账单送交银行办理转账，根据银行盖章后退回的第一联进账单和有关原始凭证编制收款凭证。付款单位在填送银行本票申请书并将款项交存银行，收到银行签发的银行本票后，根据申请书存根联编制付款凭证。企业因银行本票超过付款期限或其他原因要求退款时，在交回本票和填制的进账单经银行审核盖章后，根据第一联进账单编制收款凭证。

银行本票结算程序如图3-2所示。

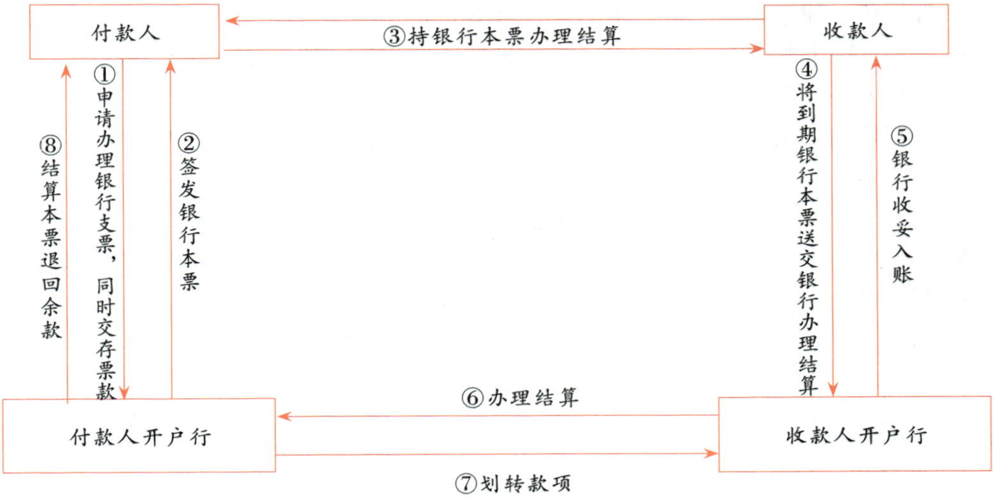

图3-2　银行本票结算流程图

付款人的会计处理如下：

根据①取得的相关原始凭证作取得本票存款的会计分录：

借：其他货币资金——银行本票存款

　贷：银行存款

根据③取得的相关原始凭证作采购的会计分录：

借：原材料

　……

　贷：其他货币资金——银行本票存款

根据⑧取得的相关原始凭证作银行本票余款退回的会计分录：

借：银行存款

　贷：其他货币资金——银行本票存款

收款人根据③、④、⑤取得的相关原始凭证作销售及收款的会计分录：

借：银行存款

　贷：主营业务收入

　　……

3.银行汇票

银行汇票是出票行签发的，由其在见票时按实际结算金额无条件支付给收款人或持票人的票据。收款单位应当将汇票、解讫通知和进账单送交银行，根据银行退回的进账单回单和有关的原始凭证编制收款凭证。付款单位在收到银行签发的银行汇票后，根据银行汇票申请书存根联编制付款凭证；如有多余款项或汇票超过付款期限等原因退款时，应根据银行的多余款收账通知编制收款凭证。

❶银行汇票的提示付款期为1个月，超过提示付款期限，经出具证明后，仍可以请求出票银行付款。银行汇票见票即付。填明“现金”字样和代理付款行的银行汇票丧失，失票人可以向银行申请挂失，或者向法院申请公示催告或提起诉讼。但未填明“现金”字样和代理付款行的银行汇票，丧失不得挂失。

❷银行汇票一律记名，可以背书转让。背书是指在票据背面或者粘单上记载有关事项并签章的票据行为。背书是一种票据行为，是转让票据权利的重要方式，它的产生是票据成为流通证券的一个标志。

❸银行汇票的汇款金额起点为500元。

银行汇票结算程序如图3-3所示。

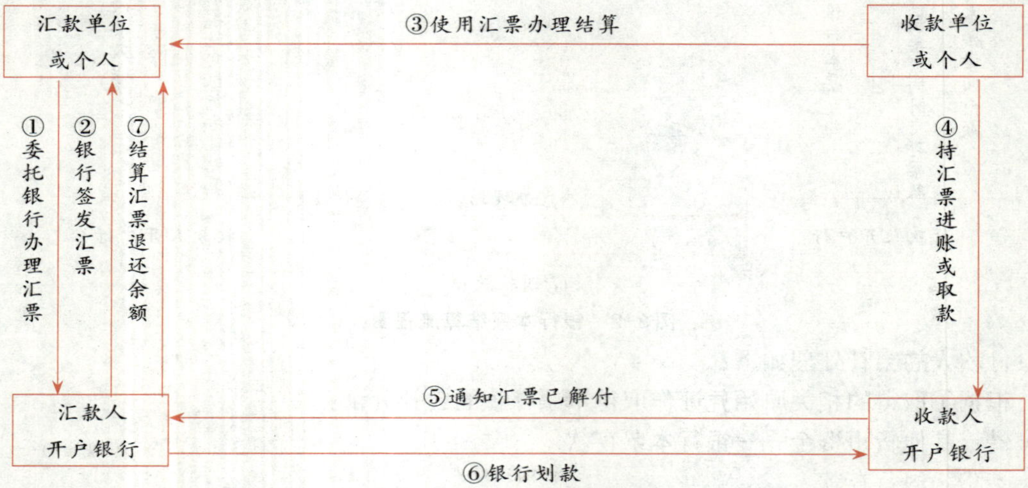

图3-3　银行汇票结算流程图

银行汇票结算程序与银行本票结算程序基本相同。其区别主要在于使用范围：银行本票结算主要用于同城或同一票据交换区，而银行汇票主要用于异地结算。

汇款人的会计处理如下：

根据①、②取得的相关原始凭证作取得银行汇票存款的会计分录：

借：其他货币资金——银行汇票存款

　贷：银行存款

根据③取得的相关原始凭证作采购的会计分录：

借：原材料

　……

　贷：其他货币资金——银行汇票存款

根据⑦取得的相关原始凭证作银行本票余款退回的会计分录：

借：银行存款

贷：其他货币资金——银行汇票存款

收款人根据③、④取得的相关原始凭证作销售及收款的会计分录：

借：银行存款

贷：主营业务收入

……

4. 商业汇票

商业汇票是由出票人签发，委托付款人在指定日期无条件支付确定金额给收款人或持票人的票据。在银行开立账户的法人以及其他组织之间，存在真实的交易关系和债权债务关系，才能使用商业汇票。采用商业汇票方式的，收款单位将要到期的商业汇票连同填制的邮划或电划委托凭证，一并送交银行办理转账，根据银行的收账通知，据以编制收款凭证；付款单位在收到银行的付款通知时，据以编制付款凭证。收款单位将未到期的商业汇票向银行申请贴现时，应按规定填制贴现凭证，连同汇票一并送交银行，根据银行的收账通知编制收款凭证。

商业汇票根据承兑人的不同，分为商业承兑汇票和银行承兑汇票。商业承兑汇票是购销双方的票据交易行为，是一种商业信用，银行只作为清算的中介。而银行承兑汇票是银行的一种信用业务，体现购、销及银行三方关系，银行既是商业汇票的债务人，同时又是承兑申请人的债权人。银行承兑汇票由银行保证无条件付款，因而有较高的信誉。

商业汇票结算程序如图 3-4 所示。

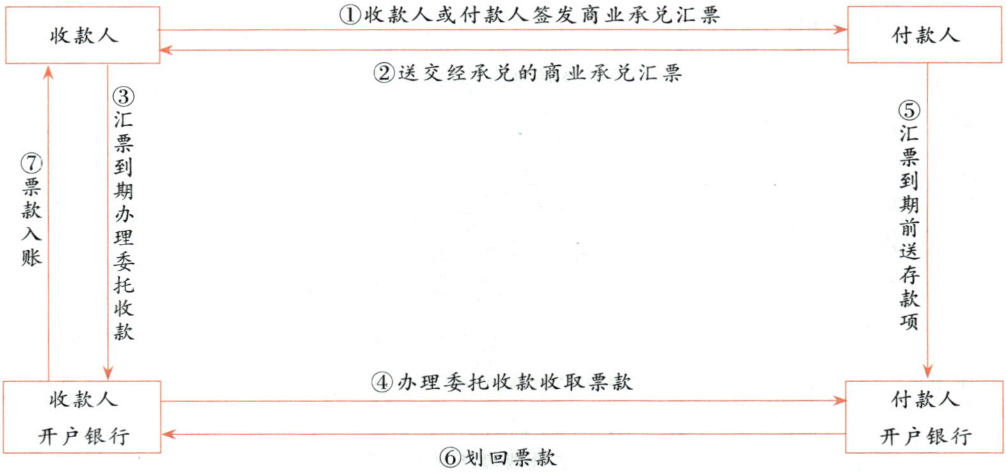

图 3-4　商业汇票结算流程图

收款人的会计处理如下：

根据①、②取得的相关原始凭证以及开出的发票记账联等：

借：应收票据

贷：主营业务收入

……

根据③、⑦取得的相关原始凭证：

借：银行存款

贷：应收票据

如果只有③取得的相关凭证，则：

借：应收账款

　贷：应收票据

付款人的会计处理如下：

根据①、②以及收到发票的发票联等相关票据：

借：原材料

　……

　贷：应付票据

根据⑤取得的相关凭证：

借：应付票据

　贷：银行存款

5. 委托收款

委托收款是收款人委托银行向付款人收取款项的结算方式。单位和个人凭债券、存单、已承兑的商业汇票等付款人的债务证明办理款项的结算，均可以使用委托收款结算方式。收款单位对于委托款项，根据银行的收账通知编制收款凭证；付款单位在收到银行转来的委托收款凭证后，根据委托收款凭证的付款通知（联）和有关的原始凭证编制付款凭证。如果在付款期满前提前付款的，应于通知银行付款之日编制付款凭证；如拒绝付款的，不作账务处理。

委托收款结算程序如图3-5所示。

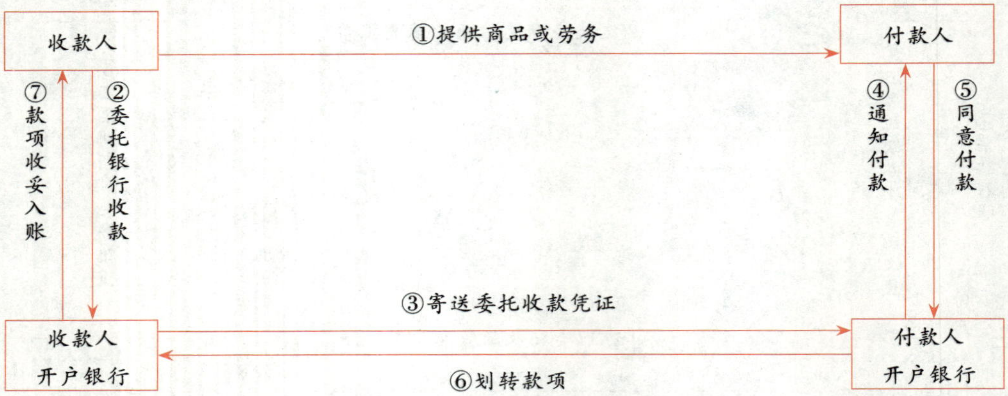

图3-5　委托收款结算流程图

收款人的会计处理如下：

根据①、②取得的相关原始凭证：

借：应收账款

　贷：主营业务收入

　……

根据⑦取得的相关原始凭证：

借：银行存款

　贷：应收账款

付款人的会计处理如下：

根据①取得的相关原始凭证：

借：原材料

　　……

　贷：应付账款

根据④、⑤取得的相关原始凭证：

借：应付账款

　贷：银行存款

6.托收承付

托收承付是根据购销合同由收款人发货后，委托银行向异地付款人收取款项，由付款人向银行承认付款的一种结算方式。收款单位对于托收款项，根据银行的收账通知和有关的原始凭证编制收款凭证；付款单位对于承付的款项，应于承付时根据托收承付结算凭证的承付支款通知和有关原始凭证编制付款凭证。如拒绝付款的，不作账务处理；属于部分拒付的，付款部分按上述规定处理，拒付部分不作账务处理。

在托收承付结算方式下，银行对付款单位的拒付理由有审核的义务；在委托收款结算方式下，银行对拒付理由不负责审核。

托收承付结算程序如图3-6所示。

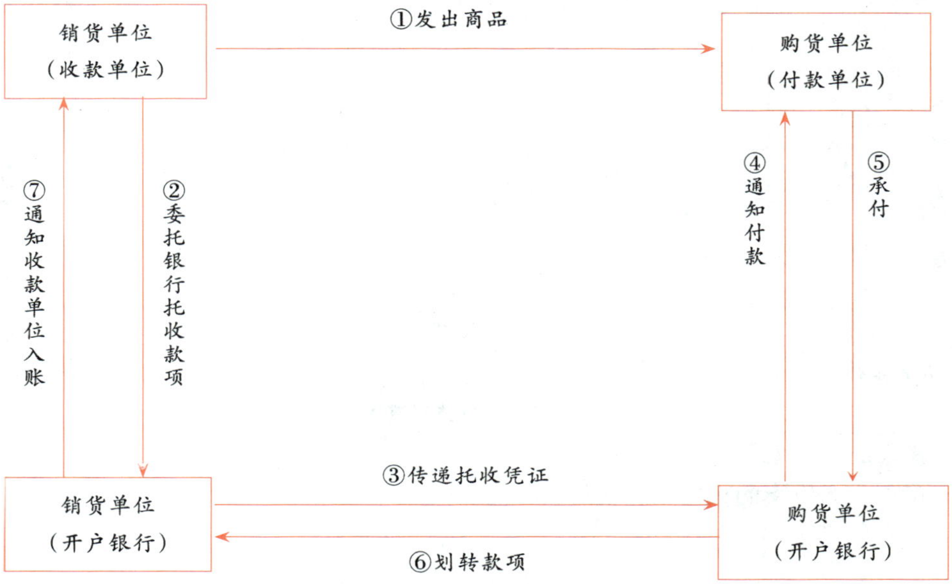

图3-6　托收承付结算流程图

其会计处理与委托收款基本相同。

收款人的会计处理如下：

根据①、②取得的相关原始凭证：

借：应收账款

　贷：主营业务收入

　　　……

根据⑦取得的相关原始凭证：

借：银行存款

　贷：应收账款

付款人的会计处理如下：

根据①取得的相关原始凭证：

借：原材料

　　……

　贷：应付账款

根据④、⑤取得的相关凭证：

借：应付账款

　贷：银行存款

7. 汇兑

汇兑是汇款人委托银行将其款项支付给收款人的结算方式，汇总适用单位和个人的各种款项结算。收款单位对于汇入的款项，应在收到银行的收账通知时，据以编制收款凭证；付款单位对于汇出的款项，应在向银行办理汇款后，根据汇款回单编制付款凭证。

汇总结算程序如图3-7所示。

图3-7　汇兑结算流程图

付款人的会计处理如下：

根据①、②取得的相关原始凭证：

借：应付账款

　　……

　贷：银行存款

收款人的会计处理如下：

根据④取得的相关原始凭证：

借：银行存款

　贷：应收账款

　　　……

8. 信用卡

信用卡是个人和单位发行的，凭以向特约单位购物、消费和向银行存取现金，且有消费信用的特制载体卡片。采用信用卡结算方式的收款单位对于当日受理的信用卡购单，填写汇计单和进账单，连同签购单一并送交银行办理转账。在收到银行收账通知时，据以编制收款凭证；付款单位对于付出的信用卡资金，在根据银行转来的付款通知和有关原始凭证编制付款凭证。

信用卡结算程序如图3-8所示。

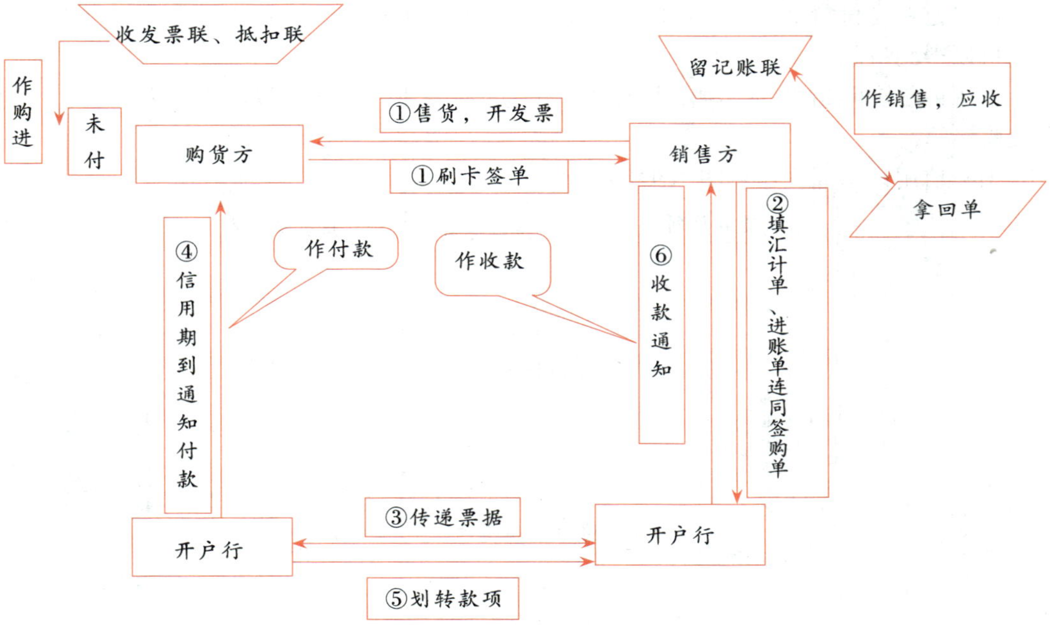

图3-8　信用卡结算流程图

购货方的会计处理如下：

根据①取得的相关原始凭证：

借：管理费用

　……

　贷：应付账款

根据④取得的相关原始凭证：

借：应付账款

　贷：银行存款

如果持卡单位需要存入备用金，则在存入时：

借：其他货币资金——信用卡存款

　贷：银行存款

销售方的会计处理如下：

根据①、②取得的相关原始凭证：

借：应收账款

　贷：主营业务收入

　　……

根据⑥取得的相关原始凭证：

借：银行存款

贷：应收账款

9. 信用证

信用证是开证行应进口商请求，开给出口方的一种保证付款的书面凭证，银行承担在信用条款完全得到遵守的情况下向出口方付款的责任。在这种方式下，银行以自己的信用担保进口方在支付货款时一定可以取得货物的单证，同时也向出口方担保交出货物单证就一定可以得到货款。

信用证是国际结算的一种主要方式，经批准，商业银行也可以办理国内企业之间的商品交易结算。

国际信用证结算程序如图3-9所示。

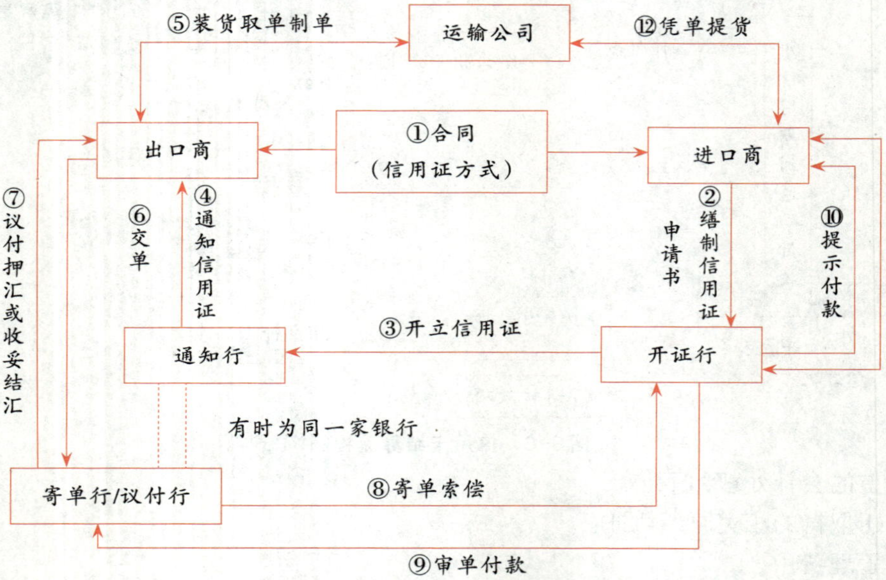

图3-9 国际信用证结算流程图

进口商的会计处理如下：

根据②取得的相关原始凭证：

借：其他货币资金——信用证存款

　贷：银行存款

根据⑩、⑪、⑫取得的相关原始凭证：

借：材料采购

　　……

　贷：其他货币资金——信用证存款

　　……

出口商的会计处理如下：

根据⑤、⑥取得的相关原始凭证：

借：应收账款

　贷：主营业务收入

　　……

根据⑦取得的相关原始凭证：

借：银行存款

　　……

　贷：应收账款

（三）其他货币资金

其他货币资金是指现金、银行存款以外的货币资金，包括银行汇票存款、银行本票存款、信用卡存款、信用证保证金存款、存出投资款、外埠存款等。这一系列其他货币资金都是用企业的银行存款转存而成的，具有货币的支付结算功能。其他货币资金最终未用完的，应转回为银行存款。其他货币资金的资金运动如图3-10所示。

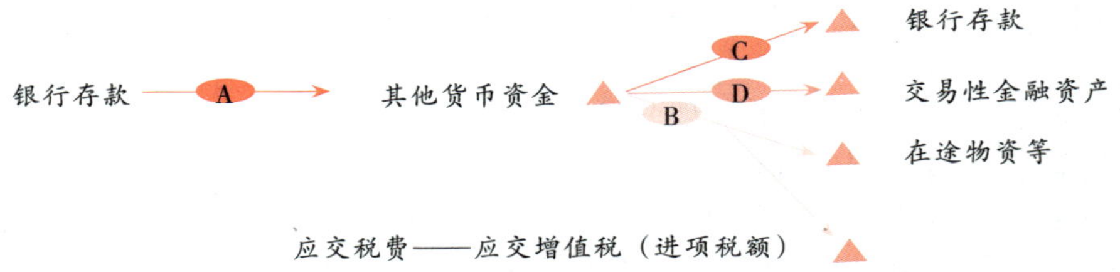

附注：A——其他货币资金的取得　　B——购买原材料等
C——多余的其他货币资金退回　　D——购买交易性金融资产

图3-10　其他货币资金资金运动

银行汇票存款是指单位或个人为取得银行汇票交存银行的款项。

银行本票存款是指单位或个人为取得银行本票交存银行的款项。

信用卡存款是企业为取得信用卡而存入银行信用卡专户的款项。

信用证保证金存款是指采用信用证结算方式的企业为开具信用证而存入银行信用证保证金专户的款项。

存出投资款是指企业已存入证券公司但尚未进行证券投资的款项。

外埠存款是指企业为了到外地进行临时或零星采购而汇往采购地银行开立采购专户的款项。

任务二　存货采购及其付款业务认知

存货是指企业在日常活动中持有的以备出售的产成品或商品、处在生产过程中的在产品以及在生产过程或提供劳务过程中耗用的材料或物料等，包括各类材料、商品、在产品、半成品、产成品以及包装物、低值易耗品、委托代销商品等。

（一）存货的确认

一项资产是否属于存货，除了要符合资产确认条件（即有关的经济利益很可能流入企业；成本能够可靠计量）外，还要根据它在企业经营活动中的用途，而不是该项资产的性质来判断。同样的资产，在一个企业属于存货，在另一个企业却可能不是存货。如小汽车，对汽车的生产厂家来说，属于产品，是存货；但对购买汽车自用的企业来说，则是固定资产。

企业存货的确认，一般是以是否拥有所有权为基本前提，而不是以存放的地点为依据。凡是法定所有权归属企业的存货，不论存放何处，均作为企业的存货，如委托加工的存货；反之，凡是法定所有权不属于企业的存货，即使存放于本企业，也不能作为本企业的存货，如受托加工的存货。

（二）采购存货常用付款方式

企业正常存货常用的付款方式主要有：预付款采购、现款采购、赊购3种方式。

（1）预付款采购。预付款采购是指购买方根据协议先支付全部或部分货款，销售方再发货的购买方式。购买方预付货款后，取得收货的权利，成为一种资产，通过“预付账款”账户核算。收到所购货物时，收货的权利实现，预付账款减少，采购完成。销售方收到预付款时，构成发货的义务，成为一种负债，通过“预收账款”账户核算。销售方发货后，发货的义务已履行，预收账款减少，实现销售。这种付款方式一般用于紧俏货物的购买。

（2）现款采购。现款采购即采购与付款同时完成。在购货的同时，以银行存款、其他货币资产等货币资金予以支付货款。

（3）赊购。赊购是指购入货物时不付款，到合同约定时间再支付货款的购买方式。赊购是一种以信用为基础的购货方式，是购销双方签订购销协议后，销售方先发货，购买方按协议在规定日期付清货款的过程。赊购实质上是销售方向购买方提供的一种商业信用，销售方在这一过程中形成收款的权利，是债权人，通常以应收账款、应收票据等形式表现；购买方在这一过程中承担付款的义务，是债务人，通常以应付账款、应付票据等形式表现。

（三）购入存货的计价

存货应当按照成本进行初始计量。存货成本包括采购成本、加工成本和其他成本。存货的来源不同，其成本构成也不同。原材料、商品、低值易耗品等通过购买而取得的存货的成本由采购成本组成；产成品、在产品、半成品等自制或委托外单位加工的存货的成本由采购成本、加工成本以及使存货达到目前场所和状态所发生的其他支出构成。在实务中，按以下原则确定：

（1）购入的存货。其成本包括：买价、运杂费、运输途中合理损耗、入库前的挑选整理费以及按规定应计入成本的税费和其他费用。这里应计入成本的税费是指存货购买发生的进口关税、消费税、资源税和不能抵扣的增值税进项税额和相应的教育费附加等应计入存货采购成本的税费。

【例3-2-1】某企业为增值税一般纳税人，购入材料一批，增值税专用发票上标明的价款为20万元，增值税为3.4万元，另支付材料的保险费2.8万元，包装物押金2万元。

解析：因为本企业为增值税一般纳税人，因此增值税可以抵扣，包装物押金单独在其他应收款中核算，不计入存货的成本中，所以采购成本=20+2.8=22.8（万元）。

如果材料在验收入库前发生损耗，则实际入库的数量会少于采购的数量。损耗根据发生的原因不同，会计核算的处理也不同。

假设该批材料应收数为100千克，实收数为96千克，则：

当短少的4千克为合理损耗时，损耗应计入入库材料的总成本。因此，该批材料的总成本仍为22.8万元。

入库材料的单位成本=22.8÷96=0.2375（万元/千克）

合理损耗在不影响入库材料总成本的情况下，提高了入库材料的单位成本。

如果短少的4千克为非合理损耗时，损耗不计入入库材料总成本。

入库材料的单位成本=22.8÷100=0.228（万元/千克）

入库材料的总成本=0.228×96=21.888（万元）

【例3-2-2】某企业为增值税小规模纳税人，购入甲材料600千克，每千克含税价格为50元，发生运杂费2 000元，运输途中发生合理损耗10千克，入库前发生挑选整理费用450元。

解析：该批材料的总成本和单位实际成本分别为32 450元和55元。

甲材料的总成本=600×50+2 000+450=32 450（元）

甲材料的单位实际成本=32 450÷590=55（元/千克）

（2）自制的存货。其成本包括：直接材料、直接人工和制造费用等各项实际支出。

（3）委托外单位加工的存货。其成本包括：实际耗用的原材料或半成品、加工费、往返运杂费以及按规定计入成本的税费。

但下列发生的费用不应计入存货成本，应计入当期损益：

（1）非正常消耗的直接材料、直接人工和制造费用。其无助于存货达到目前场所和状态，不应计入存货成本，而应计入营业外支出。

（2）仓储费用。仓储费用是指存货采购入库后发生的储存费用，应在发生时计入管理费用。但如果该储存是为了达到下一生产阶段所必需的过程，则发生的仓储费用应计入存货成本（生产成本）。

任务三　采购原材料核算

原材料是指企业在生产过程中经过加工改变其形态或性质并构成产品主要实体的各种原料、主要材料和外购半成品，以及不构成产品实体但有助于产品形成的辅助材料。原材料具体包括：原料及主要材料、辅助材料、外购半成品（外购件）、修理用备件（备品备件）、包装材料、燃料等。

原材料的日常收发及结存，可以采用实际成本核算，也可以采用计划成本核算。

1.原材料按实际成本计价的核算

原材料按实际成本计价核算时，材料的收发及结存，无论总分类核算还是明细分类核算，均按照实际成本计价。其使用的会计科目有“原材料”“在途物资”等，借方、贷方均按实际成本入账。

“原材料”科目。本科目用于核算库存各种材料的收发与结存情况。在原材料按实际成本核算时，本科目的借方登记入库材料的实际成本，贷方登记发出材料的实际成本，期末余额在借方，反映企业库存材料的实际成本。本科目按材料的类别、品种和规格设置材料明细科目。

“在途物资”科目。本科目用于核算企业采用实际成本（进价）进行材料、商品等物资的日常核算、货款已付尚未验收入库的各种物资的采购成本。本科目的借方登记在途物资的实际成本，贷方登记验收入库物资的实际成本，期末余额在借方，反映企业在途物资的采购成本。本科目按供应单位和物资品种进行明细核算。

“应付账款”科目。本科目用于核算企业因购买材料、商品和劳务等经营活动应支付的款项。本科目的贷方登记企业因购入材料、商品和接受劳务等尚未支付的款项，借方登记偿还的应付账款，期末余额一般在贷方，反映企业尚未支付的应付账款。本科目按应付单位名称设置明细科目。

"应付票据"科目。应付票据是指企业购买材料、商品和接受劳务供应等而开出、承兑的商业汇票，包括商业承兑汇票和银行承兑汇票。本科目用于核算应付票据的发生、偿付情况。本科目的贷方登记开出、承兑汇票的面值及带息票据的预提利息，借方登记支付票据的金额，期末余额在贷方，表示企业尚未到期的商业汇票金额。企业应当设置"应付票据备查簿"，详细登记商业汇票种类、号数和出票日期、到期日、票面金额、交易合同和收款人姓名或单位名称以及付款日期和金额等资料。应付票据到期结清时，应当在备查簿内予以注销。

"预付账款"科目。本科目用于核算企业按照合同规定预付的款项。本科目的借方登记预付的款项及补付的款项，贷方登记收到所购物资时根据有关发票账单记入"原材料"等科目的金额及收回多付款项的金额。本科目的期末余额在借方，反映企业实际预付的款项；期末余额在贷方，反映企业尚未预付的款项。本科目按对方单位名称设置明细科目。预付款项情况不多的企业，可以不设置"预付账款"科目，而将此业务在"应付账款"科目中核算。

"其他货币资金"科目。本科目用于核算企业其他货币资金的收支和结存情况。本科目的借方登记其他货币资金的增加数，贷方登记其他货币资金的减少数，期末余额在借方，反映企业实际持有的其他货币资金。本科目应按其他货币资金的种类设置明细科目。

实际成本法下采购材料的资金运动如图3-11所示。

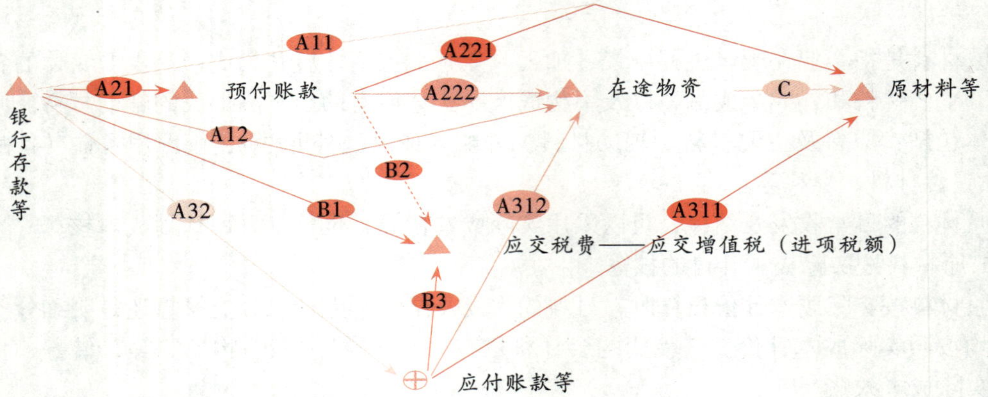

进一步扩展分析：

1. 货币资金的进一步分析
2. 应付款项、预付款项的进一步分析
3. 原材料在使用前的进一步加工——委托加工物资
4. 计划成本核算下原材料分析

图3-11　实际成本法下采购材料资金运动

（1）单货同到。即发票、付款单等结算单据和材料入库单同时送达财会部门。企业应在根据材料入库单、发票借记"原材料"等相关账户的同时，根据相关结算单据贷记"银行存款"等相关账户。

【例3-3-1】甲公司购入A材料一批，增值税专用发票上注明的货款为500 000元，增值税为85 000元，另对方代垫包装费5 000元，增值税850元。全部款项已用转账支票付讫，材料已验收入库。甲公司编制会计分录如下：

借：原材料——A材料　505 000
　　应交税费——应交增值税（进项税额）　85 850
　贷：银行存款　590 850

上例属于发票账单与材料同时到达的采购业务，企业材料已验收入库，因此应通过"原材料"科目核算，对于增值税专用发票上注明的可抵扣的进项税额，应借记"应交税费——应交增值税（进项税额）"科目。

【例3-3-2】甲公司拟采用银行汇票购买B材料，现向银行申请取得银行汇票一张，金额1 900 000元。甲公司编制会计分录如下：

借：其他货币资金——银行汇票存款　1 900 000
　贷：银行存款　1 900 000

【例3-3-3】甲公司持银行汇票1 900 000元购入B材料，增值税专用发票上注明的货款为1 600 000元，增值税为272 000元，另对方代垫包装费3 000元，增值税510元。材料已验收入库，银行汇票余款已通过银行转回。甲公司编制会计分录如下：

借：银行存款　24 490
　　原材料——B材料　1 603 000
　　应交税费——应交增值税（进项税额）　272 510
　贷：其他货币资金——银行汇票存款　1 900 000

（2）单到货未到。即发票、付款单等结算单据已送达财会部门，但材料入库单尚未送达财会部门。企业应当根据发票借记"在途物资"等相关账户，根据相关结算方式贷记"银行存款"等相关账户，待收到该材料的验收入库单时，再由"在途物资"账户转入"原材料"账户。

【例3-3-4】甲公司采用汇兑结算方式购入B材料一批，发票及账单已收到，增值税专用发票上注明的货款为20 000元，增值税为3 400元，另支付保险费1 000元，增值税60元，材料尚未到达。甲公司编制会计分录如下：

借：在途物资　21 000
　　应交税费——应交增值税（进项税额）　3 460
　贷：银行存款　24 460

上例属于已付款但材料尚未到达或尚未验收入库的采购业务，应通过"在途物资"科目核算；待材料到达入库后，再根据收料单由"在途物资"科目转入"原材料"科目核算。

【例3-3-5】承【例3-3-4】，购入的B材料已收到，并验收入库。甲公司编制会计分录如下：

借：原材料——B材料　21 000
　贷：在途物资　21 000

（3）货到单未到。与（2）恰好相反，材料入库单送达财会部门时，对应的发票、付款单等结算单据尚未送达财会部门。在这种情况下，收到材料入库单时，暂不反映。如果月内收到对应的结算单，则根据相关结算单据和材料入库单按单货同到进行账务处理；如果月末结算单仍然未到，则暂估入账，下月月初作相反的会计分录或红字分录冲回。

【例 3-3-6】甲公司采用委托收款结算方式购入F材料一批，材料已验收入库，月末发票账单尚未收到也无法确定其实际成本，暂估价值为20 000元。甲公司编制会计分录如下：

借：原材料——F材料　　20 000
　贷：应付账款——暂估应付账款　　20 000

下月月初作相反的会计分录予以冲回：

借：应付账款——暂估应付账款　　20 000
　贷：原材料——F材料　　20 000

或

借：原材料——F材料　　20 000
　贷：应付账款——暂估应付账款　　20 000

【例 3-3-7】承【例 3-3-6】，购入的F材料于次月收到发票账单，增值税专用发票上注明的货款为21 000元，增值税为3 570元，另对方代垫保险费2 000元，增值税120元，签发一张3个月期的商业承兑汇票。甲公司编制会计分录如下：

借：原材料——F材料　　23 000
　　应交税费——应交增值税（进项税额）　　3 690
　贷：应付票据　　26 690

（4）预付款购买材料。按合同约定与供货方采用预付款结算条款的，向对方支付货款时，借记“预付账款”账户；收到对方发来所预购的材料时，根据发票、材料入库单等，借记“原材料”等相关账户，贷记“预付账款”账户。

【例 3-3-8】根据与某钢厂签订的购销合同，甲公司为购买E材料向该厂预付200 000元货款的80%，已通过汇兑方式汇出。

借：预付账款　　160 000
　贷：银行存款　　160 000

【例 3-3-9】承【例 3-3-8】，甲公司收到该钢厂发来的E材料，验收入库。有关发票载明，该批货物货款为200 000元，增值税为34 000元，另对方代垫运输费4 000元，增值税440元。与所预付款项的差额部分已用银行存款付讫。

材料入库时：

借：原材料——E材料　　204 000
　　应交税费——应交增值税（进项税额）　　34 440
　贷：预付账款　　238 440

补付差额款时：

借：预付账款　　78 440
　贷：银行存款　　78 440

采用实际成本核算，日常不反映材料成本是节约还是超支，也就不能考核物资采购业务的经营成果。因此，这种方法适用于材料收发业务较少的企业。对于材料收发业务较多且计划成本资料较为健全、准确的企业，一般可以采用计划成本进行材料收发的核算。

2.原材料按计划成本计价的核算

原材料采用计划成本核算时，材料采购环节仍按照实际成本核算，计算材料采购的实际成本。在材料入库后，材料的收发及结存，无论总分类核算还是明细分类核算，均按照计划成本计价。因此，在材料入库时，要核算材料的实际采购成本与入库的计划成本之间的差异。入库材料的实际成本大于计划成本的差异为超支差异；入库材料的实际成本小于计划成本的差异为节约差异。月末，计算本月发出材料应负担的成本差异并进行分摊，根据领用材料的用途计入相关资产的成本或当期损益，从而将发出材料的计划成本调整为实际成本。

原材料采用计划成本核算时，使用的会计科目有"原材料""材料采购""材料成本差异"等。材料实际成本与计划成本的差异，通过"材料成本差异"科目核算。

"原材料"科目。本科目用于核算库存各种材料的收发与结存情况。在材料采用计划成本核算时，本科目的借方登记入库材料的计划成本，贷方登记发出材料的计划成本，期末余额在借方，反映企业库存材料的计划成本。

"材料采购"科目。本科目用于核算各种材料的实际采购成本、入库的计划成本及成本差异。本科目的借方登记采购材料的实际成本，贷方登记入库材料的计划成本。借方大于贷方表示超支，从本科目贷方转入"材料成本差异"科目的借方；贷方大于借方表示节约，从本科目借方转入"材料成本差异"科目的贷方；期末为借方余额，反映企业在途材料的采购成本。

"材料成本差异"科目。本科目反映企业已入库各种材料的实际成本与计划成本的差异。本科目的借方登记超支差异及发出材料应负担的节约差异，贷方登记节约差异及发出材料应负担的超支差异。本科目期末如为借方余额，反映企业库存材料的实际成本大于计划成本的差异（即超支差异）；如为贷方余额，反映企业库存材料的实际成本小于计划成本的差异（即节约差异）。

在计划成本核算下，购入材料除暂估入账外，均须通过"材料采购"账户进行核算。即单货同到和单先到货后到，均须先用"材料采购"账户反映实际成本，然后再按计划成本转入"原材料"账户，从而正确核算材料成本差异情况。

计划成本法下采购材料的资金运动如图3-12所示。

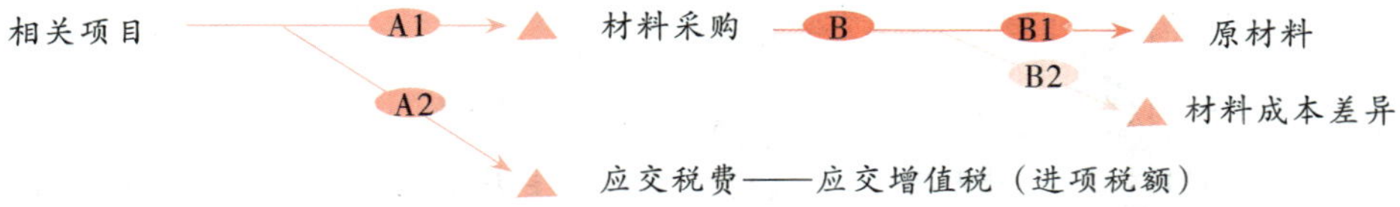

图3-12　计划成本法下采购材料资金运动

【例3-3-10】甲公司购入L材料一批，增值税专用发票上注明的货款为300 000元，增值税为51 000元，发票账单已收到，计划成本为320 000元，已验收入库。全部款项以银行存款支付。甲公司编制会计分录如下：

借：材料采购	300 000	
应交税费——应交增值税（进项税额）	51 000	
贷：银行存款		351 000
借：原材料	320 000	

　　贷：材料采购　　320 000

借：材料采购　　20 000

　　贷：材料成本差异　　20 000

【例 3-3-11】甲公司采用汇兑结算方式购入M材料一批，增值税专用发票上注明的货款为200 000元，增值税为34 000元，发票账单已收到，计划成本为180 000元，材料尚未入库。全部款项以银行存款支付。甲公司编制会计分录如下：

借：材料采购　　200 000

　　应交税费——应交增值税（进项税额）　　34 000

　　贷：银行存款　　234 000

【例 3-3-12】甲公司购入N材料一批，材料已验收入库，发票账单未到，月末应按照计划成本60 000元估价入账。甲公司编制会计分录如下：

借：原材料　　60 000

　　贷：应付账款——暂估应付账款　　60 000

下月月初作相反的会计分录予以冲回：

借：应付账款——暂估应付账款　　60 000

　　贷：原材料　　60 000

或

借：原材料　　60 000

　　贷：应付账款——暂估应付账款　　60 000

实际成本与计划成本管理模式下资金运动的比较情况如图3-13所示。

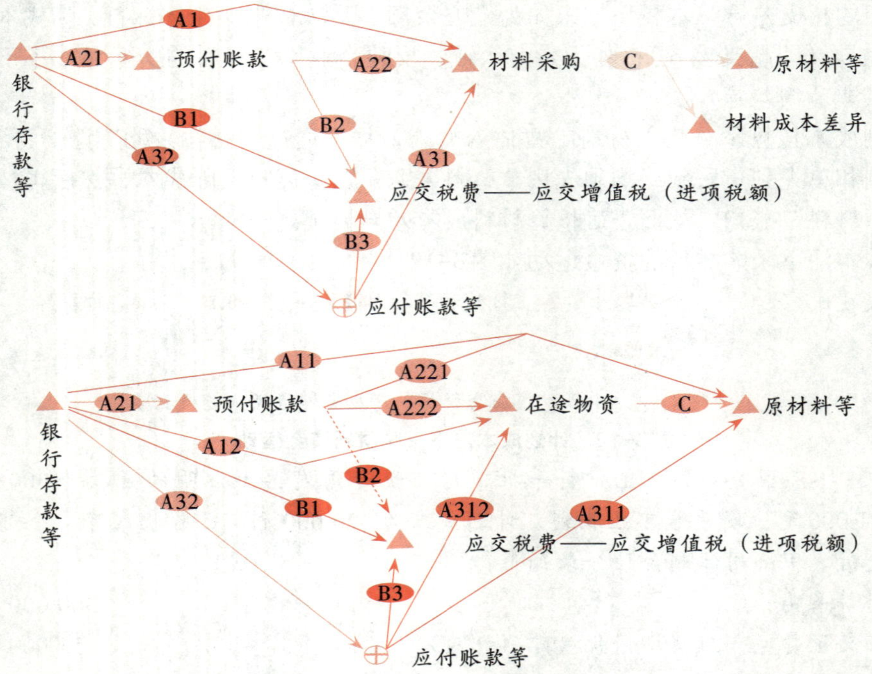

图3-13　计划成本法与实际成本法下采购材料资金运动对比分析

任务四　采购周转材料核算

（一）周转材料认知

周转材料是指企业能够多次使用、但不符合固定资产下定义的材料，如为包装本企业商品而储备的各种包装物，各种工具、管理用具、玻璃器皿、劳动保护用品以及在经营过程中周转使用的容器等低值易耗品和建造承包商的钢模板、木模板、脚手架等其他周转材料。但是，周转材料符合固定资产定义的，应当作为固定资产处理。

周转材料包括包装物和低值易耗品。购入周转材料的成本计价、核算原理与购入原材料相同。

“周转材料”科目。本科目用于反映企业包装物和低值易耗品的收发存情况。本科目的借方登记验收入库的包装物和低值易耗品成本，贷方登记发出的包装物和低值易耗品成本，期末余额在借方，表示企业库存的包装物和低值易耗品成本。

（二）周转材料核算

周转材料核算分为实际成本法核算和计划成本法核算。

1. 周转材料按实际成本计价的核算

周转材料按实际成本计价核算时，周转材料的收发及结存，无论总分类核算还是明细分类核算，均按照实际成本计价。其使用的会计科目有“周转材料”“在途物资”等，借方、贷方均按实际成本入账。周转材料根据包括的内容设置“周转材料——包装物”和“周转材料——低值易耗品”等明细科目。

（1）购入包装物。包装物是指为包装本企业商品而储备的各种包装容器，如桶、箱、瓶、坛、袋等。

【例 3-4-1】甲公司购入包装箱一批，增值税专用发票上注明的货款为 20 000 元，增值税为 3 400 元，另对方代垫包装费 200 元。全部款项已用转账支票付讫，包装箱已验收入库。甲公司编制会计分录如下：

借：周转材料——包装物	20 200	
应交税费——应交增值税（进项税额）	3 400	
贷：银行存款		23 600

【例 3-4-2】甲公司购入包装袋一批，增值税专用发票上注明的货款为 30 000 元，增值税为 5 100 元，另对方代垫包装费 300 元。全部款项已用转账支票付讫，包装袋尚未验收入库。甲公司编制会计分录如下：

借：在途物资	30 300	
应交税费——应交增值税（进项税额）	5 100	
贷：银行存款		35 400

（2）购入低值易耗品。低值易耗品是指单位价值较低或使用期限较短的劳动资料，如工具、用具、劳保用品等。低值易耗品在生产经营过程中多次使用，实物形态保持不变，其价值逐渐转移到成本费用中。就其性质而言，低值易耗品具有固定资产的特征。由于低值易耗品的使用期限短，为了简化核算手续，会计上将其作为消耗性物资，并入存货进行处理。

低值易耗品按其用途，可以分为以下几类：

❶一般工具，包括刃具、量具、模具和各种辅助工具。

❷专用工具，为制造某种产品所专用的模具、钢印等。

❸替换设备，指容易磨损或者为制造不同产品所替换使用的机器上的装备和零件。

❹管理用具，指在管理活动中使用的各种家具和办公用具等。

❺劳动保护用品，为保障劳动安全或改善劳动条件而发给工人使用的工作服、工作鞋、防毒面具等。

【例 3-4-3】甲公司购入W产品专用模具一批，增值税专用发票上注明的货款为50 000元，增值税为8 500元，另对方代垫运杂费500元。款项尚未支付，模具已验收入库。甲公司编制会计分录如下：

借：周转材料——低值易耗品	50 500	
应交税费——应交增值税（进项税额）	8 500	
贷：应付账款		59 000

2. 周转材料按计划成本计价的核算

周转材料按计划成本计价的核算原理与原材料按计划成本计价的核算原理相同。其使用的相关账户有"周转材料""材料采购""材料成本差异"等。

【例 3-4-4】甲公司购入V产品专用模具一批，增值税专用发票上注明的货款为50 000元，增值税为8 500元，另对方代垫运杂费500元。款项尚未支付，模具已验收入库。该批专用模具的计划成本为52 000元。甲公司编制会计分录如下：

借：材料采购	50 500	
应交税费——应交增值税（进项税额）	8 500	
贷：应付账款		59 000
借：周转材料——低值易耗品	52 000	
贷：材料采购		52 000
借：材料采购	1 500	
贷：材料成本差异		1 500

任务五 委托加工物资核算

（一）委托加工物资认知

委托加工物资是指企业委托外单位加工的各种材料、商品等物资。

企业委托外单位加工物资的成本包括：加工中所消耗材料物资的实际成本、支付的加工费以及按规定应计入加工物资成本的税金（指属于消费税应税范围的加工物资应负担的消费税、加工物资用于非应税项目的增值税等）、支付的往返运杂费和装卸费。

为反映和监督委托加工物资的增减变动及结存情况，企业应设置"委托加工物资"科目，借方登记委托加工过程中发生的实际成本，贷方登记加工完成验收入库的物资的实际成本和收回的余料，期末余额在借方，反映企业尚未完工的委托加工物资的实际成本。

（二）委托加工物资核算

委托加工业务的核算主要包括以下环节：发出委托加工物资；支付加工费、运杂费等；加工完毕收回委托加工物资。委托加工物资的资金运动如图3-14所示。

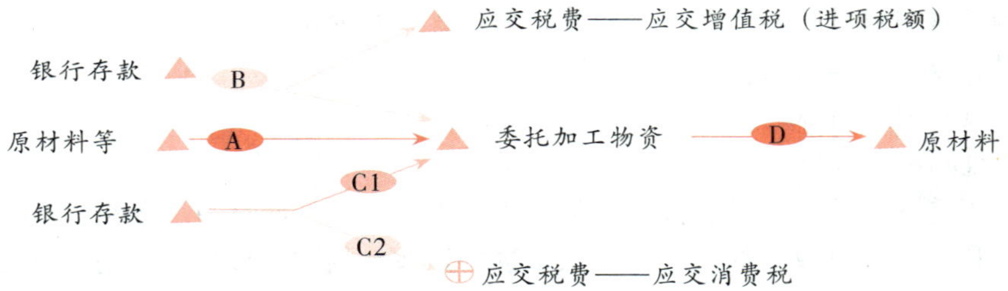

附注：（1）拨付委托加工物资（A）。

（2）支付加工费和增值税进项税额（B）。

（3）缴纳的消费税（C）。其应由受托方代收代缴的消费税，分以下两种情况考虑：

——收回后直接用于销售的（C1）：计入成本；

——收回后用于连续生产应税消费品的（C2）：记入“应交税费”科目的借方。

（4）收回委托加工物资（D）。

图3-14　委托加工物资资金运动

1.发出委托加工物资

企业发出委托加工物资时，应按发出物资的实际成本，借记“委托加工物资”科目，贷记“原材料”等科目。如果发出的物资是采用计划成本核算，还应同时结转成本差异。

【例3-5-1】甲公司委托某生产企业将M材料加工为N材料，发出M材料一批，实际成本为20 000元。甲公司编制会计分录如下：

借：委托加工物资　20 000
　贷：原材料——M材料　20 000

2.支付加工费

企业支付的加工费、增值税、运杂费等，借记“委托加工物资”“应交税费——应交增值税（进项税额）”科目，贷记“银行存款”等科目。

企业负担的由受托加工方代扣代缴的消费税，有如下两种处理方法：

（1）委托加工物资收回后直接用于销售的，应将消费税计入加工物资成本，借记“委托加工物资”科目，贷记“银行存款”科目。

（2）委托加工物资收回后用于连续生产应税消费品，按规定准予抵扣的，借记“应交税费——应交消费税”科目，贷记“银行存款”科目。

【例3-5-2】承【例3-5-1】，甲公司以现金支付运杂费800元，签发转账支票支付加工费5 000元，增值税850元（取得增值税专用发票）。甲公司编制会计分录如下：

借：委托加工物资　5 800
　　应交税费——应交增值税（进项税额）　850
　贷：库存现金　800
　　　银行存款　5 850

【例3-5-3】承【例3-5-1】【例3-5-2】，甲公司签发转账支票支付对方代扣代缴的消费税2 778元，N材料收回后继续用于加工应税消费品。甲公司编制会计分录如下：

借：应交税费——应交消费税　2 778
　贷：银行存款　2 778

如果该材料收回后直接用于销售，则编制会计分录如下：

借：委托加工物资	2 778	
贷：银行存款		2 778

3.收回加工物资

加工完毕收回入库时，按其实际加工成本，借记“原材料”等科目，贷记“委托加工物资”科目。如果收回的原材料等加工物资是按计划成本核算的，还应同时反映材料成本差异。

【例 3-5-4】承【例 3-5-1】【例 3-5-2】【例 3-5-3】，收回加工的N材料25 300元和未用完的M材料500元，并验收入库。甲公司编制会计分录如下：

借：原材料——M材料	500	
——N材料	25 300	
贷：委托加工物资		25 800

供应及付款业务核算练习题

一、单项选择题

1.根据《现金管理暂行条例》的规定，下列经济业务中，一般不应用现金支付的是（　　）。

A.支付物资采购贷款1 200元　　B.支付零星办公用品购置费850元

C.支付职工差旅费2 000元　　D.支付职工奖金8 000元

2.企业存放在银行的银行本票存款，应通过（　　）科目进行核算。

A.其他货币资金　　B.银行存款　　C.货币资金　　D.库存现金

3.下列各项中，不通过“其他货币资金”科目核算的是（　　）。

A.银行汇票存款　　B.银行本票存款　　C.信用卡存款　　D.银行承兑汇票

4.某企业为小规模纳税人，该企业购入甲材料600千克，每千克含税价格为50元，发生运杂费2 000元，运输途中发生合理损耗10千克，入库前发生挑选整理费用450元。该批甲材料的单位实际成本为（　　）元。

A.50　　B.54　　C.55　　D.56

5.委托加工应税消费品（非金银首饰）收回后直接销售的，其由受托方代收代缴的消费税，应记入的会计科目是（　　）。

A.管理费用　　B.应交税费——应交消费税

C.税金及附加　　D.委托加工物资

6.某工业企业为增值税一般纳税人，适用的增值税税率为17%。2017年10月9日购入材料一批，取得增值税专用发票上注明的价款为21 200元，增值税为3 604元。材料入库前的挑选整理费用为200元，材料已验收入库。该企业取得材料的入账价值为（　　）元。

A.20 200　　B.21 400　　C.23 804　　D.25 004

7.预付货款不多的企业，可以将预付的货款直接记入（　　）账户借方，而不单独设置"预付账款"账户。

A.应收账款　　B.其他应收款　　C.应付账款　　D.应收票据

8.某增值税一般纳税企业本期购入一批商品100千克，进货价格为100万元，增值税进项税额为17万元。所购商品到达后验收发现，商品短缺25%，其中合理损失5%，另20%的短缺尚待查明原因。该批商品的单位成本为（　　）万元/千克。

A.1　　B.1.4　　C.1.2　　D.1.05

9.某一般纳税企业委托外单位加工一批应税消费品，材料成本150万元，加工费12万元，受托方增值税税率为17%，受托方代扣代缴消费税18万元。若该批材料加工后委托方直接出售，则该批材料加工完毕入库时的成本为（　　）万元。

A.162　　B.180　　C.182.04　　D.168

10.A公司委托B公司加工材料一批，A公司发出原材料实际成本为50 000元，完工收回时支付加工费2 000元。该批材料属于消费税应税物资，同类物资在B公司目前的销售价格为70 000元。A公司收回材料后将用于生产非应税消费品。假设A、B公司均为增值税一般纳税企业，适用的增值税税率为17%，消费税税率为10%。该批材料A公司已收回，并取得增值税专用发票，则该委托加工材料收回后的入账价值为（　　）元。

A.52 000　　B.57 778　　C.59 000　　D.59 340

二、多项选择题

1.按现行制度规定，需要在“应收票据”科目下核算的票据包括（　　）。

A.银行汇票存款　　B.银行本票存款　　C.商业承兑汇票　　D.银行承兑汇票

2.下列各项中，属于存货采购成本的有（　　）。

A.采购价款　　B.入库前的挑选整理费用

C.运输途中的合理损耗　　D.存货入库后发生的仓储费用

3.“材料成本差异”科目借方核算的内容有（　　）。

A.入库材料成本超支差异　　B.入库材料成本节约差异

C.结转发出材料应负担的超支差异　　D.结转发出材料应负担的节约差异

4.下列各项中，增值税一般纳税企业不需要计入收回委托加工物资成本的有（　　）。

A.支付的加工费

B.随同加工费支付的增值税

C.支付的收回后用于继续加工应税消费品的委托加工物资的消费税

D.支付的收回后直接销售的委托加工物资的消费税

5.小规模纳税企业委托其他单位加工材料收回后用于直接对外出售的，其发生的下列支出中，应计入委托加工物资成本的有（　　）。

A.加工费　　B.增值税

C.发出材料的实际成本　　D.受托方代收代缴的消费税

6.企业购进货物发生的相关税金中，应计入相关资产成本的有（　　）。

A.进口商品支付的关税　　B.收购未税矿产品代缴的资源税

C.签订购买合同缴纳的印花税　　D.小规模纳税人购买材料支付的增值税

7.下列各项中，属于其他货币资金的有（　　）。

A.银行汇票存款　　B.信用证保证金存款　　C.信用卡存款　　D.外埠存款

8.下列税金中，应计入存货成本的有（　　）。

A.由受托方代扣代缴的委托加工直接用于对外销售的商品负担的消费税

B.由受托方代扣代缴的委托加工继续用于生产应纳消费税的商品负担的消费税

C.进D原材料缴纳的进口关税

D.一般纳税人进口原材料缴纳的增值税

9.一般纳税企业委托其他单位加工材料收回后直接对外销售的，其发生的下列支出中，应计入委托加工物资成本的有（　　）。

A.加工费　　B.增值税

C.发出材料的实际成本　　D.受托方代收代缴的消费税

10.下列各项中，不能用“其他货币资金”账户核算的有（　　）。

A.收到银行承兑汇票　　B.收到商业承兑汇票　　C.申请取得银行汇票　　D.申请取得银行本票

三、判断题

1.预收账款不多的企业，可以不设“预收账款”科目，将预收的款项直接记入“应付账款”科目的贷方。 （ ）

2.委托加工物资收回后用于连续生产应税消费品的，委托方应将缴纳的消费税记入“应交税费——应交消费税”账户的借方。 （ ）

3.企业收回的委托加工物资，如果用于连续生产应税消费品的，受托方代收代缴的消费税应计入委托加工物资成本；支付的收回后直接用于销售的委托加工应税消费品的消费税，应记入“应交税费——应交消费税”科目的借方。 （ ）

4.预付账款属于企业的资产，核算的是企业销售货物预先收到的款项。 （ ）

5.当预付账款小于采购货物所需支付的款项，收到货物时，差额部分记入“应付账款”账户的贷方。 （ ）

6.企业采用计划成本核算原材料，平时收到原材料时，应按实际成本借记“原材料”科目，领用或发出原材料时，应按计划成本贷记“原材料”科目，期末再将发出材料和期末结存材料调整为实际成本。 （ ）

7.在货先到单后到的情况下，货到时不作账务处理。 （ ）

四、不定项选择题

1.甲公司为增值税一般纳税人，适用的增值税税率为17%。原材料按计划成本计价核算，A材料计划单位成本为每千克10元。该企业2017年8月份有关资料如下：

（1）期初资料：“原材料——A材料”账户月初余额40 000元（4 000千克），“材料成本差异——A材料”账户月初贷方余额504.16元，“材料采购——A材料”账户月初借方余额10 600元（1 000千克）。

（2）8月5日企业上月已付款的A材料1 000千克如数收到，已验收入库。

（3）8月15日从甲公司购入A材料6 000千克，甲公司开具增值税专用发票上注明的材料价款为59 000元，增值税为10 030元。企业已用银行存款支付上述款项，材料尚未到达。

（4）8月20日从甲公司购入的A材料到达，收到货运公司开具的增值税专用发票，注明价款3 000元，增值税330元，开出转账支票结算。

（5）验收入库时发现短缺40千克，经查明为途中定额内损耗，按实收数量验收入库。

要求：根据上述资料，编制相关会计分录并回答下列问题：

（1）根据资料（2），编制的会计分录正确的是（ ）。

A.借：原材料——A材料 10 600
　贷：材料采购——A材料 10 600

B.借：原材料——A材料 10 000
　贷：材料采购——A材料 10 000

C.借：原材料——A材料 10 000
　　材料成本差异——A材料 600
　贷：材料采购——A材料 10 600

D.借：原材料——A材料 10 000
　贷：材料采购——A材料 10 000

同时：

借：材料成本差异——A材料 600
　贷：材料采购——A材料 600

（2）根据资料（3），编制的会计分录正确的是（ ）。

A.借：在途物资——A材料 59 000
　　应交税费——应交增值税（进项税额） 10 030
　贷：银行存款 69 030

B.借：材料采购——A材料 59 000

应交税费——应交增值税（进项税额）　10 030
贷：银行存款　69 030

C.借：原材料——A材料　59 000
应交税费——应交增值税（进项税额）　10 030
贷：银行存款　69 030

D.借：原材料——A材料　69 030
贷：银行存款　69 030

（3）根据资料（4），编制的会计分录正确的是（　　）。

A.借：在途物资——A材料　3 000
应交税费——应交增值税（进项税额）　330
贷：银行存款　3 330

B.借：材料采购——A材料　3 000
应交税费——应交增值税（进项税额）　330
贷：银行存款　3 330

C.借：管理费用　3 000
应交税费——应交增值税（进项税额）　330
贷：银行存款　3 330

D.借：原材料——A材料　3 330
贷：银行存款　3 330

（4）根据资料（5），所作的会计处理正确的是（　　）。

A.原材料——A材料入账金额60 000元　　B.原材料——A材料入账金额59 600元

C.材料成本差异——A材料借方2 000元　　D.材料成本差异——A材料借方2 400元

2.甲企业为增值税一般纳税人，适用的增值税税率为17%。原材料采用实际成本计价核算，运输费不考虑增值税。2017年4月与A材料相关的资料如下：

（1）期初资料："原材料——A材料"科目余额20 000元（共2 000千克，其中含3月月末验收入库但因发票账单未到而以2 000元暂估入账的A材料200千克）。

（2）5日收到3月月末以暂估价入库的A材料的发票账单，货款1 800元，增值税306元；对方代垫运输费400元，增值税44元。全部款项已用转账支票付讫。

（3）8日以汇兑结算方式购入A材料3 000千克，发票账单已收到，货款36 000元，增值税6 120元，运输费1 000元，增值税110元。材料尚未到达，款项已由银行存款支付。

（4）11日收到8日采购的A材料，验收时发现只有2 950千克。经检查，短缺的50千克确定为运输途中的合理损耗，A材料验收入库。

（5）18日持银行汇票80 000元购入A材料5 000千克，增值税专用发票上注明的货款为49 500元，增值税为8 415元，另支付运输费2 000元。材料已验收入库，剩余票款退回并存入银行。

要求：根据上述资料，编制相关会计分录并回答下列问题：

（1）根据资料（1），所作的会计处理正确的是（　　）。

A.不作账务处理

B.借：原材料——A材料　2 000
贷：应付账款——暂估应付账款　2 000

C.借：原材料——A材料　20 000
贷：应付账款——暂估应付账款　20 000

D.借：原材料——A材料　2 000
应交税费——应交增值税（进项税额）　340

贷：应付账款——暂估应付账款　　2 340

（2）根据资料（2），编制的会计分录正确的是（　　）。

A. 借：原材料——A材料　　2 200

应交税费——应交增值税（进项税额）　　350

贷：银行存款　　2 550

B. 借：原材料——A材料　　1 800

应交税费——应交增值税（进项税额）　　750

贷：银行存款　　2 550

C. 借：原材料——A材料　　1 800

销售费用　　400

应交税费——应交增值税（进项税额）　　350

贷：银行存款　　2 550

D. 借：原材料——A材料　　2 550

贷：银行存款　　2 550

（3）根据资料（3）和（4），所作的会计处理正确的是（　　）。

A. 借：在途物资——A材料　　37 000

应交税费——应交增值税（进项税额）　　6 230

贷：银行存款　　43 230

B. 借：原材料——A材料　　37 000

贷：在途物资　　37 000

C. 借：原材料——A材料　　36 383

管理费用　　617

贷：在途物资　　37 000

D. A材料单位采购成本为12.54元

项目四

生产经营过程业务核算

知识目标

1. 掌握实际成本法下发出材料的计价方法。
2. 掌握计划成本法下材料成本差异的计算与结转方法。
3. 掌握领用周转材料的核算方法。
4. 掌握职工薪酬的确认与发放方法。
5. 理解产品成本的归集与分配程序。
6. 了解管理费用、财务费用的核算原理。
7. 理解营业外收入、营业外支出的核算方法。

能力目标

1. 能正确计算实际成本法和计划成本法下发出材料成本和结存材料成本。
2. 能正确进行周转材料发出的核算。
3. 能正确进行货币性职工薪酬和非货币性职工薪酬的确认与发放及核算。
4. 能对产品成本的归集与分配进行简单运用。
5. 能对管理费用、财务费用的核算进行基本运用。

本项目业务常用原始凭证（见凭证4-1至凭证4-7）

凭证4-1

领料单

领料部门：生产车间　　2017年10月2日　　凭证编号：字第2056号

领料用途：生产领用　　发料仓库：周转材料仓库

品　名	规格型号	单　位	数　量		计划单位成本（元）	计划金额（元）
			请领	实领		
劳保用品（工作服）		套	65	65	100.00	6 500.00
劳保用品（劳保鞋）		双	75	75	30.00	2 250.00
劳保用品（耐热手套）		副	70	70	5.00	350.00
合　计						9 100.00
备注：						

第二联　财务记账

领料部门负责人：周正华　　领料人：罗艺　　会计：王洋　　发料人：李好

凭证 4-2

原材料出库单

领料部门：销售科　　2017 年 10 月 7 日　　凭证编号：字第 702 号

领料用途：销售原材料　　发料仓库：原材料仓库

材料名称及规格	计量单位	数　量
发动机-250	台	30
合　计		30

第二联　记账

发料：李好　　经办：刘晓霞

凭证 4-3

原材料发料凭证汇总表

2017 年 10 月 30 日

领料单位及用途	应贷科目	单位	数　量			成本（元）			一次加权平均单位成本（元）	发料成本	
	原材料		期初数量	本期增加	合计	期初余额	本期增加	合计		数量	总成本（元）
			1	2	3	4	5	6	7=6÷3	8	9=8×7
125 生产线生产用	发动机-125	台									
	车架-125	套									
	车轮-125	组									
	油箱-125	个									
	座垫-125	套									
250 生产线生产用	发动机-250	台									
	车架-250	套									
	车轮-250	组									
	油箱-250	个									
	座垫-250	套									
销售科销售用	发动机-250	台									
合　计											

主管：刘运海　　审核：熊琳　　制表：王洋

凭证 4-4

发出周转材料成本差异计算分配表

2017 年 10 月 30 日　　单位：元

应借账户 / 应贷账户	制造费用	其他业务成本			合　计
材料成本差异——周转材料					
周转材料成本差异率（%）=					

主管：刘运海　　审核：熊琳　　制表：王洋

凭证4-5

工资结算汇总表

2017年10月30日　　单位：元

部　门	人员类别	应发工资	代扣款项			实发工资	备注
			水电费	社保个人缴费	小计		
生产车间	125生产工人	89 920	797.50	9 891.20	10 688.70	79 231.30	
	250生产工人	96 160	534	10 577.60	11 111.60	85 048.40	
	管理人员	56 054		6 165.94	6 165.94	49 888.06	
厂部	管理人员	39 150		4 306.50	4 306.50	34 843.50	
合　计		281 284	1 331.50	30 941.24	32 272.74	249 011.26	

主管：张浩达　　审核：熊琳　　制表：王洋

凭证4-6

制造费用分配表

2017年10月30日　　金额单位：元

项　目	应借科目	分配标准（生产工时）	分配率	应分配费用额
125	生产成本	451工时		
250	生产成本	662工时		
合　计		1 113工时		

主管：张浩达　　审核：熊琳　　制表：王洋

凭证4-7

完工产品入库单

2017年10月30日　　第1103号

产品名称	计量单位	数　量	备　注
125	辆	150	
合　计		150	

第三联　记账

保管：李好　　经办：罗艺

任务一　产品成本认知

产品成本是指企业为了生产产品而发生的各种耗费。产品成本核算是对生产经营过程中所发生的各项费用进行审核，按照一定的程序，采用适当的方法，归集和分配各成本计算对象所应负担的成本费用，以计算出各该对象的总成本和单位成本。成本核算是对成本计划执行结果的反映，也是对成本控制结果的反映。通过成本核算，不仅可以考核和分析成本计划的执行情况，揭露企业生产经营中存在的问题，还可以为制定产品价格提供依据。

生产过程的资金运动如图4-1所示。

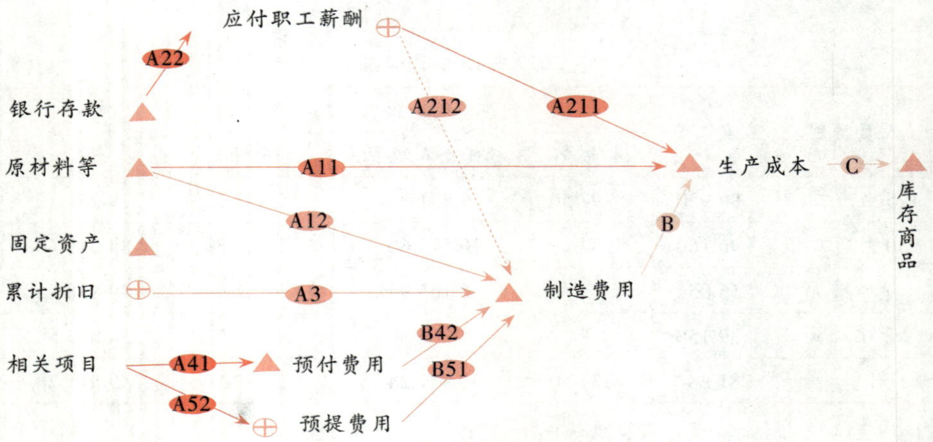

图4-1 生产过程资金运动

(一) 成本核算的要求

1.严格执行《企业会计准则》规定的成本计量要求

成本是企业为生产产品、提供劳务而发生的各种经济资源的耗费。生产经营过程同时也是资产的耗费过程。例如，为生产产品需要耗费材料、磨损固定资产、用现金向职工支付工资等职工薪酬。材料、固定资产和现金都是企业的资产，这些资产的耗费，在企业内部表现为由一种资产转变为另一种资产，是资产内部的相互转变，不会导致企业所有者权益的减少，不是经济利益流出企业，因此不是企业的费用。

2.正确划分各种费用支出的界限

（1）正确划分收益性支出和资本性支出的界限。收益性支出是指取得财产或劳务的效益只及于当期所发生的那些支出，这些支出应作为期间费用，记入适当的费用科目。资本性支出是指取得财产或劳务的效益可以及于多个会计期间所发生的那些支出，这类支出应予以资本化，先记入资产类科目，然后再分期按所得到的效益，转入适当的费用科目。只有正确划分收益性支出与资本性支出的界限，才能真实反映企业的财务状况。

（2）正确划分本期成本费用和下期成本费用的界线。凡应由本期产品成本负担的费用，不论是否在本期发生，都应全部计入本期产品成本；不应由本期产品成本负担的费用，即使在本期支付，也不能计入本期产品成本。

（3）正确划分各种产品成本的界线。属于哪一种产品成本负担的费用，就应计入哪一种产品的成本；对于不能直接计入各种产品成本的费用，应采用合理的分配标准，在有关产品之间进行分配。

（4）正确划分本期完工产品成本与期末在产品成本的界限。企业本期发生的生产费用，经过在各种产品之间进行划分，确定了各种产品应负担的生产费用。企业期末计算产品成本时，除了本期已完工产品外，还可能有未完工的产品（期末在产品）。企业期末计算产品成本时，应当注意核实期末在产品的数量和完工程度，采用合理的分配方法，将已经计入该种产品成本的生产费用在本期完工产品和期末在产品之间进行分配，正确计算本期完工产品的实际总成本和单位成本。

（5）正确划分产品成本和期间费用的界限。企业生产经营费用包括生产费用和期间费用，生产费用构成产品制造成本，期间费用直接计入当期损益。为了正确计算产品成本和营业利润，对于应当计入产品成本的费用，企业不得列为期间费用；应当列作期间费用的支出，企业不得计入产品成本。

3.做好成本核算的各项基础工作

要正确计算成本，各项基础工作是非常重要的，需要会计部门和其他各部门的密切配合，共同做好这项工作。成本核算的基础工作主要包括：制定各种定额并及时进行修订；建立健全财产物资的计量、收发、领退制度；建立各种原始记录的收集整理制度；制定厂内内部结算价格；建立各责任单位的责任成本等。

4.选择适当的成本计算方法

企业在进行成本核算时，应根据本企业的具体情况，选择适合于本企业特点的成本计算方法进行成本核算。成本计算方法的选择，应同时考虑企业生产类型的特点和管理的要求两个方面。在同一个企业里，可以采用一种成本计算方法，也可以采用多种成本计算方法，即多种成本计算方法同时使用或多种成本计算方法结合使用。成本计算方法一经选定，一般不得随意变更。

5.成本核算使用的主要科目

为了按照用途归集各项成本，划清有关成本的界限，正确计算产品成本，应当设置“生产成本”“制造费用”科目。

（1）“生产成本”科目。

“生产成本”科目用于核算企业进行工业性生产发生的各项生产成本，包括生产各种产品（产成品、自制半成品）、自制材料、自制工具、自制设备等。“生产成本”科目可按基本生产成本和辅助生产成本进行明细核算。基本生产成本应当分别按照基本生产车间和成本核算对象（产品的品种、类别、定单、批别、生产阶段等）设置明细账（或成本计算单，下同），并按照规定的成本项目设置专栏。

企业发生的各项直接生产成本、各生产车间应负担的制造费用以及辅助生产车间为基本生产车间、企业管理部门和其他部门提供的劳务和产品，期（月）末按照一定的分配标准分配给各受益对象，记入本科目的借方；企业已经生产完成并已验收入库的产成品以及入库的自制半成品成本，应于期（月）末记入本科目的贷方；本科目的期末借方余额，反映企业尚未加工完成的在产品成本。

（2）“制造费用”科目。

“制造费用”科目用于核算企业生产车间（部门）为生产产品和提供劳务而发生的各项间接费用。“制造费用”科目可按不同的生产车间、部门和费用项目进行明细核算。生产车间发生的机物料消耗，管理人员的工资等职工薪酬，计提的固定资产折旧，支付的办公费、水电费等，发生季节性的停工损失等，记入本科目的借方；制造费用分配计入有关的成本核算对象，记入本科目的贷方。

（二）成本核算程序

❶根据生产特点和成本管理的要求，确定成本核算对象。

❷确定成本项目，应当设置原材料、燃料和动力、工资及福利费、车间经费、企业管理费5个成本项目。

❸设置有关成本和费用明细账，如生产成本明细账、制造费用明细账、产成品和自制半成品明细账等。

❹搜集确定各种产品的生产量、入库量、在产品盘存量以及材料、工时、动力消耗等，并对已发生费用进行审核。

❺归集所发生费用，并按照确定的成本计算对象进行分配，按成本项目计算各种产品的在产品成本、产成品成本和单位成本。

❻结转产品销售成本。

任务二 领用物料的核算

本任务中，领用物料主要介绍领用原材料、周转材料在实际成本和计划成本核算法下的账务处理过程。

（一）领用原材料的核算

1.实际成本核算法下领用原材料的核算

原材料按实际成本计价核算时，材料的收发及结存，无论总分类核算还是明细分类核算，均按照实际成本计价。其使用的会计科目有“原材料”“在途物资”等。“原材料”科目的借方、贷方及余额均以实际成本计价。但采用实际成本核算，日常不能反映材料成本是节约还是超支，从而不能反映和考核物资采购业务的经营成果。因此，这种方法通常适用于材料收发业务较少的企业。在实务工作中，对于材料收发业务较多并且计划成本资料较为健全、准确的企业，一般可以采用计划成本进行材料收发的核算。

（1）发出材料的计价方法。通常有个别认定法、先进先出法、加权平均法、移动加权平均法。

❶先进先出法。它是指假定先入库的存货先发出，并根据这种假定成本流转顺序对发出存货和结存存货进行计价的一种方法。采用这种方法，先购入的存货成本在后购入存货成本之前转出，据此确定发出存货和期末存货的成本。其具体方法是：收入存货时，逐笔登记收入存货的数量、单价和金额；发出存货时，按照先进先出的原则逐笔登记存货的发出成本和结存金额。

采用先进先出法可以随时结转存货发出成本，但较频繁；如果存货收发业务较多且存货单价不稳定时，其工作量较大。在物价持续上升时，期末存货成本接近于市价，而发出成本偏低，会高估企业当期利润和库存存货价值；反之，会低估企业存货价值和当期利润。

【例 4-2-1】某企业 2017 年 12 月份 A 材料的购进、发出和结存资料见表 4-1。

表 4-1 A 材料购销明细账

金额单位：元

日期及摘要	收入		发出		结存数量（千克）
	数量（千克）	单价	数量（千克）	单价	
12 月 1 日存货	600	2.00			600
12 月 8 日购入	400	2.20			1 000
12 月 14 日发出			800		200
12 月 20 日购入	600	2.30			800
12 月 28 日发出			400		400
12 月 31 日购入	400	2.50			800

该企业采用先进先出法计算的A材料本月发出和期末结存成本如下：

12月14日发出A材料成本=600×2.00+200×2.20=1 640（元）

12月28日发出A材料成本=200×2.20+200×2.30=900（元）

期末结存A材料成本=400×2.30+400×2.50=1 920（元）

根据上述计算，本月A材料收入、发出和结存情况见表4-2。

表4-2　**A材料购销明细账（先进先出法）**　金额单位：元

日　期	收　入			发　出			结　存		
	数量（千克）	单价	金额	数量（千克）	单价	金额	数量（千克）	单价	金额
12月1日							600	2.00	1 200
12月8日	400	2.20	880				600 400	2.00 2.20	1 200 880
12月14日				600 200	2.00 2.20	1 200 440	200	2.20	440
12月20日	600	2.30	1 380				200 600	2.20 2.30	440 1 380
12月28日				200 200	2.20 2.30	440 460	400	2.30	920
12月31日	400	2.50	1 000				400 400	2.30 2.50	920 1 000
合　计	1 400		3 260	1 200		2 540	400 400	2.30 2.50	920 1 000

❷加权平均法。它又称月末一次加权平均法，是指以本月全部进货数量加上月初存货数量作为权数，去除本月全部进货成本加上月初存货成本，计算出存货的加权平均单位成本，以此为基础计算本月发出存货的成本和期末存货的成本的一种方法。

采用加权平均法计算发出存货的单位成本，每月只计算一次，简化了存货的计价工作，但平时不能提供发出存货单位成本资料。在将其与存货现行成本比较时，两者之间有一定差距，当物价上涨时，加权平均成本将会小于现行成本；当物价下降时，加权平均成本则会超过现行成本。

$$\text{存货加权平均单位成本}=\left[\text{月初库存存货的实际成本}+\sum\left(\text{本月各批进货的实际单位成本}\times\text{本月各批进货的数量}\right)\right]\div\left(\text{月初库存存货数量}+\sum\text{本月各批进货数量}\right)$$

本月发出存货成本=本月发出存货的数量×存货加权平均单位成本

本月月末库存存货成本=月末库存存货的数量×存货加权平均单位成本

或采用倒挤的方法计算月末库存存货成本，即：

$$\text{本月月末库存存货成本}=\text{月初库存存货的实际成本}+\text{本月收入存货的实际成本}-\text{本月发出存货的实际成本}$$

（存货加权平均单位成本为近似数时必须用本计算方法确认期末存货成本）

【例4-2-2】承【例4-2-1】，根据表4-1提供的资料，发出存货采用加权平均法计算见表4-3。

表 4-3　**A材料购销明细账（加权平均法）**　金额单位：元

日期	收入			发出			结存		
	数量（千克）	单价	金额	数量（千克）	单价	金额	数量（千克）	单价	金额
12月1日							600	2.00	1 200
12月8日	400	2.20	880				1 000		
12月14日				800			200		
12月20日	600	2.30	1 380				800		
12月28日				400			400		
12月31日	400	2.50	1 000				800		
合计	1 400		3 260	1 200	2.23	2 676	800	2.23	1 784

$$加权平均单位成本=\frac{1200+3260}{600+1400}=2.23(元)$$

❸移动加权平均法。它是指以每次进货的成本加上原有库存存货的成本，除以每次进货数量加上原有库存存货的数量，据以计算加权平均单位成本，作为在下次进货前计算各次发出存货成本依据的一种计算方法。即每进货一次就重新算一次加权平均单价作为当前可供使用存货的平均成本。其计算公式如下：

$$存货单位成本=(原有库存存货的实际成本+本次进货的实际成本)\div(原有库存存货数量+本次进货数量)$$

本次发出存货成本=本次发出存货数量×本次发货前存货单位成本

本月月末库存存货成本=月末库存存货的数量×本月月末存货单位成本

采用移动加权平均法能够使企业管理当局及时了解存货的结存情况，计算的平均单位成本以及发出和结存的存货成本比较客观。但由于每次收货都要计算一次平均单价，计算工作量较大，对收发货较频繁的企业不适用。

【例 4-2-3】承【例 4-2-1】，根据表 4-1 提供的资料，该企业采用移动加权平均法计算的A材料本月移动加权平均单位成本及本月发出和期末结存成本如下：

$$12月8日购进后移动平均单位成本=\frac{1200+880}{600+400}=2.0800（元）$$

12月14日结存A材料成本=200×2.0800=416（元）

12月14日发出A材料成本=2 080-416=1 664（元）

$$12月20日购进后移动平均单位成本=\frac{416+1380}{200+600}=2.2450（元）$$

12月28日结存A材料成本=400×2.2450=898（元）

12月28日发出A材料成本=1 796-898=898（元）

$$12月31日购进后移动平均单位成本=\frac{898+1000}{400+400}=2.3725（元）$$

期末结存A材料成本=800×2.3725=1 898（元）

注意　在上述计算过程中，都是先根据加权单价计算结存成本再倒算发出成本，采用这种计算方法的目的是：如果加权单价是取的近似值，可以保证将尾差影响计入当期而不用遗留到以后各期。

根据上述计算结果，本月A材料收入、发出和结存情况见表 4-4。

表 4-4　**A材料购销明细账（移动加权平均法）**　金额单位：元

日　期	收　入			发　出			结　存		
	数量（千克）	单价	金额	数量（千克）	单价	金额	数量（千克）	单价	金额
12月1日							600	2.0000	1 200
12月8日	400	2.2000	880				1 000	2.0800	2 080
12月14日				800	2.0800	1 664	200	2.0800	416
12月20日	600	2.3000	1 380				800	2.2450	1 796
12月28日				400	2.2450	898	400	2.2450	898
12月31日	400	2.5000	1 000				800	2.3725	1 898
合　计	1 400		3 260	1 200		2 562	800	2.3725	1 898

④个别计价法。它亦称个别认定法、具体辨认法、分批实际法，采用这一方法是假设存货具体项目的实物流转与成本流转相一致，按照各种存货逐一辨认各批发出存货和期末存货所属的购进批别或生产批别，分别按其购入或生产时所确定的单位成本计算各批发出存货和期末存货成本的方法。这种方法是把每一种存货的实际成本作为计算发出存货成本和期末存货成本的基础。

个别认定法比较简明。但是，这种方法由于需要分别确认每批发出存货和期末存货的批次及数量，所以，实施起来比较困难，另外还可能导致企业任意选用较高或较低的单位成本进行计价，人为地调节成本水平。因此，该种方法一般只适用于体积大、成本高和收发较少的存货，如房产、船舶、珠宝、名画等。

【例 4-2-4】承【例 4-2-1】，根据表 4-1 提供的资料，经具体辨认，12 月 14 日发出的 800 千克材料中，有 400 千克属于期初结存的材料，有 400 千克属于第一批购进的材料；12 月 28 日发出的 400 千克材料中，有 200 千克属于期初结存的材料，有 200 千克属于第二批购进的材料。采用个别计价法计算 A 材料本月发出和期末结存成本如下：

12 月 14 日发出 A 材料成本=400×2.00+400×2.20=1 680（元）

12 月 28 日发出 A 材料成本=200×2.00+200×2.30=860（元）

期末结存 A 材料成本=400×2.30+400×2.50=1 920（元）

根据上述计算结果，本月 A 材料收入、发出和结存情况见表 4-5。

表 4-5　**A材料购销明细账（个别计价法）**　金额单位：元

日　期	收　入			发　出			结　存		
	数量（千克）	单价	金额	数量（千克）	单价	金额	数量（千克）	单价	金额
12月1日							600	2.00	1 200
12月8日	400	2.20	880				1 000		2 080
12月14日				800		1 680	200		400
12月20日	600	2.30	1 380				800		1 780
12月28日				400		860	400		920
12月31日	400	2.50	1 000				800		1 920
合　计	1 400		3 260	1 200		2 540	800		1 920

从表4-2至表4-5可以看出，不同的材料计价方法下其发出材料成本都各不相同，进而会带来计入当期损益金额的不同。这种不同与企业经营的好坏无任何关系。所以，企业一旦选定某种计价方法后不得随意变更，以保持前后期间会计指标的可比性。如需变更，应在报表附注中予以说明。

（2）领用材料的核算。企业各生产单位及有关部门领用的材料具有种类多、业务频繁等特点。为了简化核算，在月末根据“领料单”或“限额领料单”中有关领料的单位、部门等加以归类，编制“发料凭证汇总表”，据以编制记账凭证并登记入账。

生产经营领用的材料，应根据领用部门和用途，按照“谁受益，谁承担”的原则分别计入有关成本费用项目。领用材料时，按计算确定的实际成本，借记“生产成本”“制造费用”“委托加工物资”“销售费用”“管理费用”等科目，贷记“原材料”科目。

【例4-2-5】某企业发料凭证汇总表见表4-6。

表4-6　发料凭证汇总表

2017年3月31日　单位：元

领用部门	用　途	材料类别			合　计
		原料及主要材料	辅助材料	燃料	
生产车间	产品生产	95 000	3 000	2 000	100 000
	一般消耗		2 500	1 500	4 000
厂部	一般消耗			2 400	2 400
销售科	销售	8 000	2 000		10 000
合　计		103 000	7 500	5 900	116 400

根据表4-6作会计处理如下：

借：生产成本　100 000
　　制造费用　4 000
　　管理费用　2 400
　　其他业务成本　10 000
　贷：原材料　116 400

2. 计划成本核算法下领用原材料的核算

原材料采用计划成本核算时，材料的收发及结存，无论“原材料”总分类账还是明细分类账，均按照计划成本入账。其使用的会计科目有“原材料”“材料采购”“材料成本差异”等。材料实际成本与计划成本的差异，通过“材料成本差异”科目核算。月末，计算本月发出材料应负担的成本差异并进行分摊，根据领用材料的用途计入相关资产的成本或者当期损益，从而将发出材料的计划成本调整为实际成本。

“原材料”科目。本科目用于核算库存各种材料的收发与结存情况。在材料采用计划成本核算时，本科目的借方登记入库材料的计划成本，贷方登记发出材料的计划成本，期末余额在借方，反映企业库存材料的计划成本。

“材料采购”科目。本科目的借方登记采购材料的实际成本，贷方登记入库材料的计划成本。本科目的借方大于贷方表示超支，从本科目贷方转入“材料成本差异”科目的借方；贷方大于借方表示节约，从本科目借方转入“材料成本差异”科目的贷方；期末为借方余额，反映企业在途材料的采购成本。

“材料成本差异”科目。本科目用于反映企业已入库各种材料的实际成本与计划成本的差异。本科目的借方登记超支差异及发出材料应负担的节约差异，贷方登记节约差异及发出材料应负担的超支差异。本科目期末如为借方余额，反映企业库存材料的实际成本大于计划成本的差异（即超支差异）；如为贷方余额，反映企业库存材料的实际成本小于计划成本的差异（即节约差异）。

（1）材料成本差异的计算。根据《企业会计准则第1号——存货》的规定，企业日常采用计划成本核算的，发出的材料成本应由计划成本调整为实际成本，通过“材料成本差异”科目进行结转，按照所发出材料的用途，分别记入“生产成本”“制造费用”“销售费用”“管理费用”等科目。发出材料应负担的成本差异应当按期（月）分摊，不得在季末或年末一次计算。实际成本、计划成本与成本差异的关系如下：

实际成本=计划成本+超支差异（−节约差异）

发出材料应负担的材料成本差异=发出材料的计划成本×本期材料成本差异率

$$\text{本期材料成本差异率}=\left(\text{期初结存材料的成本差异}+\text{本期验收入库材料的成本差异}\right)\div\left(\text{期初结存材料的计划成本}+\text{本期验收入库材料的计划成本}\right)\times100\%\ \left(\text{不包括暂估入库材料}\right)$$

期初材料成本差异率=期初结存材料的成本差异÷期初结存材料的计划成本×100%

（2）领用材料的核算。月末，企业根据领料单等编制“发料凭证汇总表”，结转发出材料的计划成本，根据所发出材料的用途，按计划成本分别记入“生产成本”“制造费用”“销售费用”“管理费用”等科目。

【例4-2-6】甲公司根据“发料凭证汇总表”的记录，得出某月L材料的消耗（计划成本）为：基本生产车间领用2 000 000元，辅助生产车间领用600 000元，车间管理部门领用250 000元，企业行政管理部门领用50 000元。甲公司编制会计分录如下：

借：生产成本——基本生产成本	2 000 000	
——辅助生产成本	600 000	
制造费用	250 000	
管理费用	50 000	
贷：原材料——L材料		2 900 000

【例4-2-7】承【例4-2-6】，甲公司某月月初结存L材料的计划成本为1 000 000元，成本差异为超支30 740元；当月入库L材料的计划成本为3 200 000元，成本差异为节约200 000元。

材料成本差异率=（30 740−200 000）÷（1 000 000＋3 200 000）×100%=−4.03%（节约）

结转发出材料的成本差异的会计分录如下：

借：材料成本差异——L材料	116 870	
贷：生产成本——基本生产成本		80 600
——辅助生产成本		24 180
制造费用		10 075
管理费用		2 015

（二）领用周转材料的核算

1. 实际成本核算法下领用周转材料的核算

周转材料主要包括包装物、低值易耗品以及企业（建造承包商）的钢模板、木模板、脚手架等。

（1）领用低值易耗品。低值易耗品通常被视同存货，作为流动资产进行核算和管理，一般划分为一般工具、专用工具、替换设备、管理用具、劳动保护用品、其他用具等。

为了反映和监督低值易耗品增减变动及其结存情况，企业应当设置“周转材料——低值易耗品”科目。本科目的借方登记低值易耗品的增加，贷方登记低值易耗品的减少，期末余额在借方，通常反映企业期末结存低值易耗品的金额。

低值易耗品应当根据使用次数分次进行摊销。

❶一次摊销法。采用一次摊销法摊销低值易耗品，在领用低值易耗品时，将其价值一次性全部计入有关资产成本或者当期损益。该方法主要适用于价值较低或极易损坏的低值易耗品的摊销。

【例 4-2-8】甲公司某基本生产车间领用一般工具一批，实际成本为 3 000 元，全部计入当期制造费用。甲公司的会计处理如下：

借：制造费用	3 000	
贷：周转材料——低值易耗品		3 000

❷分次摊销法。分次摊销法就是在周转材料领用时按预计使用次数进行平均摊销的方法。在这种方法下，为了核算在用周转材料和周转材料的摊余价值，应在“周转材料”总账科目下，分设“周转材料——低值易耗品（在库）”“周转材料——低值易耗品（在用）”“周转材料——低值易耗品（摊销）”3个三级科目。其目的就是能对使用中的周转材料从账面上进行实物管控。

第一次领用时：

A. 按其账面价格。

借：周转材料——低值易耗品（在用）

　贷：周转材料——低值易耗品（在库）

B. 按次数平均摊销。

借：销售费用、管理费用、生产成本、其他业务成本等

　贷：周转材料——低值易耗品（摊销）

最后一次领用时：

A. 摊销最后一次的账面价值。

借：销售费用、管理费用、生产成本、其他业务成本等

　贷：周转材料——低值易耗品（摊销）

B. 将低值易耗品在用价值与摊销总额进行对冲（不再有该实物的账面管控）。

借：周转材料——低值易耗品（摊销）

　贷：周转材料——低值易耗品（在用）

如果报废时有残料等收入，则冲减原摊销时所记入的成本费用账户。

【例 4-2-9】甲公司的基本生产车间领用专用工具一批，实际成本为 100 000 元，不符合固定资产定义，采用分次摊销法进行摊销。该专用工具预计使用次数为2次。甲公司的

会计处理如下：

领用专用工具：

借：周转材料——低值易耗品（在用）　100 000
　贷：周转材料——低值易耗品（在库）　100 000

第一次领用时摊销其价值的一半：

借：制造费用　50 000
　贷：周转材料——低值易耗品（摊销）　50 000

第二次领用时摊销其余50%的账面价值并转销全部已提摊销额：

借：制造费用　50 000
　贷：周转材料——低值易耗品（摊销）　50 000

同时：

借：周转材料——低值易耗品（摊销）　100 000
　贷：周转材料——低值易耗品（在用）　100 000

（2）领用包装物。包装物是指为了包装本企业商品而储备的各种包装容器，如桶、箱、瓶、坛、袋等。

为了反映和监督包装物的增减变动及其价值损耗、结存等情况，企业应当设置“周转材料——包装物”科目进行核算。对于生产领用包装物，应根据领用包装物的实际成本，借记“生产成本”科目，贷记“周转材料——包装物”等科目。

❶包装物单独计价。随同商品出售且单独计价的包装物，一方面应反映其销售收入，计入其他业务收入；另一方面应反映其实际销售成本，计入其他业务成本，即视为单独出售包装物进行账务处理。

【例4-2-10】甲公司某月销售商品领用单独计价包装物的实际成本为80 000元，销售收入为100 000元，增值税为17 000元，款项已存入银行。甲公司的会计处理如下：

出售单独计价包装物：

借：银行存款　117 000
　贷：其他业务收入　100 000
　　　应交税费——应交增值税（销项税额）　17 000

结转所售单独计价包装物的成本：

借：其他业务成本　80 000
　贷：周转材料——包装物　80 000

❷包装物不单独计价。随同商品出售而不单独计价的包装物，应按其实际成本计入销售费用，借记“销售费用”科目，按其实际成本，贷记“周转材料——包装物”科目。

【例4-2-11】甲公司某月销售商品领用不单独计价包装物的实际成本为50 000元。

借：销售费用　50 000
　贷：周转材料——包装物　50 000

2.计划成本核算法下领用周转材料的核算

生产领用周转材料，应按照领用周转材料的实际成本，借记“生产成本”科目，按照领用周转材料的计划成本，贷记“周转材料”科目，按照其差额，借记或贷记“材料成本差异”科目。

【例4-2-12】甲公司对包装物采用计划成本核算，某月生产产品领用包装物的计划成本为100 000元，材料成本差异率为–3%。

借：生产成本	97 000
材料成本差异	3 000
贷：周转材料——包装物	100 000

任务三 消耗人工的核算

（一）职工薪酬的构成

职工薪酬是指企业为获得职工提供的服务或解除劳动关系而给予的各种形式的报酬或补偿。企业提供给职工配偶、子女、受赡养人、已故员工遗嘱及其他受益人等的福利，也属于职工薪酬。职工薪酬主要包括短期薪酬、离职后福利、辞退福利和其他长期职工福利。

1.短期薪酬

短期薪酬是指企业预期在职工提供相关服务的年度报告期间结束后12个月内将全部予以支付的职工薪酬，因解除与职工的劳动关系给予的补偿除外。因解除与职工的劳动关系给予的补偿，属于辞退福利的范畴。

短期薪酬主要包括：

（1）职工工资、奖金、津贴和补贴，是指企业按照构成工资总额的计时工资、计件工资及支付给职工的超额劳动报酬等的劳动报酬，为了补偿职工特殊或额外的劳动消耗和因其他特殊原因支付给职工的津贴以及为了保证职工工资水平不受物价影响支付给职工的物价补贴等。其中，企业按照短期奖金计划向职工发放的奖金属于短期薪酬，按长期奖金计划向职工发放的奖金属于其他长期职工福利。

（2）职工福利费，是指企业向职工提供的生活困难补助、丧葬补助费、抚恤费、职工异地安家费、防暑降温费等职工福利支出。

（3）医疗保险费、工伤保险费和生育保险费等社会保险费，是指企业按照国家规定的基准和比例计算，向社会保险经办机构缴存的医疗保险费、工伤保险费和生育保险费。

（4）住房公积金，是指企业按照国家规定的基准和比例计算，向住房公积金管理机构缴存的住房公积金。

（5）工会经费和职工教育经费，是指企业为了改善职工文化生活、为职工学习先进技术和提高文化水平和业务素质，用于开展工会活动和职工教育及职业技能培训等相关支出。

（6）短期带薪缺勤，是指职工虽然缺勤但企业仍向其支付报酬的安排，包括年休假、病假、婚假、产假、丧假、探亲假等。长期带薪缺勤属于其他长期职工福利。

（7）短期利润分享计划，是指因职工提供服务而与职工达成的基于利润或其他经营成果提供薪酬的协议。长期利润分享计划属于其他长期职工福利。

（8）其他短期薪酬，是指除上述薪酬以外的其他为获得职工提供的服务而给予的短期薪酬。

2.离职后福利

离职后福利是指企业为获得职工提供的服务而在职工退休或与企业解除劳动关系后，

提供的各种形式的报酬和福利，属于短期薪酬和辞退福利的除外。离职后福利计划是指企业与职工就离职后福利达成的协议，或者企业为向职工提供离职后福利制定的规章或办法等。离职后福利计划按照企业承担的风险和义务情况，可以分为设定提存计划和设定受益计划。其中，设定提存计划是指企业向独立的基金缴存固定费用后，不再承担进一步支付义务的离职后福利计划；设定受益计划是指除设定提存计划以外的离职后福利计划。

3.辞退福利

辞退福利是指企业在职工劳动合同到期之前解除与职工的劳动关系，或者为鼓励职工自愿接受裁减而给予职工的补偿。

辞退福利主要包括：

（1）在职工劳动合同尚未到期前，不论职工本人是否愿意，企业决定解除与职工的劳动关系而给予的补偿。

（2）在职工劳动合同尚未到期前，为鼓励职工自愿接受裁减而给予的补偿，职工有权利选择继续在职或接受补偿离职。辞退福利通常采取解除劳动关系时一次性支付补偿的方式，也采取在职工不再为企业带来经济利益后，将职工工资支付到辞退后未来某一期间的方式。企业应当根据辞退福利的定义和包括的内容，区分辞退福利与正常退休的养老金。辞退福利是在职工与企业签订的劳动合同到期前，企业根据法律与职工本人或职工代表（如工会）签订的协议，或者基于商业惯例承诺当其提前终止对职工的雇佣关系时支付的补偿，引发补偿的事项是辞退，因此，企业应当在辞退职工时进行辞退福利的确认和计量。职工在正常退休时获得的养老金，是其与企业签订的劳动合同到期时，或者职工达到了国家规定的退休年龄时获得的退休后生活补偿金额，引发补偿的事项是职工在职时提供的服务，而不是退休本身，因此，企业应当在职工提供服务的会计期间进行养老金的确认和计量。另外，职工虽然没有与企业解除劳动合同，但未来不再为企业提供服务，不能为企业带来经济利益，企业承诺提供实质上具有辞退福利性质的经济补偿的，如发生“内退”的情况，在其正式退休日期之前应当比照辞退福利处理，在其正式退休日期之后应当按照离职后福利处理。

4.其他长期职工福利

其他长期职工福利是指除短期薪酬、离职后福利、辞退福利之外所有的职工薪酬，包括长期带薪缺勤、长期残疾福利、长期利润分享计划等。

总之，从薪酬涵盖时间和支付形式来看，职工薪酬包括企业在职工在职期间和离职后给予的所有货币性薪酬和非货币性福利；从薪酬的支付对象来看，职工薪酬包括提供给职工本人及其配偶、子女或其他被赡养人的福利，如支付给因公伤亡职工的配偶、子女或其他被赡养人的抚恤金。

（二）职工薪酬核算

职工薪酬核算包括“职工工资、奖金、津贴和补贴”“非货币性福利”的计算和发放；“职工福利费”“工会经费和职工教育经费”“利润分享计划”“带薪缺勤”“设定提存计划”“设定受益计划”“辞退福利”的计提和使用；“社会保险费”“住房公积金”的计提和缴纳；以及将职工薪酬按照职工提供服务的受益对象，分别计入对应的成本费用项目。

为核算企业根据有关规定应付给职工的各种薪酬，应设置“应付职工薪酬”科目，并可按“职工工资、奖金、津贴和补贴”“职工福利费”“社会保险费”“住房公积金”“带薪缺勤”“工会经费和职工教育经费”“非货币性福利”“利润分享计划”“设定提存计划”“设定受益计划”“辞退福利”等进行明细核算。

1.职工工资、奖金、津贴和补贴

职工的基本工资水平由企业人力资源管理部门核定，有计时工资、计件工资等形式。不易核定工作量的管理、后勤等部门通常采用计时工资。车间生产工人可以采用计件工资。工资性的奖金、津贴和补贴也纳入工资计算。扣除按照企业的管理规定计算的应扣工资，就可以得到职工的应发工资。

在进行工资结算时，企业还要为职工代扣规定的项目。其包括按照国家规定的基准和比例计算的，职工个人应向社会保险经办机构缴纳的医疗保险金、基本养老保险金、失业保险金；按照《住房公积金管理条例》规定的基准和比例计算的，职工个人应向住房公积金管理机构缴存的住房公积金；按照《个人所得税法》计算的企业应替职工代扣代缴的个人所得税。

应发工资减去代扣项目，得到应实际发放给职工的实发工资。

企业应当在职工为其提供服务的会计期间，根据职工提供服务的受益对象，按“谁受益，谁承担”的原则，将应确认的职工薪酬（包括货币性薪酬和非货币性福利）计入相关资产成本或当期损益，同时确认为应付职工薪酬。生产部门人员的职工薪酬，记入“生产成本”“制造费用”“劳务成本”等科目，管理部门人员的职工薪酬，记入“管理费用”科目，销售人员的职工薪酬，记入“销售费用”科目，应由在建工程、研发支出负担的职工薪酬，记入“在建工程”“研发支出”等科目。

【例 4-3-1】乙企业根据本月工资结算汇总表发放本月职工工资，按应发工资的8%、2%、1%、7%为职工代扣基本养老保险金、医疗保险金、失业保险金、住房公积金，并按规定为职工代扣个人所得税，分别见表4-7、表4-8和表4-9。

表 4-7　　工资结算单

2018年1月　　单位：元

部门	姓名	计时工资	计件工资	奖金	津贴	补贴	加班加点工资	应扣工资			应付工资	代扣项目						实发工资	签章
								病假	事假	旷工		养老保险	医疗保险	失业保险	住房公积金	个人所得税	代扣合计		
车间	周进		870	240	50	100	150				1 410	112.8	28.2	14.1	98.7		253.8	1 156.2	
车间	赵海		950	240	50	100					1 340	107.2	26.8	13.4	93.8		241.2	1 098.8	
车间	王明		970	240	50	100	200				1 560	124.8	31.2	15.6	109.7		281.3	1 278.7	
车间	李欣		1 050	240	50	100					1 440	115.2	28.8	14.4	100.8		259.2	1 180.8	

会计主管：　　复核：　　制表：

表 4-8　　工资结算汇总表

2018年1月　　单位：元

岗位	计时工资	计件工资	奖金	津贴	补贴	加班加点工资	应扣工资			应付工资	代扣项目						实发工资	签章
							病假	事假	旷工		养老保险	医疗保险	失业保险	住房公积金	个人所得税	代扣合计		
生产工人		300 000	10 000	3 000	2 000	5 000				320 000	25 600	6 400	3 200	22 400	1 080	58 680	261 320	
车间管理人员	65 000		3 000	1 000	1 000					70 000	5 600	1 400	700	4 900	240	12 840	57 160	
企业管理人员	55 000		2 500	800	1 700	400				60 400	4 832	1 208	604	4 228	210	11 082	49 318	
销售人员	8 000		2 000	400	600	600				11 600	928	232	116	812	60	2 148	9 452	
合计	128 000	300 000	17 500	5 200	5 300	6 000				462 000	36 960	9 240	4 620	32 340	1 590	84 750	377 250	

会计主管：　　复核：　　制表：

表 4-9　**工资费用分配表**

2018年1月　金额单位：元

应借账户		分配标准（产量）	分配率	分配金额
基本生产车间	A产品	2 000		200 000
	B产品	1 200		120 000
	小计	3 200	100	320 000
制造费用				70 000
管理费用				60 400
销售费用				11 600
合　计				462 000

乙企业的有关会计处理如下：

（1）发放工资，银行转账：

借：应付职工薪酬——职工工资、奖金、津贴和补贴　377 250
　贷：银行存款　377 250

（2）结转各种代扣款项：

借：应付职工薪酬——职工工资、奖金、津贴和补贴　84 750
　贷：其他应付款——养老保险　36 960
　　　　　　　——医疗保险　9 240
　　　　　　　——失业保险　4 620
　　　　　　　——住房公积金　32 340
　　应交税费——应交个人所得税　1 590

（3）根据工资费用分配表，将本月工资计入相应成本费用项目：

借：生产成本——基本生产成本（A产品）　200 000
　　　　　——基本生产成本（B产品）　120 000
　　制造费用　70 000
　　管理费用　60 400
　　销售费用　11 600
　贷：应付职工薪酬——职工工资、奖金、津贴和补贴　462 000

2.职工福利费

职工福利费是指企业按照职工工资总额的一定比例按月计提职工福利费，用于职工各项福利设施的支出。

【例 4-3-2】2018年1月乙企业按照职工工资总额的14%计提职工福利费见表4-10。本月以现金支付职工张某生活困难补助80元。本企业下设一所职工食堂，每月根据在岗职工数量及岗位分布情况、相关历史经验数据等计算需要补贴食堂的金额，从而确定企业每期因职工食堂而需要承担的福利费金额。本月企业在岗职工共计100人，企业的历史经验数据表明，对每个职工企业每月需补贴食堂500元，共计50 000元。

表4-10　**职工福利费计提表**

2018年1月　金额单位：元

应借账户		计提标准	计提比例	金额
基本生产车间	A产品	200 000	14%	28 000
	B产品	120 000	14%	16 800
	小计	320 000	14%	44 800
制造费用		70 000	14%	9 800
管理费用		60 400	14%	8 456
销售费用		11 600	14%	1 624
合　计		462 000	14%	64 680

乙企业的有关会计处理如下：

（1）根据职工福利费计提表，将本月职工福利费计入相应成本费用项目：

借：生产成本——基本生产成本（A产品）　28 000
　　　　　　——基本生产成本（B产品）　16 800
　　制造费用　9 800
　　管理费用　8 456
　　销售费用　1 624
　贷：应付职工薪酬——职工福利费　64 680

（2）支付职工张某生活困难补助：

借：应付职工薪酬——职工福利费　800
　贷：库存现金　800

（3）向职工食堂支付补贴：

借：应付职工薪酬——职工福利费　50 000
　贷：银行存款　50 000

3.社会保险

医疗保险费、工伤保险费和生育保险费等社会保险费由企业根据规定的基准和计提比例按月计提，根据职工提供服务的受益对象，对应计入相关成本费用项目。

企业按月向社会保险经办机构缴纳基本养老保险金、医疗保险金、失业保险金、工伤保险费和生育保险费。企业缴纳的基本养老保险金、医疗保险金、失业保险金包括了企业为职工缴纳的部分和职工个人缴纳的部分（在发放工资时已替职工代扣）。

【例4-3-3】2018年1月乙企业按照职工工资总额的6%、0.8%、1%计提医疗保险费、工伤保险费、生育保险费见表4-11。

本月向社会保险经办机构缴纳基本养老保险金129 360元（其中职工个人缴纳36 960元）、医疗保险金36 960元（其中职工个人缴纳9 240元）、失业保险金13 860元（其中职工个人缴纳4 620元）、工伤保险费3 696元和生育保险费4 620元。

表 4-11　**社会保险费计提表**

2018年1月　单位：元

应借账户		基　准	医疗保险	工伤保险	生育保险	合　计
基本生产车间	A产品	200 000	12 000	1 600	2 000	15 600
	B产品	120 000	7 200	960	1 200	9 360
	小计	320 000	19 200	2 560	3 200	24 960
制造费用		70 000	4 200	560	700	5 460
管理费用		60 400	3 624	483.2	604	4 711.2
销售费用		11 600	696	92.8	116	904.8
合　计		462 000	27 720	3 696	4 620	36 036

乙企业的有关会计处理如下：

（1）计提社会保险费：

借：生产成本——基本生产成本（A产品）　15 600
　　　　　　——基本生产成本（B产品）　9 360
　　制造费用　5 460
　　管理费用　4 711.2
　　销售费用　904.8
　贷：应付职工薪酬——社会保险（医疗保险）　27 720
　　　　　　　　　——社会保险（工伤保险）　3 696
　　　　　　　　　——社会保险（生育保险）　4 620

（2）向社会保险经办机构缴纳各种保险费（养老保险及失业保险见【例4-3-11】相关内容）：

借：应付职工薪酬——社会保险（医疗保险）　27 720
　　　　　　　　——社会保险（工伤保险）　3 696
　　　　　　　　——社会保险（生育保险）　4 620
　　　　　　　　——设定提存计划（养老保险）　92 400
　　　　　　　　——设定提存计划（失业保险）　9 240
　　其他应付款——养老保险　36 960
　　　　　　　——医疗保险　9 240
　　　　　　　——失业保险　4 620
　贷：银行存款　188 496

4.住房公积金

住房公积金由企业根据规定的基准和计提比例按月计提，根据职工提供服务的受益对象对应计入相关成本费用项目。

企业按月向住房公积金管理机构缴纳住房公积金。企业缴纳的住房公积金包括了企业为职工缴纳的部分和职工个人缴纳的部分（在发放工资时已替职工代扣）。

【例4-3-4】2018年1月乙企业按照职工工资总额的7%计提住房公积金见表4-12。本月向住房公积金管理机构缴纳住房公积金64 680元（其中职工个人缴纳32 340元）。

表4-12 **住房公积金计提表**

2018年1月 单位：元

应借账户		基 准	住房公积金
基本生产车间	A产品	200 000	14 000
	B产品	120 000	8 400
	小计	320 000	22 400
制造费用		70 000	4 900
管理费用		60 400	4 228
销售费用		11 600	812
合 计		462 000	32 340

乙企业的有关会计处理如下：

（1）计提住房公积金：

借：生产成本——基本生产成本（A产品） 14 000
——基本生产成本（B产品） 8 400
制造费用 4 900
管理费用 4 228
销售费用 812
贷：应付职工薪酬——住房公积金 32 340

（2）向住房公积金管理机构缴纳住房公积金：

借：应付职工薪酬——住房公积金 32 340
其他应付款——住房公积金 32 340
贷：银行存款 64 680

5.工会经费和职工教育经费

工会经费和职工教育经费由企业根据规定的基准和计提比例按月计提，根据职工提供服务的受益对象对应计入相关成本费用项目。

工会经费由企业转交工会组织。职工教育经费用于职工教育、技能培训。

【例4-3-5】2018年1月乙企业按照职工工资总额的2%、2.5%计提工会经费、职工教育经费见表4-13。企业将9 240元工会经费上缴工会组织，支付职工技能培训费5 000元。

表4-13 **工会经费、职工教育经费计提表**

2018年1月 单位：元

应借账户		基 准	工会经费	职工教育经费	合 计
基本生产车间	A产品	200 000	4 000	5 000	9 000
	B产品	120 000	2 400	3 000	5 400
	小计	320 000	6 400	8 000	14 400
制造费用		70 000	1 400	1 750	3 150
管理费用		60 400	1 208	1 510	2 718
销售费用		11 600	232	290	522
合 计		462 000	9 240	11 550	20 790

乙企业的有关会计处理如下：

（1）计提工会经费：

借：生产成本——基本生产成本（A产品）　9 000
　　　　　　——基本生产成本（B产品）　5 400
　　制造费用　3 150
　　管理费用　2 718
　　销售费用　522
　贷：应付职工薪酬——工会经费和职工教育经费（工会经费）　9 240
　　　　　　　　——工会经费和职工教育经费（职工教育经费）　11 550

（2）上缴工会经费：

借：应付职工薪酬——工会经费和职工教育经费（工会经费）　9 240
　贷：银行存款　9 240

（3）支付职工技能培训费：

借：应付职工薪酬——工会经费和职工教育经费（职工教育经费）　5 000
　贷：银行存款　5 000

6.非货币性福利

企业以外购商品作为非货币性福利发放给职工的，应当根据受益对象，按照该产品的公允价值（含税）计入相关资产成本或当期损益，同时确认应付职工薪酬。

企业以生产用原材料作为非货币性福利发放给职工的，应当根据受益对象，按照该材料的成本与购进时的增值税之和（该增值税不能再抵扣，应作为进项税额转出处理）计入相关资产成本或当期损益，同时确认应付职工薪酬。

企业以自产产品作为非货币性福利发放给职工的，应视同产品销售。在产品实际发放时确认销售收入，并结转销售成本。同时，应当根据受益对象，按照产品的销售价格（含税）计入相关资产成本或当期损益，同时确认应付职工薪酬。

企业将自有固定资产无偿提供给职工使用的，固定资产的折旧视作为职工提供的非货币性福利，应当根据受益对象计入相关资产成本或当期损益，同时确认应付职工薪酬。

企业将租入资产无偿提供给职工使用的，企业支付的租金视作为职工提供的非货币性福利，应当根据受益对象计入相关资产成本或当期损益，同时确认应付职工薪酬。

【例4-3-6】B公司为小家电生产企业，有职工200名，其中170名为直接参加生产的职工，30名为总部管理人员。2018年1月B公司以其生产的每台成本为900元的电暖器作为春节福利发放给公司每名职工。该型号的电暖器市场售价为每台1 000元，B公司适用的增值税税率为17%。B公司的有关会计处理如下：

（1）将电暖器发放职工时：

借：应付职工薪酬——非货币性福利　234 000
　贷：主营业务收入　200 000
　　　应交税费——应交增值税（销项税额）　34 000
借：主营业务成本　180 000
　贷：库存商品——电暖器　180 000

B公司应确认的主营业务收入=200×1 000=200 000（元）

B公司应确认的增值税销项税额=200×1 000×17%=34 000（元）

B公司应结转的销售成本=200×900=180 000（元）

（2）根据受益对象计入相应成本费用：

借：生产成本	198 900
管理费用	35 100
贷：应付职工薪酬——非货币性福利	234 000

本例中，应确认的应付职工薪酬=200×1 000×17%+200×1 000=234 000（元）。其中，应记入"生产成本"科目的金额=170×1 000×17%+170×1 000=198 900（元）；应记入"管理费用"科目的金额=30×1 000×17%+30×1 000=35 100（元）。

【例4-3-7】C公司为总部各部门经理级别以上职工提供汽车免费使用，同时为副总裁以上高级管理人员每人租赁一套住房。C公司总部共有部门经理级别以上职工25名（含副总及以上高管），每人提供一辆桑塔纳汽车免费使用，假定每辆桑塔纳汽车每月计提折旧1 000元。该公司共有副总裁以上高级管理人员5名，公司为其每人租赁一套面积为200平方米带有家具和电器的公寓，月租金为每套8 000元。C公司的有关会计处理如下：

（1）C公司每月支付副总裁以上高级管理人员住房租金时：

借：应付职工薪酬——非货币性福利	40 000
贷：银行存款	40 000

（2）桑塔纳汽车每月计提折旧时：

借：应付职工薪酬——非货币性福利	25 000
贷：累计折旧	25 000

（3）根据受益对象计入相应成本费用：

借：管理费用	65 000
贷：应付职工薪酬——非货币性福利	65 000

本例中，C公司为总部各部门经理级别以上职工提供汽车免费使用，同时为副总裁以上高级管理人员租赁住房使用，根据受益对象确认的应付职工薪酬应当计入管理费用。

应确认的应付职工薪酬=25×1 000+5×8 000=65 000（元）

其中，提供企业拥有的汽车供职工使用的非货币性福利=25×1 000=25 000（元）；租赁住房供职工使用的非货币性福利=5×8 000=40 000（元）。

此外，C公司将其拥有的汽车无偿提供给职工使用的，还应当按照该部分非货币性福利25 000元，借记"应付职工薪酬——非货币性福利"科目，贷记"累计折旧"科目。

7.短期带薪缺勤

带薪缺勤应当根据其性质及其职工享有的权利，分为累积带薪缺勤和非累积带薪缺勤两类。企业应当对累积带薪缺勤和非累积带薪缺勤分别进行会计处理。如果带薪缺勤属于长期带薪缺勤的，企业应当作为其他长期职工福利处理。

（1）累积带薪缺勤及其会计处理。

累积带薪缺勤是指带薪权利可以结转下期的带薪缺勤，本期尚未用完的带薪缺勤权利可以在未来期间使用。企业应当在职工提供了服务从而增加了其未来享有的带薪缺勤权利时，确认与累积带薪缺勤相关的职工薪酬，并以累积未行使权利而增加的预期支付金额计量。

有些累积带薪缺勤在职工离开企业时，对未行使的权利，职工有权获得现金支付。职工在离开企业时能够获得现金支付的，企业应当确认企业必须支付的职工全部累积未使用权利的金额。企业应当根据资产负债表日因累积未使用权利而导致的预期支付的追加金额，作为累积带薪缺勤费用进行预计。

【例4-3-8】乙公司共有1 000名职工，从2017年1月1日起，该公司实行累积带薪缺勤制度。该制度规定，每个职工每年可享受5个工作日带薪年休假，未使用的年休假只能向后结转一个日历年度，超过1年未使用的，该权利作废；职工休年休假时，首先使用当年可享受的权利，不足部分再从上年结转的带薪年休假中扣除；职工离开公司时，对未使用的累积带薪年休假，无权获得现金支付。

2017年12月31日，每个职工当年平均未使用带薪年休假为2天。乙公司预计2018年有950名职工将享受不超过5天的带薪年休假，剩余50名职工每人将平均享受6.5天的带薪年休假。假定这50名职工全部为总部管理人员，该公司平均每个职工每个工作日工资为500元。

根据上述资料，乙公司职工2017年已休带薪年休假的，由于在休假期间照发工资，因此相应的薪酬已经计入公司每月确认的薪酬金额。与此同时，公司还需要预计职工2017年享有但尚未使用的、预期将在下一年度使用的累积带薪缺勤，并计入当期损益或者相关资产成本。在本例中，乙公司2017年12月31日预计由于职工累积未使用的带薪年休假权利而导致预期将支付的工资负债为75天（50×1.5）的年休假工资金额37 500元（75×500）。乙公司的相关会计处理如下：

借：管理费用　　37 500

　贷：应付职工薪酬——带薪缺勤（累积带薪缺勤）　　37 500

（2）非累积带薪缺勤及其会计处理。

非累积带薪缺勤是指带薪权利不能结转下期的带薪缺勤，本期尚未用完的带薪缺勤权利将予以取消，并且职工离开企业时也无权获得现金支付。我国企业职工休婚假、产假、丧假、探亲假、病假期间的工资，通常属于非累积带薪缺勤。由于职工提供服务本身不能增加其能够享受的福利金额，企业在职工未缺勤时不应当计提相关费用和负债。为此，企业应当在职工实际发生缺勤的会计期间确认与非累积带薪缺勤相关的职工薪酬。企业确认职工享有的与非累积带薪缺勤权利相关的薪酬，视同职工出勤确认的当期损益或相关资产成本。通常情况下，与非累积带薪缺勤相关的职工薪酬已经包含在企业每期向职工发放的工资等薪酬中，因此不必额外作相应的账务处理。

8.短期利润分享计划

关于短期利润分享计划（或奖金计划）的确认和计量，企业制订有短期利润分享计划的，如当职工完成规定业绩指标或者在企业工作特定期限后，能够享有按照企业净利润的一定比例计算的薪酬，企业应当按照准则的规定，进行有关会计处理。《企业会计准则》第9号规定，短期利润分享计划同时满足下列条件的，企业应当确认相关的应付职工薪酬，并计入当期损益或相关资产成本：

（1）企业因过去事项导致现在具有支付职工薪酬的法定义务或推定义务。

（2）因利润分享计划所产生的应付职工薪酬义务金额能够可靠估计。

其中，属于下列三种情形之一的，视为义务金额能够可靠估计：

❶在财务报告批准报出之前企业已确定应支付的薪酬金额。

❷该利润分享计划的正式条款中包括确定薪酬金额的方式。

❸过去的惯例为企业确定推定义务金额提供了明显证据。

企业在计量利润分享计划产生的应付职工薪酬时，应当反映职工因离职而没有得到利润分享计划支付的可能性。

如果企业预期在职工为其提供相关服务的年度报告期间结束后12个月内不需要全部支付利润分享计划产生的应付职工薪酬，该利润分享计划应当适用其他长期职工福利的有关规定。

企业根据经营业绩或职工贡献等情况提取的奖金，属于奖金计划，应当比照短期利润分享计划进行处理。

【例 4-3-9】甲公司于2017年年初制订和实施了一项短期利润分享计划，以对公司管理层进行激励。该计划规定，公司全年的净利润指标为1 000万元，如果在公司管理层努力下完成的净利润超过1 000万元，公司管理层将可以分享超过1 000万元净利润部分的10%作为额外报酬。假定2017年12月31日甲公司全年实际完成净利润1 800万元，不考虑离职等其他因素，则甲公司管理层按利润分享计划可以分享利润80万元（（1 800-1 000）×10%）作为其额外的薪酬。甲公司2017年12月31日的相关账务处理如下：

借：管理费用　　800 000

　贷：应付职工薪酬——利润分享计划　　800 000

9.辞退福利

辞退福利是指企业在职工劳动合同到期之前解除与职工的劳动关系，或者为鼓励职工自愿接受裁减而给予职工的补偿。由于导致义务产生的事项是终止雇佣而不是为获得职工的服务，企业应当将辞退福利作为单独一类职工薪酬进行会计处理。

【例 4-3-10】甲公司是一家空调制造企业，2017年9月为了能够在下一年度顺利实施转产，甲公司管理层制订了一项辞退计划。该计划规定，从2018年1月1日起，企业将以职工自愿方式辞退其柜式空调生产车间的职工。辞退计划的详细内容，包括拟辞退的职工所在部门、数量、各级别职工能够获得的补偿以及计划大体实施的时间等，均已与职工沟通，并达成一致意见。辞退计划已于2017年12月10日经董事会正式批准，计划将于下一年度内实施完毕。辞退计划的详细内容见表4-14。

表 4-14　　辞退计划表　　金额单位：万元

所属部门	职　位	辞退数量（人）	工龄（年）	每人补偿额
空调车间	车间主任和副主任	10	1～10	10
			10～20	20
			20～30	30
	高级技工	50	1～10	8
			10～20	18
			20～30	28
	一般技工	100	1～10	5
			10～20	15
			20～30	25
合　计		160		

2017年12月31日企业预计各级别职工拟接受辞退职工数量的最佳估计数（最可能发生数）及其应支付的补偿见表4-15。

表 4-15 辞退最佳估计数与补偿表 金额单位：万元

所属部门	职 位	辞退数量（人）	工龄（年）	接受数量（人）	每人补偿额	补偿金额
空调车间	车间主任和副主任	10	1～10	5	10	50
			10～20	2	20	40
			20～30	1	30	30
	高级技工	50	1～10	20	8	160
			10～20	10	18	180
			20～30	5	28	140
	一般技工	100	1～10	50	5	250
			10～20	20	15	300
			20～30	10	25	250
合 计		160		123		1 400

按照《企业会计准则第13号——或有事项》有关计算最佳估计数的方法，预计接受辞退的职工数量可以根据最可能发生的数量确定。根据表4-15，愿意接受辞退职工的最可能数量为123名，预计补偿总额为1 400万元，则企业2017年（辞退计划是2017年12月10日由董事会批准的）的账务处理如下：

借：管理费用 14 000 000

贷：应付职工薪酬——辞退福利 14 000 000

10. 离职后福利

企业向职工提供了离职后福利的，无论是否设立了单独主体接受提存金并支付福利，均应当适用相关要求对离职后福利进行会计处理。

职工正常退休时获得的养老金等离职后福利，是职工与企业签订的劳动合同到期或者职工达到国家规定的退休年龄时，获得的离职后生活补偿金额。企业给予补偿的事项是职工在职时提供的服务而不是退休本身，因此，企业应当在职工提供服务的会计期间对离职后福利进行确认和计量。

离职后福利计划是指企业与职工就离职后福利达成的协议，或者企业为向职工提供离职后福利制定的规章或办法等。企业应当按照企业承担的风险和义务情况，将离职后福利计划分为设定提存计划和设定受益计划两种类型分别核算。

【例4-3-11】承【例4-3-3】，乙企业按照职工工资总额的20%计提和缴纳基本养老保险金，按2%计提和缴纳失业保险见表4-16。

表 4-16 离职后福利计算表

2018年1月 单位：元

应借账户		基 准	养老保险	失业保险	合 计
基本生产车间	A产品	200 000	40 000	4 000	44 000
	B产品	120 000	24 000	2 400	26 400
	小计	320 000	64 000	6 400	70 400
制造费用		70 000	14 000	1 400	15 400
管理费用		60 400	12 080	1 208	13 288
销售费用		11 600	2 320	232	2 552
合 计		462 000	92 400	9 240	101 640

乙企业的相关会计处理如下：

借：生产成本——基本生产成本（A产品） 44 000
　　　　　　——基本生产成本（B产品） 26 400
　　制造费用 15 400
　　管理费用 13 288
　　销售费用 2 552
　贷：应付职工薪酬——设定提存计划（养老保险） 92 400
　　　　　　　　　——设定提存计划（失业保险） 9 240

其缴纳见【例4-3-3】相关内容。

11.其他长期职工福利

其他长期职工福利是指除短期薪酬、离职后福利和辞退福利以外的其他所有职工福利。其他长期职工福利包括长期带薪缺勤、其他长期服务福利、长期残疾福利、长期利润分享计划和长期奖金计划等。

企业向职工提供的其他长期职工福利，符合设定提存计划条件的，应当按照设定提存计划的有关规定进行会计处理。企业向职工提供的其他长期职工福利，符合设定受益计划条件的，应当按照设定受益计划的有关规定，确认和计量其他长期职工福利净负债或净资产。期末，企业应当将其他长期职工福利产生的职工薪酬成本确认为下列组成部分：

（1）服务成本。

（2）其他长期职工福利净负债或净资产的利息净额。

（3）重新计量其他长期职工福利净负债或净资产所产生的变动。

为了简化相关会计处理，上述项目的总净额应计入当期损益或相关资产成本。

长期残疾福利水平取决于职工提供服务期间长短的，企业应在职工提供服务期间确认应付长期残疾福利义务，计量时应当考虑长期残疾福利支付的可能性和预期支付的期限；与职工提供服务期间长短无关的，企业应当在导致职工长期残疾的事件发生的当期确认应付长期残疾福利义务。

任务四　辅助生产成本的归集与分配

（一）辅助生产成本的归集

为归集辅助生产车间发生的各项生产费用，企业应设置“生产成本——辅助生产成本”科目。对辅助生产车间在生产过程中发生的各项费用，要先归集到“生产成本——辅助生产成本”科目及其各明细账的借方。

对辅助生产车间发生的各项制造费用，有两种处理方法：如果辅助生产车间设置“制造费用”明细账，则发生的制造费用可先归集到辅助生产车间“制造费用”明细账中，期末再分配转入辅助生产成本；如果辅助生产车间不设置“制造费用”明细账，辅助生产成本明细账可多设一些专栏，发生的制造费用可直接归集到辅助生产成本明细账中。

如果辅助生产车间不设“制造费用”明细账，发生的各项辅助生产费用可作会计分录如下：

借：生产成本——辅助生产成本（××车间（或××产品））

贷：原材料

应付职工薪酬

累计折旧等

如果辅助生产车间设置“制造费用”明细账，发生的辅助生产费用作会计分录如下：

借：生产成本——辅助生产成本（××车间（或××产品））

制造费用——辅助生产车间

贷：原材料

应付职工薪酬

累计折旧等

（二）辅助生产费用的期末结转及分配

辅助生产费用的期末结转也分两种情况：如果辅助生产车间为基本生产车间生产材料、模具、包装物等，这些产品完工以后要先入库，基本生产车间需要时再从库房领用。当辅助生产车间生产的材料、模具、周转材料等完工入库时作会计分录如下：

借：原材料

周转材料等

贷：生产成本——辅助生产成本（××车间）

如果辅助生产车间为基本生产车间和各部门直接提供产品或劳务（如供电、供水、机修、运输等辅助生产车间为企业内部生产单位和各部门提供的产品或劳务），应区别不同情况进行处理。其中，机修车间为企业内部服务发生的辅助生产费用应在管理费用和销售费用之间进行分配。按照新准则规定，生产车间和管理部门发生的修理费应直接计入管理费用，与专设销售机构相关的固定资产修理费应计入销售费用。其他各辅助生产车间，如供电、供水、供气等车间为企业内部服务发生的辅助生产费用，期末要向基本生产成本等各受益对象进行分配结转。期末结转后，这些辅助生产费用明细账应无余额。期末结转辅助生产费用作会计分录如下：

借：生产成本——基本生产成本（××产品）

制造费用——基本生产车间

管理费用

销售费用等

贷：生产成本——辅助生产成本（××车间）

辅助生产成本的分配，应通过“辅助生产成本分配表”进行。分配辅助生产成本的方法主要有直接分配法、交互分配法和按计划成本分配法等。这里主要介绍分配辅助生产成本的直接分配法。

直接分配法是指不考虑辅助生产内部相互提供的劳务量，即不经过辅助生产成本的交互分配，直接将各辅助生产车间发生的成本分配给辅助生产以外的各个受益单位或产品。分配计算公式如下：

$$\text{辅助生产的单位成本}=\text{辅助生产成本总额}\div\text{辅助生产的产品或劳务总量}\left(\begin{array}{c}\text{不包括对辅助生产各车间}\\\text{提供的产品或劳务量}\end{array}\right)$$

$$\text{各受益车间、产品或各部门应分配的成本}=\text{辅助生产的单位成本}\times\text{该车间、产品或部门的耗用量}$$

【例4-4-1】甲公司设有运输和修理两个辅助生产车间，采用直接分配法分配辅助生产成本。运输车间的成本按运输里程比例分配，修理车间的成本按修理工时比例分配。该公司2018年1月有关辅助生产成本资料如下：

(1) 运输车间本月共发生成本22 500元，提供运输劳务5 000千米；修理车间本月共发生成本240 000元，提供修理劳务640工时。

(2) 运输车间耗用修理车间劳务40工时，修理车间耗用运输车间劳务500千米。

(3) 基本生产车间耗用运输车间劳务2 550千米，耗用修理车间劳务320工时；行政管理部门耗用运输车间劳务1 950千米，耗用修理车间劳务280工时。

辅助生产费用分配表见表4-17。

表4-17 辅助生产费用分配表（直接分配法）

辅助生产车间名称		运输车间	修理车间	合 计
待分配成本（元）		22 500	240 000	262 500
对外分配劳务数量（千米、工时）		4 500（5 000-500）	600（640-40）	
单位成本（元/千米、元/工时）		5（22 500÷4 500）	400（240 000÷600）	
基本生产车间	耗用数量（千米、工时）	2 550	320	
	分配金额（元）	12 750（2 550×5）	128 000（320×400）	140 750
行政管理部门	耗用数量（千米、工时）	1 950	280	
	分配金额（元）	9 750（1 950×5）	112 000（280×400）	121 750
合 计		22 500	240 000	262 500

借：制造费用　　140 750
　　管理费用　　121 750
　　贷：生产成本——辅助生产成本（运输车间）　　22 500
　　　　　　　　——辅助生产成本（修理车间）　　240 000

任务五 制造费用的归集与分配

（一）制造费用的归集

制造费用的内容包括物料消耗、车间管理人员的薪酬，车间管理用房屋和设备的折旧费、租赁费和保险费，车间管理用具摊销，车间管理用的照明费、水费、取暖费、劳动保护费、设计制图费、试验检验费、办公费以及季节性及修理期间停工损失等。制造费用属于应计入产品成本但不专设成本项目的各项成本。制造费用应通过“制造费用”账户进行归集，月末按照一定的方法从贷方分配转入有关成本计算对象。

（二）制造费用的分配及账务处理

1.制造费用的分配

一般应先分配辅助生产的制造费用，将其计入辅助生产成本，然后再分配辅助生产费用，将其中应由基本生产负担的制造费用计入基本生产的制造费用，最后再分配基本生产的制造费用。制造费用一般应按照车间分别进行，不应将各车间的制造费用汇总，在企业范围内统一分配。

在生产一种产品的车间中，制造费用可直接计入其产品成本。在生产多种产品的车间中，就要采用合理的分配方法，将制造费用分配计入各种产品成本。

制造费用分配方法很多，通常采用生产工人工时比例法（或生产工时比例法）、生产工人工资比例法（或生产工资比例法）、机器工时比例法和按年度计划分配率分配法等。其计算公式概括如下：

制造费用分配率=制造费用总额÷各产品分配标准之和

分配标准的选择：根据产品的生产特点，可以选用产品生产工时总数或生产工人定额工时总数、生产工人工资总和、机器工时总数、产品计划产量的定额工时总数等。

某种产品应分配的制造费用=该种产品分配标准×制造费用分配率

其中，由于生产工时是分配间接费用的常用标准之一，因此，生产工人工时比例法较为常见。

2.制造费用的账务处理

制造费用的分配方法一经确定，不应任意变更。无论采用哪种分配方法，都应根据分配计算结果，编制制造费用分配表，根据制造费用分配表进行制造费用分配的总分类核算和明细核算。其相关会计分录如下：

借：生产成本

　贷：制造费用

【例4-5-1】星海公司本月基本生产车间（生产甲、乙两种产品），发生如下一些共同费用：

❶生产车间一般耗用领用C材料100千克；

❷生产车间管理人员工资2 400元；

❸用银行存款支付本月水电费1 100元；

❹计提固定资产折旧费1 600元；

❺支付本月车间保险费900元。

其中，甲产品的定额工时为15 000小时，乙产品的定额工时为25 000小时。

要求：根据上述资料，作相关的账务处理；按工时比例分配制造费用，并作相关的账务处理。

首先，作会计处理如下：

❶借：制造费用——基本生产车间（材料费）　4 000
　贷：原材料——C材料　4 000

❷借：制造费用——基本生产车间（工资费）　2 400
　贷：应付职工薪酬　2 400

❸借：制造费用——基本生产车间（水电费）　1 100
　贷：银行存款　1 100

❹借：制造费用——基本生产车间（折旧费）　1 600
　贷：累计折旧　1 600

❺借：制造费用——基本生产车间（保险费）　900
　贷：银行存款　900

其次，计算分配制造费用，并作会计处理如下：

本月基本生产车间共发生制造费用10 000元。

制造费用分配率=10 000÷（15 000+25 000）=0.25（元/小时）

甲产品应负担的制造费用=0.25×15 000=3 750（元）

乙产品应负担的制造费用=0.25×25 000=6 250（元）

借：生产成本——甲产品　　3 750

　　　　　　——乙产品　　6 250

　贷：制造费用——基本生产车间　　10 000

任务六 完工产品成本的计算与结转

（一）生产成本在完工产品与在产品之间的分配

（1）直接材料费用、直接人工费用和制造费用通过归集与分配，汇集计入各种产品的“生产成本”账户，加上期初在产品的成本，就可以汇总计算各种产品的生产总成本。

（2）根据各种产品当期完工产品数量和期末在产品数量的划分，分别计算其单位成本。

在存在期初和期末在产品的情况下，本月归集到生产成本中的费用并不是本月完工产品的成本。因此，必须将本月归集的生产成本在完工产品与在产品之间进行分配。企业应当根据产品的生产特点和企业管理要求，选择合理而又简便的分配方法。

本月发生的生产成本和月初、月末在产品以及本月完工产品成本4项成本的关系，可用下列公式表达：

月初在产品成本＋本月发生生产成本=本月完工产品成本＋月末在产品成本

或者：

月初在产品成本＋本月发生生产成本−月末在产品成本=本月完工产品成本

由于公式中前两项是已知数，所以在完工产品和月末在产品之间分配成本的方法有两种：一是将前两项之和按一定比例在后两项之间进行分配，从而求得完工产品和月末在产品的成本；二是先确定月末在产品的成本，再计算求得完工产品的成本。

根据这一关系，结合生产特点，企业应当根据在产品数量的多少、各月在产品数量变化的大小、各项成本比重的大小以及定额管理基础的好坏等具体条件，采用适当的分配方法将生产成本在完工产品和在产品之间进行分配。常用的分配方法有不计算在产品成本法、在产品按固定成本计价法、在产品按所耗直接材料成本计价法、约当产量比例法、在产品按定额成本计价法、定额比例法等。

（二）完工产品成本的结转

在计算出当期完工产品成本后，对验收入库的产成品，应结转成本。结转本期完工产品成本时，借记“产成品”或“库存商品”账户，贷记“生产成本”账户。假如本月甲产品完工420件，总成本为76 440元，应作账务处理如下：

借：产成品（或库存商品）——甲产品　　76 440

　贷：生产成本——甲产品　　76 440

任务七 管理费用的核算

（一）管理费用的内容

管理费用是企业董事会和行政管理部门为组织和管理生产经营活动而发生的，或应当由企业统一负担的各种费用。具体包括的项目有：

（1）企业管理部门及职工方面的费用。其主要包括：公司经费、工会经费、职工教育经费、劳动保险费、待业保险费。公司经费包括总部管理人员工资、职工福利费、差旅费、办公费、折旧费、修理费、物料消耗、低值易耗品摊销及其他公司经费。

（2）用于企业直接管理之外的费用。其主要包括：董事会费、咨询费、聘请中介机构费、诉讼费等。

（3）提供生产技术条件的费用。其主要包括：研究与开发费、无形资产摊销、长期待摊费用摊销。

（4）业务招待费。其是指企业为业务经营的合理需要而支付的交际应酬费用。

（5）定额内损失。其是指存货少量盘亏和盘盈等。

（6）其他费用。其是指不包括在以上各项之内又应列入管理费用的费用。

（二）管理费用的核算

为了反映企业发生的各项管理费用，应设置“管理费用”账户，并按管理部门分设明细账户，再按费用项目设置专栏，以反映各部门、各项费用的支出情况。期末，应将归集到该账户借方的金额全部转入“本年利润”账户。

1. 管理费用发生的核算

当企业发生管理费用时，应借记“管理费用”账户，贷记“库存现金”“银行存款”“原材料”“应付职工薪酬”“累计摊销”“累计折旧”等账户。

2. 管理费用结转的核算

期末，应将“管理费用”账户借方归集的全部费用由本账户的贷方转入“本年利润”账户的借方，计入当期损益。结转后，“管理费用”账户期末应无余额。

【例4-7-1】某企业筹建期间发生办公费、差旅费等开办费25 000元，均用银行存款支付。编制会计分录如下：

借：管理费用　　25 000
　贷：银行存款　　25 000

【例4-7-2】某企业为拓展产品销售市场发生业务招待费50 000元，均用银行存款支付。编制会计分录如下：

借：管理费用　　50 000
　贷：银行存款　　50 000

【例4-7-3】某企业就一项产品的设计方案向有关专家进行咨询，以现金支付咨询费30 000元。编制会计分录如下：

借：管理费用　　30 000
　贷：库存现金　　30 000

【例4-7-4】某企业行政部9月份共发生费用224 000元。其中，行政人员薪酬150 000元，行政部专用办公设备折旧费45 000元，报销行政人员差旅费21 000元（假定报销人均未预借差旅费），其他办公费、水电费80 00元（均以银行存款支付）。编制会计分录如下：

借：管理费用　　224 000
　贷：应付职工薪酬　　150 000
　　累计折旧　　45 000

贷：库存现金	21 000
银行存款	8 000

【例4-7-5】某企业当月生产车间发生设备日常修理费用45 000元（以银行存款支付），行政管理部门发生设备日常修理费用1 000元（以现金支付），均不满足固定资产确认条件。编制会计分录如下：

借：管理费用	46 000	
贷：银行存款		45 000
库存现金		1 000

任务八　财务费用的核算

（一）财务费用的内容

财务费用是指企业为筹集生产经营所需资金而发生的各项费用。具体包括的项目有：利息净支出（减利息收入后的支出）、汇兑净损失（减汇兑收益后的损失）、金融机构手续费、调剂外汇手续费以及筹集生产经营资金发生的其他费用等。

（二）财务费用的核算

为了反映企业发生的各项财务费用，应设置“财务费用”账户。该账户的借方登记发生的各项财务费用，贷方登记发生的应冲减财务费用的利息收入、汇兑收益，月末全部结转后，一般无余额。该账户应按费用项目设置明细账进行明细核算。

1.财务费用发生的核算

企业发生的各项财务费用，借记“财务费用”账户，贷记“银行存款”等账户；企业发生的利息收入、汇兑收益，借记“银行存款”等账户，贷记“财务费用”账户。

2.财务费用结转的核算

月末，应将“财务费用”账户借方归集的费用全部由该账户的贷方转入“本年利润”账户的借方，计入当期损益。结转当期财务费用后，“财务费用”账户期末无余额。

【例4-8-1】某企业于2018年1月1日向银行借入生产经营用短期借款360 000元，期限6个月，年利率5%，该借款本金到期后一次归还，利息分月预提，按季支付。假定所有利息均不符合利息资本化条件。有关利息支出的会计处理如下：

每月月末，预提当月应计利息：

360 000×5%÷12=1 500（元）

借：财务费用	1 500	
贷：应付利息		1 500

【例4-8-2】某企业于2018年1月1日向银行借入生产经营用短期借款360 000元，期限6个月，年利率5%，该借款本金到期后一次归还，利息分月预提，按季支付。假定1月份，120 000元暂时作为闲置资金存入银行，并获得利息收入400元。假定所有利息均不符合利息资本化条件。1月份相关利息的会计处理如下：

1月月末，预提当月应计利息：

360 000×5%÷12=1 500（元）

借：财务费用	1 500

贷：应付利息　1 500

同时，当月取得的利息收入400元应作为冲减财务费用处理：

借：银行存款　400

贷：财务费用　400

【例4-8-3】某企业于2018年1月1日平价发行公司债券，面值50 000 0000元，期限2年，年利率6%，到期后本息一次归还。债券发行过程中发生手续费2 500 000元。有关手续费的会计分录如下：

借：财务费用　2 500 000

贷：银行存款　2 500 000

任务九　营业外收支的核算

（一）营业外收入

1.营业外收入核算的内容

营业外收入是指企业发生的与其日常活动无直接关系的各项利得。营业外收入并不是企业经营资金耗费所产生的，不需要企业付出代价，其实际上是经济利益的净流入，不可能也不需要与有关的费用进行配比。营业外收入核算企业发生的营业利润以外的收益，主要包括债务重组利得、与企业日常活动无关的政府补助、盘盈利得、捐赠利得、罚没利得、确实无法支付而按规定程序经批准后转作营业外收入的应付款项等。

盘盈利得主要是指对于现金等清查盘点中盘盈的现金等，报经批准后计入营业外收入的金额。

罚没利得是指企业取得的各项罚款，在弥补由于对违反合同或协议而造成的经济损失后的罚款净收益。

捐赠利得是指企业接受捐赠产生的利得。

2.营业外收入的会计处理

企业应通过“营业外收入”科目，核算营业外收入的取得及结转情况。该科目的贷方登记企业确认的各项营业外收入，借方登记期末结转入本年利润的营业外收入，结转后应无余额。该科目应按照营业外收入的项目进行明细核算。

企业确认营业外收入，借记“银行存款”“待处理财产损溢”“应付账款”等科目，贷记“营业外收入”科目。期末，应将“营业外收入”科目余额转入“本年利润”科目，借记“营业外收入”科目，贷记“本年利润”科目。

【例4-9-1】企业将待处理财产损溢的现金盘盈8 000元转作营业外收入。编制会计分录如下：

借：待处理财产损溢　8 000

贷：营业外收入　8 000

【例4-9-2】某企业本期营业外收入总额为180 000元，期末结转本年利润。编制会计分录如下：

借：营业外收入　180 000

贷：本年利润　180 000

（二）营业外支出

1.营业外支出核算的内容

营业外支出是指企业发生的与其日常活动无直接关系的各项损失，反映企业发生的营业利润以外的支出，主要包括债务重组损失、公益性捐赠支出、非常损失、盘亏损失、非流动资产毁损报废损失等。

其中，盘亏损失主要是指对于财产清查盘点中盘亏的资产，在查明原因处理时按确定的损失计入营业外支出的金额。

罚款支出是指企业由于违反税收法规、经济合同等而支付的各种滞纳金和罚款。

公益性捐赠支出是指企业对外进行公益性捐赠发生的支出。

非流动资产毁损报废损失是指企业对于因客观因素（如自然灾害等）造成的非流动资产毁损报废损失，在扣除保险公司赔偿后应计入营业外支出的净损失。

2.营业外支出的会计处理

企业应通过“营业外支出”科目，核算营业外支出的发生及结转情况。该科目的借方登记企业发生的各项营业外支出，贷方登记期末结转入本年利润的营业外支出，结转后应无余额。该科目应按照营业外支出的项目进行明细核算。

企业发生营业外支出时，借记“营业外支出”科目，贷记“待处理财产损溢”“库存现金”“银行存款”等科目。期末，应将“营业外支出”科目余额转入“本年利润”科目，借记“本年利润”科目，贷记“营业外支出”科目。

【例4-9-3】某企业将已经发生的原材料意外灾害损失270 000元转作营业外支出。编制会计分录如下：

借：营业外支出	270 000	
贷：待处理财产损溢		270 000

【例4-9-4】某企业用银行存款支付税款滞纳金30 000元。编制会计分录如下：

借：营业外支出	30 000	
贷：银行存款		30 000

【例4-9-5】某企业本期营业外支出总额为300 000元，期末结转本年利润。编制会计分录如下：

借：本年利润	300 000	
贷：营业外支出		300 000

生产经营过程业务核算练习题

一、单项选择题

1.某企业原材料按实际成本进行日常核算。2018年3月1日结存甲材料300千克，每千克实际成本为20元；3月15日购入甲材料280千克，每千克实际成本为25元；3月31日发出甲材料200千克。如按先进先出法计算3月份发出甲材料的实际成本，则其金额为（　　）元。

A.400　　B.500　　C.4 000　　D.1 400

2.某企业存货采用月末一次加权平均法核算，月初库存材料60件，每件1 000元，月中又购进两批，一次为200件，每件950元，另一次为100件，每件1 046元，则月末该材料的加权平均单价为（　　）元/件。

A.980　B.985　C.990　D.1 182

3.职工工资中代扣的职工房租，应借记的会计科目是（　）。

A.应付职工薪酬　B.银行存款　C.其他应收款　D.其他应付款

4.随同产品出售且单独计价的包装物，应于包装物发出时结转其成本，记入（　）会计科目。

A.销售费用　B.其他业务成本　C.管理费用　D.营业外支出

5.下列各项业务中，在进行会计处理时应计入管理费用的是（　）。

A.业务招待费　B.销售用固定资产计提折旧

C.生产车间管理人员的工资　D.计提坏账准备

6.某企业只生产一种产品，期初在产品成本3.5万元。4月份发生如下费用：生产领用材料6万元，生产工人工资2万元，制造费用1万元，管理费用1.5万元，广告费0.8万元。期末在产品成本3万元。该企业4月份完工产品的生产成本为（　）万元。

A.8.3　B.9　C.9.5　D.11.8

7.某企业采用先进先出法计算发出甲材料的成本。2018年2月1日结存甲材料200千克，每千克实际成本100元；2月10日购入甲材料300千克，每千克实际成本110元；2月15日发出甲材料400千克。2月月末库存甲材料的实际成本为（　）元。

A.10 000　B.10 500　C.10 600　D.11 000

8.A公司5月1日结存甲材料300千克，每千克2万元；5月6日发出100千克；5月10日购进200千克，每千克2.2万元；5月15日发出200千克。该企业采用移动加权平均法计算发出存货成本，则5月15日结存的原材料成本为（　）万元。

A.400　B.416　C.420　D.440

9.下列各项中，应计入管理费用的是（　）。

A.筹建期间的开办费　B.预计产品质量保证费

C.生产车间管理人员的工资　D.专设销售机构的固定资产修理费

10.下列各项中，不应计入销售费用的是（　）。

A.已售商品预计保修费用　B.为推广新产品而发生的广告费用

C.随同产品出售且单独计价的包装物成本　D.随同产品出售不单独计价的包装物成本

11.生产车间管理人员的工资应计入（　）。

A.生产成本　B.管理费用　C.制造费用　D.销售费用

12.业务招待费应计入（　）。

A.生产成本　B.管理费用　C.制造费用　D.销售费用

13.随同产品出售不单独计价的包装物成本应计入（　）。

A.其他业务成本　B.管理费用　C.制造费用　D.销售费用

14.下列项目中，属于费用的是（　）。

A.对外捐赠支出　B.出售无形资产损失　C.出售固定资产损失　D.企业开办费

15.下列各项中，不应计入营业外收入的是（　）。

A.资产处置利得　B.销售材料收入　C.罚没利得　D.捐赠利得

二、多项选择题

1.下列各项中，属于企业应付职工薪酬的有（　）。

A.工会经费　B.企业医务人员的工资

C.住房公积金　D.辞退福利

2.下列各项中，应计入其他业务成本的有（　）。

A.出借包装物成本的摊销　B.出租包装物成本的摊销

C.随同产品出售且单独计价的包装物成本　D.随同产品出售不单独计价的包装物成本

3.下列各项中，应计入管理费用的有（ ）。

A.劳动保险费 B.业务宣传费 C.广告费 D.业务招待费

4.职工薪酬包括（ ）。

A.计时工资 B.计件工资 C.奖金、津贴 D.补贴

5.下列各项中，最终会归集到生产成本中的有（ ）。

A.生产工人的社会保险费 B.生产车间经营租赁租入设备的租金

C.车间管理人员的工资 D.生产工人的劳动保险费

6.下列属于成本类账户的有（ ）。

A.生产成本 B.制造费用 C.劳务成本 D.研发支出

7.下列项目中，应计入管理费用的有（ ）。

A.业务招待费 B.广告宣传费 C.行政办公费 D.车间管理人员工资

8.下列项目中，应计入财务费用的有（ ）。

A.现金折扣 B.广告宣传费 C.利息收入 D.利息支出

9.下列项目中，应计入营业外支出的有（ ）。

A.资产处置损失 B.税收滞纳金 C.会务费 D.产品研发费用

10.下列项目中，应计入制造费用的有（ ）。

A.管理人员工资 B.车间管理人员工资 C.车间水电费 D.生产用设备折旧费

三、判断题

1.企业生产车间的固定资产修理费用，应当计入制造费用。（ ）

2.企业出售无形资产和出租无形资产取得的收益，均应作为其他业务收入。（ ）

3.企业向职工食堂、职工医院、生活困难职工等支付职工福利费，应借记“应付职工薪酬——职工福利费”科目。（ ）

4.制造费用与管理费用不同，本期发生的管理费用直接影响本期损益，而本期发生的制造费用不一定影响本期损益。（ ）

5.管理费用、制造费用、销售费用都属于企业的期间费用。（ ）

6.车间管理费用和企业管理费用都是期间费用。（ ）

7.养老保险、医疗保险、失业保险是由企业和职工个人共同缴纳的。（ ）

8.车间管理费用不构成产品的生产成本。（ ）

9.员工迟到罚款收入，应当计入其他业务收入。（ ）

10.商业折扣的费用，应当计入财务费用。（ ）

四、不定项选择题

1.甲公司按先进先出法计算材料的发出成本。2018年1月1日结存A材料100千克，每千克实际成本50元。本月发生有关业务如下：

（1）3日，购入A材料50千克，每千克实际成本52.5元，材料已验收入库。

（2）5日，发出A材料80千克。

（3）7日，购入A材料70千克，每千克实际成本49元，材料已验收入库。

（4）12日，发出A材料130千克。

（5）20日，购入A材料80千克，每千克实际成本55元，材料已验收入库。

（6）25日，发出A材料30千克。

要求：根据上述资料，计算A材料下列成本：

（1）5日发出的成本为（ ）元。

A.3 000 B.4 000 C.5 000 D.6 000

（2）12日发出的成本为（ ）元。

A.6 555　　B.6 560　　C.6 565　　D.6 570

（3）25日发出的成本为（　　）元。

A.490　　B.1 100　　C.1 590　　D.1 690

（4）期末结存的成本为（　　）元。

A.2 800　　B.3 000　　C.3 200　　D.3 300

2.甲企业为增值税一般纳税人，适用的增值税税率为17%。原材料采用实际成本核算，原材料发出采用月末一次加权平均法计价。2018年2月与A材料相关的资料如下：

（1）1日，“原材料——A材料”科目余额20 000元（共2 000千克，其中含1月月末验收入库但因发票账单未到而以2 000元暂估入账的A材料200千克）。5日，收到1月月末以暂估价入库A材料的发票账单，货款1 800元，增值税306元，对方代垫运输费400元，全部款项已用转账支票付讫。相关会计处理应为（　　）。

A.借：应付账款　　2 000
　　贷：原材料　　2 000

B.借：原材料　　2 200
　　　应交税费——应交增值税（进项税额）　　306
　　贷：银行存款　　2 506

C.借：原材料　　2 000
　　贷：应付账款　　2 000

D.借：在途物资　　2 200
　　　应交税费——应交增值税（进项税额）　　306
　　贷：银行存款　　2 506

（2）8日，以汇兑结算方式购入A材料3 000千克，发票账单已收到，货款36 000元，增值税6 120元，运输费用1 000元，增值税110元。材料尚未到达，款项已由银行存款支付。相关会计处理应为（　　）。

A.借：在途物资　　37 000
　　　应交税费——应交增值税（进项税额）　　6 230
　　贷：银行存款　　43 230

B.借：在途物资　　36 000
　　　应交税费——应交增值税（进项税额）　　6 120
　　　管理费用　　1 110
　　贷：银行存款　　43 230

C.　借：在途物资　　43 230
　　　贷：银行存款　　43 230

D.借：原材料　　37 000
　　　应交税费——应交增值税（进项税额）　　6 230
　　贷：银行存款　　43 230

（3）11日，收到8日采购的A材料，验收时发现只有2 950千克。经查验，短缺的50千克确定为运输途中的合理损耗，A材料验收入库。相关会计处理应为（　　）。

A.借：原材料　　36 000
　　贷：在途物资　　36 000

B.借：库存商品　　37 000
　　贷：在途物资　　37 000

C.借：原材料　　43 230
　　贷：在途物资　　43 230

D.借：原材料　37 000
　贷：在途物资　37 000

（4）18日，持银行汇票80 000元购入A材料5 000千克，增值税专用发票上注明的货款为49 500元，增值税为8 415元，另支付运输费用2 000元，增值税220元。材料已验收入库，剩余票款退回并存入银行。相关会计处理应为（　　）。

A.借：原材料　49 500
　　应交税费——应交增值税（进项税额）　8 415
　　银行存款　19 865
　　管理费用　2 220
　贷：其他货币资金　80 000

B.借：在途物资　51 500
　　应交税费——应交增值税（进项税额）　8 635
　　银行存款　19 865
　贷：其他货币资金　80 000

C.借：原材料　51 500
　　应交税费——应交增值税（进项税额）　8 635
　　银行存款　19 865
　贷：其他货币资金　80 000

D.借：原材料　51 500
　　应交税费——应交增值税（进项税额）　8 635
　贷：其他货币资金　60 135

（5）甲企业2月份发出A材料的单位成本为（　　）元。

A.8.93　B.10.93　C.12.93　D.14.93

（6）30日，根据“发料凭证汇总表”的记录，2月份基本生产车间为生产产品领用A材料6 000千克，车间管理部门领用A材料1 000千克，企业管理部门领用A材料1 000千克。相关会计处理应为（　　）。

A.借：生产成本　72 000
　　制造费用　12 000
　　管理费用　12 000
　贷：原材料　96 000

B借：生产成本　65 580
　　制造费用　10 930
　　管理费用　10 930
　贷：原材料　87 440

C.借：生产成本　72 000
　　制造费用　12 000
　　管理费用　12 000
　贷：库存商品　96 000

D.借：原材料　87 440
　贷：生产成本　65 580
　　制造费用　10 930
　　管理费用　10 930

3.甲公司2018年1月职工薪酬有关资料如下：

（1）本月应付工资总额为962 000元，其中，产品工人工资640 000元，车间管理人员140 000元，企业行政管理人员118 000元，销售人员64 000元。相关会计处理应为（　　）。

A.借：生产成本　780 000

　　管理费用　118 000

　　销售费用　64 000

　贷：应付职工薪酬——职工工资、奖金、津贴和补贴　962 000

B.借：生产成本　640 000

　　制造费用　140 000

　　管理费用　118 000

　　销售费用　64 000

　贷：应付账款　962 000

C.借：主营业务成本　640 000

　　制造费用　140 000

　　管理费用　118 000

　　销售费用　64 000

　贷：应付职工薪酬——职工工资、奖金、津贴和补贴　962 000

D.借：生产成本　640 000

　　制造费用　140 000

　　管理费用　118 000

　　销售费用　64 000

　贷：应付职工薪酬——职工工资、奖金、津贴和补贴　962 000

（2）企业根据历史经验，按工资总额的14%提取职工福利费。相关会计处理应为（　　）。

A.借：生产成本　109 200

　　管理费用　16 520

　　销售费用　8 960

　贷：应付职工薪酬——职工福利费　134 680

B.借：生产成本　89 600

　　制造费用　19 600

　　管理费用　16 520

　　销售费用　8 960

　贷：其他应付款　134 680

C.借：生产成本　89 600

　　制造费用　19 600

　　管理费用　16 520

　　销售费用　8 960

　贷：应付职工薪酬——职工福利费　134 680

D.借：主营业务成本　89 600

　　制造费用　19 600

　　管理费用　16 520

　　销售费用　8 960

　贷：应付职工薪酬——职工福利费　134 680

（3）甲公司以其生产的单位成本为600元的小电器作为福利发放给公司职工每人一台，该产品市场售价为每台800元。该公司适用的增值税税率为17%。甲公司共有职工200名，其中，生产工人125名，生产车间管理人员5名，厂部管理人员30名，销售人员40名。相关会计处理应为（　　）。

A.借：生产成本　　117 000
　　制造费用　　4 680
　　管理费用　　28 080
　　销售费用　　37 440
　贷：应付职工薪酬——非货币性福利　　187 200
B.借：主营业务收入　　160 000
　贷：库存商品　　160 000
C.借：应付职工薪酬——非货币性福利　　187 200
　贷：主营业务收入　　160 000
　　应交税费——应交增值税（销项税额）　　27 200
D.借：主营业务成本　　120 000
　贷：库存商品　　120 000

（4）甲公司为总部各部门经理以上职工提供汽车免费使用，同时还另为副总裁以上高级管理人员每人租赁一套住房。总部共有经理20名，副总裁以上高级管理人员5名。假定汽车每辆每月折旧1 500元，住房每套每月租金9 000元。相关会计处理应为（　）。

A.借：管理费用　　82 500
　贷：应付职工薪酬——非货币性福利　　82 500
B.借：应付职工薪酬——非货币性福利　　82 500
　贷：累计折旧　　37 500
　　其他应付款——应付房屋租金　　45 000
C.借：应付职工薪酬——非货币性福利　　82 500
　贷：管理费用　　82 500
D.借：应付职工薪酬——非货币性福利　　82 500
　贷：累计折旧　　37 500
　　其他应收款——应付房屋租金　　45 000

（5）根据工资结算汇总表应付工资总额962 000元，代扣职工房租6 000元，代扣职工个人所得税8 000元，实发工资948 000元。相关会计处理应为（　）。

A.借：应付职工薪酬——职工工资、奖金、津贴和补贴　　962 000
　贷：其他应收款——应收房租　　6 000
　　　　——个人所得税　　8 000
　　银行存款　　948 000
B.借：应付职工薪酬——职工工资、奖金、津贴和补贴　　962 000
　贷：其他应付款——应付房租　　6 000
　　　　——个人所得税　　8 000
　　银行存款　　948 000
C.借：应付职工薪酬——职工工资、奖金、津贴和补贴　　962 000
　贷：其他应收款——应收房租　　6 000
　　应交税费——个人所得税　　8 000
　　银行存款　　948 000
D.借：应付职工薪酬——职工工资、奖金、津贴和补贴　　962 000
　贷：应收账款——应收房租　　6 000
　　应交税费——个人所得税　　8 000
　　银行存款　　948 000

（6）4日，以现金支付职工张某生活困难补助1 500元。相关会计处理应为（　　）。

A.借：管理费用　1 500

　贷：库存现金　1 500

B.借：应付职工薪酬——职工福利费　1 500

　贷：库存现金　1 500

C.借：应付职工薪酬——非货币性福利　1 500

　贷：库存现金　1 500

D.借：应付职工薪酬——职工工资、奖金、津贴和补贴　1 500

　贷：库存现金　1 500

（7）10日，接业务（4），以银行存款支付高级管理人员住房租金45 000元。相关会计处理应为（　　）。

A.借：应付账款　45 000

　贷：银行存款　45 000

B.借：其他应收款——应收房屋租金　45 000

　贷：银行存款　45 000

C.借：管理费用　45 000

　贷：银行存款　45 000

D.借：其他应付款——应付房屋租金　45 000

　贷：银行存款　45 000

4.企业采用分次摊销法核算在用低值易耗品。某月份企业销售部门领用低值易耗品一批（预计可以领用2次），计划成本为1 200元；基本生产车间报废低值易耗品一批，计划成本4 000元，收回残料200元，已验收入库。该月份低值易耗品的成本差异率为2%。编制相关会计分录为（　　）。

A.第一次领用低值易耗品：

借：周转材料——低值易耗品（在用）　1 224

　贷：周转材料——低值易耗品（在库）　1 200

材料成本差异　24

同时，摊销50%：

借：管理费用　612

　贷：周转材料——低值易耗品（摊销）　612

B.第二次领用：

借：制造费用　1 840

　原材料——残料　200

　贷：周转材料——低值易耗品（摊销）　2 040

C.结平周转材料：

借：周转材料——低值易耗品（在用）　4 080

　贷：周转材料——低值易耗品（摊销）　4 080

D.第一次领用低值易耗品：

借：周转材料——低值易耗品（在用）　1 224

　贷：周转材料——低值易耗品（在库）　1 200

　　材料成本差异　24

同时，摊销50%：

借：销售费用　612

　贷：周转材料——低值易耗品（摊销）　612

5.甲公司低值易耗品按计划成本核算，2018年1月份发生以下经济业务：

（1）5日，车间完工入库工具20把，单位成本30元。

（2）10日，外购工具150把，单位成本32元。

（3）15日，生产车间领用工具40把。

（4）18日，厂部领用工具10把。

（5）20日，车间报废工具80把，收回残料120元。

工具的单位计划成本为31元。

要求：

（1）该工具本月材料成本差异率为（ ）。

A.-2.47%　　B.2.47%　　C.4.47%　　D.8.92%

（2）按一次摊销法编制相关会计分录，正确的为（ ）。

A.借：制造费用　2 541.26
　　管理费用　317.65
　　材料成本差异　68.91
　贷：周转材料——低值易耗品　2 790.00

B.借：管理费用　2 541.26
　　制造费用　317.65
　贷：周转材料——低值易耗品　2 790.00
　　材料成本差异　68.91

C.借：材料成本差异　68.91
　　周转材料——低值易耗品　2 790.00
　贷：制造费用　2 541.26
　　管理费用　317.65

D.借：制造费用　2 541.26
　　管理费用　317.65
　贷：周转材料——低值易耗品　2 790.00
　　材料成本差异　68.91

项目五

销售及收款业务核算

知识目标

1. 了解收入的概念、分类；了解不同收款方式对销售的影响。
2. 了解收入确认的条件和收入的计量原则。
3. 理解劳务收入的概念、分类。
4. 理解销售费用的概念和内容。
5. 掌握商品不同销售方式和不同收款方式下的会计核算方法。
6. 掌握劳务收入的核算方法。

能力目标

1. 能区分收入与利得。
2. 能熟练正确完成各种商品销售业务的会计核算。
3. 能熟练正确完成跨年度、不跨年度的劳务收入的会计核算。
4. 能熟练正确完成销售费用的会计核算。

本项目业务常用原始凭证（见凭证5-1至凭证5-3）

凭证5-1

重庆市增值税专用发票

№ 00941344

5378921365

此联不作报销、扣税凭证使用

开票日期：2017年6月9日

购买方	名　　称：华发公司 纳税人识别号：56325029780690690M 地 址、电 话：云南省昆明市大河路98号 79320521 开户行及账号：农行昆明支行大河营业所62777583	密码区	（略）

货物或应税劳务、服务名称	规格型号	单位	数量	单价	金额	税率	税额
摩托车	125	辆	100	4 000.00	400 000.00	17%	68 000.00
摩托车	250	辆	100	5 000.00	500 000.00	17%	85 000.00
包装箱		个	200	20.00	4 000.00	17%	680.00
合　计					¥904 000.00		¥153 680.00
价税合计（大写）	⊗壹佰零伍万柒仟陆佰捌拾元整				（小写）¥1 057 680.00		

销售方	名　　称：重庆渝中摩托制造有限公司 纳税人识别号：91500113562018376M 地 址、电 话：重庆渝中区大坪大黄路18号 86553089 开户行及账号：工行渝中支行大黄分理处3100036909100095147	备注	重庆渝中摩托制造有限公司 91500113562018376M 发票专用章

收款人：陈俊　　复核：王洋　　开票人：刘晓霞　　销售方：（章）

第一联 记账联 销售方记账凭证

凭证 5-2

重庆市增值税专用发票

抵扣联

№ 00832448

5063474086　　开票日期：2017 年 6 月 9 日

购买方	名　　称：重庆渝中摩托制造有限公司 纳税人识别号：91500113562018376M 地 址、电 话：重庆渝中区大坪大黄路 18 号 86553089 开户行及账号：工行渝中支行大黄分理处3100036909100095147			密码区	（略）		
货物或应税劳务、服务名称	规格型号	单位	数量	单价	金额	税率	税额
125 车架		套	600	115.00	69 000.00	17%	11 730.00
125 座垫		套	600	38.00	22 800.00	17%	3 876.00
125 油箱		个	600	68.00	40 800.00	17%	6 936.00
合　计					¥132 600.00		¥22 542.00
价税合计（大写）	⊗壹拾伍万伍仟壹佰肆拾贰元整				（小写）¥155 142.00		
销售方	名　　称：重庆宜丰加工厂 纳税人识别号：91500634712354408Q 地 址、电 话：重庆江北区 开户行及账号：工行大黄路办事处64357238			备注			

第二联　抵扣联　购买方抵扣凭证

收款人：郑文杰　　复核：何源　　开票人：王浩　　销售方：（章）

凭证 5-3

出库单

2017 年 6 月 9 日　　第 203 号

产品名称	计量单位	数　量	备　注
125 摩托车	辆	100	
250 摩托车	辆	100	
合　计		200	

第三联　记账

保管：李好　　经办：刘晓霞

任务一　收入与收款认知

销售及收款业务是企业向顾客销售商品或提供劳务，并收回款项的业务，是企业利润形成的主要渠道。销售及收款业务中相关的会计核算主要包括收入、款项收回的核算。

（一）收入认知

1. 收入的概念

收入是指企业在日常活动中形成的、会导致所有者权益增加的、与所有者投入资本无关的经济利益总流入。

所谓日常活动，是指企业为完成其经营目标所从事的经营性活动以及与之相关的其他活动。日常活动在不同类型的企业中有不同的表现形式，主要包括：

（1）制造业企业制造并销售产品、商业企业销售商品、餐饮企业提供餐饮服务、安装公司提供安装服务、商业银行对外贷款、租赁公司出租资产等，均属于企业为完成其经营目标所从事的经常性活动，其经济利益的总流入构成收入。

（2）制造业、商业企业让渡资产使用权（包括各类资产的出租）、出售原材料、对外投资（投资中收取的利息收入、股利收入）等，属于与经营性活动相关的其他活动，其经济利益的流入也构成收入。

（3）制造业、商业企业处置固定资产、无形资产等活动产生的经济利益净流入（或净流出）而应确认为企业的利得（或损失），计入资产处置损益，构成企业收入。

（4）制造业、商业企业因从事政府鼓励的日常经营活动（如生产环保节能产品等）而得到的政府补助，属于企业的其他收益，构成企业收入。

2.收入的分类

收入按企业从事日常活动的性质不同，分为销售商品收入、提供劳务收入、让渡资产使用权收入、建造合同收入等。

收入按企业经营业务主次的不同，分为主营业务收入和其他业务收入。

主营业务收入是指企业为完成其经营目标所从事的经常性经营活动所实现的收入。制造业企业销售商品收入、提供劳务收入、建造合同收入，都属于主营业务收入。

其他业务收入是指企业为完成其经营目标所从事的与经常性活动相关的其他活动实现的收入。制造业企业销售材料、让渡资产使用权等收入，属于其他业务收入。

对企业而言，主营业务收入和其他业务收入的划分并非一成不变的，随着企业的发展，主营业务收入和其他业务收入也是可逆的。

3.收入的确认

财会〔2017〕22号财政部关于修订印发《企业会计准则第14号——收入》的通知中明确不再区分业务类型，采用统一的收入确认模式。收入应在企业将商品或服务的控制权转移给客户的时点（或过程中）以其预计有权获得的金额予以确认。根据满足特定条件的情况，收入应按以下方式确认：

（1）在一段时间内，以一种能够反映企业履行履约义务的方式确认。满足下列条件之一的，属于在某一时段内履行履约义务，否则属于在某一时点上履行履约义务：

❶履约的同时即取得并消耗企业履约所带来的经济利益。

❷能够控制企业履约过程中在建的商品。

❸履约过程中所产出的商品具有不可替代用途且该企业在整个合同期间内有权就累计至今已完成的履约部分收取款项。具有不可替代用途，是指因合同限制或实际可行性限制，企业不能轻易地将商品用于其他用途。有权就累计至今已完成的履约部分收取款项，是指在由于客户或其他方原因终止合同的情况下，企业有权就累计至今已完成的履约部分收取能够补偿其已发生成本和合理利润的款项，并且该权利具有法律约束力。

（2）在某一时点上，当商品或服务的控制权转移给客户时确认。当企业与客户之间的合同同时满足下列条件时，企业应当在客户取得相关商品控制权时确认收入：

❶各方已批准该合同并承诺将履行各自义务；

❷该合同明确各方与所转让商品或提供劳务（以下简称“转让商品”）相关的权利和义务；

❸该合同有明确的与所转让商品相关的支付条款；

❹该合同具有商业实质，即履行该合同将改变企业未来现金流量的风险、时间分布或金额；

❺因向客户转让商品而有权取得的对价很可能收回。

在合同开始日即满足前款条件的合同，企业在后续期间无需对其进行重新评估，除非有迹象表明相关事实和情况发生重大变化。合同开始日通常是指合同生效日。

基于该原则，实务中新收入准则下收入的确认分为5个步骤：一是识别客户合同；二是识别合同中包含的各单项履约义务；三是确定交易价格；四是把交易价格分摊至各单项履约义务；五是根据各单项履约义务的履行进度确认收入。

（1）识别合同。

一般而言，收入确认模型适用于单个合同，但在满足一定条件的情况下，应将两份或多份合同合并为一份合同处理。对于合同的变更，新收入准则按照变更的内容是否增加了可明确区分的商品及合同价款，以及新增价款是否反映新增商品单独售价等条件区分3种不同情形，并对不同情形下的处理做出规定。

（2）识别履约义务。

履约义务是指合同中企业向客户转让可明确区分商品的承诺。一项合同中可能包含多项履约义务。由于新收入准则的核心原则是在履行了履约义务时确认收入，因此，在合同一开始就需要识别合同所包含的各单项履约义务，并确定各单项履约义务是在某一时段内履行，还是在某一时点上履行，然后在履行了各单项履约义务时分别确认收入。对于如何判断合同中的承诺是否可明确区分从而构成单项履约义务，以及履约义务是在一段时间内履行还是在一个时点上履行，新收入准则均给予了明确的标准。

（3）确定交易价格。

交易价格是指企业因向客户转让商品而预期有权收取的对价金额。在确定交易价格时，企业应当考虑可变对价、合同中存在的重大融资成分、非现金对价、应付客户对价等因素。对于可变对价，新收入准则规定了估计方法、对估计金额的限制以及重新估计要求；对于存在重大融资成分的合同，新收入准则对融资成分的处理进行了规定，并对时间间隔不超过1年的给予豁免；对于非现金对价，新收入准则明确其应以公允价值计量。

（4）分摊交易价格。

合同中包含两项或多项履约义务的，企业应当在合同开始日，按照各单项履约义务所承诺商品的单独售价的相对比例，将交易价格分摊至各单项履约义务。在此基本原则之上，新的收入准则对单独售价的确定方法、存在合同折扣和可变对价及可变对价后续变动的情况下如何分摊交易价格进行了规定。

（5）确认收入。

对于在某一时段内履行的履约义务，企业应当在该段时间内按照履约进度确认收入，但履约进度不能合理确定的除外。确定履约进度时，企业应考虑商品的性质，采用产出法或投入法。对于在某一时点上履行的履约义务，企业应当在客户取得相关商品控制权的时点确认收入。新收入准则也提供了判断控制权转移时应考虑的迹象。

财政部发布经修订后的《企业会计准则第14号——收入》（新收入准则），新收入准则将取代原《企业会计准则第14号——收入》和《企业会计准则第15号——建造合同》及其应用指南。根据财政部发布的通知，新收入准则采用分步实施的方式，具体时间见表5-1，同时允许企业提前执行。

表5-1　新收入准则实施时间

适用主体	新收入准则实施时间
在境内外同时上市的企业以及在境外上市并采用国际财务报告准则或企业会计准则编制财务报表的企业	自2018年1月1日起施行
其他境内上市企业	自2020年1月1日起施行
执行企业会计准则的非上市企业	自2021年1月1日起施行

（二）收款认知

企业销售商品后，能及时收回款项，才能保证企业资金循环的正常进行。根据销售与收款的时间不同，可以把销售分为：

1.现销

现销是指企业在销售的同时，收到了购货方支付的货币资金。这种销售方式一方面增加了企业的销售收入，另一方面增加了企业的库存现金、银行存款、其他货币资金。

2.赊销

赊销是信用销售的俗称。赊销是以信用为基础的销售，是指销售方与购买方签订销售协议后，销售方先让购买方取走货物，而购买方按照协议在规定的日期付清货款的过程。赊销使销售方的商品实物转移与货款的收回在时间上分离开来，实质上是销售方向购买方提供了商业信用。赊销使销售方成为债权人，购买方成为债务人。这种销售方式一方面增加了企业的销售收入，另一方面增加了企业的应收账款、应收票据。

3.分期收款销售

分期收款销售是指商品已经售出，但货款分期收回的一种销售方式。它一般适合于金额大、收款期限长、款项收回风险大的重大商品交易，如房产、汽车、重型设备等。分期收款销售也是一种信用销售，销售方在销售商品的同时还为购买方提供了一笔长期贷款。分期收款销货的售价，通常比现销或普通赊销商品的售价要高一些，这是因为分期收款销售所签订的销售合同的金额包含了商品销售收入和为购买方提供长期贷款所收取的利息。这种销售方式一方面增加了企业的销售收入，另一方面增加了企业的长期应收款、未实现融资收益。

4.预收款销售

预收款销售是指在销售方的商品发出之前已经收到购买方支付的货款。销售方与购买方签订销售协议后，购买方先向销售方支付部分或全部的货款，然后销售方再将商品交付购买方。销售方先收到的货款对销售方而言，不是收入而是形成了对购买方的负债。这种销售方式一方面增加了企业的销售收入，另一方面增加了企业的负债。

任务二　商品销售收入的核算

商品销售的资金运动如图5-1所示。

企业销售商品满足收入确认条件时，应当按照已收或应收合同或协议价款的公允价值确定销售商品收入金额。通常情况下，从购货方已收或应收的合同或协议价款即为其公允价值，应当以此确定销售商品收入的金额，但不包括收回的为购买方代垫的款项和增值税。

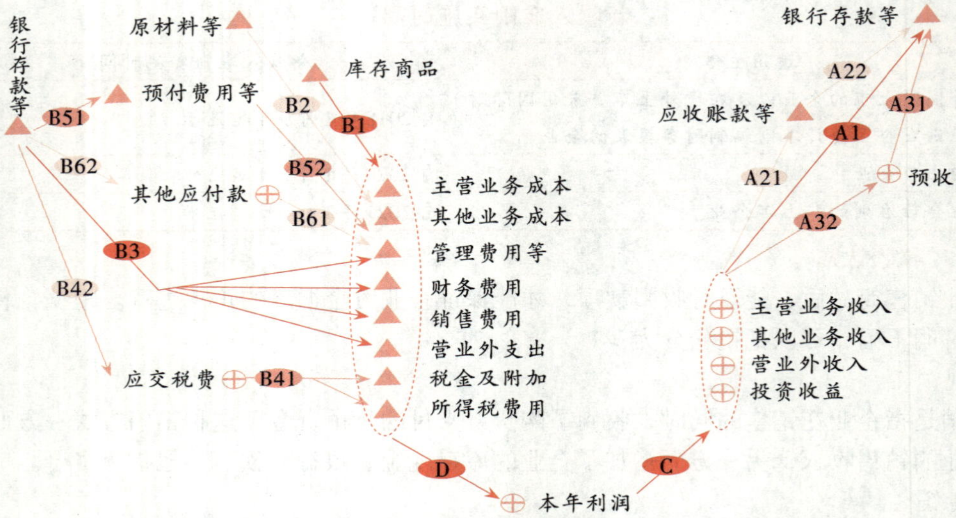

图 5-1　商品销售资金运动

（一）一般商品销售的核算

1. 账户设置

（1）“主营业务收入”账户。

“主营业务收入”账户属于损益类账户，用来核算企业的主营业务收入。该账户的贷方登记销售商品、提供劳务等取得的收入；借方登记因发生销售退回、销售折让等销售收入的冲减额；余额在贷方，表示本期累计实现的销售净额。期末，应将该账户的余额从该账户借方结转入“本年利润”账户贷方，结转后该账户无余额。

“主营业务收入”账户按主营业务的类别设置明细账，进行明细分类核算。其中，商品销售收入可按销售的产品种类分别设置；提供劳务可按劳务合同分别设置。

（2）“主营业务成本”账户。

“主营业务成本”账户属于损益类账户，用来核算企业的主营业务成本。该账户的借方登记销售商品、提供劳务等的实际成本；贷方登记因发生销售退回、销售折让等销售收入的冲减时应冲减的商品成本；余额在借方，表示本期累计发生的销售成本。期末，应将该账户的余额从该账户贷方结转入“本年利润”账户借方，结转后该账户无余额。

“主营业务成本”账户按照“主营业务收入”账户设置的明细账，对应设置明细账进行明细分类核算。

（3）“税金及附加”账户。

“税金及附加”账户是损益类账户，用来核算企业日常经营活动应负担的税金及附加。其包括消费税、城市维护建设税、资源税、土地增值税、教育费附加、车船税、城镇土地使用税、房产税、印花税等。该账户的借方登记企业按照规定计算的与经营活动相关的税金及附加；贷方登记企业收到的先征后返的消费税、城市维护建设税等原记入本科目的各种税金；余额在借方，表示本期累计发生的税金及附加。期末，应将该账户的余额从该账户贷方结转入“本年利润”账户借方，结转后该账户无余额。

“税金及附加”账户按照涉及的税种及附加费项目设置明细账，进行明细分类核算。

（4）“应收账款”账户。

“应收账款”账户属于资产类账户，用来核算企业因赊销方式销售产品、材料、提供劳务等业务应向购货方或接受劳务单位收取的款项。该账户的借方核算赊销方式销售产品、材料、提供劳务等业务应向购货方或接受劳务单位收取的款项，企业代购买方垫付包装费、运杂费，企业应向购货方收取的增值税销项税额；贷方核算企业收回的应收款项、经确认为坏账的应收账款；期末余额在借方，反映企业尚未收回的应收款项。

“应收账款”账户按照债务人设置明细账，进行明细分类核算。

（5）“坏账准备”账户。

“坏账准备”账户是资产类账户，是应收款项的备抵账户，用来核算企业为各种应收款项提取的坏账准备。该账户的贷方登记资产负债表日应收款项发生的减值及已确认并转销的应收款项以后收回的金额；借方登记确实无法收回的且按管理权限经批准作为坏账核销的应收款项；期末余额在贷方，反映企业已计提但尚未转销的坏账准备。

“坏账准备”账户可按照应收款项的类型设置“应收账款”“应收票据”“长期应收款”等明细账，进行明细分类核算。

（6）“应收票据”账户。

“应收票据”账户是资产类账户，用来核算商业汇票结算方式下，企业因销售商品、提供劳务等收到的商业汇票。该账户的借方核算企业取得的商业汇票的面值；贷方核算到期收回、未到期贴现、未到期背书转让的商业汇票的面值；期末余额在借方，反映企业持有的未到期商业汇票的面值。

“应收票据”账户按照开出、承兑商业汇票的单位设置明细账，进行明细分类核算。同时，设置“应收票据备查簿”逐笔登记商业汇票的种类、号数、出票日、票面金额、交易合同号、付款人、承兑人、背书人的姓名或单位名称、到期日、背书日、贴现日、贴现率、贴现净额、收款日、收回金额、退票情况等资料。商业汇票结清票款或退票后，在备查簿中应予以注销。

2.一般商品销售的核算

当企业销售商品已经满足销售确认条件时，应按确定的销售收入，贷记“主营业务收入”账户；按照应向购买方收取的增值税，贷记“应交税费——应交增值税（销项税额）”账户；按照应收取的销售收入、增值税及各种代垫款项，借记“银行存款”“应收账款”“应收票据”等账户。同时，结转已实现销售商品的销售成本。

在实际工作中，很多企业会在月末采用全月加权平均等合适的计价方法，一次性结转本月已售商品的销售成本。

（1）现销的核算。

【例5-2-1】2017年12月2日甲公司向乙公司销售A产品600件，单价100元/件，增值税专用发票上注明该批产品销售价格为60 000元，增值税税款为10 200元，收到乙企业交来的转账支票一张，已办妥进账手续。该批产品成本为48 000元。该业务符合收入确认条件下，根据相关原始凭证，编制会计分录如下：

借：银行存款	70 200	
贷：主营业务收入——A产品		60 000
应交税费——应交增值税（销项税额）		10 200
借：主营业务成本——A产品	48 000	

贷：库存商品——A产品　　48 000

（2）赊销的核算。

赊销发生时，应借记“应收账款”“应收票据”等账户，贷记“主营业务收入”“应交税费——应交增值税（销项税额）”等账户；收回货款时，借记“银行存款”账户，贷记“应收账款”“应收票据”等账户。

应收账款通常应按与购货方签订的合同或协议价款作为初始计量金额，包括销售产品的货款、替购货方代垫的费用、应向购货方收取的增值税销项税额。如果存在销售折扣，应在计价时加以考虑。

应收账款是企业因赊销方式销售产品、材料、提供劳务等业务应向购货方或接受劳务单位收取的款项，是企业的一种短期债权资产。应收账款只核算企业因赊销而产生的债权，企业与外单位、单位内部、个人因其他原因形成的债权，不属于应收账款。因此，应收账款是与产品销售、材料销售、提供劳务直接相关的，确认应收账款的时间与确认销售收入的时间是一致的，只存在满足确认销售收入的条件时，才能确认应收账款。

【例5-2-2】2017年12月3日甲公司向丙公司销售B产品2 000件，单价50元/件，增值税专用发票上注明该批产品销售价格为100 000元，增值税税款为17 000元，开出转账支票为丙公司代垫运费1 000元。采用托收承付结算方式，B产品已经发出，并已向银行办妥托收手续。该批产品成本为80 000元。该业务符合收入确认条件下，根据相关原始凭证，编制会计分录如下：

借：应收账款——丙公司	118 000	
贷：主营业务收入——B产品		100 000
应交税费——应交增值税（销项税额）		17 000
银行存款		1 000
借：主营业务成本——B产品	80 000	
贷：库存商品——B产品		80 000

【例5-2-3】2017年12月5日甲公司向丙公司销售A产品500件，单价100元/件，增值税专用发票上注明该批产品销售价格为50 000元，增值税税款为8 500元，开出现金支票为丙公司代垫运费500元。采用委托收款结算方式，A产品已经发出，并已向银行办妥托收手续。该批产品成本为40 000元。该业务符合收入确认条件下，根据相关原始凭证，编制会计分录如下：

借：应收账款——丙公司	59 000	
贷：主营业务收入——A产品		50 000
应交税费——应交增值税（销项税额）		8 500
银行存款		500
借：主营业务成本——A产品	40 000	
贷：库存商品——A产品		40 000

【例5-2-4】接【例5-2-2】，2017年12月6日甲公司收到丙公司支付的购买B产品的货款共计118 000元。

借：银行存款	118 000	
贷：应收账款——丙公司		118 000

应收票据是指商业汇票结算方式下，企业因销售商品、提供劳务等收到的商业汇票。应收票据和应收账款一样都是因赊销产生的，但与应收账款相比，其具有以下优点：第一，商业汇票是一种具有法律效力的票据，因而比应收账款更具有法律的约束力；第二，商业汇票的流通性较强，持票人可以将持有的未到期商业汇票贴现、背书或抵押，为企业提供现金流；第三，商业汇票特别是银行承兑汇票发生坏账损失的风险比较小。

应收票据按实际收到的商业汇票的面值入账。

企业收到商业汇票时，借记“应收票据”账户，贷记“主营业务收入”“应交税费——应交增值税（销项税额）”等账户；商业汇票到期收回款项时，借记“银行存款”账户，贷记“应收票据”账户。

【例5-2-5】2017年12月8日甲公司向乙公司销售A产品800件，单价100元/件，增值税专用发票上注明该批产品销售价格为80 000元，增值税税款为13 600元。收到乙企业交来的签发日为2017年12月10日，面值为93 600元（不带息，不带追索权）的3个月期银行承兑汇票一张。该批产品成本为64 000元。该业务在符合收入确认条件下，根据相关原始凭证，编制会计分录如下：

借：应收票据——乙公司	93 600	
贷：主营业务收入——A产品		80 000
应交税费——应交增值税（销项税额）		13 600
借：主营业务成本——A产品	64 000	
贷：库存商品——A产品		64 000

【例5-2-6】接【例5-2-5】，2018年2月10日商业汇票到期，甲公司收到票款，根据相关原始凭证，编制会计分录如下：

借：银行存款	93 600	
贷：应收票据——乙公司		93 600

持有的商业汇票到期，对方拒付或无力付款，商业汇票会因到期而失去效力，但债权债务关系仍然存在，企业应将拥有的债权从“应收票据”账户转入“应收账款”账户。

【例5-2-7】接【例5-2-5】，2018年2月10日商业汇票到期，乙公司无力付款，甲公司根据相关原始凭证，编制会计分录如下：

借：应收账款——乙公司	93 600	
贷：应收票据——乙公司		93 600

企业持有的未到期商业汇票可以通过背书转让用于采购、偿还债务等。

【例5-2-8】接【例5-2-5】，2018年1月10日甲公司将商业汇票背书转让以偿还前欠货款93 600元。甲公司根据相关原始凭证，编制会计分录如下：

借：应付账款	93 600	
贷：应收票据——乙公司		93 600

企业如果需要获取资金，可以将持有的未到期商业汇票向银行申请贴现。票据贴现是指持票人为了资金融通的需要而在票据到期前以贴付一定利息的方式向银行出售票据。对于贴现银行来说，就是收购没有到期的票据。票据贴现的贴现期限都较短，一般不会超过6个月，而且可以办理贴现的票据也仅限于已经承兑的并且尚未到期的商业汇票。

商业汇票的持票人向银行办理贴现业务必须具备下列条件：第一，在银行开立存款账户的企业法人以及其他组织；第二，与出票人或者直接前手具有真实的商业交易关系；第三，提供与其直接前手之前的增值税发票和商品发运单据复印件；第四，申请票据贴现的单位必须是具有法人资格或实行独立核算、在银行开立有基本账户并依法从事经营活动的经济单位，贴现申请人应具有良好的经营状况，具有到期还款能力；第五，贴现申请人持有的票据必须真实，票据填写完整、盖印、压数无误，凭证在有效期内，背书连续完整；第六，贴现申请人在提出票据贴现的同时，应出示贴现票据项下的商品交易合同原件并提供复印件或其他能够证明票据合法性的凭证，同时还应提供能够证明票据项下商品交易确已履行的凭证（如发货单、运输单、提单、增值税发票等复印件）。

应收票据的贴现利息及贴现净额的计算公式如下：

贴现净额=票据到期值-贴现利息

贴现利息=票据到期值×贴现率×贴现期

贴现期是指从贴现日到票据到期日之间的间隔，可以是整月，如果不是整月，也可以按实际日历天数计算（算头不算尾，算尾不算头）。根据银行规定，承兑人在异地的，计算利息时，另加3天的划款日期。

【例5-2-9】接【例5-2-5】，2018年1月10日甲公司持未到期商业汇票向开户银行申请贴现，银行贴现利率为12%。甲公司与承兑企业在同一票据交换区域。该汇票的到期日为2018年2月10日。

贴现期=3-2=1（月）

贴现利息=93 600×（12%÷12）×1=936（元）

贴现净额=93 600-936=92 664（元）

企业持未到期商业汇票向银行申请贴现，按实际收到的金额，借记“银行存款”等账户；根据贴现利息，借记“财务费用”账户；按贴现商业汇票的面值，贷记“应收票据”账户（不带追索权的商业汇票）或“短期借款”账户（带追索权的商业汇票）。

【例5-2-10】接【例5-2-9】，甲公司根据相关原始凭证，编制会计分录如下：

借：银行存款	92 664	
财务费用——利息支出	936	
贷：应收票据——乙公司		93 600

（二）预收款销售的核算

1.账户设置

“预收账款”账户是负债类账户，用来核算买卖双方按照购销合同的规定，由销售方预先收取购买方部分货款而产生的负债。该账户的借方核算销售企业发出商品或提供劳务的价款和税款以及退还的多余款；贷方核算销售企业收到购买方预付的货款及补付的货款；期末余额一般在贷方，反映预收货款的金额。

“预收账款”账户按照购货单位设置明细账，进行明细分类核算。

2.账务处理

预收款销售，在收到购买方预付的货款时只是形成按要求发货的义务，通过“预收账款”账户确认为负债；只有当产品真正发出时，才符合收入确认条件，确认为销售收入。

在预收款销售方式下，当收到对方款项时，借记“银行存款”账户，贷记“预收账款”账户；当产品实际发出时，借记“预收账款”账户，贷记“主营业务收入”“应交税费——应交增值税（销项税额）”等账户。期末，应分析该账户明细账方向，判断账户实质含义，确定为“应收账款”项目或“预收账款”项目。

【例5-2-11】2017年12月7日甲公司与丁公司签订销售合同，约定向丁公司提供C产品1 000件，单价200元/件。2017年12月27日向丁公司交付产品。合同订立之日，丁公司支付50%的预付款，余款在甲公司交付产品时付清。

（1）2017年12月7日甲公司收到丁公司的预付款100 000元，甲公司根据相关原始凭证，编制会计分录如下：

借：银行存款	100 000	
贷：预收账款——丁公司		100 000

（2）2017年12月27日甲公司将产品发出，与丁公司结算货款，开出增值税专用发票注明货款200 000元，增值税税款34 000元。C产品的成本为160 000元。甲公司已于当日收到丁公司补付的余款。甲公司根据相关原始凭证，编制会计分录如下：

发货时：

借：预收账款——丁公司	234 000	
贷：主营业务收入——C产品		200 000
应交税费——应交增值税（销项税额）		34 000

收到补付的余款时：

借：银行存款	134 000	
贷：预收账款——丁公司		134 000

结转销售成本时：

借：主营业务成本——C产品	160 000	
贷：库存商品——C产品		160 000

对于预收款不多的单位，也可以将预收款记入“应收账款”账户的贷方，不单独设置“预收账款”账户。

（三）分期收款销售的核算

1.账户设置

（1）“长期应收款”账户。

“长期应收款”账户是资产类账户，用来核算企业融资租赁产生的应收款项和采用递延方式分期收款、实质上具有融资性质的销售商品和提供劳务等经营活动产生的应收款项。该账户的借方登记出租人融资租赁产生的应收租赁款在租赁期开始日的最低租赁收款额与初始直接费用之和、采用递延方式分期收款销售商品或提供劳务等经营活动产生的长期应收款、满足收入确认条件的合同或协议价款；贷方登记融资租赁、分期收款销售各期收回的应收款；期末余额在借方，反映企业尚未收回的长期应收款。

“长期应收款”账户按照债务人设置明细账，进行明细分类核算。

（2）“未实现融资收益”账户。

“未实现融资收益”账户是资产类账户，是“长期应收款”账户的备抵账户，用来核算企业应当分期计入租赁收入或利息收入的未实现融资收益。该账户的借方登记出租人融资租赁产生的应收租赁款与最低租赁收款额、初始直接费用及未担保余值的现值之间的差额，分期收款销售时合同或协议收取的总价款与销售产品的公允价值之间的差额；贷方登记各期按实际利率法计算的利息收入；期末余额在贷方，反映尚未转入当期损益的未实现融资收益。

“未实现融资收益”账户按照未实现融资收益项目设置明细账，进行明细分类核算。

2.分期收款销售的核算

《企业会计准则第14号——收入》明确规定：“合同或协议价款的收取采用递延方式，实质上具有融资性质的，应当按照应收的合同或协议价款的公允价值确定销售商品收入金额。应收的合同或协议价款与其公允价值之间的差额，应当在合同或协议期间内采用实际利率法进行摊销，计入当期损益。”

其中，“合同或协议价款的收取采用递延方式，实质上具有融资性质的”销售，是指商品已经发出，货款分期收回（通常指超过3年）。在这种情况下，分期收款收回的货款总额要大于现销方式下销售产品收回的货款总额，其差额为销售方为购买方提供融资而收取的融资补偿。

分期收款销售时，按合同或协议收取的总价款，借记“长期应收款”账户；按销售产品的公允价值（通常采用现销方式的销售价格），贷记“主营业务收入”“应交税费——应交增值税（销项税额）”等账户；按其差额，贷记“未实现融资收益”账户。同时，结转销售产品的成本。

以后各期收到货款时，按实际收到的货款，借记“银行存款”账户，贷记“长期应收款”账户；同时，采用实际利率法计算确定当期的利息收入，借记“未实现融资收益”账户，贷记“财务费用”账户。

【例5-2-12】2017年1月1日甲公司采用分期收款方式向乙公司销售一套大型设备，合同约定的销售价格为2 000万元，分5次于每年12月31日等额收取。该大型设备成本为1 560万元。在现销方式下，该大型设备的销售价格为1 600万元。产品已于2017年1月1日发出，甲公司发出产品时开出增值税专用发票，注明的增值税税额为340万元，并于当天收到增值税税额340万元。

甲公司应当于2017年1月1日确认的销售商品收入金额为1 600万元。

（1）2017年1月1日销售实现时，甲公司根据相关原始凭证，编制会计分录如下（单位：万元）：

借：长期应收款——乙公司	2 000	
银行存款	340	
贷：主营业务收入		1 600
应交税费——应交增值税（销项税额）		340
未实现融资收益		400
借：主营业务成本	1 560	
贷：库存商品		1 560

（2）2017年12月31日收取第1期货款，按照实际利率法计算当期的利息收入。

❶首先测算实际折现率。

未来5年收款额的现值=现销方式下商品的销售额

在多次测试（略）的基础上，用插值法计算折现率，得到实际折现率r=7.93%。

❷计算各期应摊销的未实现融资收益见表5-2。

表 5-2　**未实现融资收益摊销表**　金额单位：万元

日　期	未收本金❶ =上期❶-上期❸	财务费用❷ =❶×7.93%	收现总额❸	已收本金❹ =❸-❷
2017年1月1日	1 600.00			
2017年12月31日	1 600.00	126.88	400.00	273.12
2018年12月31日	1 326.88	105.22	400.00	294.78
2019年12月31日	1 032.10	81.85	400.00	318.15
2020年12月31日	713.95	56.62	400.00	343.38
2021年12月31日	370.57	29.43*	400.00	370.57
合　计		400.00	2 000.00	1 600.00

注：*29.43含小数尾差0.04。

甲公司根据相关原始凭证，编制会计分录如下（单位：万元）：

借：银行存款　400

　贷：长期应收款——乙公司　400

借：未实现融资收益　126.88

　贷：财务费用——未实现融资收益摊销　126.88

第2年至第5年年末收取货款的会计分录同第1年。

（四）销售折扣、销售折让与销售退回的核算

1.销售折扣的核算

销售折扣是指销售单位根据购货方购货量的多少或付款时间的长短而给予购货方的价格优惠，包括商业折扣和现金折扣。

商业折扣也称批量折扣，是指为了鼓励购货方多买商品而在价格上给予的优惠。这种折扣发生在销售实现之前，购买方按折扣后的实际金额付款，而销售方也按折扣后的金额确认销售收入，开具销售发票。因此在会计核算时，也直接按折扣后的金额入账，不需要进行单独的账务处理。

现金折扣是指在赊销方式下，销售方为了鼓励购货方早日付款而给予的优惠。这种折扣的多少视购货方付款时间的长短而定，付款越早，折扣越多，付款越迟，折扣越少，直至为零。一般情况下，现金折扣只对货款折扣，不对增值税税款折扣。采用这种折扣方式，销售方应在销售时与购货方达成协议，明确现金折扣的条件。现金折扣条件一般以“折扣比例/付款时间”表示。如2/10、1/20、n/30表示购货方在10天内付款，可享受货款金额2%的折扣；购货方在10天至20天内付款，可享受货款金额1%的折扣；购货方超过20天付款，则没有折扣，按原价付款。现金折扣对销售方而言是一笔理财费用，因此计入财务费用。

现金折扣是在赊销方式下产生的，在销售实现时无法确定未来是否产生现金折扣，因此仍按原价确认销售收入，但由此产生的应收账款入账金额的处理有以下两种方法：

(1) 总价法。

总价法是指将享受折扣的总金额作为应收账款的入账价值。当购买方在规定的时间内付款享受现金折扣时，销售方按实际收到的金额，借记“银行存款”账户，实际发生的现金折扣作为理财支出，借记“财务费用”账户；按总金额，贷记“应收账款”账户。我国的会计实务采用总价法。

(2) 净价法。

净价法是指将扣除最高折扣后的金额作为应收账款的入账价值。购买方实际付款的金额如果超过应收账款的入账价值，差额部分销售方作为为购买方提供信贷所获得的收入，冲减财务费用。

【例 5-2-13】2017年12月15日甲公司向丙公司销售A产品1 000件，单价100元/件，增值税专用发票上注明该批产品销售价格为100 000元，增值税税款为17 000元。该批产品成本为80 000元。甲公司与丙公司协议按2/10、1/20、n/30的条件给予丙公司现金折扣。

(1) 2017年12月15日甲公司根据相关原始凭证，编制会计分录如下：

借：应收账款——丙公司	117 000	
贷：主营业务收入——A产品		100 000
应交税费——应交增值税（销项税额）		17 000
借：主营业务成本	80 000	
贷：库存商品		80 000

(2) 如果2017年12月22日接银行通知，上述款项已经收妥。甲公司根据相关原始凭证，编制会计分录如下：

借：银行存款	115 000	
财务费用	2 000	
贷：应收账款——丙公司		117 000

(3) 如果2017年12月30日接银行通知，上述款项已经收妥。甲公司根据相关原始凭证，编制会计分录如下：

借：银行存款	116 000	
财务费用	1 000	
贷：应收账款——丙公司		117 000

(4) 如果2018年1月20日接银行通知，上述款项已经收妥。甲公司根据相关原始凭证，编制会计分录如下：

借：银行存款	117 000	
贷：应收账款——丙公司		117 000

2. 销售折让的核算

销售折让是指企业销售商品后，由于商品的品种、质量与合同不符或其他原因，而给购货方售价上的减让。《企业会计准则第14号——收入》规定，企业已确认销售商品收入的售出商品发生销售折让的，应当在实际发生时冲减当期销售商品收入。销售方应在发票管理新系统中填开并上传“开具红字增值税专用发票信息表”（见表5-3），待系统自动检验并生成带有“红字专用发票信息表编号”的信息表来开具红字专用发票（以销项负数开具）。

表 5-3 **开具红字增值税专用发票信息表**

填开日期： 年 月 日

<table>
<tr><td rowspan="2">销售方</td><td>名 称</td><td></td><td rowspan="2">购买方</td><td>名 称</td><td colspan="2"></td></tr>
<tr><td>纳税人识别号</td><td></td><td>纳税人识别号</td><td colspan="2"></td></tr>
<tr><td rowspan="10">开具红字专用发票内容</td><td>货物或应税劳务、服务名称</td><td>数量</td><td>单价</td><td>金额</td><td>税率</td><td>税额</td></tr>
<tr><td></td><td></td><td></td><td></td><td></td><td></td></tr>
<tr><td></td><td></td><td></td><td></td><td></td><td></td></tr>
<tr><td></td><td></td><td></td><td></td><td></td><td></td></tr>
<tr><td></td><td></td><td></td><td></td><td></td><td></td></tr>
<tr><td></td><td></td><td></td><td></td><td></td><td></td></tr>
<tr><td></td><td></td><td></td><td></td><td></td><td></td></tr>
<tr><td></td><td></td><td></td><td></td><td></td><td></td></tr>
<tr><td></td><td></td><td></td><td></td><td></td><td></td></tr>
<tr><td>合 计</td><td>—</td><td>—</td><td></td><td>—</td><td></td></tr>
<tr><td>说 明</td><td colspan="6">一、购买方☐
对应蓝字专用发票抵扣增值税销项税额情况：
1. 已抵扣☐
2. 未抵扣☐
对应蓝字专用发票的代码：号码________
二、销售方☐
对应蓝字专用发票的代码：号码________</td></tr>
<tr><td>红字专用发票信息表编号</td><td colspan="6"></td></tr>
</table>

【例 5-2-14】2017 年 12 月 1 日甲公司向丙公司销售 A 产品 2 000 件，单价 100 元/件，增值税专用发票上注明该批产品销售价格为 200 000 元，增值税税款为 34 000 元。该批产品成本为 160 000 元。款项尚未收到。12 月 22 日甲公司收到丙公司来函，要求对当年 12 月 1 日所购商品在价格上给予 5% 的折让，经查核，该批商品外观存在质量问题。甲公司同意了丙公司提出的折让要求，并开具红字增值税专用发票。12 月 25 日接银行通知，上述款项已经收妥。

【知识链接】

（1）2017 年 12 月 1 日甲公司根据相关原始凭证，编制会计分录如下：

借：应收账款——丙公司 234 000

　贷：主营业务收入——A 产品 200 000

　　　应交税费——应交增值税（销项税额） 34 000

借：主营业务成本 160 000

　贷：库存商品 160 000

（2）2017年12月22日甲公司根据相关原始凭证，编制会计分录如下：

借：主营业务收入——A产品　　10 000
　　应交税费——应交增值税（销项税额）　　1 700
　贷：应收账款——丙公司　　11 700

（3）2017年12月25日甲公司根据相关原始凭证，编制会计分录如下：

借：银行存款　　222 300
　贷：应收账款——丙公司　　222 300

3.销售退回的核算

销售退回是指企业售出的商品由于质量、品种不符合要求等原因而发生的退货。《企业会计准则第14号——收入》规定，企业已经确认销售商品收入的售出商品发生销售退回的，应当在发生时冲减当期销售商品收入。销售退回属于资产负债表日后事项的，适用《企业会计准则第29号——资产负债表日后事项》的规定。

非资产负债表日后事项的销售退回，直接冲减退回当期的销售收入和销售成本等。如按规定允许扣除当期销项税额的，可以冲减当期销项税额。

【例5-2-15】甲公司2017年8月20日向乙公司销售A产品1 000件，单价100元/件，增值税专用发票上注明该批产品销售价格为100 000元，增值税税款为17 000元。该批产品成本为80 000元。款项已经收到。12月25日该批产品因质量严重不合格被退回。

（1）2017年8月20日甲公司根据相关原始凭证，编制会计分录如下：

借：银行存款　　117 000
　贷：主营业务收入　　100 000
　　　应交税费——应交增值税（销项税额）　　17 000
借：主营业务成本　　80 000
　贷：库存商品　　80 000

（2）2017年12月25日甲公司根据相关原始凭证，编制会计分录如下：

借：主营业务收入　　100 000
　　应交税费——应交增值税（销项税额）　　17 000
　贷：银行存款　　117 000
借：库存商品　　80 000
　贷：主营业务成本　　80 000

【例5-2-16】接【例5-2-14】，丙公司已于2017年12月22日支付货款，12月30日丙公司提出产品有严重的质量问题，要求退货。经审核，甲公司同意丙公司退货，并退回货款。甲公司根据相关原始凭证，编制会计分录如下：

借：主营业务收入　　100 000
　　应交税费——应交增值税（销项税额）　　17 000
　贷：银行存款　　115 000
　　　财务费用　　2 000

【例5-2-17】接【例5-2-16】，2017年12月25日甲公司收到退回的产品并已入库。甲公司根据相关原始凭证，编制会计分录如下：

借：库存商品　80 000
　贷：主营业务成本　80 000

（五）委托代销与受托代销商品的核算

1.账户设置

（1）“发出商品”账户。

“发出商品”账户是资产类账户，用来核算企业未满足收入确认条件但已发出商品的实际成本或计划成本。该账户的借方登记未满足收入确认条件的发出商品的实际成本或计划成本；贷方登记满足收入确认条件的发出商品的实际成本或计划成本；期末余额在借方，反映已发出尚未满足收入确认条件的发出商品的实际成本或计划成本。

（2）“受托代销商品”账户。

“受托代销商品”账户是资产类账户，用来核算企业收到的他人委托销售的商品的实际成本或计划成本。该账户的借方登记收到的代销商品的实际成本或计划成本；贷方登记已经售出的代销商品的实际成本或计划成本；期末余额在借方，反映尚未售出的代销商品的实际成本或计划成本。

“受托代销商品”账户按代销商品的种类设置明细账，进行明细分类核算。

（3）“受托代销商品款”账户。

“受托代销商品款”账户是负债类账户，用来核算企业收到的他人委托销售的商品的实际成本或计划成本。该账户的贷方登记收到的代销商品的实际成本或计划成本；借方登记已经售出的代销商品的实际成本或计划成本；期末余额在贷方，反映尚未售出的代销商品的实际成本或计划成本。

“受托代销商品款”账户按“受托代销商品”账户的明细账，对应设置明细账进行明细分类核算。

2.委托代销与受托代销业务的核算

委托代销是指受托方按委托方的要求销售委托方的货物，并收取手续费的经营活动。委托代销的特点是受托方仅是一个代理商，委托方将商品发出后，所有权并未转移给受托方，因此商品所有权上的主要风险和报酬仍在委托方。只有在受托方将商品售出后，商品所有权上的主要风险和报酬才转移出委托方。

委托代销有两种方式：一是视同买断，二是收取手续费。这两种方式的区别在于：视同买断这种方式受托方可以自行确定商品的销售价格；而收取手续费这种方式受托方只能按委托方规定的价格进行销售。但两者的共同点在于：委托方将产品交给受托方时，不代表销售实现可以确认收入，受托方收到代销的商品也不代表购进，只有在委托方收到受托方交来的代销清单时，才代表销售实现可以确认收入。

（1）视同买断。

视同买断的代销方式，即由委托方和受托方签订协议，委托方按协议价格收取委托代销商品的货款，实际售价可由受托方自定，实际售价与协议价之间的差额归受托方所有的销售方式。由于这种销售本质上仍是代销，委托方将商品交付给受托方时，商品所有权上的风险和报酬并未转移给受托方。因此，委托方在交付商品时不确认收入，受托方也不作为购进商品处理。受托方将商品销售后，应按实际售价确认为销售收入，并向委托方开具代销清单。委托方收到代销清单时，再确认收入。

【例 5-2-18】2017 年 10 月 10 日甲公司委托乙公司销售 A 产品 1 000 件，每件转让协议价 100 元，该产品成本为每件 80 元，增值税税率为 17%。

2017 年 10 月 25 日乙公司按每件 150 元的价格售出 A 产品 1 000 件，开具增值税专用发票上注明售价 150 000 元，增值税 25 500 元。

2017 年 10 月 28 日甲公司收到乙公司开来的代销清单，开具增值税专用发票交乙公司，发票上注明售价 100 000 元，增值税 17 000 元。

2017 年 10 月 30 日甲公司收到乙公司交来的货款。

（1）委托方甲公司的相关账务处理如下：

❶2017 年 10 月 10 日甲公司将产品交付给受托方乙公司时，根据相关原始凭证，编制会计分录如下：

借：发出商品——A 产品	80 000	
贷：库存商品——A 产品		80 000

❷2017 年 10 月 28 日甲公司收到受托方乙公司的代销清单时，根据相关原始凭证，编制会计分录如下：

借：应收账款——乙公司	117 000	
贷：主营业务收入		100 000
应交税费——应交增值税（销项税额）		17 000
借：主营业务成本	80 000	
贷：发出商品——A 产品		80 000

❸2017 年 10 月 30 日甲公司收到乙公司交来的货款，根据相关原始凭证，编制会计分录如下：

借：银行存款	117 000	
贷：应收账款——乙公司		117 000

（2）受托方乙公司的相关账务处理如下：

❶2017 年 10 月 10 日收到甲公司的代销商品时，根据相关原始凭证，编制会计分录如下：

借：受托代销商品——A 产品	100 000	
贷：受托代销商品款——甲公司		100 000

❷2017 年 10 月 25 日乙公司实际售出时，根据相关原始凭证，编制会计分录如下：

借：银行存款	175 500	
贷：主营业务收入		150 000
应交税费——应交增值税（销项税额）		25 500
借：主营业务成本	100 000	
贷：受托代销商品		100 000
借：受托代销商品款	100 000	
贷：应付账款——甲公司		100 000

❸2017 年 10 月 28 日收到甲公司开具的增值税专用发票时，根据相关原始凭证，编制会计分录如下：

借：应交税费——应交增值税（进项税额）　17 000
　贷：应付账款——甲公司　17 000

④2017年10月30日按合同协议价将款项付给甲公司时，根据相关原始凭证，编制会计分录如下：

借：应付账款——甲公司　117 000
　贷：银行存款　117 000

（2）收取手续费。

采用支付手续费方式委托代销商品，是指委托方和受托方签订合同或协议，委托方根据合同或协议约定向受托方计算支付代销手续费，受托方按照合同或协议约定的价格销售代销商品的销售方式。在这种销售方式下，委托方在发出商品时通常不应确认销售商品收入，而应在收到受托方开出的代销清单时确认销售商品收入，同时将应支付的代销手续费计入销售费用；受托方应在代销商品销售后，按合同或协议约定的方法计算确定代销手续费，确认劳务收入。

【例5-2-19】2017年10月10日甲公司委托乙公司销售A产品1 000件，每件转让协议价100元，该产品成本为每件80元，增值税税率为17%。代销合同规定，乙公司应按每件100元将产品售出，甲公司按售价的10%支付乙公司手续费。

2017年10月25日乙公司按每件100元的价格售出A产品1 000件，开具的增值税专用发票上注明售价100 000元，增值税17 000元。

2017年10月28日甲公司收到乙公司开来的代销清单，开具增值税专用发票交乙公司，发票上注明售价100 000元，增值税17 000元。

2017年10月30日甲公司收到乙公司交来的货款（已扣除手续费）。

（1）委托方甲公司的相关账务处理如下：

①2017年10月10日甲公司将产品交付给受托方乙公司时，根据相关原始凭证，编制会计分录如下：

借：发出商品——A产品　80 000
　贷：库存商品——A产品　80 000

②2017年10月28日甲公司收到受托方乙公司的代销清单时，根据相关原始凭证，编制会计分录如下：

借：应收账款——乙公司　117 000
　贷：主营业务收入　100 000
　　　应交税费——应交增值税（销项税额）　17 000
借：主营业务成本　80 000
　贷：发出商品——A产品　80 000

③2017年10月30日甲公司收到乙公司交来的货款（已扣除手续费并开来专票），根据相关原始凭证，编制会计分录如下：

借：银行存款　107 000.00
　　销售费用　9 433.96
　　应交税费——应交增值税（进项税额）　566.04
　贷：应收账款——乙公司　117 000.00

(2) 受托方乙公司的相关账务处理如下：

❶2017年10月10日收到甲公司的代销商品时，根据相关原始凭证，编制会计分录如下：

借：受托代销商品——A产品	100 000	
贷：受托代销商品款——甲公司		100 000

❷2017年10月25日乙公司实际售出时，根据相关原始凭证，编制如下会计分录：

借：银行存款	117 000	
贷：受托代销商品		100 000
应交税费——应交增值税（销项税额）		17 000

❸2017年10月28日收到甲公司开具的增值税专用发票时，根据相关原始凭证，编制会计分录如下：

借：应交税费——应交增值税（进项税额）	17 000	
贷：应付账款——甲公司		17 000

❹2017年10月30日按合同协议价收取手续费并将剩余款项付给甲公司时（开具专票），根据相关原始凭证，编制会计分录如下：

借：受托代销商品款	10 000.00	
贷：其他业务收入		9 433.96
应交税费——应交增值税（销项税额）		566.04
借：应付账款——甲公司	17 000	
受托代销商品款	90 000	
贷：银行存款		107 000

（六）材料销售的核算

企业在日常活动中还可能发生对外销售不需用的原材料、随同商品对外销售单独计价的包装物等业务。企业销售原材料、包装物等存货也视同商品销售，其收入确认和计量原则比照商品销售。但此种业务不属于企业的主营业务，因此，企业销售原材料、包装物等存货实现的收入作为其他业务收入处理，结转的相关成本作为其他业务成本处理。

1.账户设置

(1)“其他业务收入”账户。

“其他业务收入”账户是损益类账户，用来核算企业除主营业务收入以外的其他销售或其他业务的收入。该账户的贷方登记企业其他业务取得的收入；借方登记其他业务收入的冲减额；余额在贷方，表示本期累计实现的其他业务收入净额。期末，应将该账户的余额从该账户借方结转入“本年利润”账户贷方，结转后该账户无余额。

“其他业务收入”账户按企业发生的其他业务的类别设置明细账，进行明细分类核算。

(2)“其他业务成本”账户。

“其他业务成本”账户属于损益类账户，用来核算企业的其他业务成本。该账户的借方登记其他业务的实际成本；贷方登记应冲减的其他业务成本；余额在借方，表示本期累计发生的其他业务成本。期末，应将该账户的余额从该账户贷方结转入“本年利润”账户借方，结转后该账户无余额。

“其他业务成本”账户按照“其他业务收入”账户设置的明细账，对应设置明细账进行明细分类核算。

2.材料销售收入的核算

【例5-2-20】甲公司销售一批原材料，开出的增值税专用发票上注明的售价为10 000元，增值税税额为17 00元，款项已由银行收妥。该批原材料的实际成本为9 000元。甲公司的会计处理如下：

（1）取得原材料销售收入：

借：银行存款	11 700	
贷：其他业务收入		10 000
应交税费——应交增值税（销项税额）		1 700

（2）结转已销原材料的实际成本：

借：其他业务成本	9 000	
贷：原材料		9 000

任务三　劳务收入的核算

（一）劳务收入认知

劳务收入是指企业从事加工安装、修理修配、交通运输、邮政通信、文化体育、娱乐业及其他服务所获得的经济利益。

企业提供劳务收入的确认原则因劳务完成时间的不同而有所不同。

1.在同一会计期间内开始并完成的劳务

会计准则和会计制度规定，在同一会计年度内开始并完成的劳务即不跨年度劳务，应当在完成劳务时确认收入，确认的金额为合同或协议的总金额。

2.劳务的开始和完成分属不同的会计期间

劳务的开始和完成分属不同的会计期间即为跨年度劳务，提供劳务收入分别以资产负债表日劳务的结果是否能够可靠地予以估计来加以确认。

（1）在资产负债表日，劳务的结果能够可靠地估计，则应采用完工百分比法确认劳务收入，即按照劳务的完成程度确认收入和费用。当以下条件均能满足时，说明劳务交易的结果能够可靠地估计：

❶劳务总收入和总成本能够可靠地计量；

❷与交易相关的经济利益能够流入企业；

❸劳务的完成程度能够可靠地确定。

劳务完工程度可以采用以下方法确定：已完工作的测量、已经提供的劳务占应提供劳务总量的比例、已经发生的成本占总成本的比例。

在采用完工百分比法确认收入时，收入和费用应按以下公式计算：

本年确认的收入=劳务总收入×截至本年年末劳务的完成程度-以前年度已确认的收入

本年确认的费用=劳务总成本×截至本年年末劳务的完成程度-以前年度已确认的费用

（2）在资产负债表日，劳务的结果不能可靠地估计，应分别按以下规定处理：

❶如果已经发生的劳务成本预计能够得到补偿的，应按已经发生的劳务成本金额确认

收入；同时，按相同的金额结转成本，不确认利润。

❷如果已经发生的劳务成本预计只能部分地得到补偿的，应按能够得到补偿的劳务成本金额确认收入，并按已经发生的劳务成本作为当期费用，确认的收入金额小于已经发生的劳务成本的金额，确认为当期损失。

❸如果已经发生的劳务成本预计全部不能得到补偿的，应将已经发生的劳务成本确认为当期费用，不确认收入。

（二）劳务收入核算

1. 账户设置

"劳务成本"账户是成本类账户，用来核算企业对外提供劳务发生的成本。该账户的借方登记企业发生的各项劳务成本；贷方登记结转入"主营业务成本""其他业务成本"等账户的劳务成本；期末余额在借方，反映企业尚未完成或尚未结转的劳务成本。

"劳务成本"账户可以按照劳务成本发生的内容设置明细账，进行明细分类核算。

2. 账户核算

（1）在同一会计期间内开始并完成的劳务。

企业对外提供的劳务，如果属于企业的主营业务，实现的收入应记入"主营业务收入"账户，结转的相关成本应记入"主营业务成本"账户；如果属于主营业务以外的其他业务活动，实现的收入应记入"其他业务收入"账户，结转的相关成本应记入"其他业务成本"账户。企业提供劳务过程中发生的支出，一般先通过"劳务成本"账户进行归集，确认为费用时再从"劳务成本"结转入"主营业务成本""其他业务成本"等账户。

【例 5-3-1】甲公司于2017年5月1日接受一项安装任务，安装期5个月，已于2017年10月1日完工，工程款于完工时支付。合同总收入500 000元，实际发生成本210 000元（全部为安装工人的工资）。假定安装业务为甲公司的非主营业务，不考虑相关税费。

（1）甲公司发生劳务支出时，根据相关原始凭证，编制会计分录如下：

借：劳务成本	210 000	
贷：应付职工薪酬		210 000

（2）2017年10月1日工程完工收到工程款，甲公司根据相关原始凭证，编制会计分录如下：

借：银行存款	500 000	
贷：其他业务收入		500 000
借：其他业务成本	210 000	
贷：劳务成本		210 000

（2）劳务的开始和完成分属不同的会计期间。

【例 5-3-2】甲公司于2017年10月1日接受一项安装任务，安装期5个月，合同总收入500 000元，至年底已预收款项380 000元，实际发生成本210 000元（全部为安装工人的工资），预计今后还会发生成本140 000元。该企业劳务的完工程度按实际发生的成本占总成本的比例确定。

2017年12月31日：

实际发生的成本占总成本的比例=210 000÷（210 000+140 000）×100%=60%

2017年确认的收入=500 000×60%-0=300 000（元）

2017年结转的成本=350 000×60%-0=210 000（元）

（1）甲公司发生劳务支出时，根据相关原始凭证，编制会计分录如下：

借：劳务成本	210 000	
贷：应付职工薪酬		210 000

（2）2017年12月31日甲公司收到工程款，确认2017年度的劳务收入，结转相关劳务成本，根据相关原始凭证，编制会计分录如下：

借：银行存款	380 000	
贷：预收账款		380 000
借：预收账款	300 000	
贷：主营业务收入		300 000
借：主营业务成本	210 000	
贷：劳务成本		210 000

【例5-3-3】甲公司于2017年10月1日接受一项安装任务，安装期5个月，合同总收入500 000元，至年底实际发生成本210 000元（全部为安装工人的工资），对方企业发生财务困难，支付已发生的成本210 000元后工程已经停工。

（1）甲公司发生劳务支出时，根据相关原始凭证，编制会计分录如下：

借：劳务成本	210 000	
贷：应付职工薪酬		210 000

（2）2017年12月31日甲公司收到工程款，确认2017年度的劳务收入，结转相关劳务成本，根据相关原始凭证，编制会计分录如下：

借：银行存款	210 000	
贷：主营业务收入		210 000
借：主营业务成本	210 000	
贷：劳务成本		210 000

任务四 销售费用的核算

（一）销售费用的概念和内容

销售费用是指企业在销售产品、自制半成品和提供工业性劳务等过程中发生的各项费用，包括由企业负担的包装费、运输费、装卸费、展览费、广告费、租赁费（不包括融资租赁费），以及为销售本企业产品而专设的销售机构的费用，包括专设的销售机构职工工资、福利费、差旅费、办公费、折旧费、修理费、物料消耗和其他经费。

设有独立销售机构（如门市部、经理部）的工业企业，其独立销售机构所发生的一切费用均列入销售费用。未设立独立销售机构且销售费用很少的工业企业，按规定可将销售费用并入管理费用。商业企业在商品销售过程中所发生的各项费用属于商品流通费，一般不计入商品的销售成本，而是通过商品的售价来直接补偿。

销售费用属于期间费用，在发生的当期计入当期损益。

（二）销售费用核算

1. 账户设置

“销售费用”账户是损益类账户，用来核算企业在销售商品和材料、提供劳务过程中发生的各种费用，包括保险费、包装费、展览费和广告费、商品维修费、预计产品质量保证损失、运输费、装卸费等，以及为销售本企业商品而专设的销售机构（含销售网点、售后服务网点等）的职工薪酬、业务费、折旧费等经营费用。

该账户的借方登记实际发生的各种销售费用；贷方登记期末转入“本年利润”账户的数额。结转后，该账户期末无余额。

“销售费用”账户按照费用项目进行明细核算。

2. 账户核算

企业在销售商品过程中发生的包装费、保险费、展览费和广告费、运输费、装卸费等费用，按实际发生的金额，借记“销售费用”账户，贷记“库存现金”“银行存款”等账户。

企业发生的为销售本企业商品而专设的销售机构的职工薪酬、业务费等经营费用，借记“销售费用”账户，贷记“应付职工薪酬”“银行存款”“累计折旧”等账户。

期末，应将本账户余额转入“本年利润”账户。结转后，本账户应无余额。

【例 5-4-1】甲公司（一般纳税人）2017年12月发生以下销售费用：

（1）9日以银行存款支付销售A产品运费3 000元，增值税330元，装卸费500元，增值税30元，均取得增值税专用发票。

（2）15日以银行存款支付本月产品广告费1 000元，增值税60元，取得增值税专用发票。

（3）16日计算出本月应付专设销售机构销售人员工资5 000元，并计算基本养老保险金700元。

（4）31日结转本月发生的销售费用。

甲公司的账务处理如下：

（1）借：销售费用	3 500	
应交税费——应交增值税（进项税额）	360	
贷：银行存款		3 860
（2）借：销售费用	1 000	
应交税费——应交增值税（进项税额）	60	
贷：银行存款		1 060
（3）借：销售费用	5 700	
贷：应付职工薪酬——职工工资、奖金、津贴和补贴		5 000
——设定提存计划（养老保险）		700
（4）借：本年利润	10 200	
贷：销售费用		10 200

销售及收款业务核算练习题

一、单项选择题

1.采用预收款销售方式销售产品时，应在（　　）的时候确认收入。

A.发出商品　　B.收到预收款

C.按合同约定的收款日期　　D.收到销售清单

2.在以收取手续费代销方式委托其他单位代销商品时，应于（　　）确认收入。

A.收到代销货款时　　B.代销商品发出时

C.代销商品售出并收到代销清单时　　D.代销商品收到时

3.采取收取手续费代销方式，受托方在商品销售后，应按（　　）确认收入。

A.销售价款　　B.收取的手续费

C.销售价款和收取的手续费　　D.销售价款和增值税税款

4.企业销售产品后发生的销售折让，应作为（　　）处理。

A.增加主营业务收入　　B.冲减主营业务收入

C.增加主营业务成本　　D.冲减主营业务成本

5.不跨年度劳务收入，应按（　　）确认收入。

A.完成合同金额　　B.完工程度　　C.劳务成本　　D.已收到的工程款

6.跨年度劳务收入，应按（　　）确认收入。

A.合同总金额　　B.完工程度　　C.已发生的劳务成本　　D.已收到的工程款

7.对于销售方现金折扣，应于（　　）入账。

A.销售时　　B.月末　　C.年末　　D.实际发生时

8.下列不在“税金及附加”账户中核算的税金是（　　）。

A.增值税　　B.消费税　　C.资源税　　D.城市维护建设税

9.企业持未到期商业汇票向银行贴现，汇票面值500 000元，期限6个月，企业提前4个月申请贴现，贴现利率为12%，所得贴现额为（　　）元。

A.20 000　　B.500 000　　C.480 000　　D.520 000

10.在总价法下，企业实际发生的现金折扣应当计入（　　）。

A.主营业务成本　　B.销售费用　　C.管理费用　　D.财务费用

11.某企业于2月10日销售产品一批，应收货款为120 000元，双方商定的折扣条件为2/10、1/20、n/30，购货单位于2月25日付款，该企业实际收到的金额为（　　）元。

A.118 800　　B.120 000　　C.116 600　　D.100 000

12.预收账款不多的企业可以不单独设置“预收账款”账户，而将预收的款项记入（　　）。

A.“应收账款”的借方　　B.“应收账款”的贷方

C.“应付账款”的借方　　D.“应付账款”的贷方

13.某企业于2017年10月承接一项设备安装劳务，劳务合同总收入为200万元，预计合同总成本为140万元。合同价款在签订合同时已收取，采用完工百分比法确认劳务收入。2017年已确认劳务收入80万元，截至2017年12月31日该劳务的累积完工程度为60%。2017年企业应确认的收入为（　　）万元。

A.36　　B.40　　C.72　　D.120

14.某企业某月销售商品发生商业折扣20万元、现金折扣15万元、销售折让25万元。该企业上述业务计入当月财务费用的金额为（　　）万元。

A.15　　B.20　　C.35　　D.45

15.企业对于已经发出但不符合收入确认条件的商品，其成本应借记的科目是（　　）。

A.在途物资　　B.发出商品　　C.库存商品　　D.主营业务成本

16.企业销售产品时代垫的运杂费，应记入（　　）科目。

A.应收账款　B.预付账款　C.其他应收款　D.应付账款

17.某企业2017年度的财务报告于2018年3月31日对外批准报出。该企业2017年5月售出的产品于2018年5月被退回时，其冲减的销售收入应记入（　　）科目。

A.以前年度损益调整　B.营业外支出　C.利润分配　D.主营业务收入

18.下列各项中，可采用完工百分比法确认的收入是（　　）。

A.劳务　B.不跨年度劳务　C.跨年度劳务　D.分期收款销售

19.甲公司于2017年将其所拥有的一条高速公路的收费权出售给乙公司10年，一次性收取5 000万元，款项已收到。出售的10年间，甲公司负责高速公路的维护。2017年度发生维护费80万元。2017年甲公司该项业务应确认的收入是（　　）万元。

A.5 000　B.500　C.80　D.4 920

20.下列各项中，符合收入定义可以确认为收入的是（　　）。

A.提供劳务的价款　B.罚款收入

C.出售固定资产的净收入　D.出售无形资产的净收入

二、多项选择题

1.下列交易和事项中，不能确认为收入的有（　　）。

A.收到工程预付款　B.收到购货方的订货款

C.收到受托代销商品　D.发出委托代销商品

2.下列关于销售折让与现金折扣的处理，说法不正确的有（　　）。

A.现金折扣实际发生时冲销销售收入　B.销售折让实际发生时冲销当期的销售收入

C.现金折扣实际发生时计入财务费用　D.销售折让实际发生时计入财务费用

3.下列劳务中，可以确认为收入的有（　　）。

A.不跨期劳务部分完成

B.不跨期劳务全部完成

C.跨期劳务部分完成，且劳务结果能可靠估计，已发生成本预期能够得到补偿

D.跨期劳务部分完成，已发生成本预期不能得到补偿

4.下列应冲减主营业务收入的有（　　）。

A.现金折扣　B.商业折扣　C.销售折让　D.销售退后

5.下列属于应收账款的有（　　）。

A.因销售商品、材料应向购货单位收取的款项

B.企业采用托收承付结算方式委托银行收取的货款

C.企业采用委托收款结算方式委托银行收取的货款

D.企业应收取的保险公司的赔款

6.下列各项中，用于确定所提供劳务完工进度的方法有（　　）。

A.根据测量的已完工作量加以确定

B.按已经发生的成本占估计总成本的比例计算确定

C.按已经收到的金额占合同总金额的比例计算确定

D.按已经提供的劳务占应提供劳务总量的比例计算确定

7.下列各项中，工业企业应确认为其他业务收入的有（　　）。

A.对外销售材料的收入　B.出售专利所有权的收入

C.处置固定资产的净收益　D.出租商标使用权的收入

8.按准则规定，收入的特征表现为（　　）。

A.收入从日常活动中产生，而不是偶发事项产生　B.收入可能表现为资产的增加

C.收入可能表现为所有者权益的增加　　D.收入可能表现为负债的增加

9.按照准则规定，可以作为应收账款入账金额的项目有（　　）。

A.产品销售收入价款　　B.增值税销项税额　　C.商业折扣　　D.代垫运杂费

10.按照准则规定，通过应收票据核算的有（　　）。

A.银行汇票　　B.银行本票　　C.商业承兑汇票　　D.银行承兑汇票

三、判断题

1.其他应收款是指企业在生产经营中，因销售商品、提供劳务而向购买方收取的款项。（　　）

2.票据贴现所得等于票据到期值减去贴现息之差。（　　）

3.对销售方而言，现金折扣是理财费用，应于发生时计入财务费用。（　　）

4.商业折扣发生在销售之后，因为其是产品的质量问题而给予的价格折扣。（　　）

5.采用分期收款销售商品时，应在每期收到货款时确认销售收入。（　　）

6.跨年度劳务在资产负债表日，劳务的结果不能可靠估计，且已发生的成本预期不能得到补偿时，一般只确认成本，不确认收入。（　　）

7.采用预收货款方式销售产品，应于产品发出时确认收入。（　　）

8.无论何种情况下的销售退回，都应冲减退回时的销售收入、成本、税金。（　　）

9.企业让渡资产的使用权，如果合同或协议约定一次性收取手续费，且不提供后续服务的，应当视同销售该资产一次性确认收入。（　　）

10.已完成销售手续，但购买方当月底尚未提取的产品，销售方仍应作为本企业的库存商品核算。（　　）

四、不定项选择题

1.商品销售的核算。

甲公司为增值税一般纳税人，适用的增值税税率为17%，适用的企业所得税税率为25%。商品销售价格中均不含增值税税额。按每笔销售业务分别结转销售成本，2017年6月甲公司发生的经济业务及相关资料如下：

（1）1日，向A公司销售商品一批。该批商品的销售价格为600 000元，实际成本为350 000元。商品已经发出，开具增值税专用发票，并收到购货方签发并承兑的不带息商业承兑汇票一张，面值702 000元。相关会计处理应为（　　）。

A.借：应收票据　　702 000
　　贷：主营业务收入　　600 000
　　　　应交税费——应交增值税（销项税额）　　102 000

B.借：应收票据　　702 000
　　贷：主营业务收入　　702 000

C.借：主营业务成本　　350 000
　　贷：库存商品　　350 000

D.借：发出商品　　350 000
　　贷：库存商品　　350 000

（2）3日，委托B公司代销商品1 000件。代销合同规定，甲公司按已售商品售价的5%向B公司支付手续费，该批商品的销售价格为400元/件，实际成本为250元/件。甲公司已将该批商品交付B公司。相关会计处理应为（　　）。

A.借：应收账款　　468 000
　　贷：主营业务收入　　400 000
　　　　应交税费——应交增值税（销项税额）　　68 000

B.借：委托代销商品　　250 000

贷：库存商品 250 000

C.借：主营业务成本 250 000

贷：库存商品 250 000

D.借：发出商品 250 000

贷：库存商品 250 000

(3) 3日，甲公司收到B公司的代销清单。B公司已将代销的商品售出500件，款项尚未支付给甲公司，甲公司向B公司开具增值税专用发票，并按合同规定确认应向B公司支付的代销手续费（收到专票）。相关会计处理应为（　　）。

A.借：应收账款——B公司 468 000

贷：主营业务收入 400 000

应交税费——应交增值税（销项税额） 68 000

B.借：应收账款——B公司 234 000

贷：主营业务收入 200 000

应交税费——应交增值税（销项税额） 34 000

C.借：销售费用 9 433.96

应交税费——应交增值税（进项税额） 566.04

贷：应收账款——B公司 10 000

D.借：主营业务成本 250 000

贷：发出商品 250 000

E.借：主营业务成本 125 000

贷：发出商品 125 000

(4) 7日，以分期收款销售方式向C公司销售商品一批。该批商品的销售价格为500 000元，实际成本为300 000元，提货单和增值税专用发票已交C公司。根据合同，该货款（含增值税，下同）分3次收取，第1次收取货款的20%，8月1日和9月1日分别收取货款的40%。第1次应收取的货款已于本月收存银行。相关会计处理应为（　　）。

A.借：银行存款 100 000

应收账款——C公司 485 000

贷：主营业务收入 500 000

应交税费——应交增值税（销项税额） 85 000

B.借：银行存款 117 000

应收账款——C公司 468 000

贷：主营业务收入 500 000

应交税费——应交增值税（销项税额） 85 000

C.借：银行存款 117 000

贷：主营业务收入 100 000

应交税费——应交增值税（销项税额） 17 000

D.借：应收账款——C公司 585 000

贷：主营业务收入 500 000

应交税费——应交增值税（销项税额） 85 000

(5) 10日，向A公司销售产品一批，产品销售价款为800 000元，产品销售成本为350 000元，产品已经发出，并开具增值税专用发票，同时向银行办妥托收手续。相关会计处理应为（　　）。

A.借：银行存款 936 000

贷：主营业务收入 800 000

　　贷：应交税费——应交增值税（销项税额）　136 000

B.借：主营业务成本　300 000

　　贷：发出商品　300 000

C.借：应收账款——A公司　936 000

　　贷：主营业务收入　800 000

　　　　应交税费——应交增值税（销项税额）　136 000

D.借：主营业务成本　300 000

　　贷：库存商品　300 000

（6）12日，收到乙公司因产品质量问题退回的产品一批，并验收入库。甲公司用银行存款支付退货款，并按规定向乙公司开具红字增值税专用发票。该退货系甲公司5月20日以提供现金折扣方式（折扣条件为2/10、1/20、n/30，折扣仅限于销售价款部分）出售给乙公司，产品销售价款为40 000元，产品销售成本为22 000元。销售款项于5月29日收到并存入银行（该项退货不属于资产负债表日后事项）。相关会计处理应为（　　）。

A.借：主营业务收入　40 000

　　应交税费——应交增值税（销项税额）　6 800

　　贷：银行存款　46 000

　　　　财务费用　800

B.借：主营业务成本　22 000

　　贷：库存商品　22 000

C.借：主营业务收入　40 000

　　应交税费——应交增值税（销项税额）　6 800

　　贷：银行存款　45 864

　　　　财务费用　936

D.借：库存商品　22 000

　　贷：主营业务成本　22 000

（7）16日，向A公司销售商品10件，每件商品的标价为80 000元。为了鼓励多购商品，甲公司同意给予A公司10%的商业折扣。开出的增值税专用发票上注明的售价总额为720 000元，增值税税额为122 400元。该产品销售成本为600 000元。商品已发出，甲公司为了及早收回货款，在合同中规定的现金折扣条件为2/10，1/20，n/30。相关会计处理应为（　　）。

A.借：应收账款——A公司　842 400

　　销售费用　8 000

　　贷：主营业务收入　728 000

　　　　应交税费——应交增值税（销项税额）　122 400

B.借：主营业务成本　600 000

　　贷：库存商品　600 000

C.借：应收账款——A公司　842 400

　　贷：主营业务收入　720 000

　　　　应交税费——应交增值税（销项税额）　122 400

D.借：主营业务成本　54 000

　　贷：库存商品　54 000

（8）23日，收到A公司的扣除享受现金折扣后的全部款项，并存入银行。假定计算现金折扣时不考虑增值税。相关会计处理应为（　　）。

A.借：银行存款　827 840

借：财务费用　　14 560

　贷：应收账款——A公司　　842 400

B.借：银行存款　　835 200

　　财务费用　　7 200

　贷：应收账款——A公司　　842 400

C.借：银行存款　　828 000

　　管理费用　　14 400

　贷：应收账款——A公司　　842 400

D.借：银行存款　　828 000

　　财务费用　　14 400

　贷：应收账款——A公司　　842 400

2.劳务收入的核算。

资料一：甲企业于2017年11月1日接受乙企业一项产品运输任务，运输期3个月，合同总收入160 000元，至2017年底已预收款项50 000元，实际发生运输人员的工资60 000元，估计还会发生相关费用40 000元。当年年末乙企业发生财务困难，余款能否支付难以确定。

资料二：丙企业于2017年11月1日接受一项产品修缮任务，修缮期3个月，合同总收入300 000元，至2017年底已预收款项220 000元，实际发生修缮人员的工资140 000元，估计还会发生60 000元。

根据资料一，回答以下问题：

(1) 甲企业运输业务的相关处理，正确的是（　　）。

A.结转劳务成本60 000元　　B.确认劳务收入45 045.05元

C.确认劳务收入86 486.49元　　D.确认的增值税为4 954.95元

(2) 甲企业的会计处理为（　　）。

A.借：预收账款　　50 000

　　应收账款　　46 000

　贷：主营业务收入　　86 486.49

　　　应交税费——应交增值税（销项税额）　　9 513.51

B.借：主营业务成本　　31 250

　贷：劳务成本　　31 250

C.借：预收账款　　50 000

　贷：主营业务收入　　45 045.05

　　　应交税费——应交增值税（销项税额）　　4 954.95

D.借：主营业务成本　　60 000

　贷：劳务成本　　60 000

根据资料二，回答以下问题：

(1) 至2017年年末，丙企业应就此修缮项目确认的完工程度为（　　）。

A.73.33%　　B.42.85%　　C.75%　　D.70%

(2) 丙企业修缮业务的应确认的收入、成本为（　　）。

A.结转劳务成本146 660元

B.确认劳务收入189 189.19元

C.确认劳务收入198 189.19元

D.结转劳务成本140 000元

(3) 丙企业发生的工资和预收款的会计处理为（　　）。

A.借：劳务成本　　140 000

贷：应付职工薪酬　140 000

B.借：银行存款　220 000

　贷：预收账款　220 000

C.借：主营业务成本　140 000

　贷：应付职工薪酬　140 000

D.借：银行存款　220 000

　贷：主营业务收入　198 198.20

　　应交税费——应交增值税（销项税额）　21 801.80

（4）丙企业修缮工程业务的收入、成本的账务处理为（　　）。

A.借：预收账款　219 990

　贷：主营业务收入　198 189.19

　　应交税费——应交增值税（销项税额）　21 800.81

B.借：主营业务成本　140 000

　贷：劳务成本　140 000

C.借：预收账款　210 000

　贷：主营业务收入　189 189.19

　　应交税费——应交增值税（销项税额）　20 810.81

D.借：主营业务成本　146 660

　贷：劳务成本　146 660

3.甲公司为增值税一般纳税人，适用的增值税税率为17%。2017年12月甲公司发生下列经济业务：

（1）1日，甲公司与A公司签订委托代销商品协议。协议规定，甲公司以支付手续费方式委托A公司代销W商品100件，A公司对外销售价格为每件3万元，未出售的商品A公司可以退还给甲公司。甲公司按A公司对外销售价格的1%向A公司支付手续费，在收取A公司代销商品款时扣除。该W商品单位成本为2万元。31日，甲公司收到A公司开来的代销清单，已对外销售W商品60件。甲公司开具的增值税专用发票注明销售价格180万元，增值税税额30.6万元。同日，甲公司收到A公司交来的代销商品款208.8万元并存入银行，应支付A公司的手续费1.8万元已扣除。

（2）5日，收到B公司退回的X商品一批以及税务机关开具的进货退回相关证明，销售价格为100万元，销售成本为70万元。该批商品已于11月份确认收入，但款项尚未收到，且未计提坏账准备。

（3）10日，与C公司签订一项为期5个月的非工业性劳务合同，合同总收入为200万元，当天预收劳务款20万元。31日，经专业测量师对已提供的劳务进行测量，确定该项劳务的完工程度为30%。至31日，实际发生劳务成本40万元（假定均为职工薪酬），估计为完成合同还将发生劳务成本90万元（假定均为职工薪酬）。假定该项劳务交易的结果能够可靠地计量。

（4）31日，以本公司生产的产品作为福利发放给职工。发放给生产工人的产品不含增值税的公允价值为200万元，实际成本为160万元；发放给行政管理人员的产品不含增值税的公允价值为100万元，实际成本为80万元。产品已发放给职工。

要求：根据上述资料，回答下列问题（单位：万元）：

（1）根据资料（1），下列说法不正确的是（　　）。

A.收到代销清单时应确认收入180万元　　B.收到代销清单时应确认收入178.2万元

C.支付的手续费应确认为销售费用　　D.应结转成本120万元

（2）根据资料（2），下列说法不正确的是（　　）。

A.应调整11月份主营业务收入　　B.在12月份计入管理费用

C.在12月份计入销售费用　　D.应调整12月份主营业务收入

（3）根据资料（3），12月31日应确认收入（　　）万元。

A.39　　B.40　　C.20　　D.60

（4）根据资料（3），12月31日应确认其他业务成本（　　）万元。

A.39　　B.40　　C.20　　D.60

（5）根据资料（4），下列表述正确的是（　　）。

A.发放给生产工人的应通过制造费用核算

B.发放给管理人员的应通过管理费用核算

C.此业务应视同销售确认销项税额

D.此业务应按照成本确认应付职工薪酬

项目六

对外投资业务核算

知识目标

1. 了解投资的概念、分类。
2. 了解收入证券投资的概念、分类。
3. 理解交易性金融资产的概念、特点、核算程序。
4. 理解持有至到期投资的概念、特点、核算程序。
5. 理解可供出售金融资产的概念、特点、核算程序。
6. 掌握长期股权投资的概念、核算方法。
7. 掌握成本法的适用范围、核算程序。
8. 掌握权益法的适用范围、核算程序。

能力目标

1. 能正确进行投资的分类确认。
2. 能熟练正确完成交易性金融资产的会计核算。
3. 能熟练正确完成成本法下长期股权投资的会计核算。
4. 能熟练正确完成权益法下长期股权投资的会计核算。

本项目业务常用原始凭证（见凭证6-1至凭证6-4）

凭证6-1

现金股利派发通知单

5997号

重庆渝中摩托制造有限公司：

根据股东大会决议，公司向全体股东每股派发上半年现金股利，你公司总计3 000元整。

诚实有限责任公司

5004738920193O738Q

财务专用章

2017年6月10日

（盖章）

凭证6-2

诚实有限责任公司股权转让协议

甲方：重庆渝中摩托制造有限公司

乙方：重庆扬子江股份有限公司

一、股权转让的份额及价格

重庆渝中摩托制造有限公司（甲方）自愿将其在诚实有限责任公司所持有的100%股权中的40%，以850万元转让给重庆扬子江股份有限公司（乙方）。

二、股权转让交割期限及方式

自本协议由审批机构批准生效之日起1日内，乙方以转账方式一次性支付850万元给甲方。

三、股权进行上述转让后，乙方承认诚实有限责任公司的合同、章程及附件，愿意履行并承担原甲方在诚实有限责任公司中的一切权利、义务及责任

四、违约责任

乙方若未按本协议第三条规定的期限如数缴付出资，每逾期1个月，乙方需缴付应出资额的百分之一的违约金给甲方。如逾期3个月仍未缴付的，除向甲方缴付违约金之外，甲方有权终止本协议，并要求乙方赔偿损失。

五、争议的解决

凡因执行本协议所发生的或与本协议有关的一切争议，双方应通过友好协商解决。如果协商不能解决，应提交我国的仲裁机构或其他仲裁机构，根据该机构的仲裁规则进行仲裁。仲裁裁决是终局的，对双方都有约束力。仲裁费用由败诉方负担。

六、此协议经股权转让双方和合营他方正式签署后报原审批机关批准后生效

甲方：重庆渝中摩托制造有限公司	乙方：重庆扬子江股份有限公司
法人代表：张浩达	法人代表：齐东
账号：工行渝中支行大黄分理处60643128	账号：招行杨家坪支行65431228
电话：86553089	电话：62866542
地址：重庆渝中区91500113562018376M	地址：重庆杨家坪500113562018715 65M
签约日期：2017年6月17日	签约日期：2017年6月17日

凭证6-3

西南证券重庆渝碚路证券营业部买入交割凭证

成交日期	2017.06.01	证券名称	100080466金科地产G1
资金账号	60362475	成交数量	200
代　　码	A265725579	面　　值	200 000.00
姓　　名	重庆渝中摩托制造有限公司	成交金额	200 000.00
席位代码	65023	实收佣金	300.00
申请编号	845395	印花税	200.00
申报时间	9:40:56	过户费	200.00
成交时间	9:45:03	附加费	0.00
单位利息	10元/年	结算价格	200 700.00
成交编号	8406102	实付金额	200 700.00
上次资金	400 700.00	本次资金	200 000.00
上次数量		本次数量	200
委托来源	IN	打印日期	2017.06.01

备注：随时准备变现。

凭证 6-4

共同投资协议书

第一条　共同投资人公司

甲方:重庆渝中摩托制造有限公司

乙方:重庆明光机械有限责任公司

以上各方共同投资人(以下简称"共同投资人")经友好协商,根据中华人民共和国法律、法规的规定,就各方共同出资建立高远汽车部件制造有限公司的发起设立事宜,达成如下协议,以资共同遵守。

第二条　共同投资人的投资额和投资方式

共同投资人的出资总额(以下简称"出资总额")为人民币100万元,其中各方出资分别为:甲方出资50万元,占出资总额的50%;乙方出资50万元,占出资总额的50%。双方对投资后成立的速达物流有限责任公司实施共同控制。

第三条　利润分享和亏损分担

共同投资人按其出资额占出资总额的比例分享共同投资的利润,分担共同投资的亏损。

共同投资人各自以其出资额为限对共同投资承担责任,共同投资人以其出资总额为限对股份有限公司承担责任。

共同投资人的出资形成的股份及其孳生物为共同投资人的共有财产,由共同投资人按其出资比例共有。

共同投资于股份有限公司的股份转让后,各共同投资人有权按其出资比例取得财产。

第四条　违约责任

为保证本协议的实际履行,甲方自愿提供其所有的向其他共同投资人提供担保。甲方承诺在其违约并造成其他共同投资人损失的情况下,以上述财产向其他共向投资人承担违约责任。

第五条　其他

1.本协议未尽事宜由共同投资人协商一致后,另行签订补充协议。

2.本协议经全体共同投资人签字盖章后即生效。本协议一式____份,共同投资人各执一份。

甲方:重庆渝中摩托制造有限公司	乙方:重庆明光机械有限责任公司
法人代表:张浩达	法人代表:俞光成
账号:工行渝中支行大黄分理处60643128	账号:工行江北支行33692136
电话:86553089	电话:66733477
地址:重庆渝中区大坪大黄路18号	地址:重庆江北区华宇路12号
签约日期:2017年6月6日	签约日期:2017年6月6日

任务一　对外投资业务认知

所谓企业对外投资，就是企业在其本身经营的主要业务以外，以现金、实物、无形资产方式，或者以购买股票、债券等有价证券方式向境内外的其他单位进行投资，以期在未来获得投资收益的经济行为。对外投资是相对于对内投资而言的，企业对外投资收益是企业总收益的组成部分。在市场经济特别是发展横向经济联合的条件下，企业对外投资已成为企业财务活动的重要内容。

企业对外投资的目的，一般有资金调度的需要、企业扩张的需要以及满足特定用途的需要。

（一）投资的概念

1. 投资的概念

投资指的是特定经济主体为了在未来可预见的时期内获得收益或资金增值，在一定时期内向一定领域的标的物投放足够数额的资金或实物的货币等价物的经济行为。投资可分为实物投资、资本投资和证券投资。前者是以货币投入企业，通过生产经营活动取得一定利润，即对内投资（见项目二）；后者是以货币购买企业发行的股票和公司债券，间接参与企业的利润分配，即对外投资。

2. 对外投资的特点

（1）投资是以让渡投资者的某项资产来换取另一项资产。

（2）投资是企业在生产经营过程之外持有的资产。

（3）投资是一种以权利为表现形式的资产。投资形成的资产常常使企业拥有某种权利，如购买债券形成债权、购买股票形成股权。

（4）投资是一种具有财务风险的资产。任何投资都具有一定的风险，企业在投资活动中可能毫无收益，甚至无法收回投出的资产。这种风险与投资收益成正比例关系。

3. 对外投资的意义

企业对外投资的重要意义主要在于：

（1）对外投资有利于企业闲置的资金（资产）得到充分利用，提高资金的使用效益。

（2）通过对外投资，可以在企业外部尤其是在外地或外国开发资源、材料来源，保证企业资源、材料来源成本低廉、供应稳定，较好地解决企业生产经营某些资源供应不足的问题。

（3）通过对外投资，可以开辟企业新的产品市场，扩大销售规模。

（4）通过合资、联营，便于从国内外其他单位直接获取先进技术，快速提高企业的技术档次。

（5）利用控股投资方式，可以使企业以较少的资金实现企业扩张的目的。

（6）对外投资是获取经济信息的重要途径。在对外投资的可行性调研，合资、联营谈判，投资项目建设、管理的过程中，可以利用各种渠道和有利条件，及时捕捉对企业有用的各种信息。

（二）对外投资的分类

对投资进行适当的分类，是确定投资的会计核算方法和如何在会计报表中列示的前提。按照不同的标准，投资有各种不同的分类。

1. 按照投资性质分类

按照投资的性质不同，可以分为权益性投资、债权性投资和混合性投资。

（1）权益性投资。它是指企业通过投资取得被投资企业相应份额净资产的所有权，投资企业与被投资企业之间形成所有权关系。权益性投资主要是企业通过购买股票或者采取合同、协议方式投出资产取得股权，包括购入普通股股票，根据合同、协议向合资、联营等企业投入资产取得股权。

权益性投资企业所拥有的股权，主要是投资企业对被投资企业所有者权益相应份额的所有权。投资企业有权直接或间接参与被投资企业的经营管理；有权参与被投资企业的财产分配，获取较高收益；有权转让股权并享有股权升值带来的收益。权益性投资投资数额较大，投资收益不确定，能否取得较高收益，取决于被投资企业的盈利能力。股票投资投出的资金，不能随意收回；按合同、协议投出的资产，在合同、协议到期之前也不能随意收回，投出资产由被投资企业长期支配。权益性投资风险较大，因为市场上股票价格波动幅度大，被投资企业的经营情况有好有坏，可能给投资企业带来较大收益，也可能给投资企业带来较大损失。

（2）债权性投资。它是指企业通过投资获得债权，投资企业与被投资企业之间形成债权债务关系。债权性投资主要是投资企业投资于债权性证券，如公司债券、国库券等。投资企业所取得的债权有固定的期限，到期可收回本金；有事先约定的利率，可定期收取利息；债券到期之前，可以转让或贴现。债权性投资风险小，收益较低。债权人无权过问发行债券单位的经营管理情况。

（3）混合性投资。它是指同时具有债权性和权益性双重性质的投资。这种投资兼有债权性和权益性投资的特点，也便于投资企业转换投资性质。混合性投资主要是企业通过购买优先股股票，或者购买可转换公司债券进行。优先股股票具有约定的股利率，股利的支付及破产的清偿，均优先于普通股股票，类似于债权性投资；股票无到期日，投资人不能定期收回本金，类似于权益性投资。可转换的公司债券，转换之前是债权性投资，转换之后是权益性投资，也是同时具有双重性质的投资。

2.按照投资目的分类

按照投资的目的不同，可以分为短期投资和长期投资两类。

（1）短期投资。它是指各种能够随时变现、持有时间不超过1年的债券、股票等有价证券投资，以及其他不超过1年的投资。短期投资是企业利用暂时闲置的资金，冒最低限度的风险，谋取一定收益的投资。同时，又要保持资产的流动性，在较短的时间内随时变现，保证企业营运资金的需要。短期投资主要形成企业的交易性金融资产。

（2）长期投资。它是指不准备在1年内变现的投资，包括持有至到期投资、可供出售金融资产和长期股权投资。企业进行长期投资，不仅在于谋取投资收益，而且借助于投资的长期持有，对被投资企业实行控制或兼并，或者对被投资企业的经营决策、财务决策施加重大影响，从而达到投资企业的经营目的。

3.按照投资方式分类

按照投资方式的不同，可分为货币投资、实物投资和无形资产投资。

（1）货币投资。它是指企业用现金等货币资金取得的投资。企业用货币资金直接投资，应按实际投出金额作为投资入账价值；如果用货币资金购买债券、股票等有价证券，则应以实际支付金额作为投资入账价值。

（2）实物投资。它是指企业用原材料、库存商品、固定资产等实物资产进行的投资。

（3）无形资产投资。它是指用企业所拥有的无形资产所有权或使用权进行的投资。这类投资应按投出无形资产的评估价值作为投资成本计价入账。

（三）证券投资

证券投资是指投资者（法人或自然人）购买股票、债券、基金等有价证券以及这些有价证券的衍生品，以获取红利、利息及资本利得的投资行为和投资过程。证券投资具有流动性强、交易成本低、价格不稳定等特点。

1. 证券投资的目的

企业进行证券投资，通常具有以下目的：

（1）企业通过证券投资利用暂时闲置的资金。利用暂时闲置的资金进行证券投资可以获得一定的收益，又能保证资金的流动性。

（2）证券投资与筹集长期资金相结合。企业通过长期借款、发行债券等筹资方式筹集的资金在使用时是逐步支付出去的，这些资金在没有支付前可以用于证券投资，既能保证资金的流动性又能获得投资收益，可以降低筹资的成本。

（3）证券投资可以满足企业未来的财务需求。企业可以通过收益相对稳定的债权投资活动为未来的财务活动筹集资金。

2. 证券投资的分类

证券投资可以按投资的品种和管理意图，进行不同的分类。

（1）按投资的品种分类。

❶股票投资。投资企业有权参与被投资企业的经营管理。

❷债券投资。投资企业与被投资企业之间形成债权债务关系，投资企业有权要求被投资企业按期支付利息及偿还本金。

❸基金投资。证券投资基金是一种利益共享、风险共担的集合证券投资方式，即通过发行基金份额，集中投资者的资金，由基金托管人托管，由基金管理人管理和运用资金，从事股票、债券等金融工具投资，并将投资收益按基金投资者的投资比例进行分配的一种间接投资方式。

❹期货投资。期货投资是相对于现货交易的一种交易方式，它是在现货交易的基础上发展起来的。它是通过在期货交易所买卖标准化的期货合约而进行的一种有组织的交易方式。期货投资是指在期货市场上以获取价差为目的的期货交易业务，又称为投机业务。期货是衍生金融工具的一种。

❺期权投资。期权投资是指在期权市场上以获取价差为目的的期权交易业务，是在期货交易的基础上发展起来的一种交易方式。期权也是衍生金融工具的一种。

❻证券组合投资。证券组合投资就是指为降低系统风险，将多种证券组合在一起进行投资，在保证收益的同时也能抵消一定的风险。

（2）按管理金融资产的业务模式和金融资产的合同现金流量特征分类。

❶以摊余成本计量的金融资产。金融资产同时符合下列条件的，应当分类为以摊余成本计量的金融资产：

企业管理该金融资产的业务模式是以收取合同现金流量为目标。

该金融资产的合同条款规定，在特定日期产生的现金流量，仅为对本金和以未偿付本金金额为基础的利息的支付。

如持有至到期投资。

❷以公允价值计量且其变动计入其他综合收益的金融资产。金融资产同时符合下列条件的，应当分类为以公允价值计量且其变动计入其他综合收益的金融资产：

企业管理该金融资产的业务模式既以收取合同现金流量为目标又以出售该金融资产为目标。

该金融资产的合同条款规定，在特定日期产生的现金流量，仅为对本金和以未偿付本金金额为基础的利息的支付。

如可供出售金融资产的权益性投资等。

❸以公允价值计量且其变动计入当期损益的金融资产。以摊余成本计量的金融资产和以公允价值计量且其变动计入其他综合收益的金融资产之外的金融资产，企业应当将其分类为以公允价值计量且其变动计入当期损益的金融资产。

凡是权益工具均以公允价值计量。债务工具不能同时满足商业模式为收取合同现金流、金融资产合同现金流量特征的金融资产也以公允价值计量。

如交易性金融资产。

企业管理金融资产的业务模式，是指企业如何管理其金融资产以产生现金流量。业务模式决定企业所管理金融资产现金流量的来源是收取合同现金流量、出售金融资产，还是两者兼有。

金融资产的合同现金流量特征，是指金融工具合同约定的、反映相关金融资产经济特征的现金流量属性。即相关金融资产在特定日期产生的合同现金流量仅为对本金和以未偿付本金金额为基础的利息的支付。其中，本金是指金融资产在初始确认时的公允价值，本金金额可能因提前还款等原因在金融资产的存续期内发生变动；利息包括对货币时间价值、与特定时期未偿付本金金额相关的信用风险，以及其他基本借贷风险、成本和利润的对价。

新准则下金融工具的具体分类，如图6-1所示。

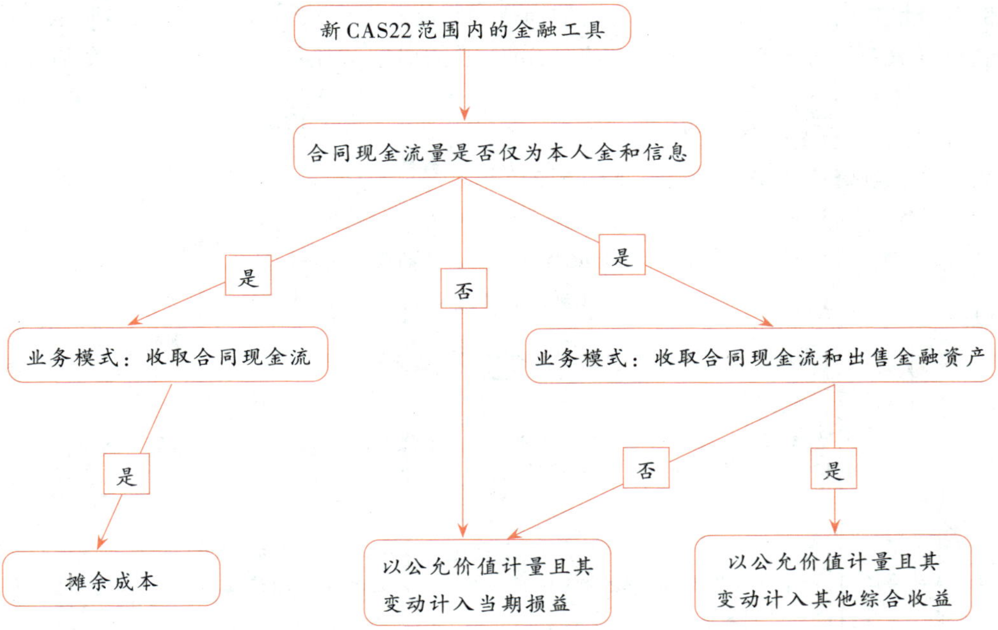

图6-1 金融工具分类

任务二 交易性金融资产核算

（一）交易性金融资产认知

交易性证券投资即短期证券投资，是企业为尽可能地利用暂时闲置的资金，让其获取尽可能大的收益，在当前的市场环境下进行快进快出的证券投

【知识链接】

机性投资的行为。赚取证券买卖价差收益是一种常见的操作方式。目前一般归类为以公允价值计量且其变动计入当期损益的金融资产，用“交易性金融资产”账户进行核算。

1.交易性金融资产的定义

金融资产或金融负债满足下列条件之一的，表明企业持有该金融资产或承担该金融负债的目的是交易性的：

取得相关金融资产或承担相关金融负债的目的，主要是为了近期出售或回购。

相关金融资产或金融负债在初始确认时属于集中管理的可辨认金融工具组合的一部分，且有客观证据表明近期实际存在短期获利模式。

相关金融资产或金融负债属于衍生工具。但符合财务担保合同定义的衍生工具以及被指定为有效套期工具的衍生工具除外。

通常情况下，以赚取差价为目的从二级市场购入的股票、债券和基金等，应分类为交易性金融资产。

2.交易性金融资产的特点

（1）企业确定其业务管理模式为出售金融资产作为现金流量来源。

（2）该金融资产具有活跃市场，公允价值能够通过活跃市场获取。交易性金融资产以公允价值计量且公允价值的变动计入当期损益。因此，只有从二级市场购入的股票、债券和基金可以具备此条件，企业持有的未上市流通的股票和债券则不能归属于交易性金融资产。

（二）交易性金融资产核算

交易性金融资产的资金运动，如图6-2所示。

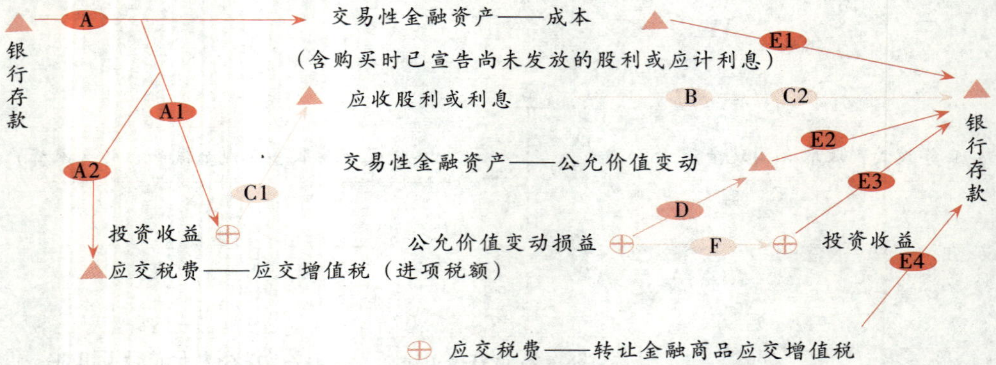

附注：A——购买（A1为交易费用，A2为支付交易费用专用发票上的增值税）

B——收到现金股利或利息

C——持有期间现金股利或利息的处理（C1为确认，C2为收到）

D——期末按公允价值进行调整（其流量可能为负数）

E——处置该资产（E3的流量可能为负数，负数时在借方；E4为处置时按卖价扣除买价后的余额计算的增值税）

F——将原计入公允价值变动损益的累计金额转为投资收益（其流量可能为负数）

图6-2　交易性金融资产资金运动

1.交易性金融资产核算的账户设置

（1）“交易性金融资产”账户。

“交易性金融资产”账户是资产类账户，用来核算企业持有的以公允价值计量且其变动计入当期损益的金融资产，包括为交易目的所持有的债券投资、股票投资、基金投资、权证投资等和直接指定为以公允价值计量且其变动计入当期损益的金融资产。

“交易性金融资产”账户应当按照交易性金融资产的类别和品种，分别以“成本”“公允价值变动”进行明细核算。

“交易性金融资产——成本”明细账的借方登记取得交易性金融资产时，交易性金融资产的公允价值（含购买时已宣告但尚未发放的现金股利或已到计息期尚未领取的应计利息①）；贷方登记企业出售交易性金融资产时结转的成本。

“交易性金融资产——公允价值变动”明细账的借方登记资产负债表日，其公允价值高于账面余额的差额；贷方登记资产负债表日，其公允价值低于账面余额的差额。

“交易性金融资产”账户的期末余额在借方，反映交易性金融资产的公允价值。

（2）“公允价值变动损益”账户。

“公允价值变动损益”账户属于损益类账户，用来核算企业持有的交易性金融资产等资产的公允价值变动而形成的应计入当期损益的利得或损失。该账户的借方登记资产负债表日，企业持有的交易性金融资产等资产其公允价值低于账面余额的差额、资产处置时该账户贷方发生额的转出额；贷方登记资产负债表日，企业持有的交易性金融资产等资产其公允价值高于账面余额的差额、资产处置时该账户借方发生额的转出额；期末应将本账户余额转入“本年利润”账户，结转后本账户无余额。

“公允价值变动损益”账户应当按照交易性金融资产的类别和品种设置明细账，进行明细分类核算。

（3）“投资收益”账户。

“投资收益”账户属于损益类账户，用来核算企业的各类投资持有期间取得的投资收益以及处置投资时实现的投资收益或投资损失。该账户的借方登记企业购入交易性金融资产时支付的交易费用以及投资持有期内和处置时发生的投资损失；贷方登记企业投资持有期内取得的投资收益以及处置时实现的投资收益；期末应将本账户余额转入“本年利润”账户，结转后本账户无余额。

“投资收益”账户应当按照投资的类别和品种设置明细账，进行明细分类核算。

（4）“应交税费——转让金融商品应交增值税”账户。

“应交税费——转让金融商品应交增值税”账户用来核算增值税纳税人转让金融商品发生的增值税税额。金融商品转让按规定以卖出价扣除买入价后的余额作为销售额按6%（小规模纳税人按3%）计算缴纳应交增值税。金融商品实际转让月末，如产生转让收益，则按应纳税额，借记“投资收益”等科目，贷记“应交税费——转让金融商品应交增值税”科目；如产生转让损失，则按可结转下月抵扣税额，借记“应交税费——转让金融商品应交增值税”科目，贷记“投资收益”等科目。缴纳增值税时，应借记“应交税费——转让金融商品应交增值税”科目，贷记“银行存款”科目。年

① 企业取得交易性金融资产所支付的价款中包含了已宣告但尚未发放的现金股利或已到付息期但尚未领取的债券利息的，不应单独确认为应收项目，而应当构成交易性金融资产的初始入账金额。

末，本科目如有借方余额，应借记“投资收益”等科目，贷记“应交税费——转让金融商品应交增值税”科目，不得将本年“转让金融商品应交增值税”的扣税额结转至下年抵扣。

其中，卖出价为转让时收取的全部价款和价外税费（不含符合规定的代收费），卖出时支付的佣金不能从卖出价中扣除。

买入价为购买时支付的价款和价外费用。金融商品的买入价，可以选择按照加权平均法或者移动加权平均法进行核算，选择后36个月内不得变更。

2.交易性金融资产的核算程序

（1）企业取得交易性金融资产时：

借：交易性金融资产——成本（取得时交易性金融资产的公允价值，含已到付息期但尚未领取的利息或者已宣告发放但尚未发放的现金股利）

投资收益（发生的交易费用）

应交税费——应交值税（进项税额）（支付交易费时符合抵扣条件的增值税）

贷：其他货币资金——存出投资款（实际支付的金额）

注意 支付交易费用时，如取得增值税专用发票，应借记“应交税费——应交增值税（进项税额）”科目，与其他经营活动中发生的费用支出一样作增值税账务处理。

（2）在持有交易性金融资产期间被投资单位宣告发放现金股利或在资产负债表日按债券票面利率计算利息时：

借：应收股利（应收利息）（持有期间的股利或利息）

贷：投资收益

金融商品持有期间（含到期）利息（保本收益、报酬、资金占用费、补偿金等）收入应当按照贷款服务缴纳增值税，一般纳税人增值税税率为6%，小规模纳税人增值税税率为3%。所以，如为债券利息收益时，还应编制会计分录如下：

借：投资收益

贷：应交税费——应交增值税（销项税额）

如为股息收入不缴纳增值税。

（3）资产负债表日调整交易性金融资产的公允价值与其账面价值的差额。

若资产负债表日交易性金融资产的公允价值高于其账面价值，其差额：

借：交易性金融资产——公允价值变动

贷：公允价值变动损益

若资产负债表日交易性金融资产的公允价值低于其账面价值，其差额：

借：公允价值变动损益

贷：交易性金融资产——公允价值变动

（4）处置交易性金融资产。

借：其他货币资金——存出投资款（实际收到的金额）

借或贷：交易性金融资产——公允价值变动（处置时该明细账的余额）

借或贷：公允价值变动损益（处置时该账户计入公允价值变动的实际发生额）

借或贷：投资收益

　　贷：交易性金融资产——成本（取得时交易性金融资产的公允价值）

月末计算缴纳该金融资产处置的增值税：

应交增值税=（买入价-卖出价）÷（1+6%）×6%

处置为收益时：

借：投资收益

　　贷：应交税费——转让金融商品应交增值税

处置为损失时，则编制相反的会计分录，留抵下月抵扣：

借：应交税费——转让金融商品应交增值税

　　贷：投资收益

但如果年末"应交税费——转让金融商品应交增值税"科目仍为借方余额，则需要重新转回，不能留抵下年转让金融商品的应交增值税。

借：投资收益

　　贷：应交税费——转让金融商品应交增值税

3.交易性金融资产的核算

【例6-2-1】2017年2月21日甲公司购入一批债券，作为交易性金融资产进行管理和核算，买入价235 000元，其中含5 000元已经到期但尚未领取的债券利息，另外发生相关税费4 200元，增值税252元通过证券户支付。2017年3月21日收到5 000元利息。2017年6月30日该债券的市价为237 000元。2017年8月5日甲公司将该债券按245 600元出售，扣除相关税费后，实际收到237 800元存入证券户。

（1）2017年2月21日甲公司购入债券时，根据相关原始凭证，编制会计分录如下：

借：交易性金融资产——成本	235 000	
投资收益	4 200	
应交税费——应交增值税（进项税额）	252	
贷：其他货币资金——存出投资款		239 452

（2）2017年3月21日甲公司收到利息时，根据相关原始凭证，编制会计分录如下：

借：其他货币资金——存出投资款	5 000	
贷：投资收益		5 000

（3）2017年6月30日（资产负债表日）甲公司将该债券的账面价值调整为公允价值，公允价值增加2 000元（237 000-235 000）。

借：交易性金融资产——公允价值变动	2 000	
贷：公允价值变动损益		2 000

（4）2017年8月5日甲公司出售债券时，根据相关原始凭证，编制会计分录如下：

借：其他货币资金——存出投资款	237 800	
公允价值变动损益	2 000	
贷：交易性金融资产——成本		235 000
——公允价值变动		2 000
投资收益		2 800

（5）2017年8月31日计算出售该债券应交增值税为（245 600-235 000）÷（1+6%）×6%=600（元）。

借：投资收益　　600
　贷：应交税费——转让金融商品应交增值税　　600

【例6-2-2】2017年至2018年甲公司发生的交易性金融资产业务如下：

（1）2017年3月1日向D证券公司划出投资款1 000万元，款项已通过开户行转入D证券公司银行账户。

（2）2017年3月2日委托D证券公司购入A上市公司股票100万股，每股8.00元，另发生相关交易费用2万元，增值税0.34万元，并将该股票划分为交易性金融资产。

（3）2017年6月30日该股票在证券交易所的收盘价格为每股7.70元。

（4）2017年12月31日该股票在证券交易所的收盘价格为每股8.10元。

（5）2018年1月10日将所持有的该股票全部出售，卖出价826.5万元，已存入银行。假定不考虑相关税费。

2017年至2018年甲公司的账务处理如下：

（1）2017年3月1日，甲公司划出投资款时，根据相关原始凭证，编制会计分录如下（单位：万元）：

借：其他货币资金——存出投资款　　1 000
　贷：银行存款　　1 000

（2）2017年3月2日，甲公司购买股票时，根据相关原始凭证，编制会计分录如下（单位：万元）：

借：交易性金融资产——成本　　800
　　投资收益　　2
　　应交税费——应交增值税（进项税额）　　0.34
　贷：其他货币资金——存出投资款　　802.34

（3）2017年6月30日（资产负债表日），甲公司将该股票的账面价值调整为公允价值，公允价值减少30万元（800-100×7.7），编制会计分录如下（单位：万元）：

借：公允价值变动损益　　30
　贷：交易性金融资产——公允价值变动　　30

（4）2017年12月31日（资产负债表日），甲公司将该股票的账面价值调整为公允价值，公允价值增加40万元（8.1×100-7.7×100），编制会计分录如下（单位：万元）：

借：交易性金融资产——公允价值变动　　40
　贷：公允价值变动损益　　40

（5）2018年1月10日，甲公司出售股票时，根据相关原始凭证，编制会计分录如下（单位：万元）：

借：其他货币资金——存出投资款　　826.5
　贷：交易性金融资产——成本　　800
　　　　　　　　　　——公允价值变动　　10
　　投资收益　　16.5
借：公允价值变动损益　　10
　贷：投资收益　　10

（6）2018年1月31日，计算该股票出售应交增值税为（826.5-800）÷（1+6%）×6%=

1.5（万元），编制会计分录如下（单位：万元）：

借：投资收益　1.5

　贷：应交税费——转让金融商品应交增值税　1.5

任务三　持有至到期投资核算（选修）

本任务中的持有至到期投资假设购买的非上市公司债券，只于取得利息收入时按贷款服务计算缴纳增值税，处置时不缴纳增值税。持有至到期投资的资金运动，如图6-3所示。

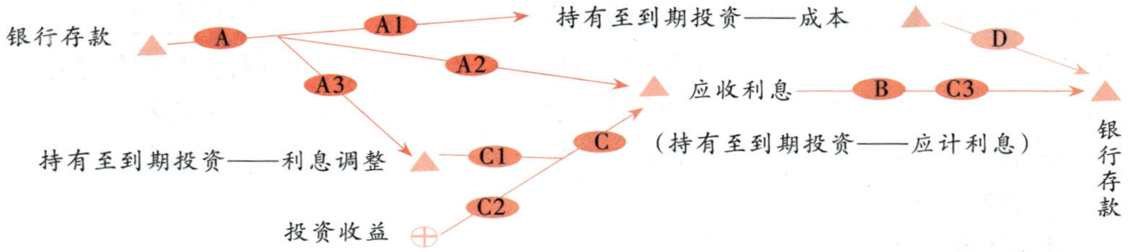

附注：A——购买（A1的流量对应债券面值；A2的流量是指购买时所含的已实现的、应分期收到的利息；溢价购买时A3流量为正，折价购买时A3流量为负）

B——收到利息

C——持有期间利息的处理（C为债券面值与票面利率的乘积；C2反映投资收益所带来的；C1反映二者之差，即利息调整转入的；C3反映利息收到）

D——到期收回本金（如果利息是到期一次性收到，还应包括利息）

图6-3　持有至到期投资资金运动（不考虑减值）

（一）持有至到期投资认知

持有至到期投资是指到期日固定、回收金额固定或可确定，在特定日期收到的合同现金流量仅为对本金和以未收到本金金额为基础的利息的非衍生金融资产，应当将其归类为以摊余成本计量的金融资产。通常情况下，企业持有的、在活跃市场上有公开报价的国债、企业债券、金融债券等，可以划分为持有至到期投资。其具体分析如下：

1.到期日固定、回收金额固定或可确定

到期日固定、回收金额固定或可确定，是指相关合同明确了投资者在确定的期间内获得或应收取现金流量（如投资利息和本金等）的金额和时间。因此，从投资者角度看，如果不考虑其他条件，在将某项投资划分为持有至到期投资时，可以不考虑可能存在的发行方重大支付风险。其次，由于要求到期日固定，从而权益工具投资不能划分为持有至到期投资。再者，如果符合其他条件，不能由于某债务工具投资是浮动利率投资而不将其划分为持有至到期投资。

2.业务管理模式为收取合同现金流

有明确意图持有至到期，是指投资者在取得投资时的意图就是明确的，除非遇到一些企业所不能控制、预期不会重复发生且难以合理预计的独立事件，否则将持有至到期。存在下列情况之一的，表明企业没有明确意图将金融资产投资持有至到期：

（1）持有该金融资产的期限不确定。

（2）发生市场利率变化、流动性需要变化、替代投资机会及其投资收益率变化、融资来源和条件变化、外汇风险变化等情况时，将出售该金融资产。但是，无法控制、预期不会重复发生且难以合理预计的独立事项引起的金融资产出售除外。

（3）该金融资产的发行方可以按照明显低于其摊余成本的金额清偿。

（4）其他表明企业没有明确意图将该金融资产持有至到期的情况。

3.有能力持有至到期

有能力持有至到期，是指企业有足够的财务资源，并不受外部因素影响将投资持有至到期。

存在下列情况之一的，表明企业没有能力将具有固定期限的金融资产投资持有至到期：

（1）没有可利用的财务资源持续地为该金融资产投资提供资金支持，以使该金融资产投资持有至到期。

（2）受法律、行政法规的限制，企业难以将该金融资产投资持有至到期。

（3）其他表明企业没有能力将具有固定期限的金融资产投资持有至到期的情况。

企业应当于每个资产负债表日对持有至到期投资的业务模式和能力进行评价。发生变化的，应当将其重分类为可供出售金融资产进行处理，并按未来适用法进行核算。

（二）持有至到期投资核算

1.持有至到期投资的账户设置

“持有至到期投资”账户是资产类账户，用来核算企业持有至到期投资的价值的增减变动情况。

“持有至到期投资”账户应当按照持有至到期投资的类别和品种，分别通过“成本”“利息调整”“应计利息”等进行明细核算。

“持有至到期投资——成本”明细账的借方登记取得持有至到期投资时债券的面值；贷方登记处置持有至到期投资时债券的面值。

“持有至到期投资——利息调整”明细账的借方登记取得持有至到期投资时实际支付的金额高于债券面值的差额、资产负债表日按持有至到期投资摊余成本和实际利率确定的利息收入高于按债券面值和票面利率确定的票面利息的差额、资产处置时该账户贷方发生额的转出额；贷方登记取得持有至到期投资时实际支付的金额低于债券面值的差额、资产负债表日按持有至到期投资摊余成本和实际利率确定的利息收入低于按债券面值和票面利率确定的票面利息的差额、资产处置时该账户借方发生额的转出额。

“持有至到期投资——应计利息”明细账用来核算一次还本付息债券的票面利息。其借方登记资产负债表日按债券面值和票面利率确定的票面利息；贷方登记到期收回的一次还本付息债券的票面利息或处置时收回的票面利息。

“持有至到期投资”账户的期末余额在借方，反映企业持有至到期投资的摊余成本。

2.持有至到期投资核算程序

（1）持有至到期投资取得时：

借：持有至到期投资——成本（面值）

　　应收利息（已到付息期但尚未支付的利息）

借或贷：持有至到期投资——利息调整（差额包括溢价、折价和交易费用）

　贷：银行存款（实际支付金额）

（2）持有至到期投资在持有期内的投资收益：

❶资产负债表日，持有至到期投资如为分期付息、一次还本债券投资：

借：应收利息（债券面值×票面利率）

借或贷：持有至到期投资——利息调整（差额）
　贷：投资收益（持有至到期投资摊余成本×实际利率）
同时，计算应交增值税：
借：投资收益
　贷：应交税费——应交增值税（销项税额）
❷资产负债表日，持有至到期投资如为一次还本付息债券投资：
借：持有至到期投资——应计利息（债券面值×票面利率）
借或贷：持有至到期投资——利息调整（差额）
　贷：投资收益（持有至到期投资摊余成本×实际利率）
其利息收入于到期收到时一次计算缴纳增值税。
（3）持有至到期投资的处置：
借：银行存款（实际收到的金额）
借或贷：持有至到期投资——利息调整
借或贷：投资收益
　贷：持有至到期投资——成本
　　　　　　　　　——应计利息
如果持有至到期投资已计提减值准备的，还应同时结转减值准备。
处置期末，按差额计算应交增值税，调整投资收益。
3.持有至到期投资核算
【例6-3-1】甲公司于2018年1月1日以价款80 000元购入A公司当日发行的3年期公司债券，作为持有至到期投资管理。债券面值80 000元，票面年利率10%，每年年末付息、到期一次还本。另支付经纪人佣金等附加费用4 136元。假设该债券投资的实际利率为8%。
（1）2018年1月1日，甲公司购入债券时，根据相关原始凭证，编制会计分录如下：

借：持有至到期投资——成本	80 000	
——利息调整	4 136	
贷：银行存款		84 136

（2）债券持有期内，甲公司于每年年末按实际利率法计算当期的投资收益见表6-1：

表6-1　**投资收益计算表**　单位：元

日　期	期初摊余成本 ❶	实际利息 ❷=❶×8%	现金流入 ❸	利息调整 ❹=❸-❷	期末摊余成本 ❺=❶-❹
2018年12月31日	84 136.00	6 730.88	8 000.00	1 269.12	82 866.88
2019年12月31日	82 866.88	6 629.35	8 000.00	1 370.65	81 496.23
2020年12月31日	81 496.23	6 503.77	8 000.00	1 496.23	80 000.00

❶2018年年末，甲公司编制会计分录如下：

借：应收利息	8 000	
贷：投资收益		6 730.88
持有至到期投资——利息调整		1 269.12
借：银行存款	8 000	
贷：应收利息		8 000

计算利息收入应交增值税为 8 000÷（1+6%）×6%=452.83（元）。

借：投资收益　　452.83
　贷：应交税费——应交增值税（销项税额）　　452.83

❷2019年年末，甲公司编制会计分录如下：

借：应收利息　　8 000
　贷：投资收益　　6 629.35
　　持有至到期投资——利息调整　　1 370.65
借：银行存款　　8 000
　贷：应收利息　　8 000

计算利息收入应交增值税为 8 000÷（1+6%）×6%=452.83（元）。

借：投资收益　　452.83
　贷：应交税费——应交增值税（销项税额）　　452.83

❸2020年年末，甲公司编制会计分录如下：

借：应收利息　　8 000
　贷：投资收益　　6 503.77
　　持有至到期投资——利息调整　　1 496.23
借：银行存款　　88 000
　贷：应收利息　　8 000
　　持有至到期投资——成本　　80 000

计算利息收入应交增值税为 8 000÷（1+6%）×6%=452.83（元）。

借：投资收益　　452.83
　贷：应交税费——应交增值税（销项税额）　　452.83

【例 6-3-2】2017年1月1日甲公司支付价款1 000元（含交易费用）从活跃市场上购入某公司5年期债券，甲公司将购入的该公司债券划分为持有至到期投资。债券面值1 250元，票面利率4.72%，按年支付利息（即每年59元），本金最后一次支付。假设该债券投资的实际利率为10%。

（1）2017年1月1日，甲公司购入债券时，根据相关原始凭证，编制会计分录如下：

借：持有至到期投资——成本　　1 250
　贷：持有至到期投资——利息调整　　250
　　银行存款　　1 000

（2）债券持有期内，甲公司于每年年末按实际利率法计算当期的投资收益见表6-2：

表 6-2　　投资收益计算表　　单位：元

日　期	期初摊余成本 ❶	实际利息 ❷=❶×10%	现金流入 ❸	利息调整 ❹=❷-❸	期末摊余成本 ❺=❶-❹
2017年12月31日	1 000	100	59	41	1 041
2018年12月31日	1 041	104	59	45	1 086
2019年12月31日	1 086	109	59	50	1 136
2020年12月31日	1 136	114*	59	55	1 191
2021年12月31日	1 191	118**	59	59	1 250

注：*数字四舍五入取整；**数字考虑了计算过程中出现的尾差。

❶2017年年末，甲公司编制会计分录如下：

借：应收利息	59	
持有至到期投资——利息调整	41	
贷：投资收益		100
借：银行存款	59	
贷：应收利息		59
借：投资收益	3.34	
贷：应交税费——应交增值税（销项税额）		3.34

❷2018—2020年会计分录略。

❸2021年年末，甲公司编制会计分录如下：

借：应收利息	59	
持有至到期投资——利息调整	59	
贷：投资收益		118
借：银行存款	1 309	
贷：应收利息		59
持有至到期投资——成本		1 250
借：投资收益	3.34	
贷：应交税费——应交增值税（销项税额）		3.34

任务四　可供出售金融资产核算（选修）

（一）可供出售金融资产认知

企业管理该金融资产的业务模式既以收取合同现金流量为目标又以出售该金融资产为目标，应以公允价值计量且其变动计入其他综合收益。可供出售金融资产的资金运动，如图6-4、图6-5所示。

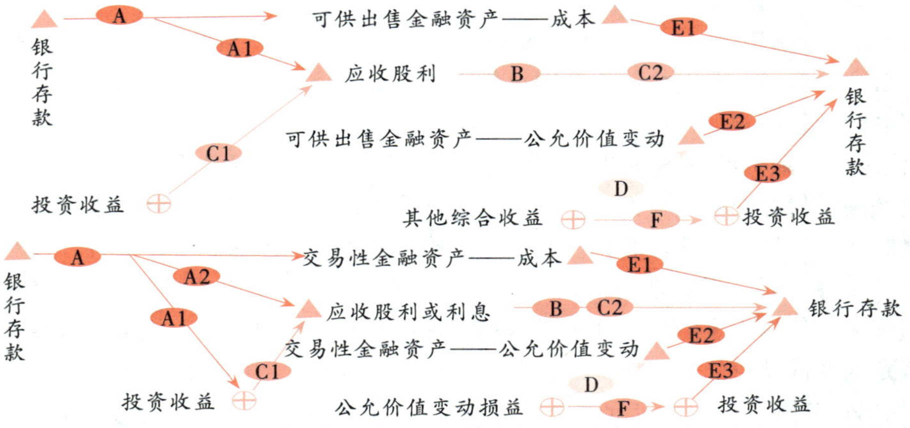

附注：A——购买　B——收到现金股利　C——持有期间股利的处理（C1为确认，C2为收到）

D——期末按公允价值进行调整　E——处理该资产

F——将原计入其他综合收益的累计金额转为投资收益

图6-4　股权性可供出售金融资产资金运动

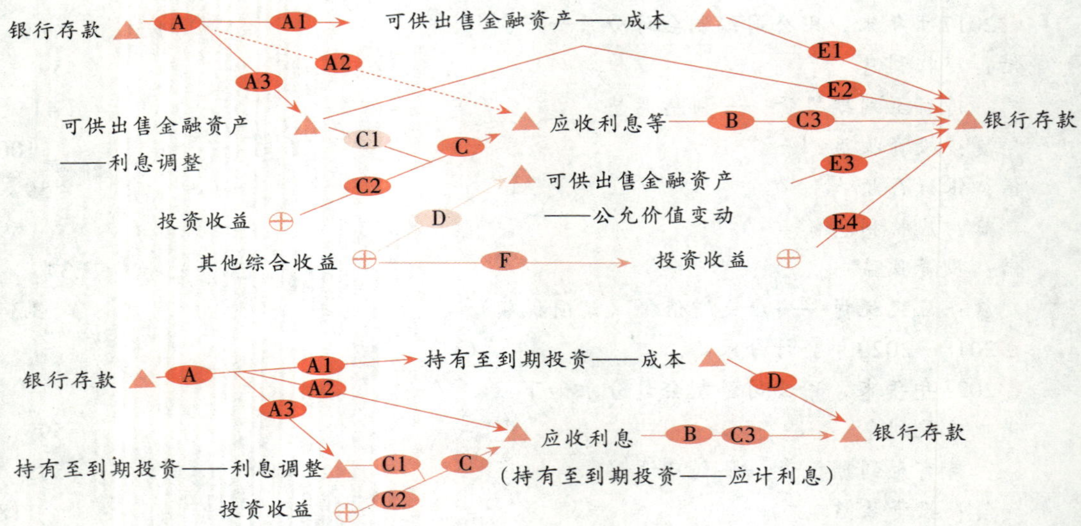

附注：A——购买（A1债券面值；A2已实现利息；溢价购买时A3流量为正，折价购买时A3流量为负）

B——收到利息　D——期末按公允价值对其账面价值进行调整

C——持有期间利息的处理（C1利息的调整，C2投资收益所带来的，C3收到利息）

E——处置　　F——处置后，将原计入其他综合收益的累计金额转为投资收益

图6-5　债权性可供出售金融资产资金运动

（二）可供出售金融资产的账户设置

“可供出售金融资产”账户是资产类账户，用来核算企业持有的可供出售金融资产的价值的增减变动情况。

“可供出售金融资产”账户应当按照可供出售金融资产的类别和品种，分别通过“成本”“公允价值变动”“利息调整”“应计利息”等进行明细核算。

“可供出售金融资产——成本”明细账户的借方登记企业取得的可供出售的股权类金融资产的公允价值与交易费用之和、债权类金融资产的债权面值；贷方登记处置时结转的可供出售金融资产的成本。

“可供出售金融资产——公允价值变动”明细账户的借方登记资产负债表日股权类的金融资产公允价值高于账面余额的差额；贷方登记资产负债表日股权类的金融资产公允价值低于账面余额的差额。

“可供出售金融资产——利息调整”明细账户的借方登记取得债权类金融资产时实际支付的金额高于债券面值的差额、资产负债表日按债权类金融资产摊余成本和实际利率确定的利息收入高于按债券面值和票面利率确定的票面利息的差额、资产处置时该账户贷方发生额的转出额；贷方登记取得债权类金融资产时实际支付的金额低于债券面值的差额、资产负债表日按债权类金融资产摊余成本和实际利率确定的利息收入低于按债券面值和票面利率确定的票面利息的差额、资产处置时该账户借方发生额的转出额。

“可供出售金融资产——应计利息”明细账户用来核算一次还本付息债券的票面利息。该账户的借方登记资产负债表日按债券面值和票面利率确定的票面利息；贷方登记到期收回的一次还本付息债券的票面利息或处置时收回的票面利息。

“可供出售金融资产”账户的期末余额在借方，反映企业可供出售金融资产的公允价值或摊余成本。

（三）可供出售金融资产核算程序

1.股权类可供出售金融资产核算程序

（1）企业取得股权类可供出售金融资产时：

借：可供出售金融资产——成本（按其公允价值与交易费用之和）

　　应收股利（按支付价款中包含的已宣告但尚未发放的现金股利）

　贷：银行存款（按实际支付的金额）

（2）在持有可供出售金融资产期间被投资单位宣告发放的现金股利：

借：应收股利（持有期间的股利）

　贷：投资收益

（3）持有期间，资产负债表日企业将股权类可供出售金融资产的账面价值调整为公允价值。

❶若资产负债表日，可供出售金融资产的公允价值高于其账面余额，其差额：

借：可供出售金融资产——公允价值变动

　贷：其他综合收益

❷若资产负债表日，可供出售金融资产的公允价值低于其账面余额，其差额：

借：其他综合收益

　贷：可供出售金融资产——公允价值变动

（4）处置股权类可供出售金融资产时：

借：银行存款（其他货币资金——存出投资款）（实际收到的金额）

借或贷：可供出售金融资产——公允价值变动（处置时该明细账的余额）

借或贷：投资收益

　贷：可供出售金融资产——成本（取得时的成本）

同时，

借或贷：其他综合收益（处置时该明细账的余额）

贷或借：投资收益

处置月末，根据卖出价与买入价（可用加权价或移动加权价确认）的差额计算应交增值税：

借：投资收益

　贷：应交税费——转让金融商品应交增值税

如果为处置亏损，则编制相反的会计分录。

如果可供出售金融资产已计提减值准备的，还应同时结转减值准备。

2.债权类可供出售金融资产核算程序

（1）债权类可供出售金融资产取得时：

借：可供出售金融资产——成本（面值）

　　应收利息（已到付息期但尚未支付的利息）

借或贷：可供出售金融资产——利息调整（差额包括溢价、折价和交易费用）

　贷：银行存款（实际支付金额）

（2）债权类可供出售金融资产持有期内的投资收益：

❶资产负债表日，可供出售金融资产如为分期付息、一次还本债券投资：

借：应收利息（债券面值×票面利率）

借或贷：可供出售金融资产——利息调整（差额）

　贷：投资收益（可供出售金融资产摊余成本×实际利率）

根据利息收入计算应交增值税：

借：投资收益

　贷：应交税费——应交增值税（销项税额）

❷资产负债表日，可供出售金融资产如为一次还本付息债券投资：

借：可供出售金融资产——应计利息（债券面值×票面利率）

借或贷：可供出售金融资产——利息调整（差额）

　贷：投资收益（可供出售金融资产摊余成本×实际利率）

（3）债权类可供出售金融资产的处置：

借：银行存款（实际收到的金额）

借或贷：可供出售金融资产——利息调整

借或贷：投资收益

　贷：可供出售金融资产——成本

　　　　　　　　　　　——应计利息

处置月末，根据卖出价与买入价（可用加权价或移动加权价）的差额计算应交增值税：

借：投资收益

　贷：应交税费——转让金融商品应交增值税

如果为处置亏损，则编制相反的会计分录。

如果可供出售金融资产已计提减值准备的，还应同时结转减值准备。

（四）可供出售金融资产的核算

【例6-4-1】甲公司于2017年3月1日从二级市场购入A公司股票10 000股，每股市价19.6元，发生交易费用4 000元，款项均以银行存款支付，企业将其作为可供出售金融资产进行管理和核算。2017年6月30日该股票市价为每股17元。2017年12月31日该股票市价为每股15元。2018年3月10日企业以每股16.5元的价格将其出售，款项收到存入银行。

（1）2017年3月1日购入股票时，甲公司根据相关原始凭证，编制会计分录如下：

借：可供出售金融资产——成本	200 000	
贷：银行存款		200 000

（2）2017年6月30日确认公允价值变动：

借：其他综合收益	30 000	
贷：可供出售金融资产——公允价值变动		30 000

（3）2017年12月31日确认公允价值变动：

借：其他综合收益	20 000	
贷：可供出售金融资产——公允价值变动		20 000

（4）2018年3月10日出售该股票时，甲公司根据相关原始凭证，编制会计分录如下：

借：银行存款　165 000
　可供出售金融资产——公允价值变动　50 000
　投资收益　35 000
　贷：可供出售金融资产——成本　200 000
　　其他综合收益　50 000

（5）2018年3月31日计算出售该股票应交增值税为10 000×（16.5–19.6）÷（1+6%）×6%=1 754.72（元）。

借：应交税费——转让金融商品应交增值税　1 754.72
　贷：投资收益　1 754.72

【例6–4–2】甲公司于2018年1月1日从证券市场上购入B公司于2016年1月1日发行的债券作为可供出售金融资产。该债券5年期，票面年利率5%，于每年1月5日支付上年度的利息，到期日为2021年1月1日，一次归还本金和最后一次利息。债券购入时实际利率为4%。甲公司购入债券面值1 000万元，实际支付1 086.3万元，按年计提利息。2019年1月10日将该债券以1 060万元售出。

（1）2018年1月1日购入时，甲公司根据相关原始凭证，编制会计分录如下（单位：万元）：

借：可供出售金融资产——成本　1 000.0
　应收利息　50.0
　可供出售金融资产——利息调整　36.3
　贷：银行存款　1 086.3

（2）2018年1月5日收到利息时，甲公司根据相关原始凭证，编制会计分录如下（单位：万元）：

借：银行存款　50
　贷：应收利息　50

（3）2018年年末计提当年的利息，甲公司根据相关原始凭证，编制会计分录如下（单位：万元）：

实际利息=1 036.3×4%=41.45（万元）

票面利息=1 000×5%=50（万元）

借：应收利息　50.00
　贷：投资收益　41.45
　　可供出售金融资产——利息调整　8.55

同时，计算应交增值税为50÷（1+6%）×6%=2.83（万元）。

借：投资收益　2.83
　贷：应交税费——应交增值税（销项税额）　2.83

（4）2019年1月5日收到利息时，甲公司根据相关原始凭证，编制会计分录如下（单位：万元）：

借：银行存款　50
　贷：应收利息　50

（5）2019年1月10日债券出售时，甲公司根据相关原始凭证，编制会计分录如下

（单位：万元）：

借：银行存款	1 060.00	
贷：可供出售金融资产——成本		1 000.00
——利息调整		27.75
投资收益		32.25

1月31日计算出售债券应交增值税为（1 060−1 036.3）÷（1+6%）×6%=1.34（万元）。

借：投资收益	1.34	
贷：应交税费——转让金融商品应交增值税		1.34

任务五 长期股权投资核算

（一）长期股权投资认知

长期股权投资包括企业持有的对子公司、合营企业及联营企业的权益性投资，以及企业持有的对被投资单位不具有控制、共同控制或重大影响，且在活跃市场上没有报价、公允价值不能可靠计量的权益性投资。其具体包括：

1.对可控制企业的投资

它是指对投资企业所控制的企业投资。所谓控制，是指能够统驭一个企业的财务和经营决策，借此从该企业的经营活动中获取利益。投资企业直接或间接地拥有受资企业有表决权的资本总额50%以上时，对被投资企业有控制权，或根据章程或协议，投资企业对被投资企业拥有实质上的控制权。通常称投资企业为“母公司”，称被投资企业为“子公司”，母公司及其全部子公司构成一个企业集团，称为“集团公司”。

2.对共同控制企业的投资

它是指按合同约定对某项经济活动所共有的控制。这里的共同控制仅指共同控制实体，不包括共同控制经营、共同控制财产等。共同控制实体是指由两个或多个企业共同投资建立的实体。被投资单位的财务和经营政策必须由投资双方或若干方共同决定。

3.对有重大影响企业的投资

它是指投资企业对被投资企业的财务和经营政策有参与决策的权利，但不是控制权。其通常指投资企业出资组成的合资企业、联营企业。投资企业对直接拥有受资企业的财务和经营政策的决策具有重大影响。此外，虽然控制企业拥有的被投资企业有表决权的资本总额在20%以下，但实质上对受资企业有重大影响，也应确认为有重大影响的投资。

4.对无重大影响企业的投资

它是指对无控制、无共同控制且无重大影响3种类型以外的企业投资。投资企业的投资额占被投资企业有表决权的资本总额20%以下，同时不存在其他实施重大影响的条件，则投资企业对受资企业的财务和经营政策无重大影响。并且，这种权益性投资在活跃市场上没有报价，公允价值不能可靠计量。

长期股权投资的核算方法有两种：一是成本法；二是权益法。

（二）采用成本法核算的长期股权投资

采用成本法核算的长期股权投资的资金运动，如图6-6所示。

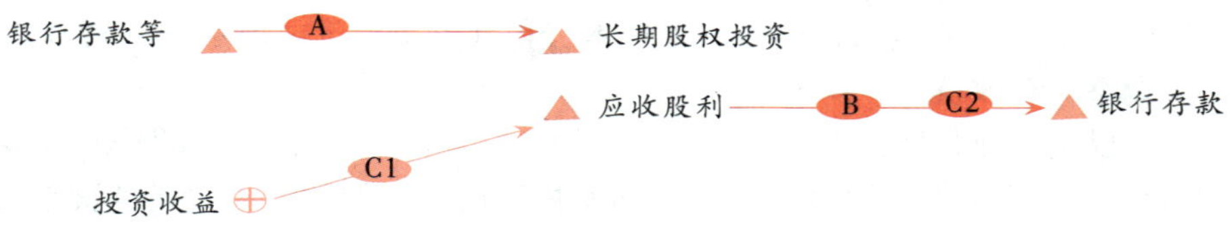

附注：A——购买（含买价中所含的已宣告但尚未支付的现金股利）

B——收到现金股利

C——持有期间确认并收到现金股利（C1确认现金股利，C2收到现金股利）

图6-6　成本法核算引起的资金运动

1.成本法的概念和适用范围

成本法是指长期股权投资的价值通常按初始投资成本计量，除追加或收回投资外，一般不对长期股权投资的账面价值进行调整的一种会计处理方法。

长期股权投资成本法的核算适用下列情形：

（1）投资企业能够对被投资单位实施控制的长期股权投资，即企业对子公司的投资。

（2）投资企业对被投资单位不具有共同控制或重大影响，并且在活跃市场中没有报价、公允价值不能可靠计量的长期股权投资。即投资企业的投资额占被投资企业有表决权的资本总额20%以下。

2.账户设置

“长期股权投资”账户是资产类账户，用来核算企业持有的长期股权投资的价值的增减。成本法下，该账户的借方登记长期股权投资取得时的成本以及投资期间追加的成本；贷方登记投资期间冲减的成本以及收回长期股权投资时结转的成本；期末余额在借方，反映企业持有的长期股权投资的价值。

“长期股权投资”账户按投资对象设置明细账，进行明细分类核算。

3.采用成本法核算的长期股权投资取得时的核算

长期股权投资取得时的初始投资成本，是指取得长期股权投资时支付的全部价款（包括实际支付价款中包含的已宣告但尚未领取的现金股利）或放弃非现金资产的账面价值，以及支付的税金、手续费等相关费用（如有补价的，还应加或减补价，并加上确认的损益），不包括为取得长期股权投资所发生的评估、审计、咨询等费用。初始投资成本也取决于长期股权投资形成的方式。

企业合并形成的长期股权投资。

企业合并是指将两个或者两个以上单独的企业合并形成一个报告主体的交易或事项。企业合并可分为同一控制下的企业合并和非同一控制下的企业合并。

①同一控制下的企业合并。

同一控制下的企业合并是指参与合并的企业在合并前后均受同一方或相同的多方最终控制且该控制并非暂时性的。对于同一控制下的企业合并，在合并日取得对其他参与合并企业控制权的一方为合并方，参与合并的其他企业为被合并方。合并日是指合并方实际取得对被合并方控制权的日期。

同一控制下的企业合并，合并方应当在合并日按照取得被合并方所有者权益账面价值的份额作为长期股权投资的初始投资成本。以支付现金、转让非现金资产或承担债务方式作为合并对价的，长期股权投资初始投资成本与支付的现金、转让的非现金资产以及所承担债务账面价值之间的差额，应当调整资本公积（资本溢价或股本溢价）；资本公积不足冲减的，调整留存收益。

合并方以发行权益性证券作为合并对价的，应当在合并日按照取得被合并方所有者权益账面价值的份额作为长期股权投资的初始投资成本。按照发行股份的面值总额作为股本，长期股权投资初始投资成本与所发行股份面值总额之间的差额，应当调整资本公积（资本溢价或股本溢价）；资本公积不足冲减的，调整留存收益。

【例6-5-1】甲公司于2018年3月1日取得乙公司100%的股权，合并前甲、乙两家公司都受A公司控制。合并日，乙公司所有者权益总额为2 000 000元。甲公司共向乙公司支付现金1 800 000元。合并日，甲公司根据相关原始凭证，编制会计分录如下：

借：长期股权投资	2 000 000	
贷：银行存款		1 800 000
资本公积——股本溢价		200 000

【例6-5-2】甲公司于2018年3月1日取得乙公司100%的股权，合并前甲、乙两家公司都受A公司控制。合并日，乙公司所有者权益总额为2 000 000元。甲公司共向乙公司支付现金2 100 000元。合并日，甲公司根据相关原始凭证，编制会计分录如下：

借：长期股权投资	2 000 000	
资本公积——股本溢价	100 000	
贷：银行存款		2 100 000

【例6-5-3】甲公司于2018年3月1日取得乙公司100%的股权，合并前甲、乙两家公司都受A公司控制。合并日，乙公司所有者权益总额为2 000 000元。甲公司向乙公司提供一批原材料作为合并对价，原材料成本为1 800 000元，购买时的增值税为306 000元。合并日，甲公司根据相关原始凭证，编制会计分录如下：

借：长期股权投资	2 000 000	
资本公积——股本溢价	106 000	
贷：原材料		1 800 000
应交税费——应交增值税（销项税额）		306 000

【例6-5-4】甲公司于2018年3月1日取得乙公司100%的股权，合并前甲、乙两家公司都受A公司控制。合并日，乙公司所有者权益总额为2 000 000元。甲公司向乙公司提供一幢厂房作为合并对价，该厂房成本为2 800 000元，已提折旧1 000 000元，已提减值准备200 000元。合并日，甲公司根据相关原始凭证，编制会计分录如下：

借：固定资产清理	1 600 000	
累计折旧	1 000 000	
固定资产减值准备	200 000	
贷：固定资产		2 800 000
借：长期股权投资	2 000 000.00	
贷：固定资产清理		1 600 000.00
应交税费——简易计税		95 238.10
资本公积——股本溢价		304 761.90

处置2016年4月30日以前的不动产按简易计税征收增值税，税率为5%，应交增值税

为2 000 000÷（1+5%）×5%=95 238.10（元）。

【例6-5-5】甲公司于2018年3月1日取得乙公司100%的股权，合并前甲、乙两家公司都受A公司控制。合并日，乙公司所有者权益总额为2 000 000元。甲公司向乙公司发行600 000股普通股（每股面值1元）作为合并对价。合并日，甲公司根据相关原始凭证，编制会计分录如下：

借：长期股权投资	2 000 000	
贷：股本		600 000
资本公积——股本溢价		1 400 000

❷非同一控制下的企业合并。

参与合并的各方在合并前后不受同一方或相同的多方最终控制的，为非同一控制下的企业合并。非同一控制下的企业合并，在购买日取得对其他参与合并企业控制权的一方为购买方，参与合并的其他企业为被购买方。购买日是指购买方实际取得对被购买方控制权的日期。非同一控制下的企业合并，购买方在购买日应当区别下列情况确定企业合并成本，并将其作为长期股权投资的初始投资成本。

一次交换交易实现的企业合并，长期股权投资的初始投资成本为购买方在购买日为取得对被购买方的控制权而付出的资产、发生或承担的负债以及发行的权益性证券的公允价值。

通过多次交换交易分步实现的企业合并，长期股权投资的初始投资成本为每一单项交易成本之和。

购买方为进行企业合并发生的各项直接相关费用也应当计入企业合并成本，该直接相关费用不包括为企业合并发行的债券或承担其他债务支付的手续费、佣金等，也不包括企业合并中发行权益性证券发生的手续费、佣金等费用。

无论是同一控制下的企业合并还是非同一控制下的企业合并形成的长期股权投资，实际支付的价款或对价中包含的已宣告但尚未发放的现金股利或利润，都应作为应收项目（即应收股利）处理。

【例6-5-6】甲公司于2018年3月1日取得乙公司100%的股权，合并前甲、乙两家公司不存在任何关联关系。甲公司共向乙公司支付现金1 800 000元。合并日，甲公司根据相关原始凭证，编制会计分录如下：

借：长期股权投资	1 800 000	
贷：银行存款		1 800 000

【例6-5-7】甲公司于2018年3月1日取得乙公司100%的股权，合并前甲、乙两家公司不存在任何关联关系。甲公司共向乙公司支付现金2 100 000元，并支付律师费50 000元，增值税专用发票注明增值税为3 000元。合并日，甲公司根据相关原始凭证，编制会计分录如下：

借：长期股权投资	2 150 000	
应交税费——应交增值税（进项税额）	3 000	
贷：银行存款		2 153 000

【例6-5-8】甲公司于2018年3月1日取得乙公司100%的股权，合并前甲、乙两家公司不存在任何关联关系。甲公司向乙公司提供一批原材料作为合并对价，原材料成本

为1 800 000元，公允价值为2 000 000元。合并日，甲公司根据相关原始凭证，编制会计分录如下：

借：长期股权投资　2 340 000
　贷：其他业务收入　2 000 000
　　应交税费——应交增值税（销项税额）　340 000
借：其他业务成本　1 800 000
　贷：原材料　1 800 000

【例6-5-9】甲公司于2018年3月1日取得乙公司100%的股权，合并前甲、乙两家公司不存在任何关联关系。甲公司向乙公司提供一幢厂房（2010年购建）作为合并对价，该厂房成本为2 800 000元，已提折旧1 000 000元，已提减值准备200 000元。该厂房的公允价值为2 500 000元。合并日，甲公司根据相关原始凭证，编制会计分录如下：

借：固定资产清理　1 600 000
　累计折旧　1 000 000
　固定资产减值准备　200 000
　贷：固定资产　2 800 000
借：长期股权投资　2 500 000.00
　贷：固定资产清理　1 600 000.00
　　应交税费——简易计税　119 047.62
　　资产处置损益　780 952.38

处置2016年4月30日以前的不动产按简易计税征收增值税，税率为5%，应交增值税为250 000÷（1+5%）×5%=119 047.62（元）。

【例6-5-10】甲公司于2018年3月1日取得乙公司100%的股权，合并前甲、乙两家公司不存在任何关联关系。甲公司向乙公司发行600 000股普通股（每股面值1元）作为合并对价，该普通股的市价为每股5元。合并日，甲公司根据相关原始凭证，编制会计分录如下：

借：长期股权投资　3 000 000
　贷：股本　600 000
　　资本公积——股本溢价　2 400 000

❸非合并形成的长期股权投资。

除企业合并形成的长期股权投资以外，其他方式取得的长期股权投资，投资企业对被投资单位不具有共同控制或重大影响，并且在活跃市场中没有报价，公允价值不能可靠计量。投资企业的投资额占被投资企业有表决权的资本总额20%以下，其核算采用成本法，应当按照下列规定确定其初始投资成本：

以支付现金取得的长期股权投资，应当按照实际支付的购买价款作为初始投资成本。初始投资成本包括与取得长期股权投资直接相关的费用、税金及其他必要支出。企业取得长期股权投资，实际支付的价款或对价中包含的已宣告但尚未发放的现金股利或利润，不能作为应收项目处理，应直接计入长期股权投资的初始成本。

以发行权益性证券取得的长期股权投资，应当按照发行权益性证券的公允价值作为初始投资成本。

投资者投入的长期股权投资，应当按照投资合同或协议约定的价值作为初始投资成本，但合同或协议约定价值不公允的除外。

通过非货币性资产交换取得的长期股权投资，其初始投资成本应当参照非货币性资产交换有关规定处理。

通过债务重组取得的长期股权投资，其初始投资成本参照债务重组有关规定确定。

其会计核算与“非同一控制下的企业合并”类似。

4.采用成本法核算的长期股权投资持有期的核算

采用成本法核算的长期股权投资在持有期内应当按照企业应享有的份额计算应收股利和投资收益。无论派发的现金股利是在投资时已宣告的，还是取得投资后才宣告的，都直接计入投资收益。

【例6-5-11】甲公司于2018年1月1日以银行存款500 000元购入C公司（非上市公司）10%的股份，并准备长期持有，采用成本法核算。

C公司于2018年5月2日宣告分派2017年度现金股利100 000元。

甲公司应进行账务处理如下：

（1）2018年1月1日，甲公司根据相关原始凭证，编制会计分录如下：

借：长期股权投资——C公司	500 000	
贷：银行存款		500 000

（2）2018年5月2日，宣告发放现金股利时，甲公司相关计算如下：

应收股利=100 000×10%=10 000（元），属于取得投资后宣告的现金股利，直接计入当期投资收益。

借：应收股利	10 000	
贷：投资收益		10 000

（3）收到现金股利时，甲公司根据相关原始凭证，编制会计分录如下：

借：银行存款	10 000	
贷：应收股利		10 000

5.采用成本法核算的长期股权投资处置时的核算

处置长期股权投资时，长期股权投资账面价值与实际取得价款的差额，应当计入投资收益。若计提了长期股权投资减值准备，也应一并结转。

【例6-5-12】接【例6-5-11】，甲公司于2020年6月1日以550 000元转让持有的C公司10%的股份。甲公司根据相关原始凭证，编制会计分录如下：

借：银行存款	550 000	
贷：长期股权投资——C公司		490 000
投资收益		60 000

（三）采用权益法核算的长期股权投资

采用权益法核算的长期股权投资的资金运动，如图6-7所示。

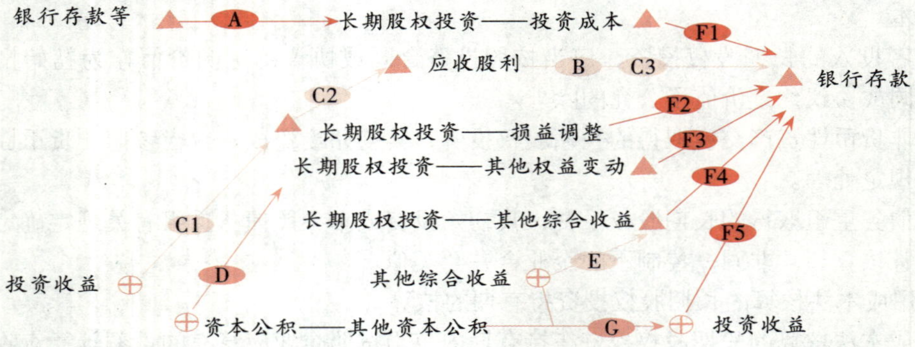

附注：A——购买　　　　　B——收到现金股利

C——期末确认投资收益及随后的现金股利处理（C1确认投资收益，其流量可能为负；C2确认应收股利；C3收到现金股利）

D——期末确认由于被投资方其他权益变动导致投资企业股权投资账面价值的变化

E——期末确认由于被投资方其他综合收益变化导致投资企业账面价值的变动

F——处理该资产（处置出现亏损时，F5的流量为负）

G——处置时，将其他权益变动、其他综合收益转为投资收益（流量可能为负）

图6-7　权益法核算引起的资金运动

1.权益法的概念和适用范围

权益法是指长期股权投资以初始投资成本计量后，在投资持有期间根据投资企业享有被投资单位所有者权益份额的变动对投资的账面价值进行调整的方法。

投资企业对被投资单位具有共同控制或重大影响的长期股权投资，应当采用权益法核算。其一般是指投资企业的投资额占被投资企业有表决权的资本总额20%以上50%以下。

2.账户设置

“长期股权投资”账户是资产类账户，用来核算企业持有的长期股权投资的价值的增减。

权益法下，“长期股权投资”账户按投资对象分别“成本”“损益调整”“其他权益变动”设置明细账，进行明细分类核算。

“长期股权投资——成本”明细账的借方登记长期股权投资取得时的成本以及投资期间追加的成本；贷方登记投资期间冲减的成本以及收回长期股权投资时结转的成本。

“长期股权投资——损益调整”明细账的借方登记长期股权投资投资期内应当享有的被投资单位实现的净收益；贷方登记长期股权投资投资期内应当分担的被投资单位净损失、收到的被投资单位分配的现金股利或利润。

“长期股权投资——其他权益变动”明细账的借方登记长期股权投资投资期内应当享有的被投资单位除净损益以外所有者权益的其他变动；贷方登记长期股权投资处置时结转的其他权益变动。

“长期股权投资”账户期末余额在借方，反映企业持有的长期股权投资的价值。

3.采用权益法核算的长期股权投资取得时的核算

采用权益法核算的长期股权投资取得时的核算分为两步：

（1）确定长期股权投资的初始投资成本，其方法同“成本法下，非合并形成的长期股权投资的初始计量”。

以支付现金取得的长期股权投资，应当按照实际支付的购买价款作为初始投资成本。初始投资成本包括与取得长期股权投资直接相关的费用、税金及其他必要支出。企业取得长期股权投资，实际支付的价款或对价中包含的已宣告但尚未发放的现金股利或利润，不单独作为应收项目处理，即不需要借记“应收股利”科目，而直接计入长期股权投资的初始成本。

以发行权益性证券取得的长期股权投资，应当按照发行权益性证券的公允价值作为初始投资成本。

投资者投入的长期股权投资，应当按照投资合同或协议约定的价值作为初始投资成本，但合同或协议约定价值不公允的除外。

通过非货币性资产交换取得的长期股权投资，其初始投资成本应当参照非货币性资产交换有关规定处理。

通过债务重组取得的长期股权投资，其初始投资成本参照债务重组有关规定确定。

（2）调整长期股权投资的初始投资成本。将确认的长期股权投资的初始投资成本与投资时应享有被投资单位可辨认净资产公允价值的份额进行比较。如果长期股权投资的初始投资成本大于投资时应享有被投资单位可辨认净资产公允价值份额的，不调整长期股权投资的初始投资成本；长期股权投资的初始投资成本小于投资时应享有被投资单位可辨认净资产公允价值份额的，应按其差额，借记“长期股权投资——成本”科目，贷记“营业外收入”科目。

【例 6-5-13】甲公司以银行存款 2 000 万元取得 B 公司 30% 的股权，能够对 B 公司施加重大影响，取得投资时被投资单位可辨认净资产的公允价值为 6 000 万元。

（1）投资时，甲公司根据相关原始凭证，编制会计分录如下（单位：万元）：

借：长期股权投资——成本	2 000	
贷：银行存款		2 000

（2）比较长期股权投资的初始投资成本与投资时应享有的 B 公司的可辨认净资产公允价值的份额。

应享有的 B 公司的可辨认净资产公允价值的份额=6 000×30%=1 800（万元）

由于长期股权投资的初始投资成本大于投资时应享有的 B 公司的可辨认净资产公允价值的份额，因此不需调整长期股权投资的初始投资成本。

【例 6-5-14】接【例 6-5-13】，如果投资时 B 公司的可辨认净资产的公允价值为 7 000 万元，A 公司应进行会计处理如下：

（1）投资时，甲公司根据相关原始凭证，编制会计分录如下（单位：万元）：

借：长期股权投资——成本	2 000	
贷：银行存款		2 000

（2）比较长期股权投资的初始投资成本与投资时应享有的 B 公司的可辨认净资产公允价值的份额。

应享有的 B 公司的可辨认净资产公允价值的份额=7 000×30%=2 100（万元）

由于长期股权投资的初始投资成本小于投资时应享有的 B 公司的可辨认净资产公允价值的份额，因此需要调整长期股权投资的初始投资成本。

借：长期股权投资——成本	100	

贷：营业外收入　　100

4. 采用权益法核算的长期股权投资持有期的核算

采用权益法核算的长期股权投资持有期的投资单位需要进行会计核算的事项主要包括：

（1）年度终了，被投资单位若实现净利润，投资单位应按持股比例计算应享有的份额，借记“长期股权投资——损益调整”科目，贷记“投资收益”科目。

（2）年度终了，被投资单位若发生净亏损，投资单位应按持股比例计算应分担的份额，借记“投资收益”科目，贷记“长期股权投资——损益调整”科目。

投资企业确认被投资单位发生的净亏损，应当以长期股权投资的账面价值以及其他实质上构成对被投资单位净投资的长期权益减记至零为限，投资企业负有承担额外损失义务的除外。

其他实质上构成对被投资单位净投资的长期权益，通常是指长期应收项目。比如，企业对被投资单位的长期债权，该债权没有明确的清收计划且在可预见的未来期间不准备收回的，实质上构成对被投资单位的净投资。

在确认应分担被投资单位发生的亏损时，应当按照以下顺序进行处理：

❶冲减长期股权投资的账面价值。

❷长期股权投资的账面价值不足以冲减的，应当以其他实质上构成对被投资单位净投资的长期权益账面价值为限继续确认投资损失，冲减长期应收项目等的账面价值。

❸经过上述处理，按照投资合同或协议约定企业仍承担额外义务的，应按预计承担的义务确认预计负债，计入当期投资损失。

被投资单位以后期间实现盈利的，企业扣除未确认的亏损分担额后，应按与上述相反的顺序处理，减记已确认预计负债的账面余额、恢复其他实质上构成对被投资单位净投资的长期权益以及长期股权投资的账面价值，同时确认投资收益。

（3）投资期间收到被投资单位分派的现金股利或利润。

投资期间收到被投资单位分派的现金股利或利润，投资单位应借记“应收股利”“银行存款”科目，贷记“长期股权投资——损益调整”科目。

（4）投资期间，被投资单位出现除净损益以外所有者权益的其他变动。

投资期间，被投资单位出现除净损益以外所有者权益的其他变动时，投资单位应借记“长期股权投资——其他权益变动”科目，贷记“资本公积——其他资本公积”科目。其他综合收益变动应借记“长期股权投资——其他综合收益”科目，贷记“其他综合收益”科目。

【例6-5-15】2017至2018年，甲公司发生下列与长期股权投资相关的业务：

（1）2017年1月7日，购入乙公司（上市公司）有表决权的股票100万股，占乙公司股份的25%，从而对乙公司的财务和经营政策有重大影响。该股票每股买入价为8元，其中每股含已宣告分派但尚未领取的现金股利0.20元；另外，甲公司在购买股票时还支付相关税费10 000元（取得增值税专用发票注明增值税566.04元），款项均由银行存款支付。乙公司2017年年初可辨认净资产的公允价值为30 000 000元。

（2）2017年2月15日，收到乙公司宣告分派的现金股利。

（3）2017年度，乙公司实现净利润2 000 000元。

（4）2018年1月6日，乙公司宣告分派2017年度股利，每股分派现金股利0.10元。

（5）2018年2月15日，甲公司收到乙公司分派的2017年度的现金股利（不考虑相关税费）。

（6）2018年度，乙公司发生亏损200 000元。

（7）2018年12月31日，乙公司其他权益变动50 000元，其他综合收益增加50 000元。

2017至2018年，甲公司的账务处理如下：

（1）2017年1月7日，购入股票时，计算初始投资成本并编制相应会计分录：

初始投资成本=1 000 000×8+10 000−566.04=8 009 433.96（元）

借：长期股权投资——成本	8 009 433.96	
应交税费——应交增值税（进项税额）	566.04	
贷：银行存款		8 010 000.00

（2）调整初始投资成本。

初始投资成本=8 009 433.96元

可辨认净资产公允价值的份额=30 000 000×25%=7 500 000（元）

由于投资成本大于被投资单位可辨认净资产公允价值的份额，不调整长期股权投资成本。

（3）2017年2月15日，收到乙公司分派的现金股利时：

借：银行存款	200 000	
贷：长期股权投资——损益调整		200 000

（4）2017年年末，甲公司计算应享有乙公司的净利并编制相应会计分录：

2 000 000×25％=500 000（元）

借：长期股权投资——损益调整	500 000	
贷：投资收益		500 000

（5）2018年1月6日，乙公司宣告分派现金股利时，甲公司计算应享有乙公司的现金股利并编制相应会计分录：

1 000 000×0.10=100 000（元）

借：应收股利	100 000	
贷：长期股权投资——损益调整		100 000

（6）2018年2月15日，甲公司收到乙公司分派的现金股利时：

借：银行存款	100 000	
贷：应收股利		100 000

（7）2018年度，乙公司发生亏损，甲公司计算应分担乙公司的亏损并编制相应会计分录：

200 000×25％=50 000（元）

借：投资收益	50 000	
贷：长期股权投资——损益调整		50 000

（8）2018年12月31日，乙公司其他权益变动50 000元，其他综合收益增加50 000元，编制相应会计分录：

50 000×25%=12 500（元）

借：长期股权投资——其他权益变动　　12 500
　　　　　　　　——其他综合收益　　12 500
　贷：资本公积——其他资本公积　　12 500
　　　其他综合收益　　12 500

5.采用权益法核算的长期股权投资处置时的核算

处置长期股权投资时，长期股权投资账面价值与实际取得价款的差额，应当计入投资收益。如果长期股权投资持有期间有计入其他综合收益和资本公积——其他资本公积的其他权益变动，此时也应转入投资收益；若计提了长期股权投资减值准备，也应一并结转。

如果通过二级证券市场出售上市公司股票，还需要按卖出价与买入价的差额计算缴纳增值税。

【例6-5-16】接【例6-5-15】，2020年1月7日，甲公司出售所持有的乙公司的股票100万股，每股销售价格为10元（假设未支付其他费用）。甲公司编制相关会计分录：

借：银行存款　　10 000 000
　贷：长期股权投资——成本　　8 009 433.96
　　　　　　　　　——损益调整　　150 000
　　　　　　　　　——其他权益变动　　12 500
　　　　　　　　　——其他综合收益　　12 500
　　　投资收益　　1 815 566.04
借：资本公积——其他资本公积　　12 500
　　其他综合收益　　12 500
　贷：投资收益　　25 000

1月底计算出售该股票应交增值税为1 000 000×（10−8）÷（1+6%）×6%=113 207.55（元）。

借：投资收益　　113 207.55
　贷：应交税费——转让金融商品应交增值税　　113 207.55

对外投资业务核算练习题

一、单项选择题

1.下列资产不属于交易性金融资产的是（　　）。

A.上市公司的流通股　　B.证券投资基金
C.近期内出售的国库券　　D.持有至到期投资

2.到期一次还本付息的持有至到期投资计提的利息记入（　　）账户。

A.应收利息　　B.应付利息
C.持有至到期投资——应计利息　　D.应付债券——应计利息

3.“持有至到期投资”账户用于核算企业持有至到期投资的（　　）。

A.摊余成本　　B.原始价值　　C.历史成本　　D.完全成本

4.下列各项中，长期股权投资采用成本法核算的是（　　）。

A.短期持有被投资企业股权
B.与其他企业共同控制被投资企业
C.长期持有被投资企业股权，对被投资企业有重大影响
D.长期持有被投资企业股权，但对被投资企业无重大影响

5.按照准则规定，交易性金融资产投资时发生相关费用，其会计处理（　　）。

A.计入投资成本　B.直接计入当期损益　C.计入摊销费用　D.计入投资收益

6.持有至到期投资溢价购入债券的原因是（　　）。

A.票面利率大于市场利率　B.票面利率小于市场利率

C.票面利率等于市场利率　D.银行利率变化

7.持有至到期投资在溢价认购时，所产生的溢价应记入（　　）账户的借方。

A.投资收益　B.持有至到期投资　C.管理费用　D.财务费用

8.2018年2月2日甲公司支付830万元取得一项股权投资作为交易性金融资产核算，支付价款中包括已宣告但尚未领取的现金股利20万元，另支付交易费用5万元（未取得符合抵扣条件的增值税专用发票）。甲公司该项交易性金融资产的入账价值为（　　）万元。

A.835　B.830　C.815　D.810

9.A公司于2017年11月5日从证券市场购入B公司发行在外的股票200万股作为交易性金融资产，每股支付价款5元，另支付相关费用20万元，增值税1.2万元。2017年12月31日这部分股票的公允价值为1 050万元。A公司2017年12月31日应确认的公允价值变动损益为（　　）万元。

A.损失50　B.收益50　C.收益30　D.损失30

10.下列投资不应作为长期股权投资核算的是（　　）。

A.对子公司的投资

B.对联营企业和合营企业的投资

C.在活跃市场上没有报价、公允价值无法可靠计量的没有控制、共同控制或重大影响的权益性投资

D.在活跃市场上有报价、公允价值能够可靠计量的没有控制、共同控制或重大影响的权益性投资

11.长期股权投资采用权益法核算时，下列各项中，应当确认投资收益的是（　　）。

A.被投资企业实现净利润　B.被投资企业资本公积转增资本

C.收到被投资企业分配的现金股利　D.收到被投资企业分配的股票股利

12.下列关于交易性金融资产的计量，说法正确的是（　　）。

A.应当按取得该金融资产的公允价值和相关交易费用之和作为初始确认金额

B.应当按取得该金融资产的公允价值作为初始确认金额，相关交易费用在发生时计入当期损益

C.资产负债表日，企业应将金融资产的公允价值变动计入当期所有者权益

D.处置金融资产时，其公允价值与初始入账金额之间的差额应确认为投资收益，不调整公允价值变动损益

13.采用成本法核算长期股权投资的情况下，被投资企业发生亏损时，被投资企业应当（　　）。

A.借记“投资收益”科目　B.借记“资本公积”科目

C.贷记“长期股权投资”科目　D.不作处理

14.某企业于2018年1月1日购入B公司10%的有表决股份，实际支付价款300万元。4月1日B公司宣告派发2018年现金股利100万元，当年B公司经营获利100万元。2018年年末该企业的股票投资账面余额为（　　）万元。

A.290　B.300　C.310　D.320

15.A公司于2018年1月10日出售一项原采用权益法核算的长期股权投资，该投资出售时的账面价值为1 000万元（成本为800万元，损益调整为150万元，其他权益变动为50万元），售价为1 100万元。A公司出售长期股权投资时应确认的投资收益为（　　）万元。

A.100　B.150　C.250　D.0

16.企业购买分期付息的债券作为交易性金融资产时，实付价款中包含的已到期而尚未支付的债券利息应记入的会计账户是（　　）。

A.应收利息　B.投资收益　C.财务费用　D.交易性金融资产

17.持有至到期投资以（　　）进行后续计量。

A.历史成本　B.成本与市价孰低　C.摊余成本　D.现值

18.同一控制下的企业合并，投资方应在合并日按照（　）作为长期股权投资的初始投资成本。

A.实际支付的全部价款

B.取得被合并方所有者权益账面价值的份额

C.双方协议价

D.支付现金、转让非现金资产或承担相应债务的金额

19.同一控制下的企业合并，长期股权投资的初始投资成本与支付现金、转让非现金资产或承担相应债务的账面价值之间的差额，应当调整（　）。

A.资本公积　B.盈余公积

C.未分配利润　D.先冲减资本公积，不足冲减的调整留存收益

20.投资企业对被投资企业具有共同控制或重大影响的长期股权投资，采用（　）核算。

A.成本法　B.权益法　C.直线法　D.备抵法

二、多项选择题

1.交易性金融资产科目借方登记的内容有（　）。

A.交易性金融资产的取得成本

B.资产负债表日其公允价值高于账面余额的差额

C.取得交易性金融资产所发生的相关费用

D.资产负债表日其公允价值低于账面余额的差额

2.按长期股权投资准则规定，下列事项中，投资企业应采用成本法核算的有（　）。

A.投资企业能够对被投资单位实施控制的长期股权投资

B.投资企业对被投资单位不具有控制、共同控制、重大影响，并且在活跃市场中没有报价、公允价值不能可靠计量的长期股权投资

C.投资企业对被投资单位不具有控制、共同控制、重大影响，并且在活跃市场中有报价、公允价值能够可靠计量的长期股权投资

D.投资企业对被投资单位具有共同控制的长期股权投资

3.甲公司采用成本法核算对乙公司的长期股权投资，甲公司对乙公司投资的账面余额只有发生在（　）情况下，才能作相应的调整。

A.追加投资　B.收回投资

C.被投资企业接受非现金资产捐赠　D.对该股权投资计提减值准备

4.下列项目中，投资企业不应确认为投资收益的有（　）。

A.成本法核算的被投资企业接受实物资产捐赠　B.成本法核算的被投资企业宣告发放股利

C.权益法核算的被投资企业宣告发放股票股利　D.权益法核算的被投资单位实现净利润

5.采用权益法核算时，下列各项中，不会引起长期股权投资账面价值发生变动的有（　）。

A.收到被投资单位分派的股票股利　B.被投资单位实现净利润

C.被投资单位以资本公积转增资本　D.计提长期股权投资减值准备

6.下列各项中，投资方应采用权益法核算长期股权投资的有（　）。

A.控制　B.重大控制　C.无重大影响　D.共同控制

7.长期股权投资的核算方法包括（　）。

A.成本法　B.权益法　C.市价法　D.成本与市价孰低法

8.采用成本法核算长期股权投资，下列各项中，会导致长期股权投资账面价值发生增减变动的有（　）。

A.长期股权投资发生减值损失

B.持有长期股权投资期间被投资企业实现净利润

C.减少对被投资企业的投资比例

D.被投资企业宣告分派属于投资企业投资后实现的净利润

9.下列各项中，能引起权益法核算的长期股权投资账面价值发生变动的有（　　）。

A.被投资单位实现净利润

B.被投资单位宣告发放股票股利

C.被投资单位宣告发放现金股利

D.被投资单位除净损益外的其他所有者权益变动

10.长期股权投资采用成本法核算的有（　　）。

A.持股比例为20%，并有重大影响

B.持股比例在5%以下，且无重大影响

C.持股比例为18%，并有重大影响

D.持股比例为15%，且无重大影响

三、判断题

1.企业将购入的股票作为交易性金融资产，发生的初始直接费用应计入初始投资成本。（　　）

2.出售交易性金融资产时，确认的投资收益数额一定是取得价款和交易性金融资产账面价值的差额。（　　）

3.企业取得长期股权投资，实际支付的价款或对价中包含的已宣告但尚未发放的现金股利或利润，不应作为应收项目处理，构成长期股权投资的成本。（　　）

4.企业在长期股权投资持有期间所取得的现金股利，应全部计入投资收益。（　　）

5.采用成本法进行后续计量的长期股权投资，其后续计量与采用权益法进行后续计量的长期股权投资相同。（　　）

6.企业为取得交易性金融资产发生的交易费用应计入交易性金融资产初始确认金额。（　　）

7.成本法下企业对长期股权投资初始投资成本的追加，不应超过原冲减数。（　　）

8.采用权益法核算的长期股权投资，其初始投资成本大于投资时应享有被投资单位可辨认净资产公允价值份额的，应调整已确认的初始投资成本。（　　）

9.企业在长期股权投资持有期间所获得的投资收益是被投资企业分派的现金股利。（　　）

10.如果企业管理层决定将其某项金融资产持有至到期，则在该金融资产未到期前，可以根据市场涨跌情况将其重归类为交易性金融资产。（　　）

四、不定项选择题

1.宏达公司2017年度发生的与投资有关的交易或事项如下：

（1）3月1日以银行存款5 000万元购入甲公司有表决权股份的30%，当日甲公司可辨认净资产的账面价值（与公允价值相同）为15 000万元。宏达公司以银行存款另支付交易费用100万元，增值税6万元。

（2）4月13日以存出投资款1 200万元购入乙公司有表决权股份的0.5%，其中包括乙公司于4月10日宣告分派现金股利5 000万元，于5月5日实际发放。宏达公司以银行存款支付交易费用20万元，增值税1.2万元。宏达公司将其作为交易性金融资产核算。

（3）6月30日以银行存款1 020万元购入丙公司于2015年6月30日发行的5年期公司债券10万份，该债券的面值为1 000万元，票面年利率为5%，每年7月1日支付上年度利息，到期归还本金。宏达公司以银行存款另支付交易费用5万元，增值税0.3万元。宏达公司将其作为持有至到期投资核算，假定市场利率为6.5%。

（4）9月13日以存出投资款3 500万元购入丁公司有表决权股份的10%，因丁公司股份比较集中，故宏达公司对丁公司的投资不具有重大影响。宏达公司以银行存款另支付交易费用80万元，增值税4.8万元。宏达公司将其作为可供出售金融资产核算。

（5）12月31日甲公司当年实现公允净利润3 650万元，乙公司当年实现公允净利润8 920万元，丙公司当年实现公允净利润4 250万元，丁公司当年实现公允净利润6 550万元。

（6）12月31日对甲公司投资的可收回金额为6 200万元，对乙公司投资的公允价值为1 020万元，对丙公司债券投资的可收回金额为990万元，对丁公司的投资公允价值为3 600万元。

2018年1月20日将乙公司的投资以1 200万元卖出。

要求：根据上述资料，假定不考虑其他因素，分析回答下列问题（金额单位用万元表示）。

(1) 下列各项中，关于宏达公司购入相关资产支付交易费用的表述正确的是（　　）。

A.购入甲公司股份支付的交易费用计入长期股权投资入账成本中

B.购入乙公司股份支付的交易费用计入交易性金融资产入账成本中

C.购入丙公司债券支付的交易费用计入持有至到期投资入账成本中

D.购入丁公司股份支付的交易费用计入投资收益中

(2) 下列各项中，关于宏达公司对乙公司投资的相关会计处理正确的是（　　）。

A.借：交易性金融资产——成本　1 175
　　应收股利　25
　　投资收益　20
　　应交税费——应交增值税（进项税额）　1.2
　贷：其他货币资金　1 221.2

B.借：交易性金融资产——成本　1 200
　　投资收益　20
　　应交税费——应交增值税（进项税额）　1.2
　贷：其他货币资金　1 200
　　　银行存款　21.2

C.借：其他货币资金　25
　贷：应收股利　25

D.借：公允价值变动损益　155
　贷：交易性金融资产——公允价值变动　155

(3) 12月31日，宏达公司"持有至到期投资——丙公司"的摊余成本为（　　）万元。

A.1 013.38　B.988.38　C.1 006.69　D.981.69

(4) 下列各项中，关于宏达公司各项投资在资产负债表日的会计处理表述正确的是（　　）。

A.应计提长期股权投资减值准备5万元

B.对乙公司的投资会减少当期营业利润180万元

C.无需计提持有至到期投资减值准备

D.对丁公司的投资应增加其他综合收益20万元

(5) 下列各项中，关于宏达公司各项投资的处置表述不正确的是（　　）。

A.对乙公司投资处置时应将原计入公允价值变动损益的金额结转至投资收益

B.对丙公司投资处置时应将出售价款与其账面价值的差额计入投资收益

C.对丁公司投资处置时应将原计入其他综合收益的金额结转至投资收益

D.对甲公司投资处置时应将出售价款与其初始入账成本的差额计入投资收益

(6) 下列各项中，2018年1月20日，关于宏达公司各项投资的处置表述正确的是（　　）。

A.应确认转让金融产品的增值税为1.42万元

B.应确认转让金融产品的增值税为0

C.转让金融产品的增值税应借记"投资收益"科目

D.无应交的转让金融产品增值税

2.A股份有限公司（以下简称A公司）为增值税一般纳税企业。2018年1月1日，所有者权益总额为50 000万元，其中，股本30 000万元，资本公积5 000万元，盈余公积6 000万元，未分配利润9 000万元。2018年度A公司发生经济业务如下：

(1) 接受甲公司投入原材料一批，合同约定的价值为3 000万元（与公允价值相等），增值税税额为

510万元；同时，A公司增加股本2 500万元，相关法律手续已办妥。

（2）被投资企业乙公司可供出售金融资产的公允价值减少500万元，A公司采用权益法按40%持股比例确认应享有的份额。

（3）经股东大会决议，并报有关部门核准，增发普通股3 000万股，每股面值1元，每股发行价格5元，按照发行股价的2%向证券公司支付发行费，发行款已全部收到并存入银行。假定不考虑其他因素。

（4）因扩大经营规模需要，经股东大会批准，A公司将盈余公积2 800万元转增股本。

（5）结转本年实现净利润3 000万元。

（6）按税后利润的10%提取法定盈余公积。

（7）向投资者宣告分配现金股利500万元。

要求：根据上述资料，假定不考虑其他因素，分析回答下列问题（金额单位用万元表示）。

（1）根据资料（1），下列关于A公司的处理正确的有（　　）。

A.原材料的入账价值是3 000万元　　B.原材料的入账价值是3 510万元

C.确认资本公积（股本溢价）1 010万元　　D.确认资本公积（股本溢价）500万元

（2）根据资料（2），下列关于A公司的会计处理正确的有（　　）。

A.确认其他综合收益200万元　　B.确认其他综合收益-200万元

C.确认公允价值变动损益-200万元　　D.确认公允价值变动损益200万元

（3）根据资料（3），A公司应将发行费用记入（　　）科目。

A.资本公积——股本溢价　　B.财务费用

C.股本　　D.资本公积——其他资本公积

（4）根据资料（4），下列说法正确的有（　　）。

A.盈余公积减少2 800万元　　B.留存收益减少2 800万元

C.盈余公积的用途仅限于转增资本　　D.盈余公积可以用于转增资本

（5）根据资料（5）至（7），下列说法正确的有（　　）。

A.资料（5）的会计分录为借记“本年利润”科目，贷记“利润分配——未分配利润”科目，金额为3 000万元

B.资料（6）的会计分录为借记“本年利润——提取法定盈余公积”科目，贷记“盈余公积——法定盈余公积”科目，金额为300万元

C.资料（7）的会计分录为借记“本年利润——应付现金股利”科目，贷记“应付股利”科目，金额为500万元

D.资料（7）的会计分录为借记“利润分配——应付现金股利”科目，贷记“应付股利”科目，金额为500万元

3.甲公司发生长期股权投资业务如下：

（1）2017年1月3日，支付4 600万元直接购入乙公司股票580万股，占乙公司有表决权股份的25%，对乙公司具有重大影响，甲公司将其作为长期股权投资核算。每股价格中包含已宣告但尚未发放的现金股利0.25元，另外支付相关税费7万元（未取得符合抵扣条件的增值税专用发票）。款项均以银行存款支付。当日，乙公司所有者权益的账面价值（与其公允价值不存在差异）为18 000万元。

（2）2017年3月16日，收到乙公司宣告分派的现金股利。

（3）2017年度，乙公司实现净利润3 000万元。

（4）2017年度，乙公司一项可供出售金融资产公允价值变动增加100万元。

（5）2018年2月16日，乙公司宣告分派2017年度股利，每股分派现金股利0.20元。

（6）2018年3月12日，甲公司收到乙公司分派的2017年度的现金股利。

（7）2018年5月4日，甲公司出售所持有的全部乙公司的股票，共取得价款5 200万元。

要求：根据上述资料，假定不考虑其他因素，分析回答下列问题（金额单位用万元表示）。

（1）2017年1月3日，该项长期股权投资的初始投资成本为（　　）万元。

A.4 600　　B.4 462　　C.4 607　　D.4 647

（2）2017年1月3日，该项长期股权投资的账面价值为（　　）万元。

A.4 607　　B.4 500　　C.4 502　　D.4 647

（3）2017年度，由于该项投资对甲公司当期损益的影响金额为（　　）万元。

A.145　　B.170　　C.750　　D.920

（4）2017年12月31日，该项长期股权投资的账面价值为（　　）万元。

A.4 500　　B.5 237　　C.4 502　　D.5 275

（5）2018年度，该项长期股权投资应确认的投资收益为（　　）万元。

A.64　　B.104　　C.25　　D.20

4.甲公司2017年度对外投资有关资料如下：

（1）1月1日，甲公司从二级市场购买一项当日发行的3年期A公司债券，甲公司划分为持有至到期投资。该债券的面值为1 000万元，实际支付价款1 100万元，另支付交易费用11万元，次年1月5日按票面利率8%支付利息，到期还本。甲公司年末计提利息，实际利率为4%。

（2）1月1日，甲公司支付价款1 000万元（含交易费用10万元）从二级市场购入B公司同日发行的5年期公司债券，面值为1 250万元，票面利率为4.72%，分期付息，于年末支付本年利息，本金最后一次偿还。甲公司划分为可供出售金融资产，实际利率为10%。12月31日，B公司债券公允价值为900万元，仍可收到当年的利息。甲公司预计暂时下跌。

（3）1月26日，甲公司以银行存款购买C公司40%的股权准备长期持有，实际支付价款10 000万元，另支付相关税费120万元，能够对C公司施加重大影响，投资时C公司可辨认净资产公允价值为30 000万元（各项可辨认资产、负债的公允价值与账面价值相同）。C公司本年实现净利润5 000万元，C公司本年可供出售金融资产公允价值上升1 000万元。

（4）2月17日，甲公司委托证券公司从二级市场购入D公司100万股股票，并将其划分为交易性金融资产，购买价款为每股16元（其中包含已宣告但尚未发放的现金股利每股0.6元），另支付相关交易费用6万元。12月31日，D公司股票公允价值为1 640万元。

（5）3月6日，甲公司委托证券公司从二级市场购入E公司200万股股票，并将其划分为可供出售金融资产，购买价款为每股8.2元（其中包含已宣告但尚未发放的现金股利每股0.2元），另支付相关交易费用6万元。12月31日，E公司股票公允价值为1 706万元。

2018年1月10日，甲公司以每股10元卖出E公司的投资。

要求：根据上述资料，不考虑其他因素，回答下列问题。

（1）根据资料（1）、（2），下列相关会计处理表述正确的是（　　）。

A.根据资料（1）确认的实际利息收入为80万元

B.根据资料（1）确认的利息调整摊销额为35.56万元

C.可供出售金融资产应当按照公允价值作为初始确认金额，相关交易费用计入投资收益

D.可供出售金融资产后续计量按公允价值计量，被投资单位公允价值变动计入所有者权益

（2）根据资料（2），关于甲公司购买B公司发行债券的会计处理，下列表述正确的有（　　）。

A.1月1日甲公司确认可供出售金融资产——成本为1 000万元

B.1月1日甲公司确认可供出售金融资产——利息调整贷方发生额为250万元

C.确认的实际利息收入为100万元

D.确认公允价值变动减少而冲减其他综合收益的金额为141万元

（3）根据资料（3），关于甲公司购买C公司股权的会计处理，下列表述正确的有（　　）。

A.采用权益法核算的长期股权投资，其初始投资成本大于投资时应享有被投资单位可辨认净资产公允价值份额的，不需要调整长期股权投资的入账价值

B.甲公司确认的调整后长期股权投资入账价值为12 000万元

C.甲公司购买C公司股权应确认增加营业外收入1 880万元

D.甲公司确认的长期股权投资入账价值为10 120万元

（4）根据资料（4）、（5），下列相关会计处理表述不正确的是（　　）。

A.2月17日，甲公司交易性金融资产初始确认金额为1 540万元

B.2月17日，甲公司为取得交易性金融资产支付相关交易费用6万元计入投资收益

C.3月6日，甲公司可供出售金融资产初始确认金额为1 606万元

D.3月6日，甲公司为取得可供出售金融资产支付相关交易费用6万元计入投资收益

（5）根据资料（3）至（5），下列相关会计处理表述正确的是（　　）。

A.根据资料（3），长期股权投资的年末账面价值为14 400万元

B.根据资料（4），确认交易性金融资产公允价值变动为100万元并计入损益

C.根据资料（5），确认可供出售金融资产公允价值变动为100万元并计入其他综合收益

D.根据资料（3）、（4）、（5），如果C公司、D公司、E公司宣告现金股利，则甲公司均应确认投资收益

（6）2018年1月10日，关于卖出E公司的会计处理，下列表述正确的是（　　）。

A.应确认的转让金融产品的增值税为16.64万元

B.应确认的转让金融产品的增值税为22.64万元

C.转让金融产品的增值税应借记“公允价值变动损益”科目

D.转让金融产品的增值税应借记“投资收益”科目

5.甲公司发生经济业务如下：

（1）2017年1月1日，A公司支付2 360万元购入甲公司于当日发行的5年期债券20万张，每张面值100元，票面利率7%，每年年末付息，到期一次还本，另支付相关费用6.38万元。A企业将其划分为持有至到期投资，经计算确定其实际利率为3%。

（2）2017年12月31日，A公司持有的该债券的公允价值为25 00万元，A公司按期收到利息。

（3）2017年度，甲公司发生严重财务困难，虽仍可支付该债券当年的票面利息，但预计未来现金流量将受到严重影响。2017年底，A公司经合理估计，预计该持有至到期投资的预计未来现金流量现值为2 000万元。

（4）2018年12月31日，因甲公司财务状况好转，偿债能力有所恢复，A公司当年实际收到利息140万元。A公司于2018年底估计该持有至到期投资的预计未来现金流量现值为2 020万元。

（5）2020年1月10日，A公司因急需资金，于当日将该债券投资全部出售，取得价款2 030万元存入银行。假设不考虑其他因素（计算结果保留两位小数）。

要求：根据上述资料，分析回答下列问题。

（1）2020年1月10日，A公司出售该项金融资产应确认的投资收益是（　　）万元。

A.-10　　B.110　　C.10　　D.100

（2）2017年1月1日，A公司取得该项金融资产时处理正确的有（　　）。

A.记入“持有至到期投资——利息调整”科目的金额为366.38万元

B.记入“持有至到期投资——成本”科目的金额为2 000万元

C.持有至到期投资的初始投资成本为2 360万元

D.持有至到期投资的摊余成本为2 366.38万元

（3）2017年12月31日，A公司的会计处理正确的有（　　）。

A.计入持有至到期投资——应计利息的金额是140万元

B.计入应收利息的金额是140万元

C.该债券的摊余成本为2 297.37万元

D.该债券的摊余成本为2 500万元

（4）2017年12月31日，A公司对该项持有至到期投资处理正确的有（　　）。

A.计算投资收益的摊余成本为2 000万元

B.该项持有至到期投资应计提减值，金额为226.29万元

C.计入持有至到期投资——利息调整的金额为71.08万元

D.应确认的投资收益为68.92万元

（5）2018年12月31日，A公司对该项持有至到期投资处理正确的有（　　）。

A.计入持有至到期投资——利息调整的金额为80万元

B.该债券的摊余成本为1 920万元

C.该债券的摊余成本为2 020万元

D.应转回的减值准备金额为100万元

（6）下列有关该债券的增值税处理正确的是（　　）。

A.2017年的利息收入应确认增值税销项税额0.79万元

B.转让债券时，应确认转让金融产品的增值税为-18.68万元

C.转让债券时，转让金融商品应交增值税应借记“投资收益”科目

D.2017年根据利息收入计算的应交增值税应借记“投资收益”科目

项目七

所得税费用核算

知识目标

1. 理解应付税款法和资产负债表债务法的原理。
2. 了解永久性差异与暂时性差异的区别。
3. 掌握资产、负债的账面价值与计税基础。
4. 掌握暂时性差异的两种分类。
5. 掌握暂时性差异的会计处理方法。

能力目标

1. 能对递延所得税资产或递延所得税负债的发生进行账务处理。
2. 能对递延所得税资产或递延所得税负债的转回进行账务处理。
3. 税率变动时能对递延所得税产生的影响进行会计处理。

本项目业务常用原始凭证（本项目原始凭证为计算类原始凭证，故此处从略）

任务一 所得税会计认知

《企业会计准则》和《中华人民共和国所得税法》是基于不同目的、遵循不同原则分别制定的，二者在资产与负债的计量标准、收入与费用的确认原则方面存在着一定的差异，导致企业在一定期间内按《企业会计准则》要求确认的会计利润往往不等于按税法规定计算的应纳税所得额。针对会计利润和应纳税所得额之间存在的差异如何进行会计处理，就产生了所得税会计。

（一）会计利润和应纳税所得额之间的差异

会计利润是按照会计准则的要求，采用一定的会计程序与方法确定的所得税前利润总额。应纳税所得额是按照所得税法的要求，以一定期间应税收入减去税法准予扣除的项目后计算的应税所得，由于二者的确定依据和目的不同，因此，它们之间存在一定的差异。这种差异按其性质可分为暂时性差异和永久性差异。

1. 暂时性差异

暂时性差异是指资产、负债的账面价值与其计税基础不同产生的差异，该差异的存在将影响未来期间的应纳税所得额。例如，按照《企业会计准则》的规定，交易性金融资产期末应以公允价值计量，公允价值变动计入当期损益；但按照税法规定，交易性金融资产在持有期间公允价值变动不计入应纳税所得额，待处置交易性金融资产时，按实际取得成本从处置收入中扣除，即交易性金融资产的计税基础是初始投资成本，由此产生了交易性金融资产的账面价值和计税基础之间的差异。暂时性差异的特点是发生于某一会计期间，但在以后期间内能够转回，只是时间早晚的问题。对收入而言，早晚都应交税，只是时间先后的问题；对费用而言，早晚都要抵扣税款，也是时间先后的问题。

2. 永久性差异

永久性差异是指某一会计期间，由于会计准则和税法在计算收益、费用或损失时的口径不同所产生的税前会计利润和应纳税所得额之间的差异。例如，企业购买国债取得的利息收入，在会计核算上作为投资收益，计入当期利润；但在税法上却属于免税收入，不计入应纳税所得额。永久性差异的特点是在本期发生，不会在以后期间转回。这种差异永久存在，没有时间先后的问题。

（二）所得税的会计处理方法

1. 应付税款法

应付税款法是将本期税前会计利润与纳税所得之间的所有差异造成的对所得税的影响金额直接计入当期损益，确认为当期的所得税费用，而不递延到以后各期。在此方法下，当期利润表中的所得税费用与按照税法计算的应交所得税一致。显然，应付税款法基于收付实现制的核算基础，不符合收入与费用的配比原则，不能正确体现会计利润与应纳税所得额不一致情况下企业实际的所得税费用。国际会计准则和美国财务会计准则早在20世纪60年代就取消了这种方法。

2. 纳税影响会计法

纳税影响会计法是将本期税前会计利润与纳税所得之间的时间性差异造成的对所得税的影响金额，递延和分配到以后各期。在税率变化的情况下，以利润表为基础的纳税影响会计法又有递延法和债务法之分，而债务法具体又分为利润表债务法和资产负债表债务法。以利润表为基础的债务法侧重利润表，用收入费用观定义收益，强调收益是收入和费用的配比，从而注重会计和税法在收入和费用确认上的时间性差异。但随着经济的不断发展，企业合并等业务不断增多，由此产生了许多不同于时间性差异的暂时性差异，对于这类非时间性的暂时性差异，利润表债务法下无法反映和处理，所以也就不能充分完整地提供企业所得税的会计信息。我国现行《企业会计准则》只允许采用资产负债表债务法进行所得税的会计处理。

3. 资产负债表债务法

资产负债表债务法是从资产负债表出发，通过比较资产负债表上列示的资产、负债按照会计准则规定确定的账面价值与按税法规定确定的计税基础，对于两者之间的差异分别确认为应纳税暂时性差异和可抵扣暂时性差异，并确认相关的递延所得税资产与递延所得税负债，并在此基础上确定每一会计期间利润表中的所得税费用。

从资产负债观来看，只要企业的净资产增加了，就应当作为收益确认。既考虑交易因素的影响，也考虑非交易因素的影响。它要求企业根据未来期间经济利益流入流出情况对相关资产、负债等进行确认与计量，在有足够证据的前提下，增加了有关所得税的预测性信息。因而，其比按照收入费用观确认的收益更加全面，对使用者也更为有用，能够有助于会计信息使用者对企业在报告日的财务状况和未来现金流量做出恰当的评价，提高预测价值。我国所得税会计处理采用资产负债表债务法。

（三）资产负债表债务法的基本核算程序

在资产负债表债务法下，企业一般应于每一资产负债表日进行所得税的核算。如果发生企业合并等特殊交易或事项时，则应在确认因交易或事项取得的资产、负债的同时确认相关的所得税影响。其基本核算程序如下：

1. 确定资产和负债的账面价值

企业首先要依据会计准则，确定资产负债表中除递延所得税资产和递延所得税负债以外的其他资产和负债项目的账面价值。资产、负债的账面价值，是指企业按照会计准则的相关规定进行核算后在资产负债表中列示的金额。具体而言，资产的账面价值是其账面余额或账面净值减去已计提减值准备后的余额；负债的账面价值通常就是其账面余额。例如，某台设备原值50万元，已提折旧10万元，减值准备2万元，那么该设备的账面价值就是38万元。

2. 确定资产和负债的计税基础

一项资产或负债的计税基础，是指计税归属于该资产或负债的金额。从计税的角度看，即企业未来不需要缴纳所得税的资产价值以及未来不可以抵扣的负债价值。企业应依据所得税准则和适用的税收法规，确定有关资产、负债项目的计税基础。

3. 确定递延所得税

比较资产、负债的账面价值与其计税基础，对于两者之间存在差异的，分析其性质，除《企业会计准则》中规定的特殊情况外，分别按照应纳税暂时性差异和适用税率确定递延所得税负债的期末余额，按照可抵扣暂时性差异和适用税率确定递延所得税资产的期末余额，并与递延所得税负债和递延所得税资产的期初余额进行比较，确定当期应予进一步确认或应予转回的递延所得税负债和递延所得税资产的金额，同时将二者的差额作为利润表中所得税费用的一个组成部分，即递延所得税。

4. 确认当期应交所得税

按照现行税法规定计算确定当期应纳税所得额，以应纳税所得额乘以适用的所得税税率计算确定当期应交所得税，同时作为利润表中所得税费用的另一个组成部分，即当期所得税。

5. 确定所得税费用

利润表中的所得税费用包括当期所得税和递延所得税两个组成部分。企业在计算确定当期所得税和递延所得税后，将两者之和（或之差）作为利润表中的所得税费用。

任务二　暂时性差异认知

暂时性差异是指资产、负债的账面价值与其计税基础不同产生的差额。按照暂时性差异对未来期间应纳税所得额的不同影响，分为应纳税暂时性差异和可抵扣暂时性差异。

（一）应纳税暂时性差异

应纳税暂时性差异是指在确定未来收回资产或清偿负债期间的应纳税所得额时，将导致产生应税金额的暂时性差异。应纳税暂时性差异在未来期间转回时，会增加转回期间的应纳税所得额和相应的应交所得税，从而导致经济利益流出企业。因而在其产生当期，除会计准则明确规定可不确认递延所得税的特殊情况外，均应确认相关的递延所得税负债。在下列情况下，将产生应纳税暂时性差异：

1.资产账面价值大于其计税基础

资产的账面价值代表的是企业在持续使用或最终出售该项资产时将取得的经济利益的总额；而计税基础代表的是资产在未来期间可予税前扣除的金额。资产的账面价值大于其计税基础，表明该项资产在未来期间产生的经济利益不能全部税前扣除，两者之间的差额需要交税，从而产生应纳税暂时性差异。例如，某项固定资产的账面价值为100万元，其计税基础为80万元，表明该项固定资产在未来期间可带来的经济利益为100万元，未来期间可税前扣除的金额为80万元，两者之间差额会导致企业未来期间应纳税所得额增加20万元，从而增加该期间应交所得税5万元（20×25%）。在该暂时性差异产生当期，应确认递延所得税负债5万元（假定不考虑递延所得税负债期初余额）。

2.负债账面价值小于其计税基础

负债的账面价值为企业预计在未来期间清偿该项负债时的经济利益流出；而计税基础代表的是账面价值在扣除税法规定未来期间允许税前扣除的金额之后的差额。负债的账面价值与其计税基础不同产生的暂时性差异，本质上是税法规定就该项负债相关的费用支出在未来期间可以税前扣除的金额。

负债产生的暂时性差异=账面价值-计税基础

=账面价值-（账面价值-未来期间计税时按照税法规定允许税前扣除的金额）

=未来期间计税时按照税法规定允许税前扣除的金额

负债的账面价值小于其计税基础，就意味着该项负债在未来期间可予税前扣除的金额为负数，即应在未来期间应纳税所得额的基础上进一步调整增加应纳税所得额和相应的应交所得税，产生应纳税暂时性差异。

（二）可抵扣暂时性差异

可抵扣暂时性差异是指在确定未来收回资产或清偿负债期间的应纳税所得额时，将导致产生可抵扣金额的暂时性差异。可抵扣暂时性差异在未来期间转回时，会减少转回期间的应纳税所得额和相应的应交所得税，从而导致经济利益流入企业。因而在其产生当期，除会计准则明确规定可不确认递延所得税的特殊情况外，均应确认相关的递延所得税资产。在下列情况下，将产生可抵扣暂时性差异：

1.资产账面价值小于其计税基础

资产的账面价值小于其计税基础，表明该项资产在未来期间产生的经济利益小于按照税法规定允许税前抵扣的金额，两者之间的差额可以减少企业在未来期间的应纳税所得额，从而减少未来期间的应交所得税，产生可抵扣暂时性差异。例如，一项交易性金融资产的账面价值为100万元，计税基础为120万元，两者之间的差额可以从未来处置交易性金融资产期间的应纳税所得额中扣除，减少该期间的应纳税所得额20万元，并相应减少该期间的应交所得税5万元（20×25%）。在该暂时性差异产生当期，符合确认条件时，应确认递延所得税资产5万元（假定不考虑递延所得税资产期初余额）。

2. 负债账面价值大于其计税基础

负债的账面价值大于其计税基础，就意味着该项负债在未来期间可予税前扣除的金额为正数，即未来期间按照税法规定与该项负债相关的全部或部分支出可以在未来应税经济利益中扣除，从而减少未来期间的应纳税所得额和应交所得税，产生可抵扣暂时性差异。例如，企业因对销售的产品承诺提供2年的保修服务，在销售当期确认100万元的预计负债，该预计负债的账面价值为100万元，计税基础为0，账面价值大于计税基础的差额100万元，按税法规定可以在未来期间实际发生保修费用时从税前扣除，从而减少未来期间的应纳税所得额和应交所得税。在该项暂时性差异发生当期，符合确认条件时，应确认相应的递延所得税资产。

（三）特殊项目产生的暂时性差异

1. 未作为资产、负债确认的项目产生的暂时性差异

某些交易或事项发生以后，因不符合资产、负债确认条件而未确认为资产负债表中的资产或负债，但按照税法规定能够确定其计税基础的，其账面价值与计税基础之间的差异也构成暂时性差异。例如，按照会计准则的规定，企业发生的广告费和业务宣传费支出在发生时应全部计入当期损益，不形成资产负债表中的资产。根据税法规定，企业发生的符合条件的广告费和业务宣传费支出，除国务院财政、税务主管部门另有规定外，不超过当年销售收入15%的部分，准予扣除；超过部分，准予在以后纳税年度结转扣除。由于按照会计准则的规定，该类支出不构成资产，即其账面价值为0；而按照税法的规定，可以按照超过当年销售收入15%的部分确定其计税基础，从而形成暂时性差异。

2. 可抵扣亏损及税款抵减产生的暂时性差异

按照税法规定可以结转以后年度的未弥补亏损及税款抵减，虽不是因为资产、负债的账面价值与其计税基础不同产生的，但与可抵扣暂时性差异具有相同的作用，均能够减少未来期间的应纳税所得额和应交所得税，应视同可抵扣暂时性差异，在符合确认条件的情况下，确认与其相关的递延所得税资产。

任务三 资产和负债的计税基础金额的确认

计税基础即税法认可的账面价值。

（一）资产的计税基础

资产的计税基础，是指企业回收资产账面价值过程中，计算应税所得额时按税法规定可以自应税经济利益中抵扣（或不确认为收入）的金额。即一项资产在未来期间计税时按照税法规定可以税前扣除的金额。

通常情况下，企业为取得某项资产实际支付的成本在未来期间准予税前扣除，因此资产在初始确认时，其取得成本与计税基础一般是相同的，即资产的计税基础一般为其取得成本。

在资产持续使用的过程中，因《企业会计准则》的规定与税法不同，导致资产的账面价值与其计税基础之间产生差异。如固定资产和无形资产等非流动资产在某一资产负债表日的计税基础，是指其取得成本扣除以前期间按照税法规定已经税前扣除的累计折旧额或累计摊销额后的金额。现将有关资产项目计税基础分述如下：

1.固定资产计税基础

固定资产取得时，其入账价值一般等于计税基础。但固定资产在持有期间进行后续计量时会发生变化如下：

账面价值=成本-累计折旧-固定资产减值准备

计税基础=成本-按照税法规定已在以前期间从税前扣除的累计折旧

固定资产在会计和税收处理上的差异主要来自于折旧方法、折旧年限的不同以及固定资产减值准备的提取。

（1）折旧方法、折旧年限不同产生的差异。按照《企业会计准则》规定，企业应当根据与固定资产有关的经济利益的预期实现方式合理选择折旧方法，可供选择的折旧方法有：年限平均法、工作量法、双倍余额递减法、年数总和法。税法一般会规定固定资产的折旧方法，除某些按照规定可以加速折旧的情况外，基本上可以税前扣除的是按照直线法计提的折旧。另外，税法还会规定每一类固定资产的最低折旧年限，而会计处理时按照《企业会计准则》的规定，折旧年限是由企业按照固定资产能够为企业带来经济利益的期限估计确定的。

如果企业采用的折旧方法、折旧年限与税法规定不同，将导致固定资产账面价值与其计税基础之间的差异。

（2）计提固定资产减值准备产生的差异。持有固定资产期间，在对固定资产计提减值准备后，其账面价值下降，但所计提的减值准备不允许税前扣除，即计税基础不会随资产减值准备的提取而发生变化，由此导致固定资产的账面价值与其计税基础之间产生差异。

【例7-3-1】A企业对一项固定资产采用年数总和法计提折旧，其原值为150万元，使用年限为5年，净残值为0。税法采用直线法计提折旧。该资产已使用两年，第2年年末减值准备为20万元。

本例中，会计的折旧方法与税法规定不同，第2年年末该项固定资产的暂时性差异计算如下：

年数总和法：

第1年计提的折旧=150×（5/15）=50（万元）

第2年计提的折旧=150×（4/15）=40（万元）

第2年年末的账面价值=（150-50-40）-20=40（万元）

第2年年末的计税基础=150-30-30=90（万元）

暂时性差异=账面价值-计税基础=-50万元（可抵扣暂时性差异）

该项固定资产的账面价值小于计税基础的差额50万元，可以减少企业在未来期间的应纳税所得额，从而减少未来期间的应交所得税，产生可抵扣暂时性差异。

如果本例中企业采用年限平均法计提折旧，而税法采用年数总和法计提折旧，那么第2年年末该项固定资产的账面价值就会大于计税基础，从而产生应纳税暂时性差异。

2.无形资产计税基础

无形资产在初始确认时，除内部研究开发形成的无形资产外，其他方式取得的无形资产，依据会计准则规定确定的入账价值与按照税法规定确定的计税成本之间一般不存在差异。无形资产在后续计量时，账面价值与其计税基础之间的差异主要产生于是否需要摊销以及无形资产减值准备的提取。有关无形资产计提减值准备造成的无形资产账面价值与其计税基础之间的差异，可比照固定资产进行处理，不再赘述。

（1）内部研究开发形成的无形资产产生的暂时性差异。无形资产准则规定，企业的内部研究开发活动分为两个阶段：研究阶段的支出全部费用化，计入当期的管理费用；开发阶段的支出符合资本化条件的，自满足资本化条件的时点到无形资产达到预定用途前发生的支出计入无形资产的成本。税法为鼓励自主创新，引导企业加大研发投入，对企业的研发活动实行税收优惠，规定对企业的研发费用，未形成无形资产计入当期损益的，在按照规定据实扣除基础上，按照研究开发费用的50%加计扣除；形成无形资产的，按照无形资产的150%计算每期摊销额。由此产生了无形资产在初始确认时账面价值与其计税基础的差异。但由于该无形资产的确认不是产生于合并交易，同时在确认时既不影响会计利润，也不影响应纳税所得额，按照会计准则的规定，不确认该项暂时性差异的所得税影响。

【例 7-3-2】2018年甲企业自行研发无形资产，当期发生研发支出2 000万元，其中，研究阶段支出400万元，开发阶段符合资本化条件前的支出为400万元，符合资本化支出的为1 200万元。该资本化支出所形成的无形资产在2018年摊销完毕。

根据上述材料，甲企业发生的研发支出中，应予费用化的金额为800万元，形成无形资产成本的为1 200万元，即该无形资产在初始确认时账面价值为1 200万元。按照税法规定，可在当期税前扣除的金额为1 200万元（800×150%），所形成的无形资产在未来期间可予税前扣除的金额为1 800万元（1 200×150%），即其初始确认时的计税基础为1 800万元，由此形成暂时性差异600万元。但由于该项暂时性差异是在无形资产初始确认时形成的，同时，在确认时既不影响会计利润，也不影响应纳税所得额，因此按照会计准则的规定，不确认该项暂时性差异的所得税影响。

知识链接

根据财税〔2017〕34号提高科技型中小企业研究开发费用税前加计扣除比例的通知规定：科技型中小企业开展研发活动中实际发生的研发费用，未形成无形资产计入当期损益的，在按规定据实扣除的基础上，2017年1月1日至2019年12月31日期间，再按照实际发生额的75%在税前加计扣除；形成无形资产的，在上述期间按照无形资产成本的175%在税前摊销。

（2）使用寿命不确定的无形资产导致的差异。会计准则规定，无形资产在取得之后，应根据其使用寿命是否确定，分为使用寿命有限的无形资产和使用寿命不确定的无形资产两类。对于使用寿命不确定的无形资产，不要求摊销，但持有期间每年应进行减值测试。税法中没有界定使用寿命不确定的无形资产，要求所有无形资产的成本均应按一定期限进行摊销。对于使用寿命不确定的无形资产，会计处理时不予摊销，但计税时按照税法规定确定的摊销额允许税前扣除，从而导致该类无形资产在后续计量时账面价值与其计税基础之间产生差异。

【例 7-3-3】甲企业于2017年7月1日取得某项无形资产，取得成本为1 500万元。取得后，根据情况判断，甲企业无法合理估计其使用期限，将其作为使用寿命不确定的无形资产。2017年12月31日对其进行减值测试，未发现其发生减值。企业在计税时，对其按照10年的期限采用直线法摊销，摊销金额可以税前扣除。2017年12月31日该无形资产的账面价值和计税基础如下：

账面价值=1 500万元

计税基础=1 500-75=1 425（万元）

该无形资产的账面价值1 500万元与其计税基础1 425万元之间产生了75万元的差额，该差额将于未来期间计入企业的应纳税所得额，产生未来期间应交所得税的义务，属于应纳税暂时性差异。

3.以公允价值进行后续计量资产的计税基础

按照《企业会计准则》的规定，以公允价值进行后续计量的资产，如以公允价值计量且其变动计入当期损益的金融资产、可供出售金融资产、采取公允价值模式进行后续计量的投资性房地产等，某一会计期间的账面价值为该时点的公允价值。税法规定，企业以公允价值计量且其变动计入当期损益的金融资产、可供出售金融资产、采取公允价值模式进行后续计量的投资性房地产等，在持有期间其公允价值变动不计入应纳税所得额，待实际处置时，按实际取得成本从处置收入中扣除，从而结算处置应纳税所得额。因此，根据税法的规定，企业以公允价值进行后续计量的资产在持有期间计税时不考虑公允价值的变动，其计税基础仍为取得成本，由此导致在公允价值发生变动的情况下，该类资产的账面价值与其计税基础之间产生差异。

【例7-3-4】某企业一项交易性金融资产的账面价值为120万元，其中成本为140万元，公允价值变动为贷方余额20万元。

该项交易性金融资产的账面价值为120万元，按照税法规定，其计税基础仍为140万元。由此导致该项交易性金融资产的账面价值与其计税基础之间产生了20万元的差额，该项差额将于未来期间减少企业的应纳税所得额和应交所得税，属于可抵扣暂时性差异。

4.其他资产的计税基础

企业持有的其他资产，如采用权益法核算的长期股权投资、存货及其他计提了减值准备的资产等，因会计准则规定与税法规定不同，均可造成其账面价值与计税基础之间存在差异。

（1）采用权益法核算的长期股权投资。长期股权投资采用权益法进行核算时，其账面价值会随着初始投资成本的调整、投资收益的确认、获得现金股利、应享有被投资单位其他权益变动的确认而发生相应的变动，但税法中并没有权益法的概念，税法要求长期股权投资在处置时按照取得投资时确定的实际投资成本予以扣除，即长期股权投资的计税基础为实际投资成本，由此导致长期股权投资的账面价值与其计税基础之间产生差异。需要注意的是，对于采用权益法核算的长期股权投资，其账面价值与计税基础不同产生的差异是否需要确认相关的所得税影响，应当考虑持有该投资的意图：如果企业准备长期持有，一般情况下不确认相关的所得税影响；如果企业改变持有意图拟近期对外出售，均应确认相关的所得税影响。

（2）存货及其他计提了减值准备的资产。企业的存货等资产计提了减值准备后，账面价值会随之下降，而税法规定企业计提的资产减值准备在发生实质性损失之前不允许税前扣除，即其计税基础不会因减值准备的提取而发生变化，由此导致相关资产在计提了减值准备之后账面价值与其计税基础之间产生差异。此处同样可比照固定资产进行处理，不再赘述。

（二）负债的计税基础

负债的计税基础，是指负债的账面价值减去未来期间计算应纳税所得额时按照税法规定可予抵扣的金额。其公式表示如下：

负债的计税基础=账面价值-未来期间按照税法规定可予税前抵扣的金额

通常情况下，负债的确认与偿还不会影响企业的损益，也不会影响企业的应纳税所得额，未来期间计算应纳税所得额时按照税法规定可予抵扣的金额为0，因此，负债的计税基础一般等于账面价值。但是，在某些情况下，负债的确认可能会影响企业的损益，进而影响不同期间的应纳税所得额，导致其计税基础与账面价值之间产生差额，比如按照会计准则规定确认的某些预计负债等。

1.因提供产品售后服务等原因确认的预计负债计税基础

按照会计准则的规定，企业因提供产品售后服务而预计将会发生的支出，在满足预计负债确认条件时，应于销售商品当期确认预计负债，同时确认相关的费用。如果税法规定与产品售后服务相关的支出应于发生时税前扣除，则该类事项产生的预计负债在期末的计税基础为其账面价值与未来期间可予税前扣除的金额之间的差额，在发生的相关支出全部准予税前扣除的情况下，其计税基础为0；如果税法规定对于相关的支出按照权责发生制原则确定税前扣除，则预计负债的计税基础等于账面价值。因其他事项确认的预计负债，应按照税法规定的计税原则确定其计税基础。

如果某些事项所确认的预计负债、相关支出无论是否实际发生，税法均不允许税前扣除，未来期间按照税法规定可税前扣除的金额为0，则其账面价值等于计税基础。

【例7-3-5】某企业2018年因销售产品承诺提供3年保修服务，在当年利润表中确认400万元的销售费用，同时确认预计负债，当年未发生任何保修支出。假定按照税法规定，与产品售后服务相关的费用在实际发生时允许税前扣除。

预计负债的账面价值=400万元

负债的计税基础=账面价值-未来期间按照税法规定可予税前抵扣的金额

=400-400=0

该预计负债的账面价值400万元与其计税基础0之间产生了400万元的差额，该差额将于未来期间减少企业的应纳税所得额和应交所得税，属于可抵扣暂时性差异。

2.预收账款的计税基础

企业预收客户的款项，因不符合会计准则规定的收入确认条件，会计上将其确认为负债。税法中对于收入的确认原则，一般与会计规定相同。即一般情况下对预收账款的处理是计税基础等于账面价值。

在某些情况下，尽管预收账款在会计上不确认收入，但税法规定应将其计入当期的应税所得额，这样因预收账款在取得当期已经就其经济利益计算缴纳所得税，因此未来期间依据会计准则确认收入时，不应再计入纳税所得，而予全额税前扣除，其计税基础为0。该预收账款的账面价值大于其计税基础之间的差额，则是其在未来期间计税时的可抵扣暂时性差异。

【例7-3-6】某企业于2017年8月20日收到客户的一笔合同预付款，金额为2 000万元，因不符合收入确认条件，将其作为预收款核算。但按税法规定，该款项应作为当期的应税收益。

该项预收账款的账面价值=2 000万元

该项预收账款的计税基础=账面价值-未来期间按照税法规定可予税前抵扣的金额

=2 000-2 000=0

该预收账款的账面价值2 000万元与其计税基础0之间产生了2 000万元的差额，该差额将于未来期间减少企业的应纳税所得额和应交所得税，属于可抵扣暂时性差异。

任务四　递延所得税资产和递延所得税负债的核算

资产负债表日，企业应通过比较资产、负债的账面价值与其计税基础，确定应纳税暂时性差异和可抵扣暂时性差异，进而按照会计准则规定的原则确认相关的递延所得税资产和递延所得税负债。

（一）递延所得税资产的确认和计量

可抵扣暂时性差异在转回期间将减少企业的应纳税所得额和应交所得税，导致经济利益流入企业，因而在其产生期间，其所得税影响金额应确认为一项资产，即递延所得税资产产生于可抵扣暂时性差异。

1.递延所得税资产的确认原则

资产、负债的账面价值与其计税基础不同产生可抵扣暂时性差异的，在估计未来期间能够取得足够的应纳税所得额用以利用该可抵扣暂时性差异时，应当以很可能取得用来抵扣可抵扣暂时性差异的应纳税所得额为限，确认相关的递延所得税资产。

（1）递延所得税资产的确认应以未来期间可能取得的应纳税所得额为限。在可抵扣暂时性差异转回的未来期间内，如果企业无法产生足够的应纳税所得额用以抵减可抵扣暂时性差异的影响，与递延所得税资产相关的经济利益无法实现的，该部分递延所得税资产不应确认；如果企业有明确的证据表明在可抵扣暂时性差异转回的未来期间能够产生足够的应纳税所得额，以利用可抵扣暂时性差异，则应以很可能取得的应纳税所得额为限，确认相关的递延所得税资产。

（2）按照税法规定可以结转以后年度的未弥补亏损和税款抵减，应视同可抵扣暂时性差异处理。在预计利用可弥补亏损或税款抵减的未来期间内能够取得足够的应纳税所得额时，应当以很可能取得的应纳税所得额为限，确认相应的递延所得税资产。

【例7-4-1】A企业2017至2020年间每年的应税收益分别为-100万元、40万元、20万元、50万元，适用税率始终为25%，假设无其他暂时性差异。2017年发生亏损时，按照税法规定，该亏损可用于抵减以后5个年度的应纳税所得额，预计公司未来5年期间内能够产生足够的应纳税所得额利用该经营亏损。

该经营亏损虽不是因比较资产、负债的账面价值与其计税基础产生的，但从其性质上来看可以减少未来期间的应纳税所得额和应交所得税，属于可抵扣暂时性差异。在企业预计未来期间能够产生足够的应纳税所得额利用该可抵扣亏损时，应确认相关的递延所得税资产。

（1）2017年的资产负债表日：

借：递延所得税资产	250 000	
贷：所得税费用		250 000

（2）2018年的资产负债表日：

借：所得税费用	100 000	
贷：递延所得税资产		100 000

（3）2019年的资产负债表日：

借：所得税费用	50 000	
贷：递延所得税资产		50 000

（4）2020年的资产负债表日：

借：所得税费用	125 000	
贷：递延所得税资产		100 000
应交税费——应交所得税		25 000

2.递延所得税资产的计量

（1）资产负债表日，确认递延所得税资产时，应按可抵扣暂时性差异转回期间适用的所得税税率计量。无论可抵扣暂时性差异转回期间如何，递延所得税资产均不予折现。

（2）递延所得税资产账面价值的复核。资产负债表日，企业应当对递延所得税资产的账面价值进行复核。如果未来期间很可能无法取得足够的应纳税所得额用以利用递延所得税资产的利益，应当减记递延所得税资产的账面价值。但递延所得税资产的账面价值在减记后，其以后期间根据新的环境和情况判断能够产生足够的应纳税所得额利用可抵扣暂时性差异，使得递延所得税资产包含的经济利益能够实现的，应相应恢复递延所得税资产的账面价值。

（二）递延所得税负债的确认和计量

应纳税暂时性差异在转回期间对所得税的影响金额构成一项未来的纳税义务，应确认为一项负债，即递延所得税负债产生于应纳税暂时性差异。

1.递延所得税负债的确认原则

为了充分反映交易或事项发生后引起的未来期间的纳税义务，除会计准则明确规定可不确认递延所得税负债的情况以外，企业对于所有的应纳税暂时性差异均应确认相应的递延所得税负债。

【例7-4-2】2014年A企业购入一套生产设备，实际成本为75万元，预计使用年限为5年，预计净残值为0，采用年限平均法计提折旧，未计提减值准备。假定税法对折旧年限与净残值的规定与会计相同，因该设备符合税法规定征收优惠条件，计税时允许采用加速折旧法计提折旧，该公司在计税时按年数总和法计提折旧费用。除该项固定资产因折旧方法不同导致的会计与税收之间的差异外，不存在其他与税收的差异，此前该公司递延所得税资产和递延所得税负债均无余额。A企业适用的所得税税率为25%。

根据以上资料，该公司有关递延所得税的确认情况见表7-1。

表 7-1　递延所得税确认情况表　金额单位：元

项　目	2015 年	2016 年	2017 年	2018 年	2019 年
实际成本	750 000	750 000	750 000	750 000	750 000
累计会计折旧	150 000	300 000	450 000	600 000	750 000
账面价值	600 000	450 000	300 000	150 000	0
累计计税折旧	250 000	450 000	600 000	700 000	750 000
计税基础	500 000	300 000	150 000	50 000	0
应纳税暂时性差异	100 000	150 000	150 000	100 000	0
适用税率	25%	25%	25%	25%	25%
递延所得税负债余额	25 000	37 500	37 500	25 000	0

根据表 7-1 的资料，A 企业各年资产负债日确认递延所得税负债的会计处理如下：

（1）2015 年 12 月 31 日：

借：所得税费用　25 000

　贷：递延所得税负债　25 000

（2）2016 年 12 月 31 日：

借：所得税费用　12 500

　贷：递延所得税负债　12 500

（3）2017 年 12 月 31 日：

2014 年资产负债表日，递延所得税负债期末余额应为 37 500 元，由于递延所得税负债期初余额为 37 500 元，因而本期不需要确认递延所得税负债。

（4）2018 年 12 月 31 日：

借：递延所得税负债　12 500

　贷：所得税费用　12 500

（5）2019 年 12 月 31 日：

借：递延所得税负债　25 000

　贷：所得税费用　25 000

2.递延所得税负债的计量

资产负债表日，递延所得税应当根据税法规定，按照与其清偿该负债期间的适用税率计量，即递延所得税负债应以相关应纳税差异转回期间的适用税率计量。无论应纳税暂时性差异的转回期间如何，相关的递延所得税负债均不要求折现。

（三）特殊交易或事项中涉及的递延所得税的确认

通常情况下，确认递延所得税资产或递延所得税负债的同时，相关的所得税的影响一般作为利润表中所得税费用的组成部分。但某些特定交易或事项产生的暂时性差异，在确认递延所得税资产或递延所得税负债的同时，相关的所得税影响不构成利润表中的所得税费用，如直接计入所有者权益的交易或事项产生的递延所得税、企业合并中产生的递延所得税等。由于这种情况不涉及所得税费用的确认，所以此处不举例赘述。

（四）适用税率变动时对已确认递延所得税项目的调整

递延所得税资产和递延所得税负债的金额代表的是有关应纳税暂时性差异或可抵扣暂时性差异于未来期间转回时，导致企业应交所得税金额的减少或增加的情况。税收法规的变化，导致企业在某一会计期间适用的所得税税率发生变动的，按照债务法的核算要求，企业应对已确认的递延所得税资产和递延所得税负债按照新的税率进行重新计量，调整原已确认的递延所得税资产和递延所得税负债的金额。

除直接计入所有者权益的交易或事项产生的递延所得税资产和递延所得税负债，相关的调整金额应计入所有者权益以外，其他情况下因税率变动产生的递延所得税资产和递延所得税负债金额，应确认为税率变动当期的所得税费用（或收益）。

任务五　所得税费用的确认和计量

所得税会计的主要目的之一是确定当期应交所得税以及利润表中的所得税费用。在资产负债表债务法下，利润表中的所得税费用由当期所得税和递延所得税组成。

（一）当期所得税

当期所得税是指企业按照税法规定计算确定的针对当期发生的交易和事项，应缴纳税务部门的所得税金额即应交所得税，应以适用的税收法规为基础计算确定。企业在确定当期所得税时，对于当期发生的交易或事项，会计处理与税收处理不同的，应在会计利润的基础上，按照适用税收法规的要求进行调整，计算出当期应纳税所得额，按照应纳税所得额与适用所得税税率计算确定当期应交所得税。其公式如下：

$$应交所得税=应纳税所得额\times企业所得税税率$$

$$=（税前会计利润+\underset{增加额}{纳税调整}-\underset{减少额}{纳税调整}）\times企业所得税税率$$

1.纳税调整增加额

（1）税法规定允许扣除项目中，企业已计入当期费用但超过税法规定扣除标准的金额：

❶企业发生的职工福利费支出和拨付的工会经费，超过工资薪金总额的14%和2%的部分，不允许税前扣除；企业发生的职工教育经费，会计上列入成本费用，税法规定除国务院财政、税务主管部门另有规定外，超过工资薪金总额2.5%的部分，准予在以后纳税年度结转扣除。

❷企业发生的与生产经营活动有关的、超过发生额60%的业务招待费支出（最高不得超过当年营业收入的5‰），会计上列入管理费用，税法不允许税前扣除。

❸企业发生的符合条件的超过当年营业收入的15%的广告费和业务宣传费，会计上列入销售费用，税法规定超过部分准予在以后年度结转扣除。

知识链接

根据财税〔2017〕41号广告费和业务宣传费支出税前扣除政策规定：对化妆品制造或销售、医药制造和饮料制造（不含酒类制造）企业发生的广告费和业务宣传费支出，不超过当年销售（营业）收入30%的部分，准予扣除；超过部分，准予在以后纳税年度结转扣除。

（2）企业已计入当期损失但税法规定不允许扣除项目的金额：

❶税收滞纳金、罚款、罚金；

❷计提的各种资产的减值准备。

2. 纳税调整减少额

按税法规定允许弥补的亏损和准予免税的项目，如国债利息收入、前5年内的未弥补亏损等。

（二）递延所得税

递延所得税是指按照《企业会计准则》规定应予确认的递延所得税资产和递延所得税负债在期末应有的金额相对于原已确认金额之间的差额，即递延所得税资产和递延所得税负债的当期发生额，但不包括直接计入所有者权益的交易或事项及企业合并的所得税影响。其公式表示为：

递延所得税=（递延所得税负债的期末余额 − 递延所得税负债的期初余额）−（递延所得税资产的期末余额 − 递延所得税资产的期初余额）

（三）所得税费用

利润表中的所得税费用由两个部分组成：当期所得税和递延所得税。其公式如下：

所得税费用=当期所得税+递延所得税

所得税费用业务引起的资金运动，如图7-1所示。

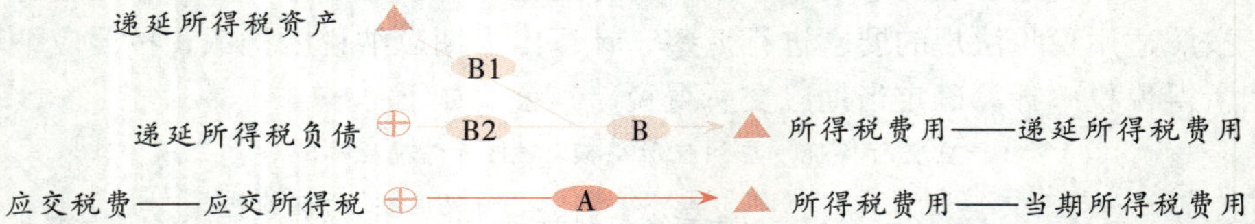

附注：A——当期所得税费用的确认

B——递延所得税费用的确认

B1——本期递延所得税资产发生额对所得税的影响

B2——本期递延所得税负债发生额对所得税的影响

图7-1　所得税费用业务引起资金运动

【例7-5-1】2018年A企业利润表中的利润总额为5 500万元，该公司适用的所得税税率为25%。2018年1月1日该企业资产、负债的账面价值与其计税基础存在差异的项目见表7-2。

表7-2　资产、负债账面价值与计税基础比较表　单位：万元

项　目	账面价值	计税基础	差　异	
			应纳税暂时性差异	可抵扣暂时性差异
交易性金融资产	3 000	2 300	700	
存货	9 000	9 300		300
固定资产	6 500	5 860	640	
无形资产	2 500	2 700		200
预计负债	300	0		300
合　计	—	—	1 340	800

2018年该企业发生存在差异的交易或事项如下：

（1）本年度会计计提的固定资产折旧费为560万元，按照税法规定允许税前扣除的折旧费为720万元。

（2）向关联企业捐赠现金500万元，按税法规定不允许税前扣除。

（3）期末确认交易性金融资产公允价值变动收益300万元。

（4）违反环保法规定支付罚款260万元。

（5）期末计提存货跌价准备200万元。

2018年12月31日该企业资产、负债的账面价值与其计税基础存在差异的项目见表7-3。

表7-3　资产、负债账面价值与计税基础比较表　单位：万元

项　目	账面价值	计税基础	差　异	
			应纳税暂时性差异	可抵扣暂时性差异
交易性金融资产	5 000	4 000	1 000	
存货	8 000	8 500		500
固定资产	6 000	5 200	800	
无形资产	3 400	3 600		200
预计负债	300	0		300
合　计	—	—	1 800	1 000

假定该企业预计在未来期间能够产生足够的应纳税所得额用以抵扣可抵扣暂时性差异。该企业有关当期所得税、递延所得税以及递延所得税资产、递延所得税负债的会计处理如下：

（1）计算确定当期所得税：

应纳税所得额=5 500-（720-560）+500-300+260+200=6 000（万元）

应交所得税=6 000×25%=1 500（万元）

（2）计算确定递延所得税：

当期确认的递延所得税负债=（1 800-1 340）×25%=115（万元）

当期确认的递延所得税资产=（1 000-800）×25%=50（万元）

当期确认的递延所得税=115-50=65（万元）

当期确认的所得税费用=1 500+65=1 565（万元）

编制确认所得税的会计分录如下：

借：所得税费用　15 650 000

　　递延所得税资产　500 000

　贷：应交税费——应交所得税　15 000 000

　　　递延所得税负债　1 150 000

所得税费用核算练习题

一、单项选择题

1.我国所得税会计采用的核算方法是（　　）。

A.应付税款法　B.资产负债表债务法　C.利润表债务法　D.递延所得税债务法

2.下列关于负债计税基础的表述，正确的是（　　）。

A.负债的计税基础是指该负债的账面价值减去未来期间计算应纳税所得额时按照税法规定可予扣除的金额

B.负债的计税基础是指该负债的账面价值减去以前期间计算应纳税所得额时按照税法规定已扣除的金额

C.负债的计税基础是指该负债形成时的历史成本

D.负债的计税基础是指该负债未来期间计算应纳税所得额时按照税法规定可予税前扣除的金额

3.下列交易或事项形成的负债中，计税基础为零的是（　　）。

A.赊购商品形成的应付账款　　B.从银行取得的长期借款

C.因确认保修费用形成的预计负债　　D.因罚款形成的其他应付款

4.某公司于2017年12月10日购入一台设备交付使用，原价500万元，预计使用年限5年，预计净残值为0。会计处理采用平均年限法计提折旧，税法规定可按双倍余额递减法计提折旧进行税前扣除，预计使用年限和预计净残值与会计处理相同。2018年12月31日，该公司对该项固定资产计提减值准备50万元，公司适用所得税税率为25%。则：

（1）2018年12月31日，该项固定资产的账面价值为（　　）万元。

A.250　　B.300　　C.350　　D.400

（2）2018年12月31日，该项固定资产的计税基础为（　　）万元。

A.250　　B.300　　C.350　　D.400

（3）2018年12月31日，该项固定资产产生的暂时性差异为（　　）。

A.应纳税暂时性差异50万元　　B.可抵扣暂时性差异50万元

C.应纳税暂时性差异100万元　　D.可抵扣暂时性差异100万元

（4）2018年12月31日，该项固定资产应确认（　　）。

A.递延所得税资产12.5万元　　B.递延所得税负债12.5万元

C.转回递延所得税负债12.5万元　　D.转回递延所得税资产12.5万元

5.某公司自行研发一项专利技术，当期发生开发费用600万元，其中，开发阶段不符合资本化条件的支出240万元，符合资本化条件的支出360万元。该项专利技术于2015年1月1日交付使用，摊销期限为10年，公司适用所得税税率为25%。则：

（1）2018年12月31日，该项专利技术的账面价值为（　　）万元。

A.288　　B.391　　C.360　　D.480

（2）2018年12月31日，该项专利技术的计税基础为（　　）万元。

A.288　　B.391　　C.432　　D.540

（3）2018年12月31日，该项专利技术产生的暂时性差异为（　　）。

A.应纳税暂时性差异72万元　　B.可抵扣暂时性差异72万元

C.应纳税暂时性差异144万元　　D.可抵扣暂时性差异144万元

（4）2018年12月31日，该项专利技术应确认（　　）。

A.递延所得税资产36万元　　B.递延所得税负债36万元

C.不需要确认相应的递延所得税　　D.递延所得税资产9万元

6.某公司2018年12月31日资产负债表中应付职工薪酬项目为4 000万元。假设税法规定当期可予税前扣除的薪金支出限额为3 000万元，则该应付职工薪酬的计税基础为（　　）万元。

A.4 000　　B.3 000　　C.1 000　　D.0

7.某公司于2018年12月31日收到客户预交的购货款项100万元。

（1）假设税法规定该款项预收时可计入当期应纳税所得额，则2018年12月31日，该预收账款的计税基础为（　　）万元。

A.0　　B.100　　C.25　　D.75

（2）假设税法规定该款项预收时在未来实现销售时计入应纳税所得额，则2018年12月31日，该预收账款的计税基础为（　　）万元。

A.0　　B.100　　C.25　　D.75

8.某公司2018年1月1日开业，2018年和2019年免征企业所得税，公司适用企业所得税税率为25%。该公司从2018年1月起开始对一项固定资产计提折旧，2018年12月31日该项固定资产的账面价值为8 000万元，计税基础为7 600万元。则2018年12月31日的会计处理为（　　）。

A.属于免税期间，不确认递延所得税负债　　B.确认递延所得税负债400万元

C.确认递延所得税负债100万元　　D.转回递延所得税负债100万元

9.某公司2018年因政策性原因发生经营亏损2 000万元，税法规定该亏损可用于抵减以后5个年度的应纳税所得额。该公司预期未来5年很可能形成的应纳税所得额预计为1 400万元，公司适用所得税税率为25%。则2018年资产负债表日应确认的递延所得税资产为（　　）万元。

A.500　　B.350　　C.150　　D.0

二、多项选择题

1.下列关于资产计税基础的表述中，正确的有（　　）。

A.资产的计税基础是指该资产在未来期间计税时按照税法规定可予税前扣除的金额

B.资产的计税基础是指该资产的取得成本（历史成本）减去以前期间按照税法规定已扣除金额的余额

C.资产的计税基础是指该资产的取得成本（历史成本）减去未来期间按照税法规定可予扣除的金额

D.资产的计税基础是指该资产的账面价值减去以前期间按照税法规定已扣除金额的余额

E.资产的计税基础是指该资产的账面价值减去未来期间按照税法规定可予扣除的金额

2.下列各项差异中，属于应纳税暂时性差异的是（　　），属于可抵扣暂时性差异的是（　　）。

A.资产的账面价值大于其计税基础的差异　　B.资产的账面价值小于其计税基础的差异

C.负债的账面价值大于其计税基础的差异　　D.负债的账面价值小于其计税基础的差异

E.可抵扣亏损及税款抵减产生的暂时性差异

3.下列项目中，产生可抵扣暂时性差异的有（　　）。

A.因产品质量保证确认的预计负债　　B.计提存货跌价准备

C.因奖励积分确认的递延收益　　D.因环保罚款确认的其他应付款

E.准予在以后会计期间抵扣的产品广告费

4.下列项目中，产生应纳税暂时性差异的有（　　）。

A.交易性金融资产期末公允价值高于其期初公允价值的差额

B.长期股权投资期末账面价值大于其初始投资成本的差额

C.公允价值计量的可供出售金融资产的期末公允价值大于其历史成本的差额

D.计提无形资产减值准备

E.公允价值计量模式下投资性房地产的期末公允价值小于其历史成本的差额

5.如果企业未来期间有足够的应纳税所得额用以抵扣可抵扣暂时性差异，下列交易或事项中，导致“递延所得税资产”科目金额增加的有（　　）。

A.发生的净亏损　　B.计提固定资产减值准备

C.预提的产品质量保证金　　D.确认的国债利息收入

E.本期支付的应付账款

6.企业当期发生的递延所得税费用，可能记入（　　）科目。

A.资本公积　　B.其他综合收益

C.所得税费用　　D.商誉

E.本年利润

7.下列各项支出产生的可抵扣暂时性差异，应确认递延所得税资产的有（　　）。

A.产品广告费支出　　B.业务招待费支出

C.向关联企业的捐赠支出　　D.当期发生且能够全额弥补的亏损

E.职工教育经费

8.下列表述中，正确的有（　　）。

A.所得税费用在利润表中单独列示，同时应在附注中披露与所得税有关的信息

B.递延所得税资产和递延所得税负债一般应当分别作为非流动资产和非流动负债在资产负债表中列示

C.递延所得税资产和递延所得税负债不要求折现

D.在个别财务报表中，当期所得税资产与负债及递延所得税资产及递延所得税负债可以以抵销后的净额列示

E.在合并财务报表中，纳入合并范围的企业中，一方的递延所得税资产与另一方的递延所得税负债可以以抵销后的净额列示

三、判断题

1.资产的计税基础是指某项资产在未来期间计税时可予税前扣除的金额。（　　）

2.负债产生的暂时性差异等于该负债在未来期间计税时可予税前扣除的金额。（　　）

3.应纳税暂时性差异是指在确定未来收回资产或清偿负债期间的应纳税所得额时，将导致其增加的暂时性差异。（　　）

4.某企业当期计入成本费用的应付职工薪酬总额为4 000万元，可予税前扣除的合理部分为3 000万元，则该项负债的计税基础为4 000万元。（　　）

5.当期形成或转回的递延所得税负债金额应等于当期应纳税暂时性差异乘以当期适用的所得税税率。（　　）

6.资产负债表日，对于递延所得税负债，应按预期收回该资产或清偿该负债期间的适用税率计量。（　　）

7.对于按照税法规定可以结转以后年度的未弥补亏损和税款抵减额产生的可抵扣暂时性差异，应全额确认递延所得税资产。（　　）

8递延所得税资产的确认应以未来期间可能取得的用以抵扣可抵扣暂时性差异的应纳税所得额为限。（　　）

9.资产负债表日，企业对于递延所得税资产的账面价值进行复核，如果未来期间很可能无法取得足够的应纳税所得额用以利用抵扣可抵扣暂时性差异带来的经济利益，应当减记递延所得税资产的账面价值。（　　）

10.利润表中的“所得税费用”项目金额与当期的“应交税费——应交所得税”科目金额相等。（　　）

四、不定项选择题

甲企业为增值税一般纳税人，2018年度至2020年度发生的与无形资产有关业务如下：

（1）2018年1月10日，甲企业开始自行研发一项行政管理用非专利技术，截至2018年5月31日，用银行存款支付外单位协作费74万元，领用本单位原材料成本26万元（不考虑增值税因素）。经测试，该项研发活动已完成研究阶段。

（2）2018年6月1日，研发活动进入开发阶段。该阶段发生研究开发人员的薪酬支出35万元，领用材料成本85万元（不考虑增值税因素），全部符合资本化条件。2018年12月1日，该项研发活动结束，最终开发形成一项非专利技术并投入使用。该非专利技术预计可使用年限为5年，预计净残值为0，采用直线法摊销。

（3）2020年12月31日，经减值测试，该项非专利技术的可收回金额为52万元。

甲企业适用所得税税率为25%。税法规定，对于企业的研发费用，未形成无形资产计入当期损益的，

在按照规定据实扣除基础上，按照研究开发费用的50%加计扣除；形成无形资产的，按照无形资产的150%计算每期摊销额。

要求：根据上述资料，不考虑其他因素，分析回答下列问题（金额单位用万元表示）：

（1）下列各项资产和负债中，因账面价值与其计税基础不一致形成暂时性差异的有（　　）。

A.使用寿命不确定的无形资产　　B.已计提减值准备的固定资产

C.已确认公允价值变动损益的交易性金融资产　　D.因违反税法规定应缴纳但尚未缴纳的滞纳金

（2）根据资料（1）和（2），甲企业自行研究开发无形资产的入账价值是（　　）万元。

A.100　　B.120　　C.146　　D.220

（3）根据资料（1）至（3），下列关于甲企业该非专利技术摊销的会计处理，表述正确的是（　　）。

A.应当自可供使用的下月起开始摊销　　B.应当自可供使用的当月起开始摊销

C.该非专利技术的摊销额应计入管理费用

D.摊销方法应当反映与该非专利技术有关的经济利益的预期实现方式

（4）2020年12月31日，该无形资产的账面价值与计税基础分别为（　　）万元。

A.52，180　　B.50，70　　C.50，105　　D.70，105

（5）根据资料（4），甲企业该非专利技术的减值金额为（　　）万元。

A.0　　B.18　　C.20　　D.35.6

项目八

期末会计处理

知识目标

1. 了解期末会计的主要工作。
2. 了解报表体系及编制方法。
3. 熟悉主要税种的核算方法。
4. 掌握应交增值税的计算与核算方法。
5. 掌握财产清查的账务处理方法。
6. 掌握各种资产减值准备的核算方法。
7. 掌握期末损益的结转与利润分配的核算方法。

能力目标

1. 能正确计算和核算税费。
2. 能正确完成财产清查及相应会计核算。
3. 能正确完成计提减值准备的会计核算。
4. 能正确完成期末收入、费用结转及利润形成的会计核算。
5. 能正确完成利润分配的会计核算。
6. 能正确编制资产负债表、利润表。

本项目业务常用原始凭证（见凭证8-1至凭证8-11）

凭证8-1

中华人民共和国税收缴款书　　（国）

隶属关系：区属企业

经济类型：民营企业　　填发日期：2017年6月5日　　征收机关：重庆市渝中区国税局

缴款单位或个人	代码	91500113562018376M		预算科目	编码	
	全称	重庆渝中摩托制造有限公司			名称	增值税
	开户银行	中国工商银行渝中支行大黄分理处			级次	共享税
	账号	310003690910009514 7		收缴国库		
税款所属时期		2017年5月		税款限缴日期		2017年6月15日
品名名称		课税数目	计税金额或销售收入	税率或单位税额	已缴或扣除额	实缴税额
增值税			500 000.00	17%		85 000.00
金额合计		人民币(大写)捌拾伍万元整				
缴款单位(人)(盖章) 经办人(章)		税务机关(盖章) 填票人(章)	上列款项已收妥并划转收款单位账户国库(银行) 年 月 日			备注：

（注：逾期不缴按税法规定加收滞纳金）

凭证 8-2

中华人民共和国税收缴款书

（国）

隶属关系：区属企业

经济类型：民营企业　　填发日期：2017年6月5日　　征收机关：重庆市渝中区国税局

缴款单位或个人	代码	91500113562018376M	预算科目	编码	
	全称	重庆渝中摩托制造有限公司		名称	消费税
	开户银行	中国工商银行渝中支行大黄分理处		级次	中央税
	账号	310003690910009514 7	收缴国库		
税款所属时期		2017年5月	税款限缴日期		2017年6月15日
品名名称	课税数目	计税金额或销售收入	税率或单位税额	已缴或扣除额	实缴税额
消费税		16 666 666.67	3%		500 000.00
金额合计	人民币(大写)伍拾万元整				
缴款单位(人)(盖章) 经办人(章)	税务机关(盖章) 填票人(章)	上列款项已收妥并划转收款单位账户国库(银行) (盖章)　年　月　日			备注：

（注：逾期不缴按税法规定加收滞纳金）

凭证 8-3

中华人民共和国税收缴款书

（地）

隶属关系：区属企业

经济类型：民营企业　　填发日期：2017年6月5日　　征收机关：重庆市渝中区地税局

缴款单位或个人	代码	91500113562018376M	预算科目	编码	
	全称	重庆渝中摩托制造有限公司		名称	城市维护建设税
	开户银行	中国工商银行渝中支行大黄分理处		级次	地方税
	账号	310003690910009514 7	收缴国库		
税款所属时期		2017年5月	税款限缴日期		2017年6月15日
品名名称	课税数目	计税金额或销售收入	税率或单位税额	已缴或扣除额	实缴税额
城市维护建设税		585 000.00	7%		40 950.00
金额合计	人民币(大写)肆万零玖佰伍拾元整				
缴款单位(人)(盖章) 经办人(章)	税务机关(盖章) 填票人(章)	上列款项已收妥并划转收款单位账户国库(银行) (盖章)　年　月　日			备注：

（注：逾期不缴按税法规定加收滞纳金）

凭证 8-4

中华人民共和国税收缴款书

（地）

隶属关系：区属企业

经济类型：民营企业　　填发日期：2017年6月5日　　征收机关：重庆市渝中区地税局

缴款单位或个人	代码	91500113562018376M	预算科目	编码	
	全称	重庆渝中摩托制造有限公司		名称	教育费附加
	开户银行	中国工商银行渝中支行大黄分理处		级次	地方税
	账号	310003690910009514 7	收缴国库		
税款所属时期		2017年5月	税款限缴日期		2017年6月15日
品名名称	课税数目	计税金额或销售收入	税率或单位税额	已缴或扣除额	实缴税额
教育费附加		585 000.00	3%		17 550.00
金额合计	人民币(大写)壹万柒仟伍佰伍拾元整				
缴款单位(人)(盖章) 经办人(章)	税务机关(盖章) 填票人(章)	上列款项已收妥并划转收款单位账户国库(银行) (盖章)　年　月　日			备注：

（注：逾期不缴按税法规定加收滞纳金）

凭证 8-5

现金盘点报告表

2017年6月6日

项　目	票　面	数　量	金　额	盘点异常及建议事项	
	100.00	20	2 000.00	由出纳进行赔偿	
	50.00	30	1 500.00		
	10.00	20	200.00		
	5.00	20	100.00		
	1.00	15	15.00		
	0.50	10	5.00	盘点结果及要点报告	
	0.20	5	1.00	盘亏	
	0.10	15	1.50		
	0.05				
	0.02				
	0.01			主管批示	
小　计			3 822.50	总经理	财务经理
账面数			3 922.50	同意。 张浩达	同意。 文武
处理结果	盘盈				
	盘亏		100.00		
保管人：张珊			盘点人：李诗		

盘点人：陈俊　　复核人：熊琳　　核准人：文武

凭证 8-6

转让金融商品应交增值税计算表

2017年6月30日　　金额单位：元

金融商品实际售价	金融商品成本	转让金融商品差价	税　率	转让金融商品应交增值税

主管：张浩达　　审核：熊琳　　制表：王洋

凭证 8-7

应交、未交增值税计算表

2017年6月30日　　金额单位：元

进项税额	已交税金	销项税额	进项税转出	简易计税	转让金融商品应交增值税	转出未交（多交）增值税

主管：张浩达　　审核：熊琳　　制表：王洋

凭证 8-8

应交消费税计算表

2017年6月30日　　金额单位：元

项　目	计税依据	适用税率（比例）	税　额
应交消费税			
合　计			

主管：张浩达　　审核：熊琳　　制表：王洋

凭证 8-9

应交城市维护建设税、教育费附加计算表

2017 年 6 月 30 日　金额单位：元

项　目	计税依据（增值税/消费税）	适用税率（比例）	税　额
应交城市维护建设税			
应交教育税附加			
合　计			

主管：张浩达　审核：熊琳　制表：王洋

凭证 8-10

应交所得税计算表

2017 年 6 月 30 日　金额单位：元

项　目	计税依据	适用税率（比例）	税　额
应交所得税			
合　计			

凭证 8-11

坏账准备计提表

单位名称：　2017 年 6 月 30 日　金额单位：元

本期应收账款余额	计提比例	本期坏账准备期末余额	计提前坏账准备余额	本期应提坏账准备数	备　注
					只考虑对应收账款计提坏账准备

主管：张浩达　审核：熊琳　制表：王洋

期末会计处理是会计核算必不可少的一项工作，刚从事会计工作的会计人员很容易忘记在期末会计处理中的一些事项。期末会计处理事项主要有：财产清查的核算；资产减值的核算；资产的折旧；费用的摊销；产品成本的结转；主要税费的计算与缴纳的核算；损益类账户和利润分配的结转；对账与结账；会计报表的编制等。

说明：因涉及产品成本计算，本教材将固定资产折旧、材料成本差异分摊、完工产品成本结转等期末会计处理内容安排在生产经营过程中学习。

任务一　财产清查的核算

（一）货币资金清查

企业应当按照规定进行现金的清查，一般采用实地盘点法，对于清查的结果应当编制现金盘点报告单。如果有挪用现金、白条顶库的情况，应及时予以纠正；对于超限额留存的现金，应及时送存银行。如果账款不符，发现的有待查明原因的现金短缺或溢余，应先通过“待处理财产损溢”科目核算。按管理权限报经批准后，分别以下情况处理：

（1）如为现金短缺，属于应由责任人赔偿或保险公司赔偿的部分，计入其他应收款；

属于无法查明的其他原因，计入管理费用。

（2）如为现金溢余，属于应支付给有关人员或单位的，计入其他应付款；属于无法查明原因的，计入营业外收入。

（二）存货清查

存货清查是指通过对存货的实地盘点，确定存货的实有数量，并与账面结存数核对，从而确定存货实存数与账面结存数是否相符的一种专门方法。

由于存货种类繁多、收发频繁，在日常收发过程中可能发生计量错误、计算错误、自然损耗，还可能发生损坏变质以及贪污、盗窃等情况，造成账实不符，形成存货的盘盈盘亏。对于存货的盘盈盘亏，应填写存货盘点报告（如实存账存对比表），及时查明原因，按照规定程序报批处理。

为了反映企业在财产清查中查明的各种存货的盘盈、盘亏和毁损情况，企业应当设置"待处理财产损益"科目。该科目的借方登记存货的盘亏、毁损金额及盘盈的转销金额，贷方登记存货的盘盈金额及盘亏的转销金额。企业清查的各种存货损益，应在期末结账前处理完毕，期末处理后，本科目应余额。

1.存货盘盈的核算

企业发生存货盘盈时，借记"原材料""库存商品"等科目，贷记"待处理财产损益"科目；在按管理权限报经批准后，借记"待处理财产损益"科目，贷记"管理费用"科目。

【例8-1-1】**甲公司在财产清查中盘盈J材料1 000千克，实际单位成本60元，经查属于材料收发计量方面的错误。甲公司的会计处理如下：**

（1）批准处理前：

借：原材料	60 000	
贷：待处理财产损溢		60 000

（2）批准处理后

借：待处理财产损溢	60 000	
贷：管理费用		60 000

2.存货盘亏及毁损的核算

企业发生存货盘亏及损毁时，借记"待处理财产损溢"科目，贷记"原材料""库存商品"等科目。在按管理权限报经批准后，应作会计处理如下：对于入库的残料价值，记入"原材料"等科目；对于应由保险公司和过失人的赔款，记入"其他应收款"科目；扣除残料价值和应由保险公司、过失人赔款后的净损失，属于一般经营损失的部分，记入"管理费用"科目，属于非常损失的部分，记入"营业外支出"科目。

【例8-1-2】**甲公司在财产清查中发现盘亏K材料500千克，实际单位成本200元，经查属于一般经营损失。甲公司的会计处理如下：**

（1）批准处理前：

借：待处理财产损溢	100 000	
贷：原材料		100 000

（2）批准处理后：

借：管理费用	117 000	

贷：待处理财产损溢　100 000
　　应交税费——应交增值税（进项税额转出）　17 000

【例8-1-3】甲公司在财产清查中发现毁损L材料300千克，实际单位成本100元，经查属于材料保管员的过失造成的，按规定由其个人赔偿20 000元，残料已办理入库手续，价值2 000元。甲公司的会计处理如下：

（1）批准处理前：

借：待处理财产损溢　30 000
　贷：原材料　30 000

（2）批准处理后：

❶由过失人赔款部分：

借：其他应收款　23 400
　贷：待处理财产损溢　20 000
　　　应交税费——应交增值税（进项税额转出）　3 400

❷残料入库：

借：原材料　2 000
　贷：待处理财产损溢　2 000

❸材料毁损净损失：

借：管理费用　9 360
　贷：待处理财产损溢　8 000
　　　应交税费——应交增值税（进项税额转出）　1 360

【例8-1-4】甲公司因台风造成一批库存材料毁损，实际成本70 000元，根据保险责任范围及保险合同规定，应由保险公司赔偿50 000元。甲公司的会计处理如下：

（1）批准处理前：

借：待处理财产损溢　70 000
　贷：原材料　70 000

（2）批准处理后：

借：其他应收款　50 000
　　营业外支出——非常损失　20 000
　贷：待处理财产损溢　70 000

（三）固定资产清查

企业应定期或者至少于每年年末对固定资产进行清查盘点，以保证固定资产核算的真实性，充分挖掘企业现有固定资产的潜力。在固定资产清查过程中，如果发现盘盈、盘亏的固定资产，应填制固定资产盘盈盘亏报告表。清查固定资产的损益，应及时查明原因，并按照规定程序报批处理。

1.固定资产盘盈

企业在财产清查中盘盈的固定资产，作为前期差错处理。企业在财产清查中盘盈的固定资产，在按管理权限报经批准处理前，应先通过“以前年度损益调整”科目核算。盘盈的固定资产，应按重置成本确定其入账价值，借记“固定资产”科目，贷记“以前年度损益调整”科目。

【例 8-1-5】丁公司在财产清查过程中发现一台未入账的设备，重置成本为30 000元（假定与其计税基础不存在差异），根据《企业会计准则第28号——会计政策、会计估计变更和差错更正》规定，该盘盈固定资产作为前期差错进行处理。假定丁公司适用的所得税税率为25%，按净利润的10%计提法定盈余公积。丁公司的会计处理如下：

（1）盘盈固定资产时：

借：固定资产	30 000	
贷：以前年度损益调整		30 000

（2）确定应纳所得税时：

借：以前年度损益调整	7 500	
贷：应交税费——应交所得税		7 500

（3）结转为留存收益时：

借：以前年度损益调整	22 500	
贷：盈余公积——法定盈余公积		2 250
利润分配——未分配利润		20 250

2.固定资产盘亏

企业在财产清查中盘亏的固定资产，按盘亏固定资产的账面价值，借记“待处理财产损溢”科目，按已计提的累计折旧，借记“累计折旧”科目，按已计提的减值准备，借记“固定资产减值准备”科目，按固定资产的原价，贷记“固定资产”科目。按管理权限报经批准后处理时，按可收回的保险赔偿或过失人赔偿，借记“其他应收款”科目，按应计入营业外支出的金额，借记“营业外支出——盘亏损失”科目，贷记“待处理财产损溢”科目。

【例 8-1-6】乙公司进行财产清查时发现短缺一台笔记本电脑，原价为10 000元，已计提折旧7 000元。乙公司的会计处理如下：

（1）盘亏固定资产时：

借：待处理财产损溢	3 000	
累计折旧	7 000	
贷：固定资产		10 000

（2）报经批准转销时：

借：营业外支出——盘亏损失	3 000	
贷：待处理财产损溢		3 000

任务二 资产减值的核算

资产减值是指在当前市场环境下某资产的未来可收回金额现值小于其账面价值时，即判断该资产发生减值。

（一）坏账准备及其核算

企业应当在资产负债表日对应收款项的账面价值进行检查，有客观证据表明该应收款项发生减值的，应当将该应收款项的账面价值减记至预计未来现金流量现值，减记的金额确认减值损失，计提坏账准备。

企业应当设置“坏账准备”科目，核算应收款项的坏账准备计提、转销等情况。企业当期计提的坏账准备，应当计入资产减值损失。该科目的贷方登记当期计提的坏账准备金额，借方登记实际发生的坏账损失金额和冲减的坏账准备金额，期末余额一般在贷方，反映企业已计提但尚未转销的坏账准备。

坏账准备可按以下公式计算：

$$\frac{当期应计提的}{坏账准备}=\frac{当期按应收款项计算}{应提坏账准备金}-（或+）“坏账准备”科目的借贷方（或借方）余额$$

企业计提坏账准备时，按应减记的金额，借记“资产减值损失——计提的坏账准备”科目，贷记“坏账准备”科目。冲减多计提的坏账准备时，借记“坏账准备”科目，贷记“资产减值损失——计提的坏账准备”科目。

【例 8-2-1】2017 年 12 月 31 日，甲公司对应收丙公司的账款进行减值测试。应收账款余额合计为 1 000 000 元，甲公司根据丙公司的资信情况确定按 10% 计提坏账准备。2017 年年末计提坏账准备的会计分录如下：

借：资产减值损失——计提的坏账准备	100 000	
贷：坏账准备		100 000

企业确实无法收回的应收款项按管理权限报经批准后作为坏账转销时，应当冲减已计提的坏账准备。已确认并转销的应收款项以后又收回的，应当按照实际收到的金额增加坏账准备的账面余额。企业发生坏账损失时，借记“坏账准备”科目，贷记“应收账款”“其他应收款”等科目。

【例 8-2-2】甲公司 2018 年对丙公司的应收账款实际发生坏账损失 30 000 元。确认坏账损失时，甲公司应作会计处理如下：

借：坏账准备	30 000	
贷：应收账款		30 000

【例 8-2-3】承【例 8-2-2】和【例 8-2-1】，甲公司 2018 年年末应收丙公司的账款余额为 1 200 000 元，经减值测试，甲公司决定仍按 10% 计提坏账准备。

根据甲公司坏账核算方法，其“坏账准备”科目应保持的贷方余额为 120 000 元（1 200 000×10%）；计提坏账准备前，“坏账准备”科目的实际余额为贷方 70 000 元（100 000−30 000），因此本年年末应计提的坏账准备金额为 50 000 元（120 000−70 000）。甲公司应作会计处理如下：

借：资产减值损失——计提的坏账准备	50 000	
贷：坏账准备		50 000

已确认并转销的应收款项以后又收回的，应当按照实际收到的金额增加坏账准备的账面余额。已确认并转销的应收款项以后又收回时，借记“应收账款”“其他应收款”等科目，贷记“坏账准备”科目；同时，借记“银行存款”科目，贷记“应收账款”“其他应收款”等科目。

【例 8-2-4】甲公司 2019 年 4 月 20 日收到 2018 年已转销的坏账 20 000 元，已存入银行。甲公司应作会计处理如下：

借：应收账款	20 000	
贷：坏账准备		20 000

借：银行存款　　20 000

　贷：应收账款　　20 000

（二）存货跌价准备及其核算

1.存货跌价准备的计提和转回

资产负债表日，存货应当按照成本与可变现净值孰低计量。其中，成本是指期末存货的实际成本，如企业在存货成本的日常核算中采用计划成本法、售价金额核算法等简化核算方法，则成本为经调整后的实际成本。可变现净值是指在日常活动中存货的估计售价减去至完工时估计将要发生的成本、估计的销售费用以及相关税费后的金额。可变现净值的特征表现为存货的预计未来净现金流量，而不是存货的售价或合同价。

存货成本高于其可变现净值的，应当计提存货跌价准备，计入当期损益。以前减记存货价值的影响因素已经消失的，减记的金额应当予以恢复，并在原已计提的存货跌价准备金额内转回，转回的金额计入当期损益。

2.存货跌价准备的会计处理

企业应当设置“存货跌价准备”科目，核算存货的存货跌价准备。该科目的贷方登记计提的存货跌价准备金额，借方登记实际发生的存货跌价损失金额和冲减的存货跌价准备金额，期末余额一般在贷方，反映企业已计提但尚未转销的存货跌价准备。

当存货成本高于其可变现净值时，企业应当按照存货可变现净值低于成本的差额，借记“资产减值损失——计提的存货跌价准备”科目，贷记“存货跌价准备”科目。

转回已计提的存货跌价准备金额时，按恢复增加的金额，借记“存货跌价准备”科目，贷记“资产减值损失——计提的存货跌价准备”科目。

企业结转存货销售成本时，对于已计提存货跌价准备的，借记“存货跌价准备”科目，贷记“主营业务成本”“其他业务成本”等科目。

【例8-2-5】2017年12月31日，甲公司某材料的账面金额为100 000元，由于市场价格下跌，预计可变现净值为80 000元，由此应计提的存货跌价准备为20 000元。甲公司应作会计处理如下：

借：资产减值损失——计提的存货跌价准备　　20 000

　贷：存货跌价准备　　20 000

假设2018年6月30日，某材料的账面金额为100 000元，由于市场价格有所上升，使得某材料的预计可变现净值为95 000元，应转回的存货跌价准备为15 000元。甲公司应作会计处理如下：

借：存货跌价准备　　15 000

　贷：资产减值损失——计提的存货跌价准备　　15 000

（三）非流动资产减值及其核算

1.长期股权投资减值

（1）长期股权投资减值金额的确定。

❶企业对子公司、合营企业及联营企业的长期股权投资。企业对子公司、合营企业及联营企业的长期股权投资在资产负债表日存在可能发生减值的迹象时，其可收回金额低于账面价值的，应当将该长期股权投资的账面价值减记至可收回金额，减记的金额确认为减值损失，计入当期损益，同时计提相应的资产减值准备。❷企业对被投资单位不具有控

制、共同控制或重大影响且在活跃市场中没有报价、公允价值不能可靠计量的长期股权投资。企业对被投资单位不具有控制、共同控制或重大影响且在活跃市场中没有报价、公允价值不能可靠计量的长期股权投资，应当将该长期股权投资在资产负债表日的账面价值，与按照类似金融资产当时市场收益率对未来现金流量折现确定的现值之间的差额，确认为减值损失，计入当期损益。

（2）长期股权投资减值的会计处理。

企业计提长期股权投资减值准备，应当设置“长期股权投资减值准备”科目进行核算。企业按应减记的金额，借记“资产减值损失——计提的长期股权投资减值准备”科目，贷记“长期股权投资减值准备”科目。

长期股权投资减值损失一经确认，在以后会计期间不得转回。

2.固定资产减值

固定资产在资产负债表日存在可能发生减值的迹象时，其可收回金额低于账面价值的，企业应当将该固定资产的账面价值减记至可收回金额，减记的金额确认为减值损失，计入当期损益，同时计提相应的资产减值准备，借记“资产减值损失——计提的固定资产减值准备”科目，贷记“固定资产减值准备”科目。

固定资产减值损失一经确认，在以后会计期间不得转回。

【例 8-2-6】2017年12月31日，丁公司的某生产线存在可能发生减值的迹象。经计算，该机器的可收回金额合计为1 230 000元，账面价值为1 400 000元，以前年度未对该生产线计提过减值准备。

由于该生产线的可收回金额为1 230 000元，账面价值为1 400 000元，可收回金额低于账面价值，应按两者之间的差额170 000元（1 400 000−1 230 000）计提固定资产减值准备。丁公司应作会计处理如下：

借：资产减值损失——计提的固定资产减值准备　　170 000

　贷：固定资产减值准备　　170 000

3.无形资产减值

无形资产在资产负债表日存在可能发生减值的迹象时，其可收回金额低于账面价值的，企业应当将该无形资产的账面价值减记至可收回金额，减记的金额确认为减值损失，计入当期损益，同时计提相应的资产减值准备，按应减记的金额，借记“资产减值损失——计提的无形资产减值准备”科目，贷记“无形资产减值准备”科目。

无形资产减值损失一经确认，在以后会计期间不得转回。

【例 8-2-7】2017年12月31日，市场上某项技术生产的产品销售势头较好，已对甲公司的产品销售产生重大不利影响。甲公司外购的类似专利技术的账面价值为800 000元，剩余摊销年限为4年，经减值测试，该专利技术的可收回金额为750 000元。

由于该专利权在资产负债表日的账面价值为800 000元，可收回金额为750 000元，可收回金额低于其账面价值，应按其差额50 000元（800 000−750 000）计提减值准备。甲公司应作会计处理如下：

借：资产减值损失——计提的无形资产减值准备　　50 000

　贷：无形资产减值准备　　50 000

任务三　主要税费的计算与缴纳的核算

企业在一定时期内取得的营业收入和实现的利润，要按规定向国家缴纳税费，这些应缴纳的税费，按权责发生制原则应预提记入有关账户。其一般做法是：企业每月应缴的税费于下月月初上缴。一定时期内企业应缴未缴的各项税费形成企业的一项负债。

企业根据税法规定应缴纳的各种税费包括：增值税、消费税、城市维护建设税、资源税、所得税、土地增值税、房产税、车船税、城镇土地使用税、教育费附加、印花税、耕地占用税等。

企业应通过“应交税费”科目，总括反映各种税费的缴纳情况，并按照“应交税费”项目进行明细核算。该科目的贷方登记应缴纳的各种税费等，借方登记实际缴纳的税费，期末余额一般在贷方，反映企业尚未缴纳的税费，期末余额如在借方，反映企业多交或尚未抵扣的税费。

（一）应交增值税的核算方法

1.增值税认知

增值税是指对我国境内销售货物、进口货物，或提供加工、修理修配劳务的增值额征收的一种流转税。增值税的纳税人是在我国境内销售货物、进口货物，或提供加工、修理修配劳务的单位和个人。按照纳税人的经营规模及会计核算的健全程度，增值税纳税人分为一般纳税人和小规模纳税人。增值税的计税方法，包括一般计税方法和简易计税方法。一般纳税人发生应税行为适用一般计税方法计税，即根据当期销项税额减去当期进项税额计算确定；一般纳税人发生财政部和国家税务总局规定的特定应税行为，可以选择适用简易计税方法计税，但一经选择，36个月内不得变更。小规模纳税人发生应税行为适用简易计税方法计税，按照销售额和规定的征收率计算确定。

按照《中华人民共和国增值税暂行条例》规定，企业购入货物或接受应税劳务支付的增值税（即进项税额），可从销售货物或提供劳务按规定收取的增值税（即销项税额）中抵扣。准予从销项税额中抵扣的进项税额通常包括：（1）从销售方取得的增值税专用发票上注明的增值税额。（2）从海关取得的海关进口增值税专用缴款书上注明的增值税额。（3）购进农产品，除取得增值税专用发票或者海关进口增值税专用缴款书外，按照农产品收购发票或者销售发票上注明的农产品买价和11%的扣除率计算的进项税额。（4）从境外单位或者个人购进服务、无形资产或不动产，自税务机关或者扣缴义务人取得的解缴税款的完税凭证上注明的增值税额。

2.一般纳税人应交增值税的核算

一般纳税人在应交增值税的核算中，既在“应交税费——应交增值税”账户下设置“进项税额”“销项税额抵减”“已交税金”“转出未交增值税”“减免税款”“出口抵减内销产品应纳增值税额”“销项税额”“出口退税”“进项税额转出”“转出多交增值税”等专栏对日常购销业务中形成的纳税义务进行核算，还在“应交税费”账户下设置“未交增值税”“预交增值税”“待抵扣进项税额”“待认证进项税额”“待转销项税额”“简易计税”“转让金融商品应交增值税”“代扣代缴增值税”等二级明细账对增值税纳税义务进行全面管控。

（1）“应交税费——应交增值税”账户核算方法。

为了核算企业应交增值税的发生、抵扣、缴纳、退税及转出等情况，应在“应交税费”科目下设置“应交增值税”明细科目，并在“应交增值税”明细账内设置多个专栏进行核算。现对常见的“进项税额”“进项税额转出”“销项税额”“已交税金”专栏进行详细介绍。

❶“进项税额”专栏，记录企业购进货物及加工修理修配劳务、服务、无形资产或不动产而支付或负担的、按规定准予从销项税额中抵扣的增值税税额。企业购入货物等支付的进项税额，用蓝字登记；退回所购货物等应冲销的进项税额，用红字登记。企业从国内采购物资或接受应税劳务等，根据增值税专用发票上记载的应计入采购成本或应计入加工修理修配等物资成本的金额，借记“材料采购”“在途物资”“原材料”“库存商品”“生产成本”“制造费用”“委托加工物资”“管理费用”等科目，根据增值税专用发票上注明的可抵扣的增值税税额，借记“应交税费——应交增值税（进项税额）”科目，按照应付或实际支付的总额，贷记“应付账款”“应付票据”“银行存款”等科目。购入货物发生的退货，作相反的会计分录。

【例 8-3-1】甲企业购入原材料一批，增值税专用发票上注明货款60 000元，增值税10 200元，货物尚未到达，货款和进项税款已用银行存款支付。该企业采用计划成本对原材料进行核算。甲企业的有关会计分录如下：

借：材料采购	60 000	
应交税费——应交增值税（进项税额）	10 200	
贷：银行存款		70 200

按照增值税暂行条例规定，企业购入免征增值税货物，一般不能够抵扣增值税销项税额。但是对于购入的免税农产品，可以按照买价和规定的扣除率计算进项税额，并准予从企业的销项税额中抵扣。企业购入免税农产品，按照买价和规定的扣除率计算进项税额，借记“应交税费——应交增值税（进项税额）”科目，按买价扣除按规定计算的进项税额后的差额，借记“材料采购”“原材料”“库存商品”等科目，按照应付或实际支付的价款，贷记“应付账款”“银行存款”等科目。

【例 8-3-2】A企业（农产品加工企业）于2017年8月1日购入免税农产品一批，价款100 000元，规定的扣除率为11%，货物尚未到达，货款已用银行存款支付。A企业的有关会计分录如下：

借：材料采购	89 000	
应交税费——应交增值税（进项税额）	11 000	
贷：银行存款		100 000

进项税额=购买价款×扣除率=100 000×11%=11 000（元）

❷“进项税额转出”专栏，记录企业购进货物及加工修理修配劳务、服务、无形资产或不动产等发生非正常损失以及其他原因而不应从销项税额中抵扣、按规定转出的进项税额。企业购进的货物发生非常损失以及将购进货物改变用途（如用于非应税项目、集体福利或个人消费等），其进项税额应通过“应交税费——应交增值税（进项税额转出）”科目转入有关科目，借记“待处理财产损溢”“应付职工薪酬”等科目，贷记“应交税费——应交增值税（进项税额转出）”科目；属于转作待处理财产损失的进项税额，

应与遭受非常损失的购进货物、在产品或库存商品的成本一并处理。

购进货物改变用途通常是指购进的货物在没有经过任何加工的情况下，对内改变用途的行为，如企业下属医务室等福利部门领用原材料等。

【例 8-3-3】F企业因火灾毁损库存商品一批，其实际成本80 000元，经确认损失外购材料的增值税13 600元。F企业的有关会计分录如下：

借：待处理财产损溢——待处理流动资产损溢	80 000	
贷：库存商品		80 000

【例 8-3-4】H企业所属的职工医院维修领用原材料5 000元，其购入时支付增值税850元。H企业的有关会计分录如下：

借：应付职工薪酬——职工福利	5 850	
贷：原材料		5 000
应交税费——应交增值税（进项税额转出）		850

③“销项税额”专栏，记录企业销售货物及加工修理修配劳务、服务、无形资产或不动产而向购买方收取的增值税税额。企业销售货物等应收取的销项税额，用蓝字登记；退回销售货物等应冲销的销项税额，用红字登记。企业销售货物或者提供应税劳务，按照营业收入和应收取的增值税税额，借记“应收账款”“应收票据”“银行存款”等科目，按专用发票上注明的增值税税额，贷记“应交税费——应交增值税（销项税额）”科目，按照实现的营业收入，贷记“主营业务收入”“其他业务收入”等科目。发生的销售退回，作相反的会计分录。

【例 8-3-5】K企业销售产品一批，价款500 000元，按规定应收取增值税85 000元，提货单和增值税专用发票已交给买方，款项尚未收到。K企业的有关会计分录如下：

借：应收账款	585 000	
贷：主营业务收入		500 000
应交税费——应交增值税（销项税额）		85 000

【例 8-3-6】M企业为外单位代加工电脑桌400个，每个收取加工费100元，适用的增值税税率为17%，加工完成，款项已收到并存入银行。M企业的有关会计分录如下：

借：银行存款	46 800	
贷：主营业务收入		40 000
应交税费——应交增值税（销项税额）		6 800

此外，企业将自产、委托加工或购买的货物分配给股东，应当参照企业销售物资或者提供应税劳务进行会计处理。

我国增值税暂行条例实施细则规定：企业将货物交付他人代销，销售代销货物，将自产、委托加工或购买的货物作为投资、提供给其他单位或个体经营者、分配给股东或投资者、用于集体福利或个人消费或无偿赠送给他人等行为，视同销售货物，须计算缴纳增值税。对于在会计上符合收入确认条件的行为，应确认收入；不符合收入确认条件的行为，只按成本结转。

企业将自产、委托加工或购买的货物用于对外投资。纳税人将自产、委托加工或购买的货物作为投资提供给他人，会计核算遵照长期股权投资准则进行会计处理。但是，无论会计上如何处理，只要税法规定需要缴纳增值税的，应当计算缴纳增值税销项税额，并记入“应交税费——应交增值税”账户的销项税额。

【例 8-3-7】A企业支付5 000万元和库存商品作为对价，购入B企业70%的股权，作为合并对价的库存商品的账面价值为4 800万元，其目前市场价格为7 000万元，增值税税率为17%。A企业合并日的账务处理如下：

合并企业成本即长期股权投资的初始投资成本=5 000+7 000×（1+17%）=13 190（万元）

借：长期股权投资——B企业　131 900 000
　贷：银行存款　50 000 000
　　主营业务收入　70 000 000
　　应交税费——应交增值税（销项税额）　11 900 000

企业将自产、委托加工或购买的货物分配给股东或投资者、对外捐赠。纳税人将自产、委托加工或购买的货物分配给股东或投资者、对外捐赠，是货物所有权向外部的转让，这种转移方式虽然没有货币的结算，但实际上与将货物出售后，以取得的货币资产分配给股东或投资者没有实质的区别，而且移送货物进入本企业时进项税额已经抵扣，因此向外部移送时税务上要视同销售缴纳增值税，其纳税义务发生时间为货物移送的当天。根据新《企业会计准则》的要求，非货币性资产的分配、对外捐赠应作销售处理，负债减少额即为收入的计量金额，符合收入确认条件。

【例 8-3-8】A企业将自己生产的产品分配给股东，其账面成本价为40万元，销售价为70万元，增值税税率为17%。A企业的账务处理如下：

利润分配时：

借：利润分配——应付现金股利或利润　819 000
　贷：应付股利　819 000

分配给投资者时：

借：应付股利　819 000
　贷：主营业务收入　700 000
　　应交税费——应交增值税（销项税额）　119 000

结转销售成本时：

借：主营业务成本　400 000
　贷：库存商品　400 000

【例 8-3-9】A企业将本企业生产的产品一批，通过减灾委员会捐赠给灾区，该产品成本为7万元，售价为10万元，增值税税率为17%。A企业的账务处理如下：

借：营业外支出　117 000
　贷：主营业务收入　100 000
　　应交税费——应交增值税（销项税额）　17 000

结转销售成本时：

借：主营业务成本　70 000
　贷：库存商品　70 000

将自产、委托加工的货物用于个人消费。纳税人将自产、委托加工的货物用于个人消费，货物改变了生产经营的性质，进入了最终消费。自产、委托加工的货物所耗用的外购材料的进项税额已在购进当期抵扣，经过加工生产的货物用于个人消费应视同销售计算销项税额。因此税法规定，应于货物移送当天发生增值税纳税义务。按照会计上收入的确认条件，将自产、委托加工的货物用于个人消费，导致负债的减少，负债减少额即为收入的计量金额，符合收入的确认条件，将其确认为收入，同时结转成本。

【例8-3-10】A企业将某自产产品200套提供给本企业职工作为节日礼物，每套成本为400元，市场同类产品售价为500元。A企业的账务处理如下：

借：应付职工薪酬——非货币性福利　117 000
　贷：主营业务收入　100 000
　　应交税费——应交增值税（销项税额）　17 000

结转销售成本时：

借：主营业务成本　80 000
　贷：库存商品　80 000

❹"已交税金"专栏，记录一般纳税人当月已缴纳的应交增值税税额。企业缴纳的增值税，借记"应交税费——应交增值税（已交税金）"科目，贷记"银行存款"科目。"应交税费——应交增值税"科目的贷方余额，表示企业应缴纳的增值税。

（2）增值税"应交税费"二级科目的核算。

本任务只对"待抵扣进项税额""待认证进项税额""未交增值税"科目进行简要介绍，其他相关二级明细账核算方法于各项目相关业务中进行具体讲解。

❶"待抵扣进项税额"科目，核算一般纳税人已取得增值税扣税凭证并经税务机关认证，按照现行增值税制度规定准予以后期间从销项税额中抵扣的进项税额。其包括：一般纳税人2016年5月1日后取得并按固定资产核算的不动产或者2016年5月1日后取得的不动产在建工程，按现行增值税制度规定准予以后期间从销项税额中抵扣的进项税额；实行纳税辅导期管理的一般纳税人取得的尚未交叉稽核比对的增值税扣税凭证上注明或计算的进项税额。

增值税一般纳税人2016年5月1日后取得并在会计制度上按固定资产核算的不动产以及2016年5月1日后发生的不动产在建工程，其进项税额应按照办法的有关规定分两年从销项税额中抵扣，第1年抵扣比例为60%，第2年（当月起第13个月）抵扣比例为40%。

【例8-3-11】企业为某不动产项目购入一批工程物资，取得增值税专用发票，买价20万元，增值税3.4万元。发生运费并取得增值税专用发票，发票注明运费3 000元，增值税330元。所有款项均以银行存款付清。该企业的账务处理如下：

借：工程物资　203 000
　　应交税费——应交增值税（进项税额）　20 598
　　　　——待抵扣进项税额　13 732
　贷：银行存款　237 330

❷"待认证进项税额"科目，核算一般纳税人由于未取得增值税扣税凭证或未经税务机关认证而不得从当期销项税额中抵扣的进项税额。其包括：一般纳税人已取得增值税扣税凭证、按照现行增值税制度规定准予从销项税额中抵扣，但尚未经税务机关认证的进项税额；一般纳税人取得货物等已入账，但由于尚未收到相关增值税扣税凭证而不得从当期销项税额中抵扣的进项税额。

❸"未交增值税"科目，核算一般纳税人月度终了从"应交增值税"或"预缴增值

税”明细科目转入当月应交未交、多交或预缴的增值税税额，以及当月缴纳以前期间未交的增值税税额。

一般纳税人增值税业务的资金运动综合流程，如图8-1所示。

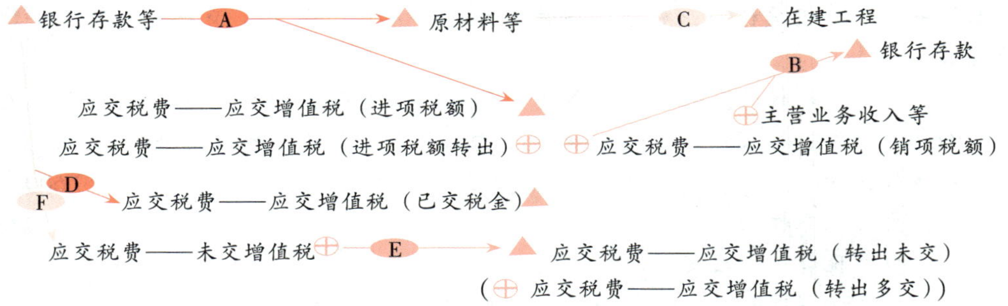

附注：A——进项税额的发生　　　　B——销项税额的发生

C——进项税额转出的发生　　　　D——缴纳本期的增值税

E——期末将“应交税费——应交增值税”的余额转入“应交税费——未交增值税”

F——缴纳上期应付未付的增值税

图8-1　一般纳税人增值税业务资金运动综合流程

【例8-3-12】某企业以银行存款缴纳本月增值税100 000元。该企业的有关会计分录如下：

借：应交税费——应交增值税（已交税金）　　100 000

　贷：银行存款　　100 000

【例8-3-13】某企业本月发生销项税额合计84 770元，进项税额转出24 578元，进项税额20 440元，已交增值税60 000元。

该企业本月“应交税费——应交增值税”科目的余额为：

84 770+24 578−20 440−60 000=28 908（元）

该金额在贷方，表示企业尚未缴纳增值税28 908元。有关会计分录如下：

借：应交税费——应交增值税（转出未交增值税）　　28 908

　贷：应交税费——未交增值税　　28 908

3.小规模纳税人的核算

小规模纳税人应当按照不含税销售额和规定的增值税征收率计算缴纳增值税，销售货物或提供应税劳务时只能开具普通发票，不能开具增值税专用发票。小规模纳税企业不享有进项税额的抵扣权，其购进货物或接受应税劳务支付的增值税直接计入有关货物或劳务的成本。因此，小规模纳税企业只需在“应交税费”科目下设置“应交增值税”明细科目，不需要在“应交增值税”明细科目中设置专栏。“应交税费——应交增值税”科目的贷方登记应缴纳的增值税，借方登记已缴纳的增值税，期末贷方余额为尚未缴纳的增值税，借方余额为多缴纳的增值税。

小规模纳税企业购进货物和接受应税劳务时支付的增值税，直接计入有关货物和劳务的成本，借记“材料采购”“在途物资”等科目，贷记“银行存款”等科目。

【例8-3-14】某小规模纳税企业购入材料一批，取得的专用发票上注明货款20 000元，增值税3 400元，款项以银行存款支付，材料已验收入库（该企业按实际成本计价核算）。该企业的有关会计分录如下：

借：原材料 23 400

贷：银行存款 23 400

本例中，小规模纳税企业购进货物时支付的增值税3 400元，直接计入有关货物和劳务的成本。

【例8-3-15】某小规模纳税企业销售产品一批，所开出的普通发票上注明货款（含税）20 600元，增值税征收率为3%，款项已存入银行。该企业的有关会计分录如下：

借：银行存款 20 600

贷：主营业务收入 20 000

应交税费——应交增值税 600

不含税销售额=含税销售额÷（1+征收率）=20 600÷（1+3%）=20 000（元）

应纳增值税=不含税销售额×征收率=20 000×3%=600（元）

【例8-3-16】承【例8-3-15】，该小规模纳税企业月末以银行存款上交增值税600元。该企业的有关会计分录如下：

借：应交税费——应交增值税 600

贷：银行存款 600

此外，企业购入材料不能取得增值税专用发票的，比照小规模纳税企业进行处理，发生的增值税计入材料采购成本，借记“材料采购”“在途物资”等科目，贷记“银行存款”等科目。

（二）应交消费税核算方法

消费税是指在我国境内生产、委托加工和进口应税消费品的单位和个人，按其流转额缴纳的一种税。消费税有从价定率和从量定额两种征收方法。采取从价定率方法征收的消费税，以不含增值税的销售额为税基，按照税法规定的税率计算。企业的销售收入包含增值税的，应将其换算为不含增值税的销售额。采取从量定额计征的消费税，根据按税法确定的企业应税消费品的数量和单位应税消费品应缴纳的消费税计算确定。企业应在“应交税费”科目下设置“应交消费税”明细科目，核算应交消费税的发生、缴纳情况。该科目的贷方登记应缴纳的消费税，借方登记已缴纳的消费税，期末贷方余额为尚未缴纳的消费税，借方余额为多缴纳的消费税。

1.销售应税消费品

企业销售应税消费品应交的消费说，应借记“税金及附加”科目，贷记“应交税费——应交消费税”科目。

【例8-3-17】某企业销售所生产的高档化妆品，价款2 000 000元（不含增值税），适用消费税税率为15%。该企业的有关会计分录如下：

应交消费税=2 000 000×15%=300 000（元）

借：税金及附加 300 000

贷：应交税费——应交消费税 300 000

2.视同销售应交消费税

企业将自产的应税消费品对外投资，用于集体福利或个人消费、分配给股东或投资者、无偿赠送他人等行为，视同销售货物，须计算缴纳消费税，其销售额应按生产同类消费品的销售价格计算；没有同类消费品销售价格的，应按照组成计税价格计算。其计算公式为：

组成计税价格=（成本+利润）÷（1-消费税税率）

【例 8-3-18】管理部门领用自产的应税消费品甲产品一件，实际成本为5 000元，同类产品的销售价格为10 000元，消费税税率为20%。按税法相关规定，该业务不属于增值税应税项目。该业务的有关会计分录如下：

应交消费税=10 000×20%=2 000（元）

借：管理费用	5 000	
税金及附加	2 000	
贷：库存商品		5 000
应交税费——应交消费税		2 000

【例 8-3-19】某企业下设的职工食堂享受企业提供的补贴，本月领用自产产品一批，该产品实际成本为40 000元，没有同类产品的销售价格，正常的成本利润率为20%，适用消费税税率为20%，增值税税率为17%。该企业的有关会计分录如下：

组成计税价格=（40 000+40 000×20%）÷（1-20%）=60 000（元）

增值税销项税额=60 000×17%=10 200（元）

消费税税额=60 000×20%=12 000（元）

借：管理费用	70 200	
贷：应付职工薪酬——非货币性福利		70 200
借：应付职工薪酬——非货币性福利	70 200	
税金及附加	12 000	
贷：主营业务收入		60 000
应交税费——应交增值税（销项税额）		10 200
——应交消费税		12 000
借：主营业务成本	40 000	
贷：库存商品		40 000

3.委托加工应税消费品

企业委托外单位加工应税消费品，按税法规定应由受托方在向委托方交货时代收代缴消费税，其销售额应按受托方同类消费品销售价格计算。

委托加工物资收回后，直接用于销售的，应将受托方代收代缴的消费税计入委托加工物资的成本，借记“委托加工物资”等科目，贷记“应付账款”“银行存款”等科目，该产品销售时不再缴纳消费税；委托加工物资收回后用于连续生产应税消费品的，按规定准予抵扣的，应按已由受托方代收代缴的消费税，借记“应交税费——应交消费税”科目，贷记“应付账款”“银行存款”等科目。企业最终销售应税消费品时，再根据其销售额计算应缴纳的全部消费税，借记“税金及附加”账户，贷记“应交税费——应交消费税”账户。应缴纳的全部消费税扣除收回委托加工应税消费品时缴纳的消费税，为应补交的消费税。

【例 8-3-20】甲企业委托乙企业代为加工一批应交消费税的材料（非金银首饰）。甲企业的材料成本为1 000 000元，加工费为200 000元，由乙企业代收代缴的消费税为80 000元（不考虑增值税），材料已加工完成，甲企业收回并验收入库，加工费尚未支付。

甲企业采用实际成本法进行原材料的核算。

（1）如果甲企业收回的委托加工物资用于继续生产应税消费品，甲企业的有关会计分录如下：

借：委托加工物资	1 000 000	
贷：原材料		1 000 000
借：委托加工物资	200 000	
应交税费——应交消费税	80 000	
贷：应付账款		280 000
借：原材料	1 200 000	
贷：委托加工物资		1 200 000

（2）如果甲企业收回的委托加工物资直接用于对外销售，甲企业的有关会计分录如下：

借：委托加工物资	1 000 000	
贷：原材料		1 000 000
借：委托加工物资	280 000	
贷：应付账款		280 000
借：原材料	1 280 000	
贷：委托加工物资		1 280 000

销售有关会计分录略。

（3）乙企业对应收取的受托加工代收代缴消费税的会计分录如下：

借：应收账款	80 000	
贷：应交税费——应交消费税		80 000

4.进口应税消费品

企业进口应税物资在进口环节应交的消费税，计入该项物资的成本，借记“材料采购”“固定资产”等科目，贷记“银行存款”等科目。

【例 8-3-21】甲企业从国外进口一批需要缴纳消费税的商品，商品价值2 000 000元，进口环节需要缴纳的消费税为400 000元（不考虑增值税），采购的商品已验收入库，贷款尚未支付，税款已用银行存款支付。甲企业的有关会计分录如下：

借：库存商品	2 400 000	
贷：应付账款		2 000 000
银行存款		400 000

本例中，企业进口应税物资在进口环节应交的消费税400 000元，应计入该项物资的成本。

（三）其他应交税费核算

其他应交税费是指除上述应交税费以外的应交税费，包括应交资源税、应交城市维护建设税、应交土地增值税、应交所得税、应交房产税、应交土地使用税、应交车船使用税、应交教育费附加、应交个人所得税等。企业应当在“应交税费”科目下设置相应的明细科目进行核算。该科目的贷方登记应缴纳的有关税费，借方登记已缴纳的有关税费，期末贷方余额表示尚未缴纳的有关税费。

1.应交资源税

资源税是指对在我国境内开采矿产品或者生产盐的单位和个人征收的一种税。资源税按照应税产品的课税数量和规定的单位税额计算。开采或生产应税产品对外销售的，以销售数量为课税数量；开采或生产应税产品自用的，以自用数量为课税数量。

对外销售应税产品应缴纳的资源税应记入“税金及附加”科目，借记“税金及附加”科目，贷记“应交税费——应交资源税”科目；自产自用应税产品应缴纳的资源税应记入“生产成本”“制造费用”等科目，借记“生产成本”“制造费用”等科目，贷记“应交税费——应交资源税”科目。

【例8-3-22】某企业对外销售某种资源税应税矿产品2 000吨，每吨应交资源税5元。该企业的有关会计分录如下：

借：税金及附加　10 000
　贷：应交税费——应交资源税　10 000

企业对外销售应税产品应交的资源税=2 000×5=10 000（元）

【例8-3-23】某企业将自产的资源税应税矿产品500吨用于企业的产品生产，每吨应交资源税5元。该企业的有关会计分录如下：

借：生产成本　2 500
　贷：应交税费——应交资源税　2 500

企业自产自用应税矿产品应交的资源税=500×5=2 500（元）

2.应交城市维护建设税

城市维护建设税是以增值税、消费税为计税依据征收的一种税。其纳税人为缴纳增值税、消费税的单位和个人，税率因纳税人所在地不同从1%到7%不等。其公式如下：

应纳税额=（应交增值税+应交消费税）×适用税率

企业应交的城市维护建设税，借记“税金及附加”等科目，贷记“应交税费——应交城市维护建设税”科目。

【例8-3-24】某企业本期实际应上交增值税400 000元，消费税241 000元，适用城市维护建设税税率为7%。该企业的有关会计分录如下：

（1）计算应交的城市维护建设税：

借：税金及附加　44 870
　贷：应交税费——应交城市维护建设税　44 870

应交的城市维护建设税=（400 000+241 000）×7%=44 870（元）

（2）用银行存款上交城市维护建设税时：

借：应交税费——应交城市维护建设税　44 870
　贷：银行存款　44 870

3.应交教育费附加

教育费附加是指为发展教育事业而向企业征收的附加费用。这项费用按照企业缴纳的增值税、消费税税额的一定比例计算，与流转税一起缴纳。企业应交的教育费附加，借记“税金及附加”等科目，贷记“应交税费——应交教育费附加”科目。

【例8-3-25】某企业按税法规定计算，2017年度第四季度应交的教育费附加为300 000元，款项已用银行存款支付。该企业的有关会计分录如下：

借：税金及附加　300 000
　贷：应交税费——应交教育费附加　300 000
借：应交税费——应交教育费附加　300 000

贷：银行存款　300 000

4.应交土地增值税

土地增值税是指在我国境内有偿转让土地使用权及地上建筑物和其他附着物产权的单位和个人，就其土地增值额征收的一种税。土地增值额是指转让收入减去规定扣除项目金额后的余额。转让收入包括货币收入、实物收入和其他收入。扣除项目主要包括取得土地使用权所支付的金额、开发土地的费用、新建及配套设施的成本、旧房及建筑物的评估价格等。

企业应交的土地增值税视情况记入不同科目：企业转让的土地使用权连同地上建筑物及其附着物一并在"固定资产"等科目核算的，转让时应交的土地增值税，借记"固定资产清理"科目，贷记"应交税费——应交土地增值税"科目；土地使用权在"无形资产"科目核算的，按实际收到的金额，借记"银行存款"科目，按应交的土地增值税，贷记"应交税费——应交土地增值税"科目，同时冲销土地使用权的账面价值，贷记"无形资产"科目，按其差额，借记或贷记"资产处置损益"科目。

【例8-3-26】某企业对外转让一栋厂房，根据税法规定计算的应交土地增值税为27 000元。该企业的有关会计分录如下：

（1）计算应交的土地增值税：

借：固定资产清理　27 000

贷：应交税费——应交土地增值税　27 000

（2）用银行存款上交土地增值税：

借：应交税费——应交土地增值税　27 000

贷：银行存款　27 000

5.应交房产税、城镇土地使用税、车船税和矿产资源补偿费

房产税是指国家对在城市、县城、建制县和工矿区征收的由产权所有人缴纳的一种税。房产税依照房产原值一次减除10%至30%后的余额计算缴纳。没有房产原值作为依据的，由房产所在地税务机关参考同类房产核定；房产出租的，以房产租金收入为房产税的计税依据。

城镇土地使用税是指国家为合理利用城镇土地，调节土地级差收入，提高土地使用效益，加强土地管理而开征的一种税。城镇土地使用税以纳税人实际占用的土地面积为计税依据，依照规定税额计算征收。

车船税由拥有并且使用车船的单位和个人缴纳。车船税按照适用税额计算缴纳。

矿产资源补偿费是指对在我国领域和管辖海域开采矿产资源而征收的费用。矿产资源补偿费按照矿产品销售收入的一定比例计征，由采矿人缴纳。

企业应交的房产税、城镇土地使用税、车船税、矿产资源补偿费，借记"税金及附加"科目，贷记"应交税费——应交房产税（或应交城镇土地使用税、应交车船税、应交矿产资源补偿费）"科目。

6.应交个人所得税

企业按规定计算的代扣代缴的职工个人所得税，借记"应付职工薪酬"科目，贷记"应交税费——应交个人所得税"科目；企业缴纳个人所得税时，借记"应交税费——应交个人所得税"科目，贷记"银行存款"等科目。

【例8-3-27】某企业结算本月应付职工工资总额200 000元，代扣职工个人所得税共计2 000元，实发工资198 000元。该企业与应交个人所得税有关的会计分录如下：

借：应付职工薪酬——职工工资、奖金、津贴和补贴 2 000
　贷：应交税费——应交个人所得税 2 000

本例中，企业按规定计算的代扣代缴的职工个人所得税2 000元，应记入“应付职工薪酬”科目。

7.印花税

印花税是指对经济活动和经济交往中书立、领受具有法律效力的凭证的行为所征收的一种税。实行由纳税人根据规定自行计算应纳税额，购买并一次贴足印花税票的缴纳方法。一般情况下，企业需要预先购买印花税票，待发生应税行为时，再根据凭证的性质和规定的比例税率或按件计算应纳税额，将已购买的印花税票贴在应纳税凭证上，并在每枚税票的骑缝处盖戳注销或者划销，办理完税手续。所以，企业缴纳的印花税，一般不会发生应付未付税款的情况，不需要预计应纳税额，同时也不存在与税务机关结算与清算的问题。因此，企业缴纳的印花税，可以不通过“应交税费”账户核算，于购买印花税票时直接借记“税金及附加”账户，贷记“银行存款”账户。

任务四 损益类账户和利润及利润分配的结转

企业收入的取得会使企业资产增加或负债减少，而发生的费用则会引起企业资产的减少或负债的增加。期末，应将企业生产经营过程中所取得的收入与为取得这些收入所发生的各项成本费用进行配比，从而确定企业当期的利润（或亏损）。

（一）账户的结转

1.平时损益类账户的结转

会计期末结转本年利润的方法有表结法和账结法两种。

年度终了，应将本年收入和支出相抵后结出的本年实现的净利润，由“本年利润”科目结转入“利润分配”科目。各损益类科目的结转过程，如图8-2所示。

【例8-4-1】乙公司采用表结法年末一次结转损益类科目，所得税税率为25%。乙公司2018年有关损益类科目的年末余额如下：

科目名称	结账前余额
主营业务收入	6 000 000元（贷）
其他业务收入	700 000元（贷）
公允价值变动损益	150 000元（贷）
投资收益	500 000元（贷）
资产处置损益	100 000元（贷）
营业外收入	50 000元（贷）
主营业务成本	4 000 000元（贷）
其他业务成本	400 000元（贷）
税金及附加	80 000元（贷）
销售费用	500 000元（借）
管理费用	770 000元（借）
财务费用	200 000元（借）
资产减值损失	100 000元（借）
营业外支出	250 000元（借）

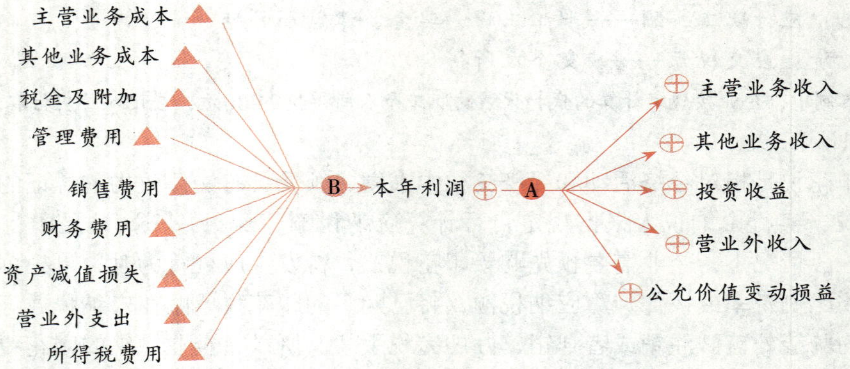

附件：A——期末将本期收益全部结转本年利润

B——期末将本期费用全部结转本年利润

图8-2　损益类科目结转示意图

乙公司2018年年末结转本年利润的会计分录如下：

❶将各损益类科目年末余额结转入“本年利润”科目：

结转各项收入、利得类科目：

借：主营业务收入	6 000 000	
其他业务收入	700 000	
公允价值变动损益	150 000	
投资收益	500 000	
资产处置损益	100 000	
营业外收入	50 000	
贷：本年利润		7 500 000

结转各项费用、损失类科目：

借：本年利润	6 300 000	
贷：主营业务成本		4 000 000
其他业务成本		400 000
税金及附加		80 000
销售费用		500 000
管理费用		770 000
财务费用		200 000
资产减值损失		100 000
营业外支出		250 000

❷经上述结转后，“本年利润”科目的贷方发生额合计7 500 000元，减去借方发生额合计6 300 000元，即为税前会计利润1 200 000元。

应交所得税=1 200 000×25%=300 000（元）

确认所得税费用：

借：所得税费用	300 000	
贷：应交税费——应交所得税		300 000

将所得税费用结转入“本年利润”科目：

借：本年利润　300 000
　贷：所得税费用　300 000

❸将“本年利润”科目年末余额900 000转入“利润分配——未分配利润”科目：

借：本年利润　900 000
　贷：利润分配——未分配利润　900 000

2.年终本年利润及利润分配的计算与结转

留存收益包括盈余公积和未分配利润两个部分。

（1）利润分配。

利润分配是指企业根据国家有关规定和企业章程、投资者协议等，对企业当年可供分配的利润所进行的分配。

利润分配的顺序依次是：❶提取法定盈余公积；❷提取任意盈余公积；❸向投资者分配利润。利润分配，如图8-3所示。

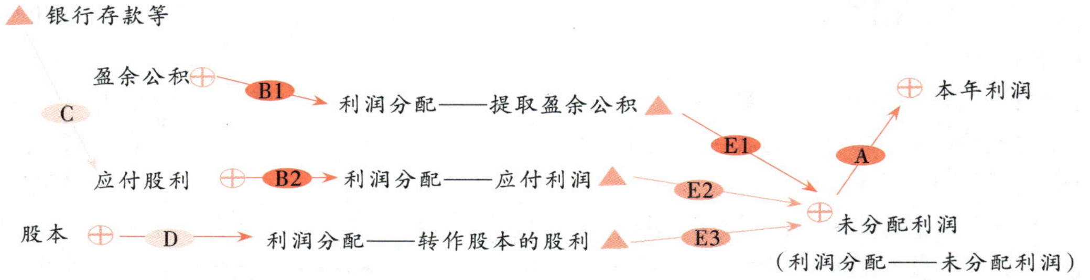

附注：A——将本年已实现利润全部结转未分配利润——在资产负债表日（12月31日）
B——按规定计提盈余公积金和确认应付利润——在股东大会批准后（4月15日）
（B1计提盈余公积金（包括法定和任意的））
（B2确认应付未付的现金股利或利润——股利宣布日）
C——将现金股利实际分配给股东——在股利实际支付日（5月19日）——股利支付日
D——分配给投资者的股票股利——应在办理好增资手续后才进行（6月18日）
E——将本年已分配利润全部结转未分配利润

图8-3　利润分配图

未分配利润是经过弥补亏损、提取法定盈余公积、提取任意盈余公积和向投资者分配利润等利润分配之后剩余的利润，它是企业留待以后年度进行分配的历年结存的利润。相对于所有者权益的其他部分来说，企业对未分配利润的使用有较大的自主权。

企业应通过“利润分配”科目，核算企业利润的分配（或亏损的弥补）和历年分配（或弥补）后的未分配利润（或未弥补亏损）。该科目应分别“提取法定盈余公积”“提取任意盈余公积”“应付现金股利或利润”“盈余公积补亏”“未分配利润”等进行明细核算。企业未分配利润，通过“利润分配——未分配利润”明细科目进行核算。年度终了，企业应将全年实现的净利润或发生的净亏损，自“本年利润”科目转入“利润分配——未分配利润”科目，并将“利润分配”所属的“未分配利润”明细账户以外的其他明细账户余额结转至“利润分配——未分配利润”账户。结转后，“利润分配——未分配利润”科目如为贷方余额，表示累积未分配的利润数额；如为借方余额，表示累积未弥补的亏损数额。

【例 8-4-2】D股份有限公司年初未分配利润为0，本年实现净利润2 000 000元，本年提取法定盈余公积200 000元，宣告发放现金股利800 000元。假定不考虑其他因素，D股份有限公司的会计处理如下：

（1）结转本年利润：

借：本年利润	2 000 000	
贷：利润分配——未分配利润		2 000 000

如企业当年发生亏损，则应借记“利润分配——未分配利润”科目，贷记“本年利润”科目。

（2）提取法定盈余公积、宣告发放现金股利：

借：利润分配——提取法定盈余公积	200 000	
——应付现金股利	800 000	
贷：盈余公积		200 000
应付股利		800 000

同时：

借：利润分配——未分配利润	1 000 000	
贷：利润分配——提取法定盈余公积		200 000
——应付现金股利		800 000

结转后，如果“未分配利润”明细科目的余额在贷方，表示累计未分配的利润；如果余额在借方，表示累积未弥补的亏损。本例中，“利润分配——未分配利润”明细科目的余额在贷方，此贷方余额1 000 000元（本年利润2 000 000-提取法定盈余公积200 000-支付现金股利80 000）即为D股份有限公司本年年末的累计未分配利润。

（2）盈余公积。

盈余公积是指企业按规定从净利润中提取的企业积累资金。公司制企业的盈余公积包括法定盈余公积和任意盈余公积。

按照《公司法》有关规定，公司制企业应当按照净利润（减弥补以前年度亏损，下同）的10%提取法定盈余公积。非公司制企业法定盈余公积的提取比例可超过净利润的10%。法定盈余公积累计额已达注册资本的50%时，可以不再提取。值得注意的是，在计算提取法定盈余公积的基数时，不应包括企业年初未分配利润。

公司制企业可根据股东大会的决议提取任意盈余公积。非公司制企业经类似权力机构批准，也可提取任意盈余公积。法定盈余公积和任意盈余公积的区别在于其各自计提的依据不同：前者以国家的法律法规为依据；后者由企业的权力机构自行决定。

企业提取的盈余公积经批准可用于弥补亏损、转增资本、发放现金股利或利润等。

❶提取盈余公积。

企业按规定提取盈余公积时，应通过“利润分配”和“盈余公积”等科目处理。

【例 8-4-3】E股份有限公司本年实现净利润5 000 000元，年初未分配利润为0。经股东大会批准，E股份有限公司按当年净利润的10%提取法定盈余公积。假定不考虑其他因素，E股份有限公司的会计分录如下：

借：利润分配——提取法定盈余公积	500 000	
贷：盈余公积——法定盈余公积		500 000

本年提取盈余公积金额=5 000 000×10%=500 000（元）

❷盈余公积补亏。

【例8-4-4】经股东大会批准，F股份有限公司用以前年度提取的盈余公积弥补当年亏损，当年弥补亏损的数额为600 000元。假定不考虑其他因素，F股份有限公司的会计分录如下：

借：盈余公积	600 000	
贷：利润分配——盈余公积补亏		600 000

❸盈余公积转增资本。

【例8-4-5】因扩大经营规模需要，经股东大会批准，G股份有限公司将盈余公积400 000元转增股本。假定不考虑其他因素，G股份有限公司的会计分录如下：

借：盈余公积	400 000	
贷：股本		400 000

❹盈余公积发放现金股利或利润。

【例8-4-6】H股份有限公司2018年12月31日普通股股本为50 000 000股，每股面值1元，可供投资者分配的利润为5 000 000元，盈余公积20 000 000元。2018年3月20日，股东大会批准了2018年度利润分配方案，以2018年12月31日为登记日，按每股0.2元发放现金股利。H股份有限公司共需要分派10 000 000元现金股利，其中动用可供投资者分配的利润5 000 000元、盈余公积5 000 000元。假定不考虑其他因素，H股份有限公司的会计分录如下：

（1）宣告分派股利时：

借：利润分配——应付现金股利	5 000 000	
盈余公积	5 000 000	
贷：应付股利		10 000 000

（2）支付股利时：

借：应付股利	10 000 000	
贷：银行存款		10 000 000

本例中，H股份有限公司经股东大会批准，以未分配利润和盈余公积发放现金股利，属于以未分配利润发放现金股利的部分5 000 000元应记入“利润分配——应付现金股利”科目，属于以盈余公积发放现金股利的部分5 000 000元应记入“盈余公积”科目。

任务五 对账与结账

（一）对账

对账就是核对账目。会计核算要求账簿登记清晰、准确，但在实际工作中，由于各种原因，账目难免会出现错漏。因此，各单位应当定期对会计账簿记录的有关数字与库存实物、货币资金、有价证券、往来单位或者个人等进行相互核对，保证账证相符、账账相符、账实相符。对账工作每年至少进行一次。

1.账证核对

账证核对是将会计账簿记录与会计凭证相核对，以保证账证相符。其包括：总账与记账凭证或汇总记账凭证核对；日记账、明细账与记账凭证或原始凭证核对。核对内容主要是账簿记录的经济业务的时间、凭证字号、内容、记账方向和金额等是否与作为记账依据的会计凭证完全一致。

2.账账核对

账账核对是将不同会计账簿进行相互核对，以保证账账相符。账簿体系中所存在的各种账簿间的相互联系、相互制约的内部牵制关系是账账核对的客观依据。其包括：总账账户的借方余额合计与贷方余额合计核对；总账余额与所属明细账余额合计核对；现金、银行存款总账借方余额与现金日记账、银行存款日记账借方余额核对；会计部门的财产物资明细账余额与财产物资保管和使用部门的有关财产物资的明细账核对等。

3.账实核对

账实核对是将会计账簿的有关记录与有关财产的实有数额相核对，以保证账实相符。其包括：现金日记账账面余额与现金实际库存数相核对；银行存款日记账账面余额定期与银行对账单相核对；各种财物明细账账面余额与财物实存数额相核对；各种应收、应付款明细账账面余额与有关债务、债权单位或者个人核对等。

（二）结账

结账是在本期内所发生的经济业务全部登记入账的基础上，按照规定的方法对该期内的账簿记录进行小结，结算出本期发生额合计和余额，并将其余额结转下期或者转入新账，结束本期该账户的记录的行为。

1.结账前的准备工作

结账是在月末、季末和年末时进行的，结账前必须做好以下准备工作：

（1）必须将本期内所发生的各项经济业务全部登记入账，检查是否有重复记录和遗漏记录的经济业务，以便在结账前及时更正。

（2）按照权责发生制原则，及时调整需期末调整的账项，编制有关调整账项的会计分录并登记入账。

（3）应认真核对和及时清理往来账目，妥善处理应收、应付及暂收、暂付款项的清偿事宜，力争减少呆账和坏账损失的发生。

（4）做好财产物资的盘点工作，将盘盈、盘亏数额登记入账。

为了正确反映一定时期内在账簿记录中已经记录的经济业务，总结有关经济业务活动和财务状况，各单位必须在会计期末进行结账，不得为了赶编会计报表而提前结账，更不得先编制会计报表后结账。

2.结账的方法

（1）结账时，无论是进行日结、月结、季结还是年结，应首先结出每个账户的期末余额，余额写在最后一笔经济业务的余额栏内。

（2）结账时，应当根据不同的账户记录，分别采用不同的方法：

第一，对不需要按月结计本期发生额的账，如各项应收、应付款明细账和各项财产物资明细账等，每次记账以后，都要随时结出余额，每月最后一笔余额即为月末余额。也就是说，月末余额就是本月最后一笔经济业务记录的同一行内的余额。月末结账时，只需要在最后一笔经济业务记录之下通栏划单红线，不需要再结计一次余额。划线的目的，是为了突出有关数字，表示本期的会计记录已经截止或者结束，并将本期与下期的记录明显分开。

第二，现金、银行存款日记账和需要按月结计发生额的收入、费用等明细账，每月结账时，要在最后一笔经济业务记录下面通栏划一条单红线，表示本月经济业务全部入账。然后在单红线下结出本月发生额和余额，在摘要栏内注明“本月合计”字样。最后在下面再通栏划一条单红线，表示本月经济业务处理完毕。

第三，需要结计本年累计发生额的某些明细账户，每月结账时，应在“本月合计”行下结出自年初起至本月月末止的累计数额，登记在月份发生额下面，在摘要栏内注明“本年累计”字样，并在下面划一条通栏单红线。

第四，总账账户的结账方法要视采用的会计核算形式而定。若采用记账凭证核算形式，每月都需要结出本月发生额合计；若采用科目汇总表核算形式，平时只需结出月末余额，可以不结本月发生额合计。这主要是看总账所登记业务量的多少，是否容易为编制会计报表提供信息。年终结账时，为了总括反映全年各项资金运动情况的全貌，核对账目，要将所有总账账户结出全年发生额和年末余额，在摘要栏内注明“本年合计”字样，并在“本年合计”行下划出通栏双红线，表示全年经济业务全部登记入账，结账工作结束封账。

(3) 年度终了结账时，有余额的账户，要将其余额结转下年，并在摘要栏内注明“结转下年”字样；在下一会计年度新建有关会计账簿的第一行余额栏内填写上年结转的余额，并在摘要栏内注明“上年结转”字样。

结转的方法是将有余额的账户的余额直接记入新账余额栏内，不需要编制记账凭证，也不必将余额再记入本年账户的借方或者贷方，使本年有余额的账户的余额变为零。因为，既然年末是有余额的账户，其余额应当如实地在账户中加以反映，否则，容易混淆有余额的账户和没有余额的账户。

对于新会计年度的建账问题，一般来说，总账、日记账和多数明细账应当每年更换一次。但有些财产物资明细账和债权债务明细账，由于材料品种、规格和往来单位较多，更换新账重抄一遍的工作量较大，因此可以跨年度使用，不必每年更换一次，各种备查簿也可以连续使用。

任务六 会计报表的编制

（一）财务报表认知

1.财务报表及其目标

财务报表是对企业财务状况、经营成果和现金流量的结构性表述。

企业编制财务报表的目标，是向财务报表使用者提供与企业财务状况、经营成果和现金流量等有关的会计信息，反映企业管理层受托责任的履行情况，有助于财务报表使用者做出经济决策。财务报表使用者通常包括投资者、债权人、政府及其有关部门和社会公众等。

2.财务报表的组成和分类

(1) 财务报表的组成。

财务报表是对企业财务状况、经营成果和现金流量的结构性表述。一套完整的财务报表至少应当包括资产负债表、利润表、现金流量表、所有者权益（或股东权益，下同）变动表以及附注。

资产负债表、利润表和现金流量表分别从不同角度反映企业的财务状况、经营成果和现金流量。资产负债表反映企业在某一特定日期所拥有的资产、需偿还的债务以及股东（投资者）拥有的净资产情况；利润表反映企业在一定会计期间的经营成果，即利润或亏损的情况，表明企业运用所拥有的资产的获利能力；现金流量表反映企业在一定会计期间现金和现金等价物流入和流出的情况。

所有者权益变动表反映构成所有者权益的各组成部分当期的增减变动情况。企业的净利润及其分配情况是所有者权益变动的组成部分，相关信息已经在所有者权益变动表及其附注中反映，企业不需要再单独编制利润分配表。

附注是财务报表不可或缺的组成部分，是对在资产负债表、利润表、现金流量表和所有者权益变动表等报表中列示项目的文字描述或明细资料，以及对未能在这些报表中列示项目的说明等。

（2）财务报表的分类。

财务报表可以按照不同的标准进行分类。

❶按财务报表编报期间的不同，可以分为中期财务报表和年度财务报表。中期财务报表是以短于一个完整会计年度的报告期间为基础编制的财务报表，包括月报、季报和半年报等。中期财务报表至少应当包括资产负债表、利润表、现金流量表和附注。其中，中期资产负债表、利润表和现金流量表应当是完整报表，其格式和内容应当与年度财务报表相一致。与年度财务报表相比，中期财务报表中的附注披露可适当简略。

❷按财务报表编报主体的不同，可以分为个别财务报表和合并财务报表。个别财务报表是由企业在自身会计核算基础上对账簿记录进行加工而编制的财务报表，它主要用以反映企业自身的财务状况、经营成果和现金流量情况。合并财务报表是以母公司和子公司组成的企业集团为会计主体，根据母公司和所属子公司的财务报表，由母公司编制的综合反映企业集团财务状况、经营成果及现金流量的财务报表。

（二）资产负债表的编制

1.资产负债表认知

资产负债表是指反映企业在某一特定日期的财务状况的报表。资产负债表主要反映资产、负债和所有者权益3方面的内容，并满足“资产=负债+所有者权益”平衡式。

（1）资产，反映由过去的交易、事项形成并由企业在某一特定日期所拥有或控制的、预期会给企业带来经济利益的资源。资产应当按照流动资产和非流动资产两大类别在资产负债表中列示，在流动资产和非流动资产类别下进一步按性质分项列示。

流动资产是指预计在一个正常营业周期内变现、出售或耗用，或者主要为交易目的而持有，或者预计自资产负债表日起1年内（含1年）变现的资产，或者自资产负债表日起1年内交换其他资产或清偿负债的能力不受限制的现金或现金等价物。资产负债表中列示的流动资产项目通常包括：货币资金、以公允价值计量且其变动计入当期损益的金融资产、应收票据、应收账款、预付款项、应收利息、应收股利、其他应收款、存货、持有待售资产和一年内到期的非流动资产等。

非流动资产是指流动资产以外的资产。资产负债表中列示的非流动资产项目通常包括：可供出售金融资产、持有至到期投资、长期应收款、长期股权投资、投资性房地产、固定资产、在建工程、工程物资、固定资产清理、无形资产、开发支出、商誉、长期待摊费用、递延所得税资产以及其他非流动资产等。

（2）负债，反映在某一特定日期企业所承担的、预期会导致经济利益流出企业的现时义务。负债应当按照流动负债和非流动负债两大类别在资产负债表中列示，在流动负债和非流动负债类别下进一步按性质分项列示。

流动负债是指预计在一个正常营业周期内清偿，或者主要为交易目的而持有，或者自资产负债表日起1年内（含1年）到期应予以清偿，或者企业无权自主将清偿推迟至资产负债表日后1年以上的负债。资产负债表中列示的流动负债项目通常包括：短期借款、以公允价值计量且其变动计入当期损益的金融负债、应付票据、应付账款、预收款项、应付职工薪酬、应交税费、应付利息、应付股利、其他应付款、持有待售负债和一年内到期的非流动负债等。

非流动负债是指流动负债以外的负债。非流动负债项目通常包括：长期借款、应付债券以及其他非流动负债等。

（3）所有者权益，是企业资产扣除负债后的剩余权益，反映企业在某一特定日期股东（或投资者）拥有的净资产的总额。它一般按照实收资本（或股本，下同）、资本公积、盈余公积和未分配利润等分项列示。

2.资产负债表的结构

我国企业的资产负债表采用账户式结构。账户式资产负债表分左右两方，左方为资产项目，大体按资产的流动性大小排列，流动性大的资产如“货币资金”“以公允价值计量且其变动计入当期损益的金融资产”等排在前面，流动性小的资产如“长期股权投资”“固定资产”等排在后面；右方为负债和所有者权益项目，一般按要求清偿时间的先后顺序排列，如“短期借款”“以公允价值计量且其变动计入当期损益的金融负债”“应付票据”“应付账款”等需要在1年以内或者长于1年的一个正常营业周期内偿还的流动负债排在前面，如“长期借款”等在1年以上才需偿还的非流动负债排在中间，在企业清算之前不需要偿还的所有者权益项目排在后面。

账户式资产负债表中的资产各项目的合计等于负债和所有者权益各项目的合计，即资产负债表左方和右方平衡。因此，通过账户式资产负债表，可以反映资产、负债、所有者权益之间的内在联系，即“资产=负债+所有者权益”。资产负债表的结构见表8-1。

3.资产负债表的编制

资产负债表各项目均需填列“年初余额”和“期末余额”两栏。其中，“年初余额”栏内各项数字，应根据上年年末资产负债表的“期末余额”栏内所列数字填列。

（1）“期末余额”栏主要有以下几种填列方法：

❶根据总账科目余额填列。如“短期借款”“以公允价值计量且其变动计入当期损益的金融资产”“应付票据”“应付职工薪酬”等项目，根据“短期借款”“交易性金融资产”“应付票据”“应付职工薪酬”各总账科目的余额直接填列；有些项目则需根据几个总账科目的期末余额计算填列，如“货币资金”项目需根据“库存现金”“银行存款”“其他货币资金”3个总账科目的期末余额的合计数填列。

表 8-1

资产负债表

会企 01 表

编制单位： 年 月 日 单位：元

资　产	期末余额	年初余额	负债和所有者权益（或股东权益）	期末余额	年初余额
流动资产：			流动负债：		
货币资金			短期借款		
以公允价值计量且其变动计入当期损益的金融资产			以公允价值计量且其变动计入当期损益的金融负债		
应收票据			应付票据		
应收账款			应付账款		
预付款项			预收款项		
应收利息			应付职工薪酬		
应收股利			应交税费		
其他应收款			应付利息		
存货			应付股利		
持有待售资产			其他应付款		
一年内到期的非流动资产			持有待售负债		
其他流动资产			一年内到期的非流动负债		
流动资产合计			其他流动负债		
非流动资产：			流动负债合计		
可供出售金融资产			非流动负债：		
持有至到期投资			长期借款		
长期应收款			应付债券		
长期股权投资			其中：优先股		
投资性房地产			永续债		
固定资产			长期应付款		
在建工程			专项应付款		
工程物资			预计负债		
固定资产清理			递延收益		
生产性生物资产			递延所得税负债		
油气资产			其他非流动负债		
无形资产			非流动负债合计		
开发支出			负债合计		
商誉			所有者权益（或股东权益）：		
长期待摊费用			实收资本（或股本）		
递延所得税资产			其他权益工具		
其他非流动资产			其中：优先股		
非流动资产合计			永续债		
			资本公积		
			减：库存股		
			其他综合收益		
			盈余公积		
			未分配利润		
			所有者权益（或股东权益）合计		
资产总计			负债和所有者权益（或股东权益）总计		

【例8-6-1】某企业2017年12月31日结账后的“库存现金”科目余额为10 000元，“银行存款”科目余额为4 000 000元，“其他货币资金”科目余额为1 000 000元。

该企业2017年12月31日资产负债表中的“货币资金”项目金额为：

10 000+4 000 000+1 000 000=5 010 000（元）

本例中，企业应当按照“库存现金”“银行存款”“其他货币资金”3个总账科目余额加总后的金额，作为资产负债表中“货币资金”项目的金额。

【例8-6-2】某企业2017年12月31日结账后的“交易性金融资产”科目余额为100 000元。

该企业2017年12月31日资产负债表中的“以公允价值计量且其变动计入当期损益的金融资产”项目金额为100 000元。

本例中，由于企业是以公允价值计量交易性金融资产的，每期交易性金融资产价值的变动无论上升还是下降，均已直接调整“交易性金融资产”科目金额，因此，企业应直接以“交易性金融资产”总账科目余额填列在资产负债表中。

【例8-6-3】某企业2017年3月1日向银行借入1年期借款320 000元，向其他金融机构借款230 000元，无其他短期借款业务发生。

该企业2017年12月31日资产负债表中的“短期借款”项目金额为：

320 000+230 000=550 000（元）

本例中，企业直接以“短期借款”总账科目余额填列在资产负债表中。

【例8-6-4】某企业年末向股东发放现金股利400 000元，发放股票股利100 000元，现金股利尚未支付。

该企业2017年12月31日资产负债表中的“应付股利”项目金额为400 000元。

本例中，企业发放的股票股利不通过“应付股利”科目核算，因此资产负债表中的“应付股利”即为尚未支付的现金股利金额，即400 000元。

【例8-6-5】某企业2017年12月31日应付A企业商业票据32 000元，应付B企业商业票据56 000元，应付C企业商业票据680 000元，尚未支付。

该企业2017年12月31日资产负债表中的“应付票据”项目金额为：

32 000+56 000+680 000=768 000（元）

本例中，企业直接以“应付票据”总账科目余额填列在资产负债表中。

【例8-6-6】某企业2017年12月31日应付管理人员工资300 000元，应计提福利费42 000元，应付车间工作人员工资57 000元，无其他应付职工薪酬项目。

该企业2017年12月31日资产负债表中的“应付职工薪酬”项目金额为：

300 000+42 000+57 000=399 000（元）

本例中，管理人员工资、车间工作人员工资和福利费都属于职工薪酬的范围，应当以各种应付未付职工薪酬加总后的金额，即“应付职工薪酬”总账科目余额填列在资产负债表中。

【例8-6-7】某企业2017年1月1日发行一次还本付息的公司债券，面值为1 000 000元，当年12月31日应计提的利息为10 000元。

该企业2017年12月31日资产负债表中的“应付债券”项目金额为：

1 000 000+10 000=1 010 000（元）

本例中，企业应当将债券面值和应计提的利息作为“应付债券”填列为资产负债表中“应付债券”项目的金额。

❷根据明细账科目余额计算填列。如“应付账款”项目需要根据“应付账款”和“预付账款”两个科目所属的相关明细科目的期末贷方余额计算填列；“应收账款”项目需要根据“应收账款”和“预付账款”两个科目所属的相关明细科目的期末借方余额计算填列。

【例 8-6-8】某企业 2017 年 12 月 31 日结账后有关科目所属明细科目借贷方余额见表 8-2。

表 8-2 有关科目所属明细科目借贷方余额表 单位：元

科目名称	明细科目借方余额合计	明细科目贷方余额合计
应收账款	1 600 000	100 000
预付账款	800 000	60 000
应付账款	400 000	1 800 000
预收账款	600 000	1 400 000

该企业 2017 年 12 月 31 日资产负债表中相关项目的金额为：

“应收账款”项目金额=1 600 000+600 000=2 200 000（元）

“预付款项”项目金额=800 000+400 000=1 200 000（元）

“应付账款”项目金额=60 000+1 800 000=1 860 000（元）

“预收款项”项目金额=1 400 000+100 000=1 500 000（元）

本例中，“应收账款”项目应当根据“应收账款”科目所属明细科目借方余额 1 600 000 元和“预收账款”科目所属明细科目借方余额 600 000 元加总作为资产负债表中“应收账款”的项目金额，即 2 200 000 元。

“预付款项”项目应当根据“预付账款”科目所属明细科目借方余额 800 000 元和“应付账款”科目所属明细科目借方余额 400 000 元加总作为资产负债表中“预付款项”的项目金额，即 1 200 000 元。

“应付账款”项目应当根据“应付账款”科目所属明细科目贷方余额 1 800 000 元和“预付账款”科目所属明细科目贷方余额 60 000 元加总作为资产负债表中“应付账款”的项目金额，即 1 860 000 元。

“预收款项”项目应当根据“预收账款”科目所属明细科目贷方余额 1 400 000 元和“应收账款”科目所属明细科目贷方余额 100 000 元加总作为资产负债表中“预收款项”的项目金额，即 1 500 000 元。

【例 8-6-9】某企业 2017 年 12 月 1 日购入原材料一批，价款 150 000 元，增值税 25 500 元，款项已付，材料已验收入库。当年根据实现的产品销售收入计算的增值税销项税额为 50 000 元。

该企业 2017 年 12 月 31 日资产负债表中的“应交税费”项目金额为：

50 000−25 500=24 500（元）

本期应交增值税为销项税额减进项税额作为资产负债表中“应交税费”的项目金额，即 24 500 元。

❸根据总账科目和明细账科目余额分析计算填列。如“长期借款”项目需要根据“长期借款”总账科目余额扣除“长期借款”科目所属的明细科目中将在1年内到期且企业不能自主将清偿义务展期的长期借款后的金额计算填列。

【例8-6-10】某企业长期借款情况见表8-3。

表8-3　长期借款明细表

借款起始日期	借款期限（年）	金额（元）
2017年1月1日	3	1 000 000
2016年1月1日	5	2 000 000
2013年6月1日	4	1 500 000

该企业2017年12月31日资产负债表中的“长期借款”项目金额为：

1 000 000+2 000 000=3 000 000（元）

本例中，企业应当根据“长期借款”总账科目余额4 500 000元（1 000 000+2 000 000+1 500 000），减去1年内到期的长期借款1 500 000元，作为资产负债表中“长期借款”的项目金额，即3 000 000元。将在1年内到期的长期借款1 500 000元，应当填列在流动负债下“一年内到期的非流动负债”项目中。

【例8-6-11】某企业2017年“长期待摊费用”科目的期末余额为375 000元，将于1年内摊销的数额为204 000元。

该企业2017年12月31日资产负债表中的“长期待摊费用”项目金额为：

375 000−204 000=171 000（元）

本例中，企业应当根据“长期待摊费用”总账科目余额375 000元，减去将于1年内摊销的金额204 000元，作为资产负债表中“长期待摊费用”的项目金额，即171 000元。将于1年内摊销完毕的204 000元，应当填列在流动资产下“一年内到期的非流动资产”项目中。

❹根据有关科目余额减去其备抵科目余额后的净额填列。如资产负债表中的“应收票据”“应收账款”“长期股权投资”“在建工程”等项目，应当根据“应收票据”“应收账款”“长期股权投资”“在建工程”等科目的期末余额减去“坏账准备”“长期股权投资减值准备”“在建工程减值准备”等科目余额后的净额填列。“固定资产”项目应当根据“固定资产”科目的期末余额减去“累计折旧”“固定资产减值准备”备抵科目余额后的净额填列；“无形资产”项目应当根据“无形资产”科目的期末余额减去“累计摊销”“无形资产减值准备”备抵科目余额后的净额填列。

【例8-6-12】某企业2017年12月31日因出售商品应收A企业票据金额为123 000元，因提供劳务应收B企业票据金额为342 000元。同日将所持C企业金额为10 000元的未到期商业汇票向银行贴现，实际收到金额9 000元。

该企业2017年12月31日资产负债表中的“应收票据”项目金额为：

123 000+342 000−10 000=455 000（元）

本例中，企业应当直接以“应收票据”总账科目余额填列，对于已贴现的票据，应扣减。应收票据已计提坏账准备的，还应以扣减相应坏账准备后的净额填列。

【例8-6-13】某企业2017年12月31日结账后的“应收账款”科目所属各明细科目的

期末借方余额合计450 000元，贷方余额合计220 000元，对应收账款计提的坏账准备为50 000元。假定“预收账款”科目所属明细科目无借方余额。

该企业2017年12月31日资产负债表中的“应收账款”项目金额为：

450 000-50 000=400 000（元）

本例中，企业应当以“应收账款”科目所属明细科目借方余额450 000元，减去对应收账款计提的坏账准备50 000元后的净额，作为资产负债表“应收账款”的项目金额，即400 000元。“应收账款”科目所属明细科目贷方余额应与“预收账款”科目所属明细科目贷方余额加总，填列为“预收款项”项目金额。

【例8-6-14】某企业2017年12月31日结账后的“其他应收款”科目余额为63 000元，“坏账准备”科目中有关其他应收款计提的坏账准备为2 000元。

该企业2017年12月31日资产负债表中的“其他应收款”项目金额为：

63 000-2 000=61 000（元）

本例中，企业应当以“其他应收款”总账科目余额，减去“坏账准备”科目中为其他应收款计提的坏账准备金额后的净额，作为资产负债表中“其他应收款”的项目金额。

【例8-6-15】某企业2017年12月31日结账后的“长期股权投资”科目余额为100 000元，“长期股权投资减值准备”科目余额为6 000元。

该企业2017年12月31日资产负债表中的“长期股权投资”项目金额为：

100 000-6 000=94 000（元）

本例中，企业应当以“长期股权投资”总账科目余额100 000元，减去其备抵科目“长期股权投资减值准备”科目余额后的净额，作为资产负债表中“长期股权投资”的项目金额。

【例8-6-16】某企业2017年12月31日结账后的“固定资产”科目余额为1 000 000元，“累计折旧”科目余额为90 000元，“固定资产减值准备”科目余额为200 000元。

该企业2017年12月31日资产负债表中的“固定资产”项目金额为：

1 000 000-90 000-200 000=710 000（元）

本例中，企业应当以“固定资产”总账科目余额，减去“累计折旧”和“固定资产减值准备”两个备抵总账科目余额后的净额，作为资产负债表中“固定资产”的项目金额。

【例8-6-17】某企业2017年交付安装的设备价值305 000元，未完建筑安装工程已经耗用材料64 000元，工资费用支出70 200元，“在建工程减值准备”科目余额为20 000元，安装工作尚未完成。

该企业2017年12月31日资产负债表中的“在建工程”项目金额为：

305 000+64 000+70 200-20 000=419 200（元）

本例中，企业应当以“在建工程”总账科目余额439 200元（待安装设备价值305 000+工程用材料64 000+工程用人员工资费用70 200），减去为该项工程已计提的减值准备总账科目余额20 000元后的净额，作为资产负债表中“在建工程”的项目金额。

【例8-6-18】某企业2017年12月31日结账后的“无形资产”科目余额为488 000元，“累计摊销”科目余额为48 800元，“无形资产减值准备”科目余额为93 000元。

该企业2017年12月31日资产负债表中的“无形资产”项目金额为：

488 000-48 800-93 000=346 200（元）

本例中，企业应当以“无形资产”总账科目余额，减去“累计摊销”和“无形资产减值准备”两个备抵总账科目余额后的净额，作为资产负债表中“无形资产”的项目金额。

❺综合运用上述填列方法分析填列。如资产负债表中“原材料”“委托加工物资”“周转材料”“材料采购”“在途物资”“发出商品”“材料成本差异”等总账科目期末余额的分析汇总数。

【例 8-6-19】某企业采用计划成本核算材料，2017 年 12 月 31 日结账后有关科目余额为：“材料采购”科目余额 140 000 元（借方），“原材料”科目余额 2 400 000（借方），“周转材料”科目余额 1 800 000 元（借方），“库存商品”科目余额 1 600 000 元（借方），“生产成本”科目余额 600 000 元（借方），“材料成本差异”科目余额 120 000 元（贷方），“存货跌价准备”科目余额 210 000 元。

该企业 2017 年 12 月 31 日资产负债表中的“存货”项目金额为：

140 000+2 400 000+1 800 000+1 600 000+600 000−120 000−210 000=6 210 000（元）

本例中，企业应当以“材料采购”（表示在途材料采购成本）、“原材料”、“周转材料”（如包装物和低值易耗品等）、“库存商品”、“生产成本”（表示期末在产品金额）各总账科目余额加总，加上或减去“材料成本差异”总账科目余额（若为贷方余额，应减去；若为借方余额，应加上），再减去“存货跌价准备”总账科目余额后的净额，作为资产负债表中“存货”的项目金额。

（2）资产负债表项目的填列说明。

资产负债表中资产、负债和所有者权益主要项目的填列说明如下：

❶资产项目的填列说明。

A.“货币资金”项目，反映企业库存现金、银行结算户存款、外埠存款、银行汇票存款、银行本票存款、信用卡存款、信用证保证金存款等的合计数。本项目应根据“库存现金”“银行存款”“其他货币资金”3 个账户期末余额的合计数填列。

B.“以公允价值计量且其变动计入当期损益的金融资产”项目，反映企业持有的以公允价值计量且其变动计入当期损益为交易目的所持有的债券投资、股票投资、基金投资、权证投资等金融资产。本项目应根据“交易性金融资产”科目的期末余额填列。

C.“应收票据”项目，反映企业因销售商品、提供劳务等而收到的商业汇票，包括银行承兑汇票和商业承兑汇票。本项目应根据“应收票据”科目的期末余额，减去“坏账准备”科目中有关应收票据计提的坏账准备期末余额后的金额填列。

D.“应收账款”项目，反映企业因销售商品、提供劳务等经营活动应收取的款项。本项目应根据“应收账款”和“预收账款”科目所属各明细科目的期末借方余额合计数，减去“坏账准备”科目中有关应收账款计提的坏账准备期末余额后的金额填列。如“应收账款”科目所属明细科目期末有贷方余额的，应在资产负债表“预收款项”项目内填列。

E.“预付款项”项目，反映企业按照购货合同规定预付给供应单位的款项等。本项目应根据“预付账款”和“应付账款”科目所属各明细科目的期末借方余额合计数，减去“坏账准备”科目中有关预付款项计提的坏账准备期末余额后的金额填列。如“预付账款”科目所属各明细科目期末有贷方余额的，应在资产负债表“应付账款”项目内填列。

F.“应收利息”项目，反映企业应收取的债券投资等的利息。本项目应根据“应收利息”科目的期末余额，减去“坏账准备”科目中有关应收利息计提的坏账准备期末余额后的金额填列。

G.“应收股利”项目，反映企业应收取的现金股利和应收取其他单位分配的利润。本项目应根据“应收股利”科目的期末余额，减去“坏账准备”科目中有关应收股利计提的坏账准备期末余额后的金额填列。

H.“其他应收款”项目，反映企业除应收票据、应收账款、预付账款、应收股利、应收利息等经营活动以外的其他各种应收、暂付的款项。本项目应根据“其他应收款”科目的期末余额，减去“坏账准备”科目中有关其他应收款计提的坏账准备期末余额后的金额填列。

I.“存货”项目，反映企业期末在库、在途和在加工中的各种存货的可变现净值。本项目应根据“材料采购”“原材料”“低值易耗品”“库存商品”“周转材料”“委托加工物资”“委托代销商品”“生产成本”等科目的期末余额合计数，减去“受托代销商品款”“存货跌价准备”科目期末余额后的金额填列。材料采用计划成本核算，以及库存商品采用计划成本核算或售价核算的企业，还应按加或减材料成本差异、商品进销差价后的金额填列。

J.“持有待售资产”项目，反映资产负债表日划分为持有待售类别的非流动资产及划分为持有待售类别的处置组中的流动资产和非流动资产的期末账面价值。该项目应根据资产类科目新设置的“持有待售资产”科目的期末余额，减去“持有待售资产减值准备”科目的期末余额后的金额填列。

K.“一年内到期的非流动资产”项目，反映企业将于1年内到期的非流动资产项目金额。本项目应根据有关科目的期末余额分析填列。

L.“可供出售金融资产”项目，反映资产负债表日划分为以公允价值计量且其变动计入其他综合收益的金融资产的公允价值，根据“可供出售金融资产”账面余额进行填列。

M.“持有至到期投资”项目，反映资产负债表日划分为摊余成本计量的金融资产账面价值，根据“持有至到期投资”“持有至到期投资减值准备”科目进行分析计算填列。

N.“长期股权投资”项目，反映企业持有的对子公司、联营企业和合营企业的长期股权投资。本项目应根据“长期股权投资”科目的期末余额，减去“长期股权投资减值准备”科目的期末余额后的金额填列。

O.“固定资产”项目，反映企业各种固定资产原价减去累计折旧和累计减值准备后的净额。本项目应根据“固定资产”科目的期末余额，减去“累计折旧”和“固定资产减值准备”科目期末余额后的金额填列。

P.“在建工程”项目，反映企业期末各项未完工程的实际支出，包括交付安装的设备价值、未完建筑安装工程已经耗用的材料、工资和费用支出、预付出包工程的价款等的可收回金额。本项目应根据“在建工程”科目的期末余额，减去“在建工程减值准备”科目期末余额后的金额填列。

Q.“工程物资”项目，反映企业尚未使用的各项工程物资的实际成本。本项目应根据

“工程物资”科目的期末余额填列。

R.“固定资产清理”项目，反映企业因出售、毁损、报废等原因转入清理但尚未清理完毕的固定资产净值，以及固定资产清理过程中所发生的清理费用和变价收入等各项金额的差额。本项目应根据“固定资产清理”科目的期末借方余额填列。如“固定资产清理”科目期末为贷方余额，应以“-”号填列。

S.“无形资产”项目，反映企业持有的无形资产，包括专利权、非专利技术、商标权、著作权、土地使用权等。本项目应根据“无形资产”的期末余额，减去“累计摊销”和“无形资产减值准备”科目期末余额后的金额填列。

T.“开发支出”项目，反映企业开发无形资产过程中能够资本化形成无形资产成本的支出部分。本项目应根据“研发支出”科目中所属的“资本化支出”明细科目期末余额填列。

U.“长期待摊费用”项目，反映企业已经发生但应由本期和以后各期负担的分摊期限在1年以上的各项费用。长期待摊费用中在1年内（含1年）摊销的部分，在资产负债表“一年内到期的非流动资产”项目内填列。本项目应根据“长期待摊费用”科目的期末余额，减去将于1年内（含1年）摊销的数额后的金额填列。

V.“其他非流动资产”项目，反映企业除长期股权投资、固定资产、在建工程、工程物资、无形资产等以外的其他非流动资产。本项目应根据有关科目的期末余额填列。

❷负债项目的填列说明。

A.“短期借款”项目，反映企业向银行或其他金融机构等借入的期限在1年以下（含1年）的各种借款。本项目应根据“短期借款”科目的期末余额填列。

B.“应付票据”项目，反映企业购买材料、商品和接受劳务供应等而开出、承兑的商业汇票，包括银行承兑汇票和商业承兑汇票。本项目应根据“应付票据”科目的期末余额填列。

C.“应付账款”项目，反映企业因购买材料、商品和接受劳务供应等经营活动应支付的款项。本项目应根据“应付账款”和“预付账款”科目所属各明细科目的期末贷方余额合计数填列。如“应付账款”科目所属明细科目期末有借方余额的，应在资产负债表“预付款项”项目内填列。

D.“预收款项”项目，反映企业按照购货合同规定预付给供应单位的款项。本项目应根据“预收账款”和“应收账款”科目所属各明细科目的期末贷方余额合计数填列。如“预收账款”科目所属各明细科目期末有借方余额的，应在资产负债表“应收账款”项目内填列。

E.“应付职工薪酬”项目，反映企业根据有关规定应付给职工的工资、职工福利、社会保险费、住房公积金、工会经费、职工教育经费、非货币性福利、辞退福利等各种薪酬、外商投资企业按规定从净利润中提取的职工奖励及福利基金，也在本项目内列示。

F.“应交税费”项目，反映企业按照税法规定计算应缴纳的各种税费，包括增值税、消费税、所得税、资源税、土地增值税、城市维护建设税、房产税、城镇土地使用税、车船税、教育费附加、矿产资源补偿费等。企业代扣代缴的个人所得税，也通过本项目列示。企业所缴纳的税金不需要预计应交数的，如印花税、耕地占用税等，不在本项目内列示、本项目应根据“应交税费”科目的期末贷方余额填列。如“应交税费”科目期末为借方余额，应以“-”号填列。

G.“应付利息”项目，反映企业按照规定应当支付的利息，包括分期付息到期还本的长期借款应支付的利息、企业发行的企业债券应支付的利息等。本项目应根据“应付利息”科目的期末余额填列。

H.“应付股利”项目，反映企业分配的现金股利或利润。企业分配的股票股利，不通过本项目列示。本项目应根据“应付股利”科目的期末余额填列。

I.“其他应付款”项目，反映企业除应付票据、应付账款、预收款项、应付职工薪酬、应付股利、应付利息、应交税费等经营活动以外的其他各项应付、暂收的款项。本项目应根据“其他应付款”科目的期末余额填列。

J.“持有待售负债”项目，反映资产负债表日处置组中与划分为持有待售类别的资产直接相关的负债的期末账面价值。该项目应根据负债类科目新设置的“持有待售负债”科目的期末余额填列。

K.“一年内到期的非流动负债”项目，反映企业非流动负债中将于资产负债表日后1年内到期部分的金额，如将于1年内偿还的长期借款。本项目应根据有关科目的期末余额填列。

L.“长期借款”项目，反映企业向银行或其他金融机构借入的期限在1年以上（不含1年）的各项借款。本项目应根据“长期借款”科目的期末余额填列。

M.“应付债券”项目，反映企业为筹集长期资金而发行的债券本金和利息。本项目应根据“应付债券”科目的期末余额填列。

N.“其他非流动负债”项目，反映企业除长期借款、应付债券等项目以外的其他非流动负债。本项目应根据有关科目的期末余额填列。其他非流动负债项目应根据有关科目期末余额，减去将于1年内（含1年）到期偿还数后的余额填列。非流动负债各项目中将于1年内（含1年）到期的非流动负债，应在“一年内到期的非流动负债”项目内单独列示。

❸所有者权益项目的填列说明。

A.“实收资本（或股本）”项目，反映企业各投资者实际投入的资本（或股本）总额。本项目应根据“实收资本（或股本）”科目的期末余额填列。

B.“资本公积”项目，反映企业资本公积的期末余额。本项目应根据“资本公积”科目的期末余额填列。

C.“其他综合收益”项目，反映企业其他综合收益的期末余额。本项目应根据“其他综合收益”科目的期末余额填列。

D.“盈余公积”项目，反映企业盈余公积的期末余额。本项目应根据“盈余公积”科目的期末余额填列。

E.“未分配利润”项目，反映企业尚未分配的利润。本项目应根据“本年利润”和“利润分配”科目的余额计算填列。未弥补的亏损，在本项目内以“-”号填列。

【例8-6-20】甲股份有限公司2016年12月31日的资产负债表（年初余额略）及2017年12月31日的科目余额表分别见表8-4和表8-5。

表 8-4　　**资产负债表**　　会企01表

编制单位：甲股份有限公司　　2016年12月31日　　单位：元

资　产	期末余额	年初余额	负债和股东权益	期末余额	年初余额
流动资产：			流动负债：		
货币资金	1 406 300		短期借款	300 000	
以公允价值计量且其变动计入当期损益的金融资产	1 500		以公允价值计量且其变动计入当期损益的金融负债		
应收票据	246 000		应付票据	200 000	
应收账款	299 100		应付账款	953 800	
预付款项	100 000		预收款项		
应收利息			应付职工薪酬	110 000	
应收股利			应交税费	36 600	
其他应收款	5 000		应付利息	1 000	
存货	2 580 000		应付股利		
持有待售资产			其他应付款	50 000	
一年内到期的非流动资产			持有待售负债		
其他流动资产	100 000		一年内到期的非流动负债	1 000 000	
流动资产合计	4 751 400		其他流动负债		
非流动资产：			流动负债合计	2 651 400	
可供出售金融资产			非流动负债：		
持有至到期投资			长期借款	600 000	
长期应收款			应付债券		
长期股权投资	250 000		长期应付款		
投资性房地产			专项应付款		
固定资产	1 100 000		预计负债		
在建工程	1 500 000		递延所得税负债		
工程物资			其他非流动负债		
固定资产清理			非流动负债合计	600 000	
生产性生物资产			负债合计	3 251 400	
油气资产			股东权益：		
无形资产	600 000		股本	4 000 000	
开发支出			资本公积	700 000	
商誉			减：库存股		
长期待摊费用			其他综合收益	300 000	
递延所得税资产			盈余公积	100 000	
其他非流动资产	200 000		未分配利润	50 000	
非流动资产合计	3 650 000		股东权益合计	5 150 000	
资产总计	8 401 400		负债和股东权益总计	8 401 400	

表 8-5

科目余额表

2017 年 12 月 31 日　　单位：元

科目名称	借方余额	科目名称	贷方余额
库存现金	2 000	短期借款	50 000
银行存款	786 135	应付票据	100 000
其他货币资金	7 300	应付账款	953 800
交易性金融资产		其他应付款	50 000
应收票据	66 000	应付职工薪酬	180 000
应收账款	600 000	应交税费	226 731
坏账准备	−1 800	应付利息	
预付账款	100 000	应付股利	32 215.85
其他应收款	5 000		
材料采购	275 000	长期借款	1 160 000
原材料	45 000	股本	5 000 000
周转材料	38 050	资本公积	700 000
库存商品	2 122 400	其他综合收益	400 000
材料成本差异	4 250	盈余公积	124 770.40
其他流动资产	90 000	利润分配（未分配利润）	190 717.75
长期股权投资	250 000		
固定资产	2 401 000		
累计折旧	−170 000		
固定资产减值准备	−30 000		
工程物资	150 000		
在建工程	578 000		
无形资产	600 000		
累计摊销	−60 000		
递延所得税资产	9 900		
其他非流动资产	200 000		
合　计	8 068 235	合　计	8 068 235

根据上述资料，编制甲股份有限公司 2017 年 12 月 31 日的资产负债表见表 8-6。

表 8-6

资产负债表

会企 01 表

编制单位：甲股份有限公司　　2017 年 12 月 31 日　　单位：元

资　产	期末余额	年初余额	负债和股东权益	期末余额	年初余额
流动资产：			流动负债：		
货币资金	795 435	1 406 300	短期借款	50 000	300 000
以公允价值计量且其变动计入当期损益的金融资产		15 000	以公允价值计量且其变动计入当期损益的金融负债		
应收票据	66 000	246 000	应付票据	100 000	200 000
应收账款	598 200	299 100	应付账款	953 800	953 800
预付款项	100 000	100 000	预收款项		
应收利息			应付职工薪酬	180 000	110 000
应收股利			应交税费	226 731	36 600
其他应收款	5 000	5 000	应付利息		1 000
存货	2 484 700	2 580 000	应付股利	32 215.85	
持有待售资产			其他应付款	50 000	50 000
一年内到期的非流动资产			持有待售负债		
其他流动资产	90 0000	100 000	一年内到期的非流动负债		1 000 000
流动资产合计	4 139 335	4 751 400	其他流动负债		
非流动资产：			流动负债合计	1 592 746.85	2 651 400
可供出售金融资产			非流动负债：		
持有至到期投资			长期借款	1 160 000	600 000
长期应收款			应付债券		
长期股权投资	250 000	250 000	长期应付款		
投资性房地产			专项应付款		
固定资产	2 201 000	1 100 000	预计负债		
在建工程	578 000	1 500 000	递延所得税负债		
工程物资	150 000		其他非流动负债		
固定资产清理			非流动负债合计	1 160 000	600 000
生产性生物资产			负债合计	27 527.85	3 251 400
油气资产			股东权益：		
无形资产	540 000	600 000	股本	4 000 000	4 000 000
开发支出			资本公积	700 000	700 000
商誉			减：库存股		
长期待摊费用			其他综合收益	400 000	300 000
递延所得税资产	9 900		盈余公积	124 770.40	100 000
其他非流动资产	200 000	200 000	未分配利润	190 717.75	50 000
非流动资产合计	3 928 900	3 650 000	股东权益合计	5 315 488.15	5 150 000
资产总计	8 068 235	8 401 400	负债和股东权益总计	8 068 235	8 401 400

（三）利润表的编制

1. 利润表的概念和结构

利润表是指反映企业在一定会计期间内的经营成果的报表。通过利润表，可以反映企业在一定会计期间的收入、费用、利润（或亏损）的数额及构成情况，帮助财务报表使用者全面了解企业的经营成果，分析企业的获利能力及盈利增长趋势，从而为其做出经济决策提供依据。

我国企业的利润表采用多步式格式见表8-7。

表8-7　　利润表　　会企02表

编制单位：　　年度　　单位：元

项　目	本期金额	上期金额
一、营业收入		
减：营业成本		
税金及附加		
销售费用		
管理费用		
财务费用		
资产减值损失		
加：公允价值变动收益（损失以“-”号填列）		
投资收益（损失以“-”号填列）		
其中：对联营企业和合营企业的投资收益		
资产处置收益		
其他收益		
二、营业利润（亏损以“-”号填列）		
加：营业外收入		
减：营业外支出		
三、利润总额（亏损总额以“-”号填列）		
减：所得税费用		
四、净利润（净亏损以“-”号填列）		
（一）持续经营净利润（净亏损以“-”号填列）		
（二）终止经营净利润（净亏损以“-”号填列）		
五、其他综合收益的税后净额		
（一）以后不能重分类进损益的其他综合收益		
1. 重新计量设定受益计划净负债或净资产的变动		
2. 权益法下在被投资单位不能重分类进损益的其他综合收益中享有的份额		
…		
（二）以后将重分类进损益的其他综合收益		
1. 权益法下在被投资单位以后将重分类进损益的其他综合收益中享有的份额		
2. 可供出售金融资产公允价值变动损益		
3. 持有至到期投资重分类为可供出售金融资产损益		
4. 现金流量套期损益的有效部分		
5. 外币财务报表折算差额		
…		
六、综合收益总额		
七、每股收益		
（一）基本每股收益		
（二）稀释每股收益		

2. 利润表的编制

我国企业利润表的主要编制步骤和内容如下：

第一步，以营业收入为基础，减去营业成本、税金及附加、销售费用、管理费用、财务费用、资产减值损失，加上公允价值变动收益（减去公允价值变动损失）、投资收益（减去投资损失）、资产处置收益（减去资产处置损失）和其他收益，计算出营业利润；

第二步，以营业利润为基础，加上营业外收入，减去营业外支出，计算出利润总额；

第三步，以利润总额为基础，减去所得税费用，计算出净利润（或净亏损）；

第四步，以净利润（或净亏损）为基础，计算出每股收益；

第五步，以净利润（或净亏损）和其他综合收益为基础，计算出综合收益总额。

普通股或潜在普通股已公开交易的企业，以及正处于公开发行普通股或潜在普通股过程中的企业，还应当在利润表中列示每股收益信息。

（1）利润表项目的填列方法。

利润表各项目均需填列"本期金额"和"上期金额"两栏。其中，"上期金额"栏内各项数字，应根据上年该期利润表的"本期金额"栏内所列数字填列。"本期金额"栏内各期数字，除"基本每股收益"和"稀释每股收益"项目外，应当按照相关科目的发生额分析填列。如"营业收入"项目，根据"主营业务收入""其他业务收入"科目的发生额分析计算填列；"营业成本"项目，根据"主营业务成本""其他业务成本"科目的发生额分析计算填列。其他项目均按照各该科目的发生额分析填列。

【例 8-6-21】某企业 2017 年度"主营业务收入"科目的贷方发生额为 33 000 000 元，借方发生额为 200 000 元（系 11 月份发生的购买方退货）；"其他业务收入"科目的贷方发生额为 2 000 000 元。

该企业 2017 年度利润表中的"营业收入"项目金额为：

33 000 000−200 000+2 000 000=34 800 000（元）

本例中，企业一般应当以"主营业务收入"和"其他业务收入"两个总账科目的贷方发生额之和，作为利润表中"营业收入"的项目金额。当年发生销售退回的，以应冲减销售退回主营业务收入的金额，填列"营业收入"项目。

【例 8-6-22】某企业 2017 年度"主营业务成本"科目的借方发生额为 30 000 000 元；2017 年 12 月 8 日，当年 9 月销售给某单位的一批产品由于质量问题被退回，该项销售已确认成本 1 800 000 元；"其他业务成本"科目的借方发生额为 800 000 元。

该企业 2017 年度利润表中的"营业成本"项目金额为：

30 000 000−1 800 000+800 000=29 000 000（元）

本例中，企业一般应当以"主营业务成本"和"其他业务成本"两个总账科目的借方发生额之和，作为利润表中"营业成本"的项目金额。当年发生销售退回的，应当减去销售退回商品成本后的金额，填列"营业成本"项目。

【例 8-6-23】某企业 2017 年 12 月 31 日"资产减值损失"科目当年的借方发生额为 680 000 元，贷方发生额为 320 000 元。

该企业 2017 年度利润表中的"资产减值损失"项目金额为：

680 000−320 000=360 000（元）

本例中，企业应当以“资产减值损失”总账科目借方发生额减去贷方发生额后的余额，作为利润表中“资产减值损失”的项目金额。

【例 8-6-24】某企业2017年度“公允价值变动损益”科目的贷方发生额为900 000元，借方发生额为120 000元。

该企业2017年度利润表中的“公允价值变动收益”项目金额为：

900 000-120 000=780 000（元）

本例中，企业应当以“公允价值变动损益”总账科目贷方发生额减去借方发生额后的余额，作为利润表中“公允价值变动收益”的项目金额。若相减后为负数，表示公允价值变动损失，应以“-”号填列。

【例 8-6-25】截至2017年12月31日，某企业“主营业务收入”科目发生额为1 990 000元，“主营业务成本”科目发生额为630 000元，“其他业务收入”科目发生额为500 000元，“其他业务成本”科目发生额为150 000元，“税金及附加”科目发生额为780 000元，“销售费用”科目发生额为60 000元，“管理费用”科目发生额为50 000元，“财务费用”科目发生额为170 000元，“资产减值损失”科目借方发生额为50 000元（无贷方发生额），“公允价值变动损益”科目借方发生额为450 000元（无贷方发生额），“投资收益”科目贷方发生额为850 000元（无借方发生额），“营业外收入”科目发生额为100 000元，“营业外支出”科目发生额为40 000元，“所得税费用”科目发生额为171 600元。

该企业2017年度利润表中的“营业利润”“利润总额”“净利润”项目金额的计算过程如下：

营业利润=1 990 000+500 000-630 000-150 000-780 000-60 000-50 000-170 000-50 000-450 000+850 000

=1 000 000（元）

利润总额=1 000 000+100 000-40 000=1 060 000（元）

净利润=1 060 000-171 600=888 400（元）

本例中，企业应当根据编制利润表的多步式步骤，确定利润表中各主要项目的金额，相关计算公式如下：

❶营业利润=营业收入-营业成本-税金及附加-销售费用-管理费用-财务费用-资产减值损失+公允价值变动收益（或-公允价值变动损失）+投资收益（或-投资损失）+资产处置收益（或-资产处置损失）+其他收益

其中：营业收入=主营业务收入+其他业务收入

营业成本=主营业务成本+其他业务成本

❷利润总额=营业利润+营业外收入-营业外支出

❸净利润=利润总额-所得税费用

（2）利润表项目的填列说明。

❶“营业收入”项目，反映企业经营主要业务和其他业务所确认的收入总额。本项目应根据“主营业务收入”和“其他业务收入”科目的发生额分析填列。

❷“营业成本”项目，反映企业经营主要业务和其他业务所发生的成本总额。本项目应根据“主营业务成本”和“其他业务成本”科目的发生额分析填列。

❸“税金及附加”项目，反映企业经营业务应负担的消费税、城市建设维护税、资源

税、土地增值税和教育费附加、车船税、房产税、城镇土地使用税、印花税等。本项目应根据“税金及附加”科目的发生额分析填列。

❹“销售费用”项目，反映企业在销售商品过程中发生的包装费、广告费等费用和为销售本企业商品而专设的销售机构的职工薪酬、业务费等经营费用。本项目应根据“销售费用”科目的发生额分析填列。

❺“管理费用”项目，反映企业为组织和管理生产经营而发生的管理费用。本项目应根据“管理费用”科目的发生额分析填列。

❻“财务费用”项目，反映企业筹集生产经营所需资金等而发生的筹资费用。本项目应根据“财务费用”科目的发生额分析填列。

❼“资产减值损失”项目，反映企业各项资产发生的减值损失。本项目应根据“资产减值损失”科目的发生额分析填列。

❽“公允价值变动收益”项目，反映企业应当计入当期损益的资产或负债公允价值变动收益。本项目应根据“公允价值变动收益”科目的发生额分析填列。如为净损失，本项目以“－”号填列。

❾“投资收益”项目，反映企业以各种方式对外投资所取得的收益。本项目应根据“投资收益”科目的发生额分析填列。如为投资损失，本项目以“－”号填列。

❿“资产处置收益”项目，反映企业出售划分为持有待售的非流动资产（金融工具、长期股权投资和投资性房地产除外）或处置组时确认的处置利得或损失，以及处置未划分为持有待售的固定资产、在建工程、生产性生物资产及无形资产而产生的处置利得或损失。债务重组中因处置非流动资产产生的利得或损失和非货币性资产交换产生的利得或损失也包括在本项目内。该项目应根据损益类科目新设置的“资产处置损益”科目的发生额分析填列。如为处置损失，以“-”号填列。

⓫“其他收益”项目，反映计入其他收益的政府补助等。该项目应根据损益类科目新设置的“其他收益”科目的发生额分析填列。

⓬“营业利润”项目，反映企业实现的营业利润。如为亏损，本项目以“－”号填列。

⓭“营业外收入”项目，反映企业发生的与经营业务无直接关系的各项收入。本项目应根据“营业外收入”科目的发生额分析填列。

⓮“营业外支出”项目，反映企业发生的与经营业务无直接关系的各项支出。本项目应根据“营业外支出”科目的发生额分析填列。

⓯“利润总额”项目，反映企业实现的利润。如为亏损，本项目以“－”号填列。

⓰“所得税费用”项目，反映企业应从当期利润总额中扣除的所得税费用。本项目应根据“所得税费用”科目的发生额分析填列。

⓱“净利润”项目，反映企业实现的净利润。如为亏损，本项目以“－”号填列。

⓲“每股收益”项目，包括基本每股收益和稀释每股收益两项指标，反映普通股或潜在普通股已公开交易的企业，以及正处在公开发行普通股或潜在普通股过程中的企业的每股收益信息。

⓳“其他综合收益的税后净额”项目，反映企业根据《企业会计准则》规定未在损益中确认的各项利得和损失扣除所得税影响后的净额。

⑳“综合收益总额”项目，反映企业净利润与其他综合收益的合计金额。

【例 8-6-26】甲股份有限公司2017年度有关利润表相关账户本年累计发生净额见表8-8。

表 8-8 2017年度损益类科目累计发生净额 单位：元

科目名称	借方发生额	贷方发生额
主营业务收入		1 250 000
主营业务成本	750 000	
税金及附加	2 000	
销售费用	20 000	
管理费用	157 100	
财务费用	41 500	
资产减值损失	30 900	
投资收益		31 500
资产处置损益		30 000
营业外收入		20 000
营业外支出	19 700	
所得税费用	112 596	
其他综合收益		100 000

根据上述资料，编制甲股份有限公司2017年度利润表（上期金额略）见表8-9。

表 8-9 利 润 表 会企02表

编制单位：甲股份有限公司 2017年度 单位：元

项 目	本期金额	上期金额
一、营业收入	1 250 000	
减：营业成本	750 000	
税金及附加	2 000	
销售费用	20 000	
管理费用	157 100	
财务费用	41 500	
资产减值损失	30 900	
加：公允价值变动收益（损失以“-”号填列）	0	
投资收益（损失以“-”号填列）	31 500	
其中：对联营企业和合营企业的投资收益	0	
资产处置收益	30 000	
其他收益	0	
二、营业利润（亏损以“-”号填列）	310 000	
加：营业外收入	20 000	
减：营业外支出	19 700	
三、利润总额（亏损总额以“-”号填列）	310 300	
减：所得税费用	112 596	

续表

项　目	本期金额	上期金额
四、净利润（净亏损以“-”号填列）	197 704	
（一）持续经营净利润（净亏损以“-”号填列）	197 704	
（二）终止经营净利润（净亏损以“-”号填列）		
五、其他综合收益的税后净额	100 000	
（一）以后不能重分类进损益的其他综合收益		
（二）以后将重分类进损益的其他综合收益		
六、综合收益总额	297 704	
七、每股收益	—	
（一）基本每股收益		
（二）稀释每股收益		

期末会计处理练习题

一、单项选择题

1.企业现金清查中，经检查仍无法查明原因的现金溢余，经批准后应计入（　　）。

A.其他业务收入　　B.营业外收入　　C.管理费用　　D.营业外支出

2.下列各项中，经批准应计入营业外支出的是（　　）。

A.收发、计量差错造成的存货盘亏　　B.管理不善造成的存货盘亏

C.固定资产盘亏净损失　D.无法查明原因的现金盘亏

3.委托加工应税消费品（非金银首饰）收回后直接销售的，其由受托方代收代缴的消费税，应记入的会计科目是（　　）。

A.管理费用　　B.应交税费——应交消费税

C.税金及附加　　D.委托加工物资

4.A企业通过对应收款项的风险进行分析，决定按应收款项余额的一定比例计提坏账准备。“坏账准备”科目的年初贷方余额为4 000元，“应收账款”和“其他应收款”科目的年初借方余额分别为30 000元和10 000元。当年，不能收回的应收账款2 000元确认为坏账损失。“应收账款”和“其他应收款”科目的年末借方余额分别为60 000元和10 000元，假定该企业年末确定的坏账提取比例为10%。该企业年末应提取的坏账准备为（　　）元。

A.1 000　　B.3 000　　C.5 000　　D.7 000

5.企业对已记入“待处理财产损溢”科目的存货盘亏及毁损事项进行会计处理时，应计入管理费用的是（　　）。

A.收发计量差错造成的存货净损失　　B.自然灾害造成的存货净损失

C.应由保险公司赔偿的存货损失　　D.应由过失人赔偿的存货损失

6.甲企业2017年年初未分配利润借方余额为10万元，当年净利润为30万元，按10%的比例提取盈余公积，当年分配现金股利5万元。不考虑其他事项，该企业2017年年末未分配利润为（　　）万元。

A.13　　B.12　　C.17　　D.18

7.乙企业年初所有者权益为200万元，本年度实现净利润300万元，以资本公积转增资本60万元，提取盈余公积50万元。假设不考虑其他因素，该企业年末所有者权益为（　　）万元。

A.510　　B.560　　C.500　　D.520

8.下列各项中，能够导致企业留存收益减少的是（　　）。

A.用盈余公积分配现金股利　　B.以资本公积转增资本

C.提取盈余公积　　D.以盈余公积弥补亏损

9.下列日常经营活动涉及的税金中，记入“税金及附加”科目的是（　　）。

A.增值税　　B.城市维护建设税和教育费附加

C.消费税　　D.个人所得税

10.甲企业2017年年末“委托代销商品”科目的余额为3 000万元，“发出商品”科目的余额为2 400万元，“原材料”科目的余额为3 000万元，“材料成本差异”科目的借方余额为300万元。假定不考虑其他因素，该企业2017年年末资产负债表中“存货”项目的金额为（　　）万元。

A.8 100　　B.8 700　　C.5 700　　D.5 100

11.某企业年末“应收账款”科目的借方余额为650万元，其中，“应收账款”明细账的借方余额为850万元，贷方余额为200万元，年末计提坏账准备后“坏账准备”科目的贷方余额为65万元。假定年末坏账准备均与应收账款相关，该企业年末资产负债表中“应收账款”项目的金额为（　　）万元。

A.585　　B.600　　C.785　　D.800

12.某企业2017年12月31日“固定资产”账户余额为2 000万元，“累计折旧”账户余额为800万元，“固定资产减值准备”账户余额为100万元，“在建工程”账户余额为200万元。该企业2017年12月31日资产负债表中“固定资产”项目的金额为（　　）万元。

A.1 200　　B.900　　C.1 100　　D.2 200

13.某企业2017年4月1日从银行借入期限为3年的长期借款400万元，编制2017年12月31日资产负债表时，此项借款应填入的报表项目是（　　）。

A.短期借款　　B.长期借款

C.其他长期负债　　D.一年内到期的非流动负债

14.某企业年末“本年利润”账户未结转前贷方余额为17万元，“利润分配——未分配利润”账户期初贷方余额为18万元，本期分配现金股利12万元，则当期资产负债表中“未分配利润”项目的金额为（　　）万元。

A.35　　B.23　　C.5　　D.17

15.在年度终了前，资产负债表中的“未分配利润”项目应根据（　　）填列。

A.“盈余公积”科目余额　　B.“利润分配”科目余额

C.“本年利润”科目余额　　D.“本年利润”和“利润分配”科目余额

16.A企业2017年年初未分配利润的贷方余额为150万元，本年度实现净利润为200万元，分别按10%和5%提取法定盈余公积和任意盈余公积。假定不考虑其他因素，A企业2017年年末未分配利润的贷方余额为（　　）万元。

A.350　　B.320　　C.297.5　　D.200

17.下列各项中，不影响营业利润的项目是（　　）。

A.已销商品收入　　B.原材料销售收入

C.出售无形资产净收益　　D.股票投资所得收益

18.某企业2017年2月主营业务收入为200万元，主营业务成本为120万元，税金及附加为10万元，管理费用为5万元，销售费用为3万元，制造费用为4万元，资产减值损失为2万元，投资收益为15万元。假定不考虑其他因素，该企业当月的营业利润为（　　）万元。

A.62　　B.70　　C.71　　D.75

19.下列各项中，不应在利润表中“营业成本”项目列示的是（　　）。

A.对外出租无形资产摊销额　　B.对外捐赠支出

C.对外出售商品成本　　D.投资性房地产处置成本

20.某企业2017年度“主营业务收入”科目贷方发生额为2 000万元，借方发生额为退货50万元，发生现金折扣50万元，“其他业务收入”科目贷方发生额为100万元，“其他业务成本”科目借方发生额为

80万元，则企业利润表中“营业收入”项目的金额为（　　）万元。

A.2 000　　B.2 050　　C.2 100　　D.2 070

二、多项选择题

1.企业记入“税金及附加”的税金有（　　）。

A.城镇土地使用税　　B.印花税　　C.房产税　　D.车船税

2.下列关于企业现金清查说法中，正确的有（　　）。

A.现金清查一般采用实地盘点法

B.对于现金清查结果，应编制现金盘点报告单

C.对于无法查明的现金短缺，经批准后应计入营业外支出

D.对于超限额留存的现金，应及时送存银行

3.下列各项中，应记入“坏账准备”账户借方的有（　　）。

A.提取坏账准备　　B.冲回多提坏账准备

C.收回以前确认并转销的坏账　　D.备抵法下实际发生的坏账

4.下列项目中，能引起盈余公积发生增减变动的有（　　）。

A.提取任意盈余公积　　B.以盈余公积转增资本

C.用任意盈余公积弥补亏损　　D.用盈余公积派发新股

5.下列各项中，影响当期利润表中净利润的有（　　）。

A.对外捐赠无形资产　　B.确认所得税费用

C.固定资产盘亏净损失　　D.固定资产出售利得

6.下列各项中，应在企业利润表中“营业收入”项目列示的有（　　）。

A.无形资产出租收入　　B.对外投资取得的收入

C.应收票据利息收入　　D.对外销售商品收入

7.下列各项中，影响工业企业营业利润的有（　　）。

A.计提的管理用固定资产折旧　　B.销售商品时发生的运费

C.收到捐赠收入　　D.处置固定资产净损失

8.下列各会计科目的期末余额，应在资产负债表中“未分配利润”项目列示的有（　　）。

A.应付股利　　B.盈余公积　　C.利润分配　　D.本年利润

9.下列各会计科目的期末余额，应当列入资产负债表中“存货”项目的有（　　）。

A.制造费用　　B.在途物资　　C.委托加工物资　　D.商品进销差价

10.下列资产负债表项目中，应根据有关科目余额减去其备抵科目余额后的净额填列的有（　　）。

A.应付票据　　B.交易性金融资产　　C.无形资产　　D.长期股权投资

三、判断题

1.委托加工的应税消费品收回后用于继续加工应税消费品的，委托方应将受托方代收代缴的消费税计入委托加工后的应税消费品的成本。（　　）

2.固定资产盘盈先通过“待处理财产损溢”科目核算，批准后再转入“营业外收入”科目。（　　）

3.企业应当定期或者至少于每年年度终了，对其他应收款进行检查，预计其可能发生的坏账损失，并计提坏账准备。（　　）

4.企业用当年实现的利润弥补亏损时，应单独做出相应的会计处理。（　　）

5.如果“固定资产清理”科目出现借方余额，应在资产负债表中“固定资产清理”项目以负数填列。（　　）

6.“开发支出”项目应当根据“研发支出”科目中所属的“资本化支出”明细科目期末余额填列。（　　）

7.“应付债券”项目应当根据“应付债券”总账科目余额填列。（　　）

8.“利润分配”总账的年末余额不一定与相应的资产负债表中“未分配利润”项目的数额一致。（　）

9.企业出售无形资产形成的净损失，应列入利润表中“营业外支出”项目，使得企业的营业利润增加。（　）

10.利润表中“税金及附加”项目不包括增值税。（　）

四、不定项选择题

甲公司是增值税一般纳税人，适用的增值税税率为17%。销售商品、材料的价款中均不包含增值税，其成本随销售收入的确认逐笔结转，本年利润采用表结法核算。2017年1月至11月实现主营业务收入1 500万元，主营业务成本1 000万元，其他业务收入500万元，其他业务成本400万元，税金及附加80万元，管理费用100万元，财务费用15万元，投资收益30万元，公允价值变动损益100万元，营业外收入30万元。2017年12月份甲公司发生的交易或事项如下：

（1）12月1日，出售一项无形资产，共取得价款20万元，支付相关税费1万元，该设备原价50万元，采用直线法摊销，无残值。该无形资产原计划摊销10年，到出售时已经摊销8年。

（2）12月5日，甲公司委托乙公司代销商品一批，售价100万元，实际成本60万元。月底，甲公司收到乙公司交来的代销清单，列明已经出售商品的80%，甲公司按照代销价款的10%支付乙公司代销手续费。

（3）12月10日，甲公司将一栋写字楼出租给丙公司，月底取得本月的租金收入2万元。

（4）12月15日，甲公司用银行存款支付产品保险费3万元。

（5）12月20日，甲公司用银行存款支付印花税0.2万元。

（6）12月20日，因债务重组获得确认收益5万元。

要求：根据上述资料，编制相关会计分录并回答下列问题（金额单位用万元表示）：

（1）甲公司2017年1月至11月的营业利润为（　）万元。

A.535　　B.565　　C.505　　D.465

（2）根据资料（2），甲公司应该确认的收入为（　）万元。

A.0　　B.100　　C.40　　D.80

（3）根据资料（2）至（4），甲公司应计入销售费用的金额为（　）万元。

A.13.2　　B.11.2　　C.11.0　　D.3.2

（4）根据资料（1）至（6），甲公司12月份应计入营业外收入的金额为（　）万元。

A.9　　B.14　　C.11　　D.16

（5）根据资料（1）至（6），甲公司2017年度的利润总额为（　）万元。

A.535.0　　B.565.0　　C.596.8　　D.601.8

参考文献

［1］高翠莲．企业财务会计［M］．北京：高等教育出版社，2017.

［2］财政部会计资格评价中心．初级会计实务［M］．北京：中国财政经济出版社，2017.

［3］广告费和业务宣传费支出税前扣除政策．财税〔2017〕41号．

［4］陈强.财务会计实务［M］．北京：清华大学出版社，2017.

［5］熊玉红，杨瑜．财务会计实务（1）［M］．青岛：中国海洋大学出版社，2012.

［6］增值税会计处理规定．财会〔2016〕22号．

［7］关于建筑服务等营改增试点政策的通知．财税〔2017〕58号．

［8］不动产进项税额分期抵扣暂行办法．国家税务总局〔2016〕15号．

［9］关于全面推开营业税改征增值税试点的通知．财税〔2016〕36号．

［10］关于简并增值税税率有关政策的通知．财税〔2017〕37号．

［11］关于提高科技型中小企业研究开发费用税前加计扣除比例有关问题的公告．国家税务总局公告〔2017〕18号．

［12］关于提高科技型中小企业研究开发费用税前加计扣除比例的通知．财税〔2017〕34号．

［13］关于红字增值税发票开具有关问题的公告．国家税务总局〔2016〕47号．

［14］企业会计准则第22号——金融工具确认和计量．财会〔2017〕7号．

［15］企业会计准则第23号——金融资产转移．财会〔2017〕8号．

［16］企业会计准则第14号——收入．财会〔2017〕22号．

［17］关于修订印发一般企业财务报表格式的通知.财会〔2017〕30号．